공완 : 공부완성

중학 국어
비문학 독해력

공완 **중학 국어 비문학 독해력**

1판 1쇄 발행 2018년 11월 30일

지은이 김인호
펴낸이 이재성
기획편집 김혜경
전산편집 이귀연
표지디자인 나는물고기
마케팅 이상준

펴낸곳 북아이콘
등록 제313-2012-88호
주소 07228 서울시 영등포구 영신로 220 KnK디지털타워 1102호
전화 (02)309-9597(편집)
팩스 (02)6008-6165
메일 bookicon99@naver.com

ⓒ 김인호, 2018
ISBN 978-89-98160-15-9 53710

공완 : 공부완성

중학 국어
비문학 독해력

북아이콘

이 책의 구성과 특징

1 친근하면서도 상세한 해설로 독해의 개념을 이해한다!

독해력은 글을 읽고 뜻을 이해하는 능력입니다. 글을 읽으면 핵심어와 중심 내용이 파악되고, 무엇을 말하고자 하는 글인지 머리에 들어와야 합니다. 이를 위해 다양한 분야의 글을 읽는 것과 함께, 글을 형성하는 독해 개념들에 대한 이해를 통해 독해의 속도를 높이는 것이 중요합니다. 이러한 독해력 향상을 위해 선생님이 직접 강의하는 방식으로 친근하면서도 상세하게 독해의 개념들을 설명합니다.

2 비문학 독해 학습에도 효과적인 방법과 원리가 있다!

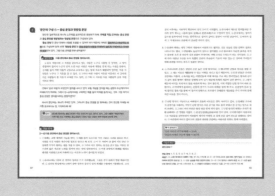

모든 학습의 기초인 글을 읽는 활동을 하기 위해서는 글을 어떻게 읽어야 하는지를 먼저 알아야 합니다. 글을 읽는 데도 방법과 전략이 필요합니다. 다양하게 적용이 가능한 원리 중심의 공부가 필요한 것입니다. 문제가 어려워도 지문을 해석하고 문제에 대입할 수 있으면 풀리는 것이 국어입니다. 독해력 향상은 많은 양의 지문을 읽는다고, 많은 문제를 푼다고만 이루어지는 것이 아닙니다. 글을 읽는 방법을 전략적으로 학습함으로써 가능한 것입니다.

3 독해력을 향상시키는 근원적인 학습법을 제시한다!

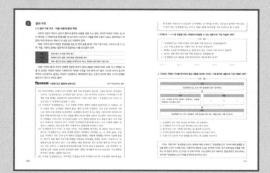

문장 독해, 문단 독해, 글 독해 등 실제 글의 구성단위에 입각해 구성하였습니다. '문장 독해'에서는 문장의 기본 구조를 살펴보고, 문장과 문장의 연결 속에서 의미 구조가 어떻게 형성되는지 알아봅니다. '문단 독해'에서는 문단의 전개 방식을 중심으로 글 읽는 과정이나 방법을 학습합니다. '글 독해'에서는 글의 내용과 형식이 어떻게 구성되는지에 대해 알아보고, 글의 종류에 따른 독해 방법과 문제 유형에 따른 독해 방법을 학습합니다.

4 개념 학습과 문제 학습을 연계해 학습 효과를 높였다!

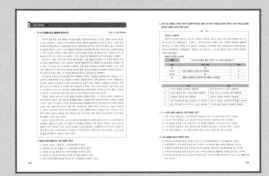

학습한 독해 개념을 문제에 대입해서 확인하고 적용할 수 있도록 개념 설명과 확인 문제, 연습 문제, 실전 문제를 대응해 구성하는 방식으로 학습의 효율성을 높였습니다. 즉 개념 학습에서 습득한 내용과 관련있는 문제를 풀어봄으로써 이해력이 향상되는 것입니다. 특히 독해 문제 유형에 대한 실전 연습이 되도록 학교 내신 평가, 학업성취도 평가, 전국연합학력평가 등의 기출 지문과 문제를 함께 구성하여 충분한 문제 연습이 가능합니다.

이 책의 차례

여는 글

비문학의 세계에
첫발을 내딛은 여러분
진심으로 환영해!

비문학은 문학 작품을 제외한
모든 글들을 포괄하는 말이야.

그만큼
다양한 분야의
읽을거리들이 소개될 거야.

지금 이 순간
여러분들에게 필요한 건
바로
'세상에 대한 호기심'이겠지.

일단 부딪혀봐!

어쩌면 아주 재미있고,
아주 매력적인 이야기가
펼쳐질지도 모르니까.

●● **들어가기 전에**

이 책은 크게 문장 독해, 문단 독해, 글 독해, 이렇게 세 부분으로 이루어져 있어. 책의 순서대로 따라 해도 좋고, 자신의 실력에 맞추어 문단 독해 혹은 글 독해에서 시작해도 좋아. 아니면 '차례'에 나오는 글의 주제 중에서 재미있어 보이는 것을 먼저 찾아 읽는 것도 괜찮아.

다만 꾸준히 읽도록 하자. 문제는 틀려도 좋으니까, 새로운 내용에 대한 재미와 호기심을 잃지 않았으면 좋겠어!

1

문장 독해

I | 문장의 기본 구조

문장을 이해하는 것이 바로 비문학 독해의 첫걸음이라 할 수 있어.
문장이 모여서 문단이 되고, 문단이 모여서 한편의 글이 완성되기 때문이지.

1 '문장'이란?

먼저 문장에 대해 얼마나 이해하고 있는지 확인해 보도록 할까? 다음 문제를 풀어보자.

> **확인 문제** **다음 대화 중 '문장'으로 볼 수 있는 것을 모두 고르시오.**
> ① 하준: 철수는 몇 살이니?
> ② 다인: 세 살.
> ③ 하준: 정말?

①은 우리가 흔히 볼 수 있는 형태의 문장이야. 그런데 ②나 ③도 문장으로 볼 수 있을까? 이 문제를 풀 수 있는 힌트가 사전 속 '문장'의 정의에 숨어 있어.

▼ 표준국어대사전 검색

문장02 🔊 발음 듣기 (文章)

활용 정보:

📑 목록 보기

「명사」
「3」 『언어』 생각이나 감정을 말과 글로 표현할 때 완결된 내용을 나타내는 최소의 단위. 주어와 서술어를 갖추고 있는 것이 원칙이나 때로 이런 것이 생략될 수도 있다. 글의 경우, 문장의 끝에 '.', '?', '!' 따위의 문장 부호를 찍는다.

사전에서는 **'문장'**을 '생각이나 감정을 말과 글로 표현할 때 완결된 내용을 나타내는 최소의 단위' 라고 설명하고 있어. 여기서 '완결'되었다고 하는 것은 말하는 이의 생각이나 감정이 무슨 생각이고 어떤 감정인지 충분히 알 수 있게끔 표현된 상태를 말해. 그리고 아래의 두 가지 조건을 달아 놓았네.

> (1) 원칙적으로 주어와 서술어가 있어야 한다. (때로는 생략할 수 있다.)
> (2) 문장의 끝에 문장 부호가 있어야 한다.

①~③은 의미상으로 '완결된 내용'을 갖추고 있어. 그렇기 때문에 문장에 해당하지. 다만 문장은 ②에서와 같이 주어가 생략될 수도 있고, ③에서와 같이 하나의 단어만으로 이루어질 수도 있어. 그래도 의미가 완결되어 나타나기 때문이지.

어때? 이러한 '문장'의 정의를 통해 우리가 평소에 친구들과 소통하기 위해 사용하는 모든 말과 글이 문장이 될 수 있다는 걸 알 수 있겠지?

🗄 연습 문제

[1~10] 다음 대화 중 문장인 것에 ○, 문장이 아닌 것에 X 표시하시오.

1. 효주: 학교에서 하복 바지 개선을 위해 건의를 받는다는 애기 들었어? (○, X)

2. 정봉: 들었어. (○, X)

3. 효주: 너는 건의할 내용 있어? (○, X)

4. 정봉: 나는 덥고 활동하기 불편하다는 게 늘 불만이었어. (○, X)

5. 효주: 그럼 반바지로 바꿔 달라고 하자. (○, X)

6. 정봉: 동의! (○, X)

7. 효주: 그럼 또 건의할 건 없을까? (○, X)

8. 정봉: 바람이 잘 통하는 소재로 바뀌었으면 좋겠어. (○, X)

9. 효주: 오! (○, X)

10. 효주: 좋아. (○, X)

● 정답과 해설 ●

확인 문제 ①, ②, ③

연습 문제 1. ○ 2. ○ 3. ○ 4. ○ 5. ○ 6. ○ 7. ○ 8. ○ 9. ○ 10. ○
해설 1. 주어-너는(생략), 서술어-들었어? 2. 나는(생략), 들었어. 3. 너는, 있어? 4. 나는, 불만이었어. 5. 우리가(생략), 하자. 6. 나는(생략), 동의(한다)! 7. 우리가(생략), 없을까? 8. 나는(생략), 좋겠어. 9. 오! - 독립어는 예외적으로 혼자서 문장 구성 10. 나는(생략), 좋아.

2 문장이 되기 위한 조건 ① – '주어'와 '서술어'

문장이 되기 위한 첫 번째 조건은 바로 주어와 서술어를 갖추어야 한다는 것이었어. 그럼 주어와 서술어가 무엇인지 먼저 알아야겠지?

> **'주어', '서술어'란?**
> '주어'는 문장에서 '무엇이', '누가'에 해당하는 부분이야. 주로 조사 '은/는/이/가'가 붙어 있어. '서술어'는 '어찌하다', '어떠하다', '무엇이다'에 해당하는 부분이야. 주어의 움직임, 상태, 성질 등을 설명하는 말이지. 주로 문장의 마지막에 붙어 있어.

주어와 서술어는 어떻게 문장이 되기 위한 첫 번째 조건이 되었을까? 주어는 문장에서 표현하고자 하는 대상이고, 서술어는 주어에 대한 핵심 정보를 주로 담고 있기 때문이지.

그럼 다음 대화에서 주어와 서술어를 찾아보도록 하자.

> **확인 문제 1** 다음 대화에서 '주어'는 동그라미, '서술어'는 네모로 표시하시오.
> (1) 하준: 철수는 몇 살이니?
> (2) 다인: 철수는 세 살이야.
> (3) 하준: 민수는 어때?

정답을 찾을 수 있겠니? 그런데 대화가 좀 어색하지? 우리는 평소에 저렇게 말하지 않거든. 오히려 이렇게 말하는 게 자연스럽지.

> ○ 하준: 철수는 몇 살이니?
> ○ 다인: 세 살.
> ○ 하준: 민수는?

이렇게 주어나 서술어가 생략되었을 때는, 맥락에 따라 숨겨진 주어와 서술어를 찾아야 해. 반대로 주어나 서술어에 수식어(꾸미는 말)가 붙어서 긴 형태로 나타날 수도 있어. 그럴 때는 '주어부'와 '서술부', 즉 주어에 해당하는 부분과 서술어에 해당하는 부분으로 폭넓게 이해하면 돼!

> **확인 문제 2** 다음 대화에서 주어부(주어에 해당하는 부분)는 동그라미, 서술부(서술어에 해당하는 부분)는 네모로 표시하시오.
> (1) 하준: 이웃집 철수는 몇 살이니?
> (2) 다인: 세 살이었던 것 같아.
> (3) 하준: 동네에서 제일 어린 민수는?

🗂 연습 문제

[1~5] 네모 표시된 서술부와 호응하는 주어부(주어에 해당하는 부분)를 동그라미로 표시하시오.

1. 인간의 얼굴은 과연 어떤 특징을 가지고 있을까?

2. 인간의 이목구비는 어떻게 보면 기이하기까지 하다.

3. 현재 우리나라에서 힙합 음악은 거리 음악의 단계를 벗어났다.

4. 힙합 가수를 꿈꾸는 청소년들도 늘어나고 있다.

5. 힙합 가수들에게는 어떠한 창작 태도가 필요할까?

[6~10] 동그라미 표시된 주어부와 호응하는 서술부(서술어에 해당하는 부분)를 네모로 표시하시오.

6. 약 30년 전에 전문가들은 3차원 프린터를 산업용으로만 사용해 왔다.

7. 3차원 프린터는 다양한 재료를 층층이 쌓아 올린다.

8. 여러 회사들이 3차원 프린터로 다양한 시제품과 모형을 생산하고 있다.

9. 우주에서 건축물을 제작하는 것이 3차원 데이터의 전송으로 가능하다.

10. 3차원 프린터의 적용 분야는 앞으로의 기술 발전에 따라 무한히 확대될 수 있을 것이다.

➕ 더 읽어보기

'인간의 얼굴'에 대해 ⇒ 126쪽, '힙합 음악'에 대해 ⇒ 166쪽
'3차원 프린터'에 대해 ⇒ 117쪽, '학급 내 괴롭힘'에 대해 ⇒ 106쪽
'바비 인형'에 대해 ⇒ 198쪽

[11~15] 다음 문장에서 주어부는 동그라미, 서술부는 네모로 표시하시오.

11. 학급에서 발생하는 괴롭힘 상황에 대한 전통적인 접근법은 '가해자—피해자 모델'이다.

12. '가해자—피해자 모델'은 괴롭힘 상황에서 방관자의 역할을 고려하지 못하고 있다.

13. 지금 이 순간에도 바비 인형은 초당 2개꼴로 세계 140여 개국에 판매되고 있다.

14. (지구에서 가장 많이 팔리는 장난감은 무엇일까?) 바로 바비 인형이다.

15. 바비 인형은 판매의 측면에서뿐만 아니라, 생산의 측면에서도 세계적이다.

● 정답과 해설 ●..

확인 문제 1 (1) 철수는 몇 살이니? (2) 철수는 세 살이야. (3) 민수는 어때?
확인 문제 2 (1) 이웃집 철수는 몇 살이니? (2) 세 살이었던 것 같아. (3) 우리 동네에서 제일 어린 민수는?

연습 문제 1. 인간의 얼굴은 2. 인간의 이목구비는 3. 힙합 음악은 4. 힙합 가수를 꿈꾸는 청소년들도 5. 어떠한 창작 태도가 6. 사용해 왔다. 7. 쌓아 올린다. 8. 생산하고 있다. 9. 가능하다. 10. 확대될 수 있을 것이다. 11. 학급에서 발생하는 괴롭힘 상황에 대한 전통적인 접근법은 '가해자—피해자 모델'이다. 12. '가해자—피해자 모델'은 고려하지 못하고 있다. 13. 바비 인형은 판매되고 있다. 14. 지구에서 가장 많이 팔리는 장난감은 바비 인형이다. 15. 바비 인형은 세계적이다.

해설 ※ 목적어, 부사어 등의 개념이 어려우면 다음 장을 참고하길 바람. 1. '인간'이 '얼굴' 수식 2. '인간'이 '이목구비' 수식 3. '현재 우리나라에서'는 부사어 4. '힙합 가수를 꿈꾸는'이 '청소년' 수식 5. '힙합 가수들에게는'은 부사어 6. 정답 이외의 부분은 목적어(3차원 프린터를)와 수식어 7. 정답 이외의 부분은 목적어(다양한 재료를)와 수식어 8. 정답 이외의 부분은 목적어(다양한 시제품과 모형을)와 수식어 9. 정답 이외의 부분은 모두 수식어 10. 정답 이외의 부분은 모두 수식어 11. '학급에서 ~ 전통적인'이 '접근법' 수식 12. 정답 이외의 부분은 목적어(방관자의 역할을)와 수식어 13. 정답 이외의 부분은 모두 수식어 14. '지구에서 가장 많이 팔리는'이 '장난감' 수식. 두 문장의 주어가 같아 둘째 문장의 주어 생략 15. 정답 이외의 부분은 모두 수식어

3 문장이 되기 위한 조건 ② – 필수 문장 성분

문장을 구성할 때 주어와 서술어만 있으면 되는 걸까? 다음 문장들을 보면 뭔가 부족해 보인다는 것을 알 수 있을 거야.

> **확인 문제 1** 적절한 말을 추가하여 다음 문장을 완성하시오.
> (1) 인간의 얼굴은 생김새와 표현력 면에서 (   ) 구별된다.
> (2) 힙합 가수들이 다양한 끼와 실력으로 (   ) 받고 있다.

'**필수 문장 성분**'은 이렇게 주어, 서술어 외에 하나의 문장을 완성하기 위해 꼭 필요한 것을 말해. 서술어의 종류에 따라 각기 다른 필수 문장 성분이 필요해. 즉 문장에서 어떤 문장 성분이 필요한지 결정하는 것은 '서술어'의 역할이야. 그럼 다음 네 문장을 통해 확인해 볼까?

문장	필수 문장 성분
(1) 기분이 **좋다.**	다른 문장 성분이 필요하지 않음.
(2) 나는 워너원을 **만났다.**	① 누구를(목적어) 만났는지 설명이 필요함.
(3) 워너원이 선물을 나에게 **주었다.**	① 무엇을(목적어), ② 누구에게(부사어) 주었는지 설명이 필요함.
(4) 나는 성덕이 **되었다.**	① 무엇이(보어) 되었는지 설명이 필요함. ※ 우리말에서 보어가 필요한 서술어는 '되다', '아니다.' 둘 뿐!

우리가 '주어'와 '서술어', 그리고 '필수 문장 성분'을 파악해야 하는 이유는, 이 세 가지에 문장의 핵심 정보가 담겨 있기 때문이야.

> (1) 인간의 얼굴은 ~~생김새와 표현력 면에서~~ (   ) 구별된다.
>   주어   필수 문장 성분   서술어
> (2) 힙합 가수들이 ~~다양한 끼와 실력으로~~ (   ) 받고 있다.
>   주어   필수 문장 성분 서술어

[확인 문제 1]에서 '주어', '서술어', '필수 문장 성분'을 제외한 나머지를 모두 지워 봤어. 문장의 핵심이 보다 분명히 보이지?

한 가지 더. 필수 문장 성분에 해당하는 부분도 주어나 서술어와 마찬가지로, 수식어가 붙어 있을 때 긴 형태로 나타날 수 있어.

> **확인 문제 2** 문장의 '주어'와 '서술어', '필수 문장 성분'을 동그라미로 표시하시오.
> 바비 인형의 '생산지'는 각국에서 만든 부품을 조립하여 완제품을 출시한 나라를 의미한다.

[1~10] 다음 문장에서 필수 문장 성분으로 가장 적절한 것을 찾아보시오.

1. 인간은 대화를 나눌 때 표정을 순식간에 만들어 말의 의미를 보강한다.
  ① 인간은
  ② 대화를 나눌 때
  ③ 표정을 순식간에 만들어
  ④ 말의 의미를
  ⑤ 보강한다.

2. 입술이 벌어진 상태에서 입꼬리가 살짝 위로 올라간 모습은 행복함을 의미한다.
  ① 입술이 벌어진 상태에서
  ② 입술이 벌어진 상태에서 입꼬리가 살짝 위로 올라간
  ③ 입술이 벌어진 상태에서 입꼬리가 살짝 위로 올라간 모습은
  ④ 행복함을
  ⑤ 의미한다.

3. 세계 여러 나라가 바비 인형의 생산 과정에 관련되어 있다.
  ① 세계 여러 나라가   ② 바비 인형의   ③ 바비 인형의 생산 과정에
  ④ 관련되어   ⑤ 있다.

4. 여러 국가들이 바비 인형의 생산에 각기 다른 역할을 담당하고 있다.
  ① 여러 국가들이   ② 바비 인형의 생산에   ③ 각기 다른 역할을
  ④ 담당하고   ⑤ 있다.

5. 미국에서 샘플링과 관련하여 제기된 저작권 소송이 변화의 중요한 계기가 되었다.
  ① 미국에서 샘플링과 관련하여
  ② 미국에서 샘플링과 관련하여 제기된
  ③ 미국에서 샘플링과 관련하여 제기된 저작권 소송이
  ④ 변화의 중요한 계기가
  ⑤ 되었다.

6. 샘플링은 원작자의 허락을 받아 자신만의 방식으로 재해석하는 예술 기법으로 인식된다.
  ① 샘플링은
  ② 원작자의 허락을 받아
  ③ 원작자의 허락을 받아 자신만의 방식으로
  ④ 원작자의 허락을 받아 자신만의 방식으로 재해석하는 예술 기법으로
  ⑤ 인식된다.

7. 이러한 3차원 프린터는 여러 분야에 활용된다.
    ① 이러한   ② 이러한 3차원 프린터는   ③ 여러
    ④ 여러 분야에   ⑤ 활용된다.

8. 의료 분야 종사자들은 인간의 신체로 이식할 인공물을 3차원 프린터로 생산한다.
    ① 의료 분야 종사자들은
    ② 인간의 신체로
    ③ 인간의 신체로 이식할 인공물을
    ④ 3차원 프린터로
    ⑤ 생산한다.

9. 방관만 하던 소극적인 학생들은 피해자를 적극적으로 도울 수 있도록 지원을 받아야 한다.
    ① 방관만 하던
    ② 방관만 하던 소극적인 학생들은
    ③ 피해자를 적극적으로 도울 수 있도록
    ④ 지원을
    ⑤ 받아야 한다.

10. 학급의 괴롭힘 상황을 가해자와 피해자 사이의 문제로만 여기고 회피하는 태도는 가해자를 돕는 것이나 마찬가지이다.
    ① 학급의 괴롭힘 상황을
    ② 학급의 괴롭힘 상황을 가해자와 피해자 사이의 문제로만
    ③ 학급의 괴롭힘 상황을 가해자와 피해자 사이의 문제로만 여기고 회피하는 태도는
    ④ 가해자를 돕는 것이나
    ⑤ 마찬가지이다.

●정답과 해설 ●..

확인 문제 1 (1) 동물과 (2) 주목을
확인 문제 2 바비 인형의 '생산지'는 각국에서 만든 부품을 조립하여 완제품을 출시한 나라를 의미한다.

연습 문제 1. ④ 2. ④ 3. ③ 4. ③ 5. ④ 6. ④ 7. ④ 8. ③ 9. ④ 10. ④
해설 1. 서술어 '보강하다'가 목적어를 필요로 함. ②, ③은 서술어를 꾸며주는 역할 2. 서술어 '의미하다'가 목적어를 필요로 함. 3. 서술어 '관련되다'가 부사어(~에)를 필요로 함. 4. 서술어 '담당하다'가 목적어를 필요로 함. ②는 서술어를 꾸며주는 역할 5. 서술어 '되다'가 보어를 필요로 함. 6. 서술어 '인식되다'가 부사어(~으로)를 필요로 함. '원작자의 ~ 재해석하는'은 '예술 기법'을 꾸며 줌. 7. 서술어 '활용되다'가 부사어(~에, ~으로)를 필요로 함. 8. 서술어 '생산하다'가 목적어를 필요로 함. ④는 서술어를 꾸며주는 역할 9. 서술어 '받다'가 목적어를 필요로 함. ③은 서술어를 꾸며주는 역할 10. 서술어 '마찬가지이다'가 부사어(~이나, ~과)를 필요로 함. ①은 서술어 '여기는'의 목적어로 문장 전체의 필수 문장 성분은 아님.

4 **문장과 문장의 연결 고리 – 접속 표현**

문장이 모여 문단이 되기 위해서는 문장과 문장이 매끄럽게 연결되어야 해. 이때 필요한 것이 바로 **'접속 표현'**이야! 접속 표현은 앞뒤 문장의 논리적 관계에 따라 적절히 쓰여야 해.

🔖 **확인 문제 1** 〈보기〉에서 적절한 말을 선택하여 다음 문장을 완성하시오.

〈보기〉 그러므로, 그리고, 그러나

(1) 우리나라에서는 음식물 쓰레기를 처리하기 위해 한 해 25조 원 정도의 비용이 낭비되고 있다. (   ) 음식물 쓰레기가 버려지면 썩어서 토양과 물이 오염된다.

(2) 광고주들이나 방송사가 간접 광고에 대한 규정의 모호한 표현을 악용하는 사례가 매년 늘고 있다. (   ) 법이나 규정을 명확히 하여 과도한 간접 광고를 막아야 한다.

(3) 다양한 방식으로 우리 삶에 관여하는 공공 디자인에 대한 사람들의 관심이 점차 높아지고 있다. (   ) 최근 조사에 따르면 공공 디자인에 대해 만족하지 않는다는 응답이 만족한다는 응답의 두 배가 넘는 것으로 나타났다.

---

(1)의 두 문장은 음식물 쓰레기로 인한 피해라는 점에서 대등한 관계에 있어. (2)에서는 앞의 문장을 근거로 뒤의 문장에서 주장을 펼치고 있고, (3)에서는 공공 디자인을 둘러싼 상반된 상황이 제시되고 있어. 각각의 문장들을 자연스럽게 연결할 수 있는 말이 무엇일지 생각해 봐.

위와 반대로 접속 표현을 보고 뒤에 이어질 내용을 예측하는 것도 가능하지!

🔖 **확인 문제 2** 다음 문장 뒤에 이어질 내용으로 적절한 것을 고르시오.

수면 부족은 단순히 집중력을 흐리게 하는데 그치는 것이 아니라 우리의 안전을 위협한다. 그러므로 _____.

① 현대인의 수면 환경은 갈수록 열악해지고 있다.
② 수면 부족은 노화 현상과 유사한 반응을 일으킨다.
③ 생활 습관의 변화를 통해 충분한 수면을 취하는 것이 무엇보다 필요하다.

➕ **TIP!** 접속 표현의 종류 (1)

대등한 내용을 나열, 추가할 때	그리고, 또는, 및, 혹은, 게다가 등
바꿔 말하거나 요약할 때	즉, 곧, 결국, 말하자면 등
예를 들어 설명할 때	예를 들면, 예컨대, 가령, 이를테면

🗄 연습 문제

[1~8] 괄호 안에 적절한 접속 표현을 쓰시오.

1. 지렁이를 이용하는 것이 쉽지 않다. (   ) 음식물 쓰레기의 해결과 농업에의 쓰임을 고려한다면 지렁이를 활용하는 방안은 널리 보급되어야 한다.

2. 음식물 쓰레기를 제대로 처리하기 위해서는 많은 돈과 노력을 들여 대규모의 시설을 지어야 하고, 지역 주민들과 갈등을 빚기도 한다. (   ) 음식물 쓰레기를 지렁이가 먹으면 이런 문제를 해결하는 데에 도움이 된다.

3. 청소년들은 학업에 대한 부담감으로 잘 시간을 쪼개가며 공부한다. (   ) 게임이나 인터넷 문화가 널리 퍼지면서 청소년들의 수면 부족 현상이 심화되고 있다.

4. 잠을 제대로 못 자면 정신적·신경적 측면에서 젊은 사람도 노인과 비슷해진다. (   ) 36시간 동안 잠을 못 잔 20대 성인은 잠이 부족하지 않은 60대의 사람들과 유사한 행동을 하게 되는 것이다.

5. 간접 광고를 허용한 초기에는 간접 광고의 정도가 미미했다. (   ) 해가 갈수록 그 정도가 심해져 내용 전개와 무관한 간접 광고가 시청자들의 몰입을 방해하는 수준에 이르렀다.

6. 간접 광고의 대가로 광고주들은 방송 프로그램의 제작비를 지원한다. (   ) 간접 광고가 허용된 이후 광고주들의 요구가 강해지고 있다. 그 결과 프로그램의 완성도가 떨어지는 경우가 빈번해지고 있다. (   ) 광고주들은 간접 광고를 더 길게 더 자주 넣도록 요구하기 때문이다.

7. 언제 어디서나 옳다고 여겨지는 도덕은 존재하지 않는다고 보는 관점이 있다. (   ) 도덕은 시대나 장소에 따라 달라지기 때문에 상대적이라는 것이다.

8. 첫 번째 나라에서 젊은 사람들이 노인에게 자리를 양보해 주었다. 두 번째 나라에서도 젊은 사람들이 자리를 양보했고, 세 번째 나라에서도 마찬가지였다. (   ) 그는 모든 나라에서 젊은 사람들이 노인에게 자리를 양보해 준다고 생각했다. (   ) 마지막으로 방문한 나라에서는 그런 경우를 찾아볼 수 없었다.

[9~16] 다음 문장 뒤에 이어질 내용으로 적절한 것을 고르시오.

9. 지렁이가 배출한 분변토를 사용하면 화학 비료를 적게 쓸 수 있어 땅의 산성화를 막는 데에 도움이 된다. 왜냐하면 _____.
   ① 살아있는 생명인 지렁이는 적합한 환경이 아니면 살 수 없다.
   ② 지렁이는 표면과 땅속을 오가면서 지표면의 물질과 땅속의 흙을 순환시킨다.
   ③ 분변토에는 식물 생장에 필수적인 질소, 칼슘, 마그네슘, 인, 칼륨 등이 있기 때문이다.

10. 지렁이가 땅속을 오가며 만들어진 틈에 빗물이 스며들면 식물에게 필요한 수분이 저장된다. 뿐만 아니라 _____.
    ① 식물의 성장에 도움을 주기 때문이다.
    ② 이 틈은 지하수를 확보하는 데에 도움이 된다.
    ③ 수많은 미세한 굴들이 땅속에 형성되어야 한다.

11. 우리를 둘러싼 수많은 공공 디자인은 다양한 방식으로 우리 삶에 관여한다. 그렇기 때문에 _____.
    ① 공공 디자인에 대한 사람들의 관심이 점차 높아지고 있다.
    ② 공공 디자인은 실용적 기능에 창의적 상상력이 더해져 재미를 준다.
    ③ 공공 디자인이란 우리 주변의 공공 시설물을 디자인하는 행위를 의미한다.

12. 공원이나 정류장에서 흔히 볼 수 있는 벤치는 모양이나 색, 재료 등이 비슷한 경우가 많다. 하지만 _____.
    ① 급속한 경제 발전 과정에서 공공 디자인의 미적 기능을 소홀히 여겼기 때문이다.
    ② 보다 나은 공공 디자인을 위해 실용적 기능과 미적 기능의 균형을 생각해 볼 때이다.
    ③ 덴마크의 디자이너 예페 하인은 이러한 벤치를 다양한 모습으로 디자인하여 사람들이 각양각색의 자세로 쉴 수 있도록 하였다.

13. '언제 어디서나 옳다고 여겨지는 도덕이 존재하는가?'에 대해서 서로 다른 관점이 있다. 그리고 _____.
    ① 이러한 논의는 지금도 계속되고 있다.
    ② 언제 어디서나 옳다고 여겨지는 도덕은 없는 것일까?
    ③ 보편적인 도덕에 대한 인식과 함께 나와 다른 생각을 가진 사람들도 존중할 줄 아는 균형 있는 사고를 할 필요가 있다.

14. 시대나 장소와 무관하게 모든 사람들이 옳다고 여기는 보편적인 도덕이 존재한다는 관점이 있다. 예컨대 _____.

　① 문화에 따라 달라지는 다양한 가치를 수용하는데 소극적인 태도를 갖게 된다.

　② '생명을 존중해야 한다.' 등은 어느 시대와 장소에서나 보편적으로 옳다고 여겨진다.

　③ 자신이 속한 사회의 도덕이 반드시 모든 사회에 적용되어야 한다고 생각하지 않는다.

15. 수면 부족은 노화 현상과 유사한 반응을 일으킨다. 또한 _____.

　① 수면부족은 비만을 유발한다.

　② 우리나라는 만성 수면 부족 국가이다.

　③ 현대인의 수면 환경은 갈수록 열악해지고 있다.

16. 수면 시간을 10시간에서 5시간으로 줄였을 때, 식욕을 자극하는 성분은 증가하였다. 반면 _____.

　① 피실험자의 체중이 평균 4퍼센트 늘었다.

　② 수면 부족은 인간의 건강에 심각한 영향을 끼친다.

　③ 식욕을 억제하는 성분은 그만큼 줄었다는 사실이 밝혀졌다.

➕ 더 읽어보기

'지렁이의 쓰임'에 대해 ⇒ 110쪽, '간접 광고의 문제와 해결'에 대해 ⇒ 172쪽

'수면 부족 문제'에 대해 ⇒ 200쪽, '보편적 도덕과 상대적 도덕'에 대해 ⇒ 144쪽

'공공 디자인의 실용적 기능과 미적 기능'에 대해 ⇒ 190쪽

● 정답과 해설 ● ···

확인 문제 1 ① 그리고 　② 그러므로 　③ 그러나 　**확인 문제 2** ③

연습 문제 1. 하지만 　**2.** 그러나 　**3.** 게다가 　**4.** 즉 　**5.** 하지만 　**6.** 그런데, 왜냐하면 　**7.** 즉 　**8.** 그래서, 그러나('그런데' 가능) 　**9.** ③ 　**10.** ② 　**11.** ① 　**12.** ③ 　**13.** ① 　**14.** ② 　**15.** ① 　**16.** ③

해설 1. 지렁이 이용에 대한 상반된 관점을 제시 　**2.** 음식물 쓰레기를 처리하는 상반된 방안을 제시 　**3.** 수면 부족 현상을 심화시키는 현상을 나열 　**4.** 앞 문장의 내용을 자세히 풀어 뒤의 문장에서 설명 　**5.** 간접 광고 허용 초기와 현재의 상반된 상황을 제시 　**6.** 제작비를 지원하던 광고주들의 요구가 강해지는 현상을 새로운 화제로 제시. 프로그램의 완성도가 떨어지는 원인을 제시 　**7.** 앞 문장의 내용을 다른 말로 바꾸어 표현 　**8.** 첫 번째에서 세 번째 나라까지 있었던 일을 원인으로 일어난 결과를 제시. 예상했던 결과와 상반된 실제 결과 제시 　**9.** '왜냐하면' 뒤에는 앞 내용의 원인이 나와야 함. 　**10.** '뿐만 아니라'는 대등한 내용을 나열할 때 쓰임. 　**11.** '그렇기 때문에' 뒤에는 앞 문장을 원인으로 한 결과가 나와야 함. 　**12.** '하지만' 뒤에는 앞 문장과 상반된 내용이 제시되어야 함. 　**13.** '그리고' 뒤에는 대등한 내용이 제시되어야 함. 　**14.** '예컨대' 뒤에는 앞 문장을 뒷받침할 예가 나와야 함. 　**15.** '또한'은 대등한 내용을 나열할 때 쓰임. 　**16.** '반면'이 쓰이면 앞 문장과 상반된 내용이 제시되어야 함.

복잡한 문장이 나올 때는? – 문장 나누기

생뚱맞은 소리 같지만, 혹시 어렸을 때 태권도 배워본 적 있니? 태권도에서 처음 배우는 것은 바로 '품세'(기본 동작)라는 거였어. 하지만 '품세'만 연습한다고 '겨루기'(실전)를 잘할 수 있을까?

앞에서 주어, 서술어, 필수 문장 성분, 그리고 접속 표현에 대해 공부한 것은 태권도의 '품세'를 배운 것이라고 생각하면 될 거야. 이에 비해 문장 나누기는 '겨루기'인 셈이지. 그럼 이제까지 배운 것들을 제대로 써먹는 연습을 해 보자고.

'**문장 나누기**'란 긴 문장을 이해하기 쉽게 짧게 토막 내는 거야. 문장을 나누는데 정답은 없어. 다만 문장을 이해하는 데 핵심적인 정보를 구분해서 의미 단위로 자르는 것이 중요해. 그럼 의미 단위로 자른다는 것이 어떤 것인지 구체적으로 살펴보자.

🪙 확인 문제 1 다음 문장을 나눈 것으로 적절한 것은?

공공 디자인은 공공 시설물을 디자인하는 행위나 그 결과물을 의미한다.

① 공공 디자인은 / 공공 시설물을 디자인하는 행위나 그 결과물을 / 의미한다.
② 공공 디자인은 / 공공 시설물을 / 디자인하는 행위나 / 그 결과물을 / 의미한다.

---

①과 ② 중에 어떤 것이 이해하기 좋아? ①은 주어와 필수 문장 성분, 서술어에 해당하는 부분으로 나누어 이해하지 쉽지. 반면 ②는 필수 문장 성분에 해당하는 부분을 더 세분화했지만, 문장을 과도하게 나누어 오히려 이해가 어려워져.

🪙 확인 문제 2 다음 문장을 이해하기 쉽도록 '/' 표시로 나누시오.

우리를 둘러싼 수많은 공공 디자인은 다양한 방식으로 우리 삶에 관여하기 때문에 공공 디자인에 대한 사람들의 관심이 점차 높아지고 있다.

이 문장은 '때문에'를 전후로 두 개의 문장이 연결되어 있어. 이렇게 두 문장이 연결되어 있는 경우, 각각의 문장을 먼저 나누어 이해해야 해. 그리고 다시 앞뒤 문장에서 중요한 의미를 담은 부분을 구분해 주는 거지.

🪙 확인 문제 3 다음 문장을 이해하기 쉽도록 '/' 표시로 나누시오.

솔라 트리는 태양광 패널이 달린 나무 모양의 가로등으로, 주변을 밝히는 가로등의 실용적 기능에 자연의 아름다움을 더해 사람들에게 만족감과 편안함을 주고 있다.

이번에도 여러 문장이 결합한 형태야. '솔라 트리'에 대한 정의, '솔라 트리'의 특징과 그로 인한 효과에 해당하는 부분 등 내용상 구분되는 부분으로 나누어 볼 수 있겠어.

연습 문제

[1~8] 다음 중 의미 단위로 문장을 나눈 것으로 더 적절한 것은?

1. 우리나라에서 지렁이는 소나 돼지처럼 법으로 정한 가축이다.
   ① 우리나라에서 / 지렁이는 소나 돼지처럼 / 법으로 정한 / 가축이다.
   ② 우리나라에서 / 지렁이는 / 소나 돼지처럼 / 법으로 정한 / 가축이다.

2. 최근 지렁이가 주목받고 있으며 각 가정에서의 활용도 차츰 늘어나고 있다.
   ① 최근 / 지렁이가 주목받고 있으며 / 각 가정에서의 활용도 / 차츰 늘어나고 있다.
   ② 최근 지렁이가 주목받고 / 있으며 / 각 가정에서의 활용도 / 차츰 늘어나고 / 있다.

3. 지렁이는 소화 과정에서 해로운 미생물을 제거하고 식물 생장에 필수적인 질소, 칼슘, 마그네슘, 인, 칼륨 등이 포함된 분변토를 배출한다.
   ① 지렁이는 소화 과정에서 / 해로운 미생물을 제거하고 / 식물 생장에 / 필수적인 질소, 칼슘, 마그네슘, 인, 칼륨 등이 / 포함된 분변토를 배출한다.
   ② 지렁이는 / 소화 과정에서 해로운 미생물을 제거하고 / 식물 생장에 필수적인 / 질소, 칼슘, 마그네슘, 인, 칼륨 등이 포함된 / 분변토를 배출한다.

4. 살아 있는 생명인 지렁이는 적합한 환경이 아니면 살 수 없다.
   ① 살아 있는 생명인 지렁이는 / 적합한 환경이 아니면 / 살 수 없다.
   ② 살아 있는 생명인 / 지렁이는 적합한 환경이 아니면 / 살 수 없다.

5. 지렁이가 살기 위해서 온도는 늘 15~25도로, 흙의 수분은 20%로 유지해야 하는 관리의 어려움이 있다.
   ① 지렁이가 / 살기 위해서 온도는 늘 15~25도로, / 흙의 수분은 20%로 유지해야 하는 / 관리의 어려움이 있다.
   ② 지렁이가 살기 위해서 / 온도는 늘 15~25도로, / 흙의 수분은 20%로 유지해야 하는 / 관리의 어려움이 있다.

6. 간접 광고로 인해 드라마나 오락 프로그램의 완성도가 떨어지는 경우가 빈번해지고 있다.
   ① 간접 광고로 인해 드라마나 오락 프로그램의 완성도가 / 떨어지는 경우가 / 빈번해지고 있다.
   ② 간접 광고로 인해 / 드라마나 오락 프로그램의 완성도가 떨어지는 경우가 / 빈번해지고 있다.

7. 간접 광고는 특정한 기업이나 상품에 대한 무의식적인 각인 효과를 시청자에게 심어준다는 문제가 있다.
    ① 간접 광고는 / 특정한 기업이나 상품에 대한 / 무의식적인 각인 효과를 / 시청자에게 심어준다는 / 문제가 있다.
    ② 간접 광고는 / 특정한 기업이나 / 상품에 대한 무의식적인 / 각인 효과를 / 시청자에게 심어준다는 / 문제가 있다.

8. 프로그램 앞뒤에 하는 광고는 시청자가 볼 것인가 말 것인가를 선택할 수 있지만, 간접 광고는 프로그램 내에 포함되어 있어 그렇게 할 수 없다.
    ① 프로그램 앞뒤에 하는 광고는 / 시청자가 볼 것인가 말 것인가를 / 선택할 수 있지만, / 간접 광고는 / 프로그램 내에 포함되어 있어 / 그렇게 할 수 없다.
    ② 프로그램 앞뒤에 하는 광고는 / 시청자가 / 볼 것인가 말 것인가를 / 선택할 수 있지만, / 간접 광고는 / 프로그램 내에 포함되어 있어 / 그렇게 할 수 없다.

[9~17] 다음 문장들을 이해하기 쉽도록 '/' 표시로 나누시오.

9. 혐오스러워 보이지만 지렁이는 음식물 쓰레기를 줄이는 일등 공신이다.

10. 지렁이의 먹이는 염분 농도가 낮아야 하기 때문에 국이나 찌개를 많이 먹는 우리 음식 문화에서는 소금기를 낮추는 별도의 처리가 필요하다.

11. 옛 소련의 체르노빌과 미국 스리마일 섬의 원자력발전소 사고는 수면 부족에 의한 인재였다.

12. 졸음운전은 면허 취소 수준을 훨씬 넘는 혈중 알코올 농도 0.17퍼센트의 음주 운전과 상태가 비슷하다는 것이 전문가들의 분석이다.

13. 지난해 국내의 한 대학 병원에서 성인 남녀를 대상으로 수면 실태를 조사했더니, 자신의 수면이 정상이라고 생각하는 사람이 50.6퍼센트에 불과했다.

14. 이들마저도 하루 평균 수면 시간은 최적 수면 시간인 7시간 30분에 크게 못 미치는 6시간 18분이었다.

15. 업무량의 증가로 늦어진 퇴근 시간, 시차가 있는 외국과의 업무, 텔레비전 시청이나 컴퓨터의 사용 등으로 수면 여건은 갈수록 나빠지고 있다.

16. 수면 부족은 인간의 건강에 심각한 영향을 끼치는데, 비만을 유발하기도 한다.

17. 영국의 한 대학에서 성인 1,000명을 대상으로 수면 시간을 10시간에서 5시간으로 줄이는 실험을 한 결과, 피실험자의 체중이 평균 4퍼센트 늘었다.

● 정답과 해설 ● ....

확인 문제 1 ① **확인 문제 2** 우리를 둘러싼 수많은 공공 디자인은 / 다양한 방식으로 우리 삶에 관여하기 때문에 / 공공 디자인에 대한 사람들의 관심이 / 점차 높아지고 있다. **확인 문제 3** 솔라 트리는 / 태양광 패널이 달린 나무 모양의 가로등으로, / 주변을 밝히는 가로등의 실용적 기능에 자연의 아름다움을 더해 / 사람들에게 만족감과 편안함을 주고 있다.

연습 문제 1. ② 2. ① 3. ② 4. ① 5. ② 6. ② 7. ① 8. ① 9. 혐오스러워 보이지만 / 지렁이는 / 음식물 쓰레기를 줄이는 / 일등 공신이다. 10. 지렁이의 먹이는 / 염분 농도가 낮아야 하기 때문에 / 국이나 찌개를 많이 먹는 우리 음식 문화에서는 / 소금기를 낮추는 별도의 처리가 / 필요하다. 11. 옛 소련의 체르노빌과 미국 스리마일 섬의 원자력발전소 사고는 / 수면 부족에 의한 인재였다. 12. 졸음운전은 / 면허 취소 수준을 훨씬 넘는 / 혈중 알코올 농도 0.17퍼센트의 음주 운전과 / 상태가 비슷하다는 것이 / 전문가들의 분석이다. 13. 지난해 국내의 한 대학 병원에서 / 성인 남녀를 대상으로 / 수면 실태를 조사했더니, / 자신의 수면이 정상이라고 생각하는 사람이 / 50.6퍼센트에 불과했다. 14. 이들마저도 / 하루 평균 수면 시간은 / 최적 수면 시간인 7시간 30분에 / 크게 못 미치는 6시간 18분이었다. 15. 업무량의 증가로 늦어진 퇴근 시간, / 시차가 있는 외국과의 업무, / 텔레비전 시청이나 컴퓨터의 사용 등으로 / 수면 여건은 갈수록 나빠지고 있다. 16. 수면 부족은 / 인간의 건강에 심각한 영향을 끼치는데, / 비만을 유발하기도 한다. 17. 영국의 한 대학에서 / 성인 1,000명을 대상으로 / 수면 시간을 10시간에서 5시간으로 줄이는 실험을 한 결과, / 피실험자의 체중이 / 평균 4퍼센트 늘었다.

해설 ※ 문장 나누기에 더 좋은 답은 있겠지만, 완전한 정답은 없음을 떠올려 주기 바람. 1. 수식어/주어/수식어/수식어/서술어 2. 수식어/주어+서술어/수식어/서술어 3. 주어/목적어+서술어/수식어/수식어/목적어+서술어 4. 주어/보어+서술어/서술어 5. 주어+서술어/주어+서술어/주어+서술어/주어+서술어 6. 수식어/주어/서술어 7. 주어/수식어/목적어/수식어/서술어(주어+서술어) 8. 주어/목적어/서술어/주어/수식어/서술어 9. 서술어/주어/목적어+서술어/서술어 10. 주어/주어+서술어/수식어/주어/서술어 11. 주어/서술어 12. 주어/수식어/수식어/주어(주어+서술어)/서술어 13. 수식어/수식어/목적어+서술어/주어/서술어 14. 수식어/주어/수식어/서술어 15. 나열된 것을 나눔/주어+서술어 16. 주어/목적어+서술어/목적어+서술어 17. 수식어/수식어/목적어+서술어/주어/서술어

II | 문장 간의 관계

이제 '문장'이 뭔지 알겠지? 이번에는 문장들이 연결되는 방식을 살펴 볼 거야.
각각의 이름을 외우기보다, 개념을 이해하려 노력하길 바라!

1 대등과 병렬

"BTS는 멋있다. 그리고 노래를 잘한다."라는 문장이 있어. 반대로 "BTS는 노래를 잘한다. 그리고 멋있다."라는 문장도 있어. 어때? 앞뒤 문장이 바뀌어도 큰 의미 차이는 없지? 의미 차이가 없는 이유는 두 문장이 대등하기 때문이야.

이렇게 서로 견주어 비슷한 것들을 늘어놓은 것을 '대등'이라고 말해. '병렬'은 나란히 늘어놓는다는 뜻을 가진 단어니까 서로 비슷한 의미의 용어로 볼 수 있지.

> **확인 문제 1** 다음 중 두 문장의 관계가 대등한 것은?
>
> ① 유년기의 아이들은 주로 부모의 행동을 흉내 낸다. 그리고 소년기의 학생들은 급우와 교사의 행동을 모방한다.
> ② 소년기의 학생들은 아찔한 롤러코스터를 일부러 타곤 한다. 왜냐하면 신체적 경험이 무너지는 현기증을 체험할 수 있기 때문이다.

2 비교과 대조

"선생님, 쟤랑 나랑 비교하지 마세요!"

이때 비교는 사전적 의미로, 둘을 견주어 본다는 의미로 쓰여. 하지만 국어 시간에 사용하는 **'비교'**는 두 대상의 공통점에 초점을 맞추어 진술하는 방식을, **'대조'**는 두 대상의 차이점에 초점을 맞추어 진술하는 방식을 말해. 그러니까 국어 시간의 용어로 말한다면 이렇게 말해야지.

"선생님, 쟤랑 나랑 **대조**하지 마세요!"

> **확인 문제 2** 다음 중 적절한 말에 동그라미를 치시오.
>
> 엄지를 치켜세우는 손짓은 흔히 '최고다' 혹은 '좋다', '잘했다'의 의미이다. 하지만 서아시아 지역에서는 상대방을 모욕하는 의미가 있으므로 각별히 주의해야 한다.
> ⇒ 손짓의 의미가 나타내는 (공통점, 차이점)에 대한 내용이므로, (비교, 대조)의 예이다.

3 원인과 결과

"물만 먹었는데 살이 쪘어."

'**원인**'은 어떤 현상의 근본이 된 일을, '**결과**'는 원인으로 인해 일어난 현상을 말해. 여기서 원인은 물을 마신 행동이고, 결과는 살이 찐 것이지. 그런데 정말 물만 먹었는데 살이 쪘을까? 그 친구에게 물어보자. 도대체 왜 목이 마른 거냐고. 물 먹기 전에 무엇을 먹은 거냐고!

원인과 결과는 매우 밀접한 관계라서 뒷 글자를 따서 **인과 관계**라고 묶어 말하기도 한단다.

확인 문제 3 다음 내용 중 원인에 해당하는 부분에 밑줄을 치시오.

사회가 남자 아이에게는 활동성을 강조하는 데 비해, 여자 아이에게는 얌전하게 가정을 벗어나지 않도록 교육한다. 이러한 차이 때문에 여성이 정치 참여에 소극적인 것이었다.

잠깐! 이번 단원은 '문장 간의 관계'를 다루고 있는데 위의 예 "물만 먹었는데 살이 쪘어."는 한 문장이라는 걸 눈치챘어? 둘 이상의 문장이 결합하여 만들어진 문장(이어진 문장이나 안은 문장)의 경우에도 두 문장이라 생각하고 문장 간 관계를 잘 살펴야 해!

연습 문제

1. 다음 중 두 문장의 관계가 대등한 것은?

① 아이들은 달리기로 경쟁하여 목표 지점에 먼저 도달하는 놀이를 한다. 혹은 시간을 정해 놓고 더 많은 점수를 얻으려는 놀이를 한다.

② 놀이에서 경쟁의 속성은 스포츠나 각종 선발 시험 등에서 순위를 결정하는 원리로 변화한다. 그래서 사회 제도의 기본 원칙으로 활용되고 있다.

2. 다음 중 서로 관련 있는 것을 연결하시오.

(1) 비교 •

(2) 대조 •

(3) 인과 •

• ㉠ 소, 돼지 등을 기를 때 발생하는 온실 가스는 지구 전체 온실 가스 발생의 18% 이상을 차지한다. 반면 애벌레, 귀뚜라미 등의 곤충을 기를 때 발생하는 온실 가스는 소나 돼지의 경우보다 약 100배 정도 적다.

• ㉡ 누에는 태어난 지 20일 만에 몸무게가 1,000배나 늘어난다. 큰메뚜기의 경우에는 하루 만에 몸집이 2배 이상 커질 수 있다. 이처럼 곤충은 성장 속도가 놀랍도록 빠르다.

• ㉢ 손짓은 다른 신체 부위와 결합하여 다양한 움직임을 만들어 내고, 여기에 인간의 사고와 심리 상태 등의 메시지가 담긴다. 이로써 의사소통 방식이 훨씬 풍부해지고 다양해진다.

3. 다음 문장에 대해 옳게 말한 학생으로 적절한 것은?

(1) 유성은 대기와의 마찰로 빛을 내며 녹게 된다. 그리고 남은 덩어리가 땅에 떨어져 운석이 된다.

　① RM: 유성과 운석이 지닌 공통점에 대해 설명하고 있어.

　② 슈가: 운석의 생성 과정을 인과 관계를 통해 설명하고 있어.

(2) 운석은 초당 10~20km의 엄청난 속도로 지구에 진입한다. 그래서 사람을 다치게 하거나 건물을 부수기도 한다.

　① 진: 뒤의 문장을 원인으로, 앞 문장과 같은 결과가 일어났어.

　② 제이홉: 운석이 일으키는 두 가지 피해를 병렬적으로 제시하고 있어.

(3) 크기가 매우 큰 운석은 거의 초기 속도를 유지한 채 지표에 충돌해 거대한 충돌구를 만든다. 크기가 작은 경우에는 속도가 빨리 줄어 지구 표면에 충돌구를 만들지 못한다.

　① 뷔: 두 종류의 운석이 일으키는 현상의 공통점을 비교하고 있어.

　② 지민: 크기가 큰 운석과 작은 운석이 대조되는 점을 설명하고 있어.

　③ 정국: 앞뒤의 두 문장을 바꾸어 쓰면 의미 차이가 생겨서 바꿀 수 없어.

✚ 더 읽어보기

'놀이의 속성'에 대해 ⇒ 164쪽, '손짓의 의미'에 대해 ⇒ 104쪽

'여성의 정치 참여'에 대해 ⇒ 130쪽, '식용 곤충의 장점'에 대해 ⇒ 202쪽

'운석의 생성 과정과 가치'에 대해 ⇒ 168쪽

● 정답과 해설 ●

확인 문제 1 ①　**확인 문제 2** 차이점, 대조　**확인 문제 3** 사회가 남자 아이에게는 활동성을 강조하는 데 비해, 여자 아이에게는 얌전하게 가정을 벗어나지 않도록 교육한다. 이러한 차이 때문에 여성이 정치 참여에 소극적인 것이었다.

해설　확인 문제 1 ②–원인과 결과　**확인 문제 2** 엄지를 치켜세우는 손짓의 일반적 의미와 서아시아 지역에서의 의미 차이 설명　**확인 문제 3** 앞 문장이 원인, 뒤 문장이 결과

연습 문제 1. ①　**2.** (1)–ⓒ,　(2)–㉠,　(3)–ⓒ　**3.** (1) ②　(2) ②　(3) ②

해설 1. ②–원인과 결과　**2.** ㉠–소, 돼지를 기를 때, 곤충을 기를 때의 차이점에 초점, ⓒ–누에와 큰메뚜기의 성장 속도가 빠르다는 공통점에 초점, ⓒ–앞 문장이 원인, 뒤 문장이 결과　**3.** (1) 대기와의 마찰이 원인, 빛을 내며 녹고 남은 덩어리가 땅에 떨어지는 것이 결과 (2) 앞의 문장이 원인, 뒤의 문장이 결과 (3) 큰 운석과 작은 운석이 지구 표면에 충돌했을 때 결과의 차이점을 부각

4 전제와 주지

"신은 평범한 사람들을 좋아한다. 그것이 바로 그분께서 보통 사람들을 이렇게 많이 창조하신 이유다." – 에이브러햄 링컨

신이 평범한 사람들을 좋아한다니, 마음이 편안해지지 않아? 이 말은 '신은 평범한 사람들을 좋아한다.'라는 내용을 바탕으로, '그분(신)께서 보통 사람들을 이렇게 많이 창조'하였다는 결론을 끄집어내고 있어. (실은 여기에 '신은 좋아하는 것을 많이 창조한다.'는 또 다른 전제도 숨어 있지!) 이렇게 결론의 기초가 되는 판단을 '전제'라고 불러. 이 전제를 기초로 나온 중심 생각이나 결론을 '주지'라 하고.

> 🏺 **확인 문제 4** 다음 중 '전제'에 해당하는 부분에 밑줄을 치시오.
>
> 근본적으로 손짓은 문화적 토양을 바탕으로 생성된다. 따라서 손짓은 서로 다른 지역에서 그곳의 관습과 문화에 따라 전혀 다른 의미로 받아들여지기도 한다.

5 주지와 상세화

"늘 널 생각해. 그래 널 생각해. 바쁜 하루의 순간 순간 그 순간도 니가 보여."

'널 생각해'라는 노래의 가사야. 이 노래의 주인공은 '늘' 너를 생각하는 마음을 밝히고, '바쁜 하루의 순간 순간'이라고 구체적으로 다시 설명하고 있지? 이렇게 말이나 글의 핵심이 되는 내용을 '주지', 이를 낱낱이 자세하게 설명하는 것을 '상세화'라고 해.

> 🏺 **확인 문제 5** 다음 중 '주지'에 해당하는 부분에 밑줄을 치시오.
>
> 식용 곤충의 또 다른 장점은 영양이 매우 풍부하다는 것이다. 식용 곤충의 단백질 비율은 쇠고기, 생선과 유사하고 오메가 3의 비율은 쇠고기, 돼지고기보다 높다.

6 첨가와 보충

"잠이 들어 꿈꾸는 순간도 내 앞에 웃는 그런 너를 생각해."

이 노래의 주인공은 너를 생각하는 마음을 그렇게 말하고도 설명이 부족했는지 이런 내용을 덧붙였어. '첨가'와 '보충'은 이렇듯 앞서 말한 부분에 대해 보완 설명을 덧붙이는 것을 말해. 보통 '더구나, 게다가, 그뿐 아니라' 등으로 연결할 수 있는 부분이지.

> 🏺 **확인 문제 6** 다음 중 '첨가'에 해당하는 부분에 밑줄을 치시오.
>
> 식용 곤충의 또 다른 장점은 영양이 매우 풍부하다는 것이다. 식용 곤충의 단백질 비율은 쇠고기, 생선과 유사하고 오메가 3의 비율은 쇠고기, 돼지고기보다 높다. 게다가 식용 곤충은 건강에 좋은 리놀레산, 키토산을 비롯하여 각종 미네랄과 비타민까지 골고루 함유하고 있다.

1. 다음 내용에서 '전제'에 해당하는 부분으로 적절한 것은?

(1) ① 전문가들에 따르면 2050년에 전 세계 인구는 90억 명을 넘을 것이며 ② 그에 따라 식량 생산량도 늘려야 한다고 한다.

(2) ① 기업의 경영 행위는 소비자와 지역 사회에 막대한 영향을 끼친다. ② 현대사회에서는 기업과 소비자, 기업과 지역 사회의 관계가 매우 밀접하기 때문이다.

(3) ① 흔히 정치를 '권력을 얻기 위한 경쟁'이라고 하는데, '권력'이나 '경쟁'은 여성보다 남성에게 더 친숙하다. ② 그래서 여성의 정치 참여율이 낮은 것이다.

2. 다음 중 '주지와 상세화'의 관계가 나타난 것은?

① 세상의 절반은 여성이지만 정치 분야에 진출한 여성은 매우 적다. 유엔 인류발전보고서 (2004년)에 따르면 여성 의원 비율이 미국은 14%, 한국은 5.9%에 지나지 않는다.
② 민주주의의 이상은 자유, 평등, 인간 존중의 실현을 목표로 한다. 여성이 남성과 동등한 정치 참여를 못하고 있는 것은 민주주의의 이상과 맞지 않는 것이다.
③ 일반적으로 여성은 경쟁보다 나눔, 힘보다 설득이나 조화에 더 가치를 두는 편이다. 그래서 정치를 나눔과 돌봄, 공존과 조화로 보면 여성의 정치 참여는 한결 쉬워진다.
④ 의석 할당제는 의원 수의 일부를 여성의 몫으로 정하는 것이다. 그리고 후보 할당제는 의원 수가 아니라 의원이 될 수 있는 후보의 일정 비율을 여성으로 정하는 제도이다.

3. 다음 내용을 읽은 학생들의 반응으로 적절하지 <u>않은</u> 것은?

(1) ㉠ 한 기업이 망하면 직원들과 관련 기업들이 어려움을 겪게 된다. ㉡ 더군다나 지역 사회와 국가 경제도 타격을 받게 된다. ㉢ 그래서 기업은 투명하고 효율적인 경영으로 기업을 유지할 책임이 있다.

① 사나: ㉠은 ㉢을 상세히 풀어 설명하고 있어.
② 지효: ㉡은 ㉠에 대한 보완 설명을 하고 있어.
③ 미나: ㉢은 ㉠, ㉡의 뒷받침을 받는 주지에 해당해.

(2) ㉠ 인류는 자원의 고갈과 환경 파괴의 위기 속에서 살아가야 한다. ㉡ 그런데 식용 곤충은 경제적이면서도 영양이 풍부하고, 친환경적이다. ㉢ 그러므로 식용 곤충은 인류에게 더할 나위 없이 좋은 미래 식량이다.

① 다현: ㉠은 ㉢을 설명하기 위한 전제에 해당해.
② 채영: ㉡은 ㉠에 대한 이해를 돕기 위해 첨가한 내용이야.
③ 쯔위: ㉢은 ㉠, ㉡을 통해 끌어낸 결론에 해당하는 내용이야.

(3) ㉠ 손은 다른 신체 부위에 비해 움직임이 자유롭고 모양을 만들기가 쉬워서 다양한 감정과 생각을 담아 손짓으로 표현할 수 있다. ㉡ 박수는 칭찬과 격려를, 기도하는 두 손은 염원의 메시지를 전한다. ㉢ 사랑한다는 말 대신 손을 지그시 잡는다거나, 힘내라는 말보다 등을 토닥이며 위로를 전하는 손짓이야말로 말보다 더 강력한 힘을 가진다.

① 나연: ㉠은 ㉡, ㉢의 내용을 포괄할 수 있어.
② 정연: ㉡은 ㉠의 내용을 자세히 설명하고 있어.
③ 모모: ㉡, ㉢은 주지와 상세화의 관계로 볼 수 있어.

(4) ㉠ 지구 밖에서 온 운석은 태양계의 비밀을 풀 수 있는 중요한 자료가 된다. ㉡ 태양계가 탄생할 때 생겨난 운석에는 태양계가 탄생할 당시에 어떤 일이 있었는지를 알 수 있는 정보를 담고 있다. ㉢ 뿐만 아니라 태양계가 생성된 이후의 운석에는 소행성이나 화성과 같은 행성의 초기 진화에 대한 기록이 보존되어 있다.

① 초롱: ㉠은 ㉠~㉢에서 말하고자 하는 핵심 정보를 담고 있어.
② 보미: ㉡은 ㉠의 내용을 기초로 나온 중심 생각을 담고 있어.
③ 은지: ㉢은 ㉡에서 다하지 못한 내용을 덧붙여 설명하고 있어.

(5) ㉠ 지구에 떨어지는 운석의 상당수는 남극에서 발견된다. ㉡ 왜냐하면 특정 장소에 운석이 모이게 되는 남극의 특수한 지형 조건 때문이다. ㉢ 빙하는 꾸준히 낮은 곳으로 이동하는데, 이동 중에 산맥에 의해 가로막히면 앞부분의 빙하가 밀려서 위로 상승하게 된다.

① 나은: ㉠은 ㉡을 전제로 이끌어낸 중심 내용이야.
② 남주: ㉡은 ㉢의 결론을 이끌어내는 근거로 볼 수 있어.
③ 하영: ㉢은 ㉡을 이해하기 쉽게 풀어 설명하는 내용이야.

●정답과 해설●--

확인 문제 4 근본적으로 손짓은 문화적 토양을 바탕으로 생성된다. **확인 문제 5** 식용 곤충의 또 다른 장점은 영양이 매우 풍부하다는 것이다. **확인 문제 6** 게다가 식용 곤충은 건강에 좋은 리놀레산, 키토산을 비롯하여 각종 미네랄과 비타민까지 골고루 함유하고 있다.

해설 확인 문제 4 손짓의 근본적 특성에서 손짓의 지역별 의미가 다르다는 결론을 도출 **확인 문제 5** 식용 곤충의 영양을 단백질과 오메가 3의 비율로 상세화 **확인 문제 6** 단백질, 오메가 3의 비율에 덧붙여 함유 성분의 내용을 첨가

연습 문제 1. (1) ① (2) ② (3) ① 2. ① 3. (1) ① (2) ② (3) ③ (4) ② (5) ②
해설 1. (1) 인구 증가를 전제로 식량 생산량 증대라는 결론을 도출 (2) 기업, 소비자, 지역 사회의 밀접함을 전제로 기업의 경영 행위가 미치는 영향을 설명 (3) 권력이나 경쟁이 남성에게 친숙함을 전제로 여성의 정치 참여율을 설명 2. ②, ③-전제와 주지, ④-비교와 대조 3. (1) ㉠은 ㉢의 전제 (2) 첨가는 앞 내용에 설명을 덧붙인 것. 그러나 ㉡은 ㉠과 다른 화제를 제시 (3) ㉡, ㉢은 모두 ㉠의 예시 (4) ㉠이 중심 생각 (5) ㉢은 ㉡ 중 '특수한 지형 조건'을 상세화한 내용

인용

　꼭 부자가 되지 않아도 자신이 좋아하는 일을 하며 산다면 성공한 삶이라고 할 수 있지 않을까? 사람마다 성공의 기준이 다르니까 말이야. 공자도 이렇게 말한 바 있거든. "부가 만약 노력해서 얻을 수 있는 것이라면, 비록 말채찍을 잡는 일이라도 내 기꺼이 하겠다. 그러나 노력한다고 부자가 될 수 없다면 나는 내가 좋아하는 일을 하겠다."라고 말이야.

　'인용'은 이렇게 남의 말이나 글을 자신의 말이나 글에 끌어 쓰는 것을 말해. 대개 신뢰할 수 있는 전문가의 말, 혹은 속담 등을 활용해서 자신의 생각이나 주장을 강화하는 기능을 하지. 위에서 '자신이 좋아하는 일을 하는 것이 성공한 삶'이라고 주장하기 위해 공자의 말을 인용한 것처럼 말이야.

> 🥚 **확인 문제 7** 다음 중 '인용'에 해당하는 부분에 밑줄을 치시오.
>
> 　사회적 책임 경영 컨설팅 기업인 콘 로퍼의 '기업 시민 정신에 대한 보고서'를 보면, 소비자 10명 중 8명 이상은 가격이 비슷하면 사회적 책임을 위해 노력하는 기업의 제품을 선택하겠다는 대답을 했다고 한다.

가정

　"맛있으면 0칼로리."

　예로부터 이런 귀한 말씀이 전해오고 있지. **'가정'**은 사실인지 아닌지 여부를 떠나서 분명하지 않은 것을 임시로 인정하는 것을 말해. 주로 '만약, 만일' 등으로 시작하고, 뒤의 내용과 '~(으)면, ~라면' 등으로 연결되지.

> 🥚 **확인 문제 8** 다음 중 '가정'에 해당하는 부분에 밑줄을 치시오.
>
> (1) 투명하게 경영하고 윤리적으로 제품을 생산하며 이익을 지역 사회에 환원하면 그만큼 기업의 이익은 줄어들 것이라 생각할 수도 있다.
> (2) 그러나 장기적으로 보면 이미지가 좋아지고 소비자의 신뢰를 얻을 수 있기 때문에 기업은 더 큰 혜택을 받을 수 있다.

　그런데 정말 맛있으면 0칼로리일까? 인과 관계도 정확하게 따져 봐야겠지? [확인 문제 8]의 (1), (2)도 마찬가지야. (1)에서 가정한 내용이 적절치 않다는 것을 증명하기 위해 (2)에서 '이미지가 좋아지고 소비자의 신뢰를 얻을 수 있다.'는 내용을 근거로 제시하고 있지.

　이렇게 가정이 쓰였을 때, 가정한 내용과 관련된 원인이나 결과가 타당한 것인지 입증하는 과정이 글 속에 함께 제시되는 경우가 있어. 이때 문장의 논리적 타당성을 잘 따져 보아야 해.

1. 다음 중 '인용'이 쓰인 문장이 <u>아닌</u> 것은?

① 로제 카이와라는 학자는 놀이가 인간의 사회적, 제도적 측면에서 네 가지 속성을 가지고 있다고 주장했다.

② 전문가들에 따르면 2050년에 전 세계 인구는 90억 명을 넘을 것이며 그에 따라 식량 생산량도 늘려야 한다고 한다.

③ 아리스토텔레스 이후 많은 철학자들이 모방을 예술의 기본 원리로 파악했고, 배우는 이러한 모방을 전문화한 직업이라고 할 수 있다.

④ 유엔 인류발전보고서(2004년)에 따르면 여성의 정치 참여율이 가장 높은 스웨덴의 여성 의원 비율이 45.3%이고, 미국은 14%, 한국은 5.9%에 지나지 않는다.

2. 다음 중 '가정'이 쓰인 문장이 <u>아닌</u> 것은?

① 가축 대신 식용 곤충을 키우면 필요한 토지, 노동력, 사료가 크게 절감된다.

② 어린아이들은 어른들이 자신들의 몸을 공중에 던져 주면 환호성을 지르며 열광한다.

③ 상대방이 말로는 '괜찮다'고 하면서도 표정이 어둡거나 손을 부르르 떨고 있으면 우리는 '괜찮다'는 그 말을 믿지 않는다.

④ 축구 경기가 경쟁을 통해 승패를 결정하는 행위인 반면 조 추첨을 통한 부전승은 실력을 고려하지 않고 운에 영향을 받는 행위이다.

● 정답과 해설 ● ···········

확인 문제 7 사회적 책임 경영 컨설팅 기업인 콘 로퍼의 '기업 시민 정신에 대한 보고서'를 보면, <u>소비자 10명 중 8명 이상은 가격이 비슷하면 사회적 책임을 위해 노력하는 기업의 제품을 선택하겠다는 대답을 했다고 한다.</u>
확인 문제 8 <u>투명하게 경영하고 윤리적으로 제품을 생산하며 이익을 지역 사회에 환원하면</u> 그만큼 기업의 이익은 줄어들 것이라 생각할 수도 있다.

해설 확인 문제 7 콘 로퍼에서 작성한 보고서의 내용을 인용 **확인 문제 8** 기업 경영이 투명하고 윤리적인 상황을 가정

연습 문제 1. ③ **2.** ④
해설 1. ③ 인용이 아니라 배우가 모방을 전문화한 직업임을 강조한 표현 **2.** '반면'은 앞의 내용과 뒤의 내용이 상반됨을 나타냄.

Ⅲ | 문장 독해의 실제

앞에서 문장이 모여 의미를 형성하는 과정을 잘 확인했지?
지금까지 배운 내용을 제대로 이해했는지 종합적으로 확인해 보자.

1 주어, 서술어 찾기

　주어와 서술어는 문장을 구성하는 핵심이라는 사실을 앞서 살펴봤지? 그런데 주어, 서술어가 어떤
문장에서는 두 번 이상 발견되기도 해. 다음 문장들을 볼까?

> **🗜 확인 문제**　다음 문장에 표시된 주어부나 서술부와 주술관계에 있는 부분을 찾아, 주어부는
> 동그라미, 서술부는 네모로 표시하시오.
>
> (1) 사람들은 뇌의 영역별로 나누어 맡는 기능이 [고정되어 있음]을 [알게 되었다.]
> (2) (인간은) 각자의 환경에서 여러 가지를 경험하는데, 그 경험에 따라 (뇌의 각 영역별 기
> 능이) [달라지기도 한다.]

　(1)은 '안은 문장', (2)는 '이어진 문장'이라고 불리는데, 각각 문장 구조가 이렇게 되어 있어.

'안은 문장'의 문장 구조	'이어진 문장'의 문장 구조
주어 + (주어 + 서술어) + 서술어 안긴 문장	(주어 + 서술어) + (주어 + 서술어)

　'안은 문장'에서는 안긴 문장이 안고 있는 문장의 문장 성분 역할을 하게 된다는 것이 핵심이야! (1)
에서 안긴 문장은 '뇌의 영역별로 나누어 맡는 기능이 고정되어 있다.'이고, 안고 있는 문장은 '사람들
은 (　　　)을 알게 되었다.'야. 이런 문장 구조를 보이는 예를 더 볼까?

　"나는 네가 어젯밤에 한 일을 알고 있다!"

　'안은 문장'과 '이어진 문장'은 모두 둘 이상의 문장이 결합하여 만들어진 문장이야. 그래서 많은 정
보를 압축적으로 전달할 수 있다는 장점이 있지. 하지만 반대로 생각하면 많은 정보가 짧은 문장 속에
들어 있다는 말이니까 주위를 기울여 이해해야 해!

실전 문제

[1~4] 다음 문장에 표시된 주어부와 호응하는 서술부를 찾아 네모로 표시하시오.

1. 지구는 약 130억 명이 먹을 수 있는 식량을 생산할 수 있다.

2. 일부 거대 곡물 회사들이 현재 식량 문제의 주도권을 쥐고 있다.

3. 미술에서의 '프로파일(profile)'은 사람의 측면을 묘사함으로써 인물의 핵심적인 특징을 뽑아 낸 그림을 가리킨다.

4. 이런 프로파일 초상화가 중세 말에서 르네상스 무렵에 서양에서 많이 그려졌다.

[5~8] 다음 문장에 표시된 서술부와 호응하는 주어부를 찾아 동그라미로 표시하시오.

5. 인간의 뇌에는 기억을 저장하고 떠올리는 과정에서 중요한 역할을 하는 '해마'라는 기관이 있다.

6. 시시때때로 새로운 길을 탐색해야 하는 택시 기사의 해마가 정해진 노선대로 운전해야 하는 버스 기사의 해마보다 더 컸다.

7. 동양, 특히 중국에서는 오히려 정면상이 발달하였다.

8. 중국인들은 대상의 인품과 특징을 압축적으로 나타내기에 정면상이 더 적합하다고 여겼다.

[9~14] 다음 문장에 표시된 것과 주술관계에 있는 부분을 찾아, 주어부는 동그라미, 서술부는 네모로 표시하시오.

9. 공급 능력 대비 수요를 고려하면 굶주림에 시달리는 사람이 없어야 하고 식량 가격은 지금보다 훨씬 낮아야 한다.

10. 2008년 세계 곡물파동 당시 식량 가격이 마구 치솟아 수많은 빈민들이 굶주림으로 허덕였는데, 오히려 이 회사들의 이익은 40% 이상 높아졌다.

11. 선진국에서도 기업의 이윤 극대화보다 더 중요한 것이 인간의 최소 생존권임을 인정하고 있다.

12. 우리는 인간이 신체 부위에 따라 다른 이미지 면이 떠오르는 존재임을 확인하였다.

13. 대부분의 고대 이집트 벽화에서 사람의 얼굴과 다리는 측면에서 본 모습으로, 가슴과 눈은 정면에서 본 모습으로 나타난다.

14. 이 혼합 형식으로부터 우리가 확인할 수 있는 것은, 인간이 신체 부위에 따라 정면이 먼저 떠오르기도 하고 측면이 먼저 떠오르기도 하는 존재라는 사실이다.

[15~20] 다음 문장에 표시된 서술어가 요구하는 필수 문장 성분을 찾아 밑줄 치시오.

15. 우리나라 지도는 국토의 절반 이상이 산지로 이루어져 있고, 산줄기로 묶여 있다.

16. 산줄기는 사람들이 산을 연결하여 인식하는 선으로 서구적 관점과 전통적 관점에 따라 다르게 파악된다.

17. 현재 우리나라에서 사용되는 대부분의 지도는 산들의 인접성, 단층선과 습곡축을 아우르는 지질 구조를 기준으로 산줄기를 나타낸다.

18. 서구적 관점에서는 산줄기를 '산맥'으로 부르고, 산의 인접성과 지질 구조를 강조하여 강이 사이에 있더라도 하나의 산맥으로 본다.

19. 반면 조선 후기 지리서 『산경표』의 지도는 산의 등줄기인 산등성이의 연속성을 기준으로 산줄기를 파악한다.

20. 이 관점은 예로부터 전해 내려오는 전통적 관점으로 우리 조상들은 산과 강을 눈으로 확인한 뒤 산줄기 체계를 세웠다.

✚ 더 읽어보기
'경험에 따른 뇌의 변화'에 대해 ⇒ 204쪽
'자유 무역의 논리와 국제 식량 문제'에 대해 ⇒ 170쪽
'초상화에서의 정면과 측면 활용'에 대해 ⇒ 88쪽
'산줄기 체계 이해의 두 가지 관점'에 대해 ⇒ 97쪽

확인 문제 (1) 사람들은 뇌의 영역별로 나누어 맡는 기능이 고정되어 있음을 알게 되었다. (2) 인간은 각자의 환경에서 여러 가지를 경험하는데, 그 경험에 따라 뇌의 각 영역별 기능이 달라지기도 한다.
해설 (1) '고정되어' 있는 대상은 '기능', '알게' 된 주체는 '사람들' (2) '인간'은 경험을 '하는' 대상, '뇌의 각 영역별 기능'은 '달라지기도' 하는 대상

실전 문제 1. 생산할 수 있다. 2. 쥐고 있다. 3. 가리킨다. 4. 그려졌다. 5. 기억을 저장하고 떠올리는 과정에서 중요한 역할을 하는 '해마'라는 기관이 6. 시시때때로 새로운 길을 탐색해야 하는 택시 기사의 해마가 7. 정면상이 8. 중국인들은 9. 굶주림에 시달리는 사람이(없어야 하고), 식량 가격은(낮아야 한다.) 10. 2008년 세계 곡물파동 당시 식량 가격이(치솟아), 수많은 빈민들이(허덕였는데), 이 회사들의 이익은(높아졌다.) 11. 선진국에서도(인정하고 있다.), 기업의 이윤 극대화보다 더 중요한 것이(인간의 최소 생존권임) 12. (우리는)확인하였다, (인간이)존재임 13. (사람의 얼굴과 다리는), (가슴과 눈은) 나타난다. 14. 우리가 확인할 수 있는 것은(사실이다.), (정면이)떠오르기도 하고, (측면이)떠오르기도 하는 15. 산지로(이루어져), 산줄기로(묶여 있다.) 16. 산을(연결하여) 17. 산들의 인접성, 단층선과 습곡축을(아우르는), 산줄기를(나타낸다.) 18. 산줄기를 '산맥'으로(부르고), 산의 인접성과 지질 구조를(강조하여), 하나의 산맥으로(본다.) 19. 산줄기를(파악한다.) 20. 산과 강을(확인한), 산줄기 체계를(세웠다.)
해설 1. 목적어─식량을, 서술부─생산할 수 있다. 2. 목적어─주도권을, 서술어─쥐고 있다. 3. 목적어─그림을, 서술어─가리킨다. 4. 필수 문장 성분은 없음. 5. '기억을 ~ 해마라는'이 '기관' 수식 6. '시시때때로 ~ 기사의'가 '해마' 수식 7. 나머지 부분은 모두 수식어 8. 안긴 문장에서 '정면상이'와 '적합하다'가 주술관계 9, 10. 이어진 문장─주어+서술어, 주어+서술어의 형태로 파악 11, 12. 안은 문장─주어+(주어+서술어)+서술어의 구조로 파악 13. 주어+주어+서술어의 구조 14. 주어+(주어+서술어)+(주어+서술어)+서술어의 구조 15. 이루어지다('몇 가지 부분이나 요소가 모여 일정한 성질이나 모양을 가진 존재가 된다.'의 의미로 쓰일 때)─부사어 필요, 묶이다─('여럿을 한군데로 모으거나 합하다.'의 의미로 쓰일 때)─부사어 필요 16. 연결하다─목적어 필요 17. 아우르다, 나타내다─목적어 필요 18. 부르다('무엇이라고 가리켜 말하거나 이름을 붙이다.'의 의미로 쓰일 때)─부사어 필요, 강조하다─목적어 필요, 보다─목적어나 부사어 필요 19. 파악하다─목적어 필요 20. 확인하다, 세우다─목적어 필요

2

문장 나누기

앞부분에서 문장 나누기의 기준에 대해 이야기한 적이 있어. 한 번 확인해 볼까?

> **➕ TIP!** **문장 나누기의 기준은?**
> ① 주어와 필수 문장 성분, 서술어에 해당하는 부분을 나눈다.
> ② 여러 문장이 연결되어 있는 경우, 각각의 문장을 먼저 나눈다.
> ③ 내용상 구분되는 부분으로 나눈다.

첫째 기준은 주어, 필수 문장 성분, 서술어를 나누는 거야. 이번에는 그중 '필수 문장 성분'에 대해 좀 더 자세히 알아볼까 해.

'1장 I. 문장의 기본 구조'에서 **'필수 문장 성분'**은 주어, 서술어 외에 하나의 문장을 완성하기 위해 꼭 필요한 것이라고 했어. 좀 더 정확히 말하면, 우리말에서 필수 문장 성분에는 다음과 같은 것들이 있어.

> (1) 나는 **레드벨벳을** 보았다.
> (2) 나는 **얼음이** 되었다.
> (3) 레드벨벳이 **나에게 문자메시지를** 보냈다.

(1)에서 '레드벨벳을'은 '목적어'라고 해. 서술어의 대상이 되는 것을 말하지. 가장 흔하게 등장하는 필수 문장 성분인데, 조사 '을/를'이 붙어 있어서 쉽게 구분할 수 있어.

(2)에서 '얼음이'는 '보어'라고 해. 서술어에 '되다, 아니다'가 나타났을 때에만 예외적으로 등장하는 문장 성분이야. 조사 '이/가'가 붙는데, 주어와 조사의 형태가 동일하기 때문에 헷갈리지 않도록 주의해야겠지?

(3)에서 '나에게'는 '부사어'라고 해. 부사어는 주로 용언을 꾸며주는 역할을 하는 문장 성분이야. 사실 부사어는 꾸며주는 말이라서 문법적으로 필수 문장 성분에 해당하지는 않아. 그런데 (3)에서 보듯이 부사어가 꼭 필요한 서술어들이 있어. 그러니까 문장 나누기를 할 때에는 필수 문장 성분처럼 나누어 주는 것이 좋아.

둘째 기준은 앞 단원에서 살펴본 '안은 문장', '이어진 문장'과 관련이 있어. '안은 문장'과 '이어진 문장'이 담고 있는 많은 정보를 적절히 나누어 읽는 거지.

> **➕ TIP!** **문장 나누기가 아직 어렵다면?**
> 문장 나누기의 세 가지 기준을 모든 문장에 적용할 필요는 없어. (그럴 수도 없고!) 문장 나누기에 정답이란 없어. 내용의 중요도에 따라 더 많이 나눌 수도, 더 적게 나눌 수도 있지. 더군다나 사람마다 한 번에 읽어내는 정도가 다르기 때문에 더욱 그렇지.
> 그러나 긴 문장이 나타나면 나누어 읽지 않을 도리가 없겠지? 그렇다면 잘 나누어 읽는 것만큼 잘못 나누어 읽지 않도록 주의하자!

[1~10] 다음 중 의미 단위로 문장을 나눈 것으로 더 적절한 것은?

1. 자유 무역의 논리에 따르면 식량도 자유 무역의 대상에서 예외가 될 수 없다.
   ① 자유 무역의 논리에 따르면 / 식량도 / 자유 무역의 대상에서 / 예외가 될 수 없다.
   ② 자유 무역의 / 논리에 따르면 / 식량도 자유 무역의 대상에서 / 예외가 될 수 없다.

2. 식량을 자유 무역의 상품으로 던져둘 수 없는 것은 식량이 인간 생존의 필수적인 품목이기 때문이다.
   ① 식량을 / 자유 무역의 상품으로 던져둘 수 없는 것은 / 식량이 인간 생존의 / 필수적인 품목이기 때문이다.
   ② 식량을 / 자유 무역의 상품으로 / 던져둘 수 없는 것은 / 식량이 / 인간 생존의 필수적인 품목이기 때문이다.

3. 오늘날 지구 한쪽에서는 살을 많이 빼면 25만 달러를 상금으로 주고, 다른 한쪽에서는 하루 1달러가 없어 굶주림에 시달리고 있다.
   ① 오늘날 지구 한쪽에서는 / 살을 많이 빼면 25만 달러를 / 상금으로 주고, / 다른 한쪽에서는 / 하루 1달러가 없어 굶주림에 / 시달리고 있다.
   ② 오늘날 지구 한쪽에서는 / 살을 많이 빼면 / 25만 달러를 상금으로 주고, / 다른 한쪽에서는 / 하루 1달러가 없어 / 굶주림에 시달리고 있다.

4. 식량 문제를 자유 무역의 논리로만 다루면 이러한 현상은 더욱더 심해질 것이다.
   ① 식량 문제를 / 자유 무역의 논리로만 다루면 / 이러한 현상은 / 더욱더 심해질 것이다.
   ② 식량 문제를 자유 무역의 논리로만 / 다루면 / 이러한 현상은 더욱더 / 심해질 것이다.

5. 우리의 경제 활동을 들여다보면 가끔 이해하기 어려운 현상을 만날 때가 있다.
   ① 우리의 경제 활동을 들여다보면 / 가끔 이해하기 어려운 / 현상을 / 만날 때가 있다.
   ② 우리의 경제 활동을 들여다보면 / 가끔 / 이해하기 어려운 현상을 / 만날 때가 있다.

6. 똑같이 백만 원을 벌었는데 어떤 사람은 만족하고 어떤 사람은 만족하지 못한다.
   ① 똑같이 백만 원을 벌었는데 / 어떤 사람은 만족하고 / 어떤 사람은 만족하지 못한다.
   ② 똑같이 백만 원을 / 벌었는데 어떤 사람은 / 만족하고 어떤 사람은 / 만족하지 못한다.

7. A의 용돈은 만원에서 만천 원이 되고, B의 용돈은 천원에서 이천 원이 되었을 때, 둘 중에 누가 더 만족할까?

① A의 용돈은 만원에서 / 만천 원이 되고, / B의 용돈은 천 원에서 / 이천 원이 되었을 때, / 둘 중에 누가 / 더 만족할까?

② A의 용돈은 / 만원에서 만천 원이 되고, / B의 용돈은 / 천 원에서 이천 원이 되었을 때, / 둘 중에 누가 더 만족할까?

8. 객관적인 기준으로 본다면 A는 B보다 여전히 더 많은 용돈을 받으므로 A가 더 만족해야 한다.

① 객관적인 기준으로 본다면 A는 B보다 / 여전히 더 많은 용돈을 받으므로 / A가 더 만족해야 한다.

② 객관적인 기준으로 본다면 / A는 B보다 여전히 더 많은 용돈을 받으므로 / A가 더 만족해야 한다.

9. 사람들은 똑같은 금액의 이익과 손실이 있을 때, 이익으로 인한 기쁨보다 손실로 인한 고통을 더 크게 느낀다.

① 사람들은 / 똑같은 금액의 이익과 손실이 있을 때, / 이익으로 인한 기쁨보다 / 손실로 인한 고통을 / 더 크게 느낀다.

② 사람들은 똑같은 금액의 / 이익과 손실이 있을 때, / 이익으로 인한 기쁨보다 / 손실로 인한 고통을 / 더 크게 느낀다.

10. 돈을 적게 잃었다고 생각하는 사람보다, 돈을 많이 잃었다고 생각하는 사람이 손실에 대한 두려움이 크다.

① 돈을 적게 / 잃었다고 생각하는 사람보다, / 돈을 많이 / 잃었다고 생각하는 사람이 / 손실에 대한 / 두려움이 크다.

② 돈을 적게 잃었다고 / 생각하는 사람보다, / 돈을 많이 잃었다고 / 생각하는 사람이 / 손실에 대한 두려움이 크다.

[11~20] 다음 문장들을 이해하기 쉽도록 '/' 표시로 나누시오.

11. 한국 배우가 일본에서 선풍적인 인기를 끈다든가, 한국 제품이 아시아 시장을 석권하는 등, 아시아 전역에 한국의 문화가 새로운 문화 코드로 등장하였다.

12. 8~9세기에도 신라의 상품이 아시아권의 여러 나라에서 인기를 누린 적이 있었는데, 그 대표적인 상품은 놋쇠로 만든 유기였다.

13. 마치 중국의 도자기에 흠뻑 빠진 영국이 도자기를 '차이나(중국)'라고 불렀던 것처럼, 일본도 유기를 '신라'라고 부르면서 한반도에서 건너온 유기에 온통 마음을 빼앗겼던 것이다.

14. 사람은 다른 동물과 달리 정면과 측면, 두 개의 경쟁적인 이미지 면을 동시에 갖고 있다.

15. 인간이 두 개의 이미지 면을 동시에 갖고 있기 때문에 동서양 모두 두 이미지 면을 한꺼번에 나타내는 '부분 측면상'을 발달시켰다.

16. 그에 비해 고대 이집트 벽화는 인간의 두 이미지 면을 동시에 나타내기 위해 정면과 측면을 신체 부위에 따라 편의적으로 봉합하는 혼합 형식을 이용했다는 점이 흥미롭다.

17. 해부학적으로 불가능한 구성 혹은 자세이지만, 고대 이집트 벽화 대부분이 혼합 형식으로 그려졌다.

18. 뇌 중에서도 대뇌의 가장 바깥 구조물인 대뇌 겉질에 전기 자극을 주는 실험을 통해 전두엽에는 판단, 성격, 운동 조절 등의 기능이 있으며, 측두엽, 후두엽, 두정엽은 귀, 눈, 피부 등의 감각 기관으로부터 수용하는 정보를 처리하는 기능이 있음을 밝혀냈다.

19. 과학자들은 빛을 완전히 차단한 공간에 실험 참여자들을 머물게 하고 손으로 정보를 탐색하게 했는데, 이틀이 지나자 시각 정보 처리를 맡았던 뇌 영역이 손에서 오는 촉각 정보를 처리한다는 사실을 발견했다.

20. 평소에 명상을 자주 하는 사람들은 주의 집중의 기능을 담당하는 뇌 영역이 일반인들에 비해 더 크고, 현악기 연주를 연습하는 사람은 현의 음색과 왼손의 움직임을 담당하는 뇌 영역이, 트럼펫 연주를 연습하는 사람은 금속성 소리에 반응하는 뇌 영역이 다른 사람들과 달리 더 크다.

✚ 더 읽어보기

'경제 활동에 숨겨진 인간의 심리'에 대해 ⇒ 99쪽
'신라의 한류, 유기'에 대해 ⇒ 206쪽

실전 문제 1. ① **2.** ② **3.** ② **4.** ① **5.** ② **6.** ① **7.** ② **8.** ② **9.** ① **10.** ② **11.** 한국 배우가 / 일본에서 선풍적인 인기를 끈다든가, / 한국 제품이 / 아시아 시장을 석권하는 등, / 아시아 전역에 한국의 문화가 / 새로운 문화 코드로 등장하였다. **12.** 8~9세기에도 신라의 상품이 / 아시아권의 여러 나라에서 / 인기를 누린 적이 있었는데, / 그 대표적인 상품은 / 놋쇠로 만든 유기였다. **13.** 마치 중국의 도자기에 흠뻑 빠진 영국이 / 도자기를 '차이나(중국)'라고 불렀던 것처럼, / 일본도 유기를 '신라'라고 부르면서 / 한반도에서 건너온 유기에 / 온통 마음을 빼앗겼던 것이다. **14.** 사람은 / 다른 동물과 달리 / 정면과 측면, 두 개의 경쟁적인 이미지 면을 / 동시에 갖고 있다. **15.** 인간이 / 두 개의 이미지 면을 / 동시에 갖고 있기 때문에 / 동서양 모두 두 이미지 면을 한꺼번에 나타내는 / '부분 측면상'을 발달시켰다. **16.** 그에 비해 고대 이집트 벽화는 / 인간의 두 이미지 면을 동시에 나타내기 위해 / 정면과 측면을 신체 부위에 따라 편의적으로 봉합하는 / 혼합 형식을 이용했다는 점이 흥미롭다. **17.** 해부학적으로 불가능한 구성 혹은 자세지만, / 고대 이집트 벽화 대부분이 / 혼합 형식으로 그려졌다. **18.** 뇌 중에서도 대뇌의 가장 바깥 구조물인 / 대뇌 겉질에 전기 자극을 주는 실험을 통해 / 전두엽에는 판단, 성격, 운동 조절 등의 기능이 있으며, / 측두엽, 후두엽, 두정엽은 / 귀, 눈, 피부 등의 감각 기관으로부터 수용하는 정보를 / 처리하는 기능이 있음을 밝혀냈다. **19.** 과학자들은 / 빛을 완전히 차단한 공간에 / 실험 참여자들을 머물게 하고 / 손으로 정보를 탐색하게 했는데, / 이틀이 지나자 / 시각 정보 처리를 맡았던 뇌 영역이 / 손에서 오는 촉각 정보를 처리한다는 사실을 / 발견했다. **20.** 평소에 명상을 자주 하는 사람들은 / 주의 집중의 기능을 담당하는 뇌 영역이 / 일반인들에 비해 더 크고, / 현악기 연주를 연습하는 사람은 / 현의 음색과 왼손의 움직임을 담당하는 뇌 영역이, / 트럼펫 연주를 연습하는 사람은 / 금속성 소리에 반응하는 뇌 영역이 / 다른 사람들과 달리 더 크다.

해설 1. 수식어/주어/수식어/서술어 **2.** 주어(목적어/수식어/서술어)/서술어(주어/서술어) **3.** 수식어/목적어+서술어/목적어+서술어/수식어/주어+서술어/서술어 **4.** 목적어/서술어/주어/서술어 **5.** 목적어+서술어/수식어/목적어/주어+서술어 **6.** 목적어+서술어/주어+서술어/주어+서술어 **7.** 주어/서술어/주어/서술어/주어+서술어 **8.** 수식어/주어/목적어+서술어/주어+서술어 **9.** 주어/수식어/수식어/목적어/서술어 **10.** 수식어/수식어/수식어/주어/서술어 **11.** 주어/목적어+서술어/주어/목적어+서술어/주어/서술어 **12.** 주어/수식어/목적어+서술어/주어/서술어 **13.** 주어/목적어+서술어/주어+목적어+서술어/수식어/목적어+서술어 **14.** 주어/수식어/목적어/서술어 **15.** 주어/목적어/서술어/수식어/목적어+서술어 **16.** 주어/목적어+서술어/수식어/주어+서술어 **17.** 서술어/주어/서술어 **18.** 수식어/목적어+서술어/주어+서술어/주어/목적어/주어+목적어+서술어 **19.** 주어/수식어/목적어+서술어/목적어+서술어/주어+서술어/주어/목적어/서술어 **20.** 주어/주어/서술어/주어/주어/주어/주어/서술어

문장 간의 관계 알기

드디어 문장 독해의 마지막이야! 앞뒤 문장이 연결되면서 어떤 의미를 형성하는지 한 번 더 확인해 보자. 문장 간의 관계를 잘 파악하면 문단 간의 관계도 수월하게 파악할 수 있어. 그러니까 문장 간의 관계부터 정확하게 이해해야겠지?

➕ TIP! 문장 간의 관계에는 어떤 것들이 있더라?

대등과 병렬, 비교와 대조, 원인과 결과, 전제와 주지, 주지와 상세화, 첨가와 보충, 인용과 가정 등으로 살펴보았어. 각각의 개념에 대해 설명할 수 있을 정도로 정확히 이해하도록 해!

문장 간의 관계를 가장 쉽게 확인할 수 있는 방법은 무엇일까? 바로 접속 표현을 확인하는 거야. 물론 모든 문장에 접속 표현이 나오지는 않지만, 한 번 쓰인다면 허투루 쓰이는 법이 없는 것이 바로 접속 표현이야.

✎ 확인 문제 1 다음 중 서로 관련 있는 것을 연결하시오.

(1) 대등한 내용 나열 •   • ㉠ 다만, 그러나, 하지만, 그렇지만, 반면
(2) 상반된 내용 제시 •   • ㉡ 그래서, 따라서, 그러므로, 왜냐하면
(3) 원인과 결과 관계 •   • ㉢ 그리고, 또는, 및, 혹은, 게다가

한 가지 더! 앞뒤 문장의 관계에 한 가지의 개념만 적용되는 건 아니야. 즉 비교와 대조가 쓰인 두 문장이 대등한 관계로 서술될 수 있고, 첨가와 보충이 된 문장에 인용이 쓰일 수도 있지.

✎ 확인 문제 2 다음 문장들의 관계에 대한 설명으로 적절하지 <u>않은</u> 것은?

서양에서는 중세 말에서 르네상스 무렵에 프로파일 초상화가 많이 그려졌다. 그에 비해 우리나라를 비롯한 동양에서는 프로파일 초상화가 거의 발달하지 않았다.

① 두 문장이 대등한 관계로 연결되어 있다.
② 두 문장이 대조적 관계로 연결되어 있다.
③ 두 문장이 원인, 결과의 관계로 연결되어 있다.

프로파일 초상화의 발달 정도가 서양과 동양에서 어떻게 다른가, 차이점에 초점을 맞추어 설명하고 있어. 그리고 앞뒤 문장에 특별한 연관성이 없어서 문장 순서를 바꾸어도 무관하지.

다시 말하지만, 문장 간의 관계가 확대되면 문단 간의 관계가 되는 것이고, 문단 간의 관계를 파악하면 글 전체의 흐름을 파악할 수 있는 거야. 천릿길도 한 걸음, 힘차게 걸어보자!

[1~6] 괄호 안에 들어갈 말로 적절한 것에 동그라미를 치시오.

1. ㉠ 동양, 특히 중국에서는 정면상이 발달하였다. ㉡ 대상의 인품과 특징을 압축적으로 나타내기에 정면상이 더 적합하다고 여겼기 때문이다.

   ☞ ㉠은 (원인, 결과), ㉡은 (원인, 결과)이다.

2. ㉠ 말의 이미지를 떠올리면 일반적으로 옆에서 본 이미지가 가장 먼저 떠오른다. ㉡ 도마뱀을 그려본다면 위에서 본 이미지가 제일 먼저 떠오를 것이다.

   ☞ ㉠과 ㉡은 두 대상에서 떠오르는 이미지를 (비교, 대조)하고 있다.

3. ㉠ 요즘 '한류(韓流)'가 아시아의 시장을 지배하고 있다. ㉡ 한국 배우가 일본에서 선풍적인 인기를 끈다든가, 한국 제품이 아시아 시장을 석권하는 등, 아시아 전역에 한국의 문화가 새로운 문화 코드로 등장하였다.

   ☞ ㉡은 (㉠의 내용을 상세화하고 있다, ㉠의 결과에 해당한다.)

4. ㉠ 신라의 유기는 동아시아에서 없어서 못 파는 유명 상품이었다. ㉡ 비단 유기뿐만 아니라 구리거울과 같은 금속 세공품, 비단과 같은 고급 직물, 각종 금은 공예품들이 여러 나라로 수출되었다.

   ☞ ㉡은 (㉠에 첨가된 내용이다, ㉠의 결과에 해당한다).

5. ㉠ 마치 중국의 도자기에 흠뻑 빠진 영국이 도자기를 '차이나(중국)'라고 불렀던 것처럼, ㉡ 일본도 유기를 '신라'라고 부르면서 한반도에서 건너온 유기에 온통 마음을 빼앗겼던 것이다.

   ☞ ㉠, ㉡은 영국과 일본이 인기 있는 물건을 대하는 태도를 (비교, 대조)하고 있다.

6. ㉠ 10세기 무렵의 일본 문헌에서는 유기를 뜻하는 '사후라'라는 말이 '신라'라는 나라 이름에서 유래한 것이라고 설명하고 있다. ㉡ 12세기 무렵 중국의 어떤 학자는 자신들이 유기를 부르는 말인 '시라'가 유기 생산으로 유명한 신라의 옛 이름인 '시라'에서 온 것이라고 보았다.

   ☞ ㉠, ㉡은 두 나라에서 유기를 부르는 말이 지닌 특징을 (비교, 대조)하고 있다. 이를 위해 (상황을 가정하여 설명하고 있다, 다른 이의 말과 글을 빌려 인용하고 있다.)

[7~9] 밑줄 친 부분에 적절한 말을 〈보기〉에서 찾아 쓰시오.

〈보 기〉

원인, 결과, 전제, 상세화, 첨가, 비교, 대조, 가정

---

7. ㉠ 동일하게 천 원의 용돈이 오른다면, ㉡ A는 원래 용돈인 만 원을 기준으로, B는 천 원을 기준으로 그 가치를 느낄 것이다. ㉢ 그러므로 실제로는 B가 더 만족할 것이다.

(1) ㉠은 ㉢이 일어나는 상황을 _____하고 있다.
(2) ㉡은 ㉢을 이끌어내기 위한 _____이다.

8. ㉠ 사람들은 똑같은 금액의 이익과 손실이 있을 때, 이익으로 인한 기쁨보다 손실로 인한 고통을 더 크게 느낀다. ㉡ 즉, 백만 원이 생겼을 때 느끼는 기쁨보다 백만 원을 잃었을 때 느끼는 슬픔을 더 크게 느낀다는 것이다.

(1) ㉠은 이익과 손실에 대한 반응을 _____하고 있다.
(2) ㉡은 ㉠을 _____한 내용이다.

9. ㉠ 주식에 십만 원을 투자했는데 오만 원을 잃은 사람이 그 시점에서 주식 투자를 그만 두면 그는 확실히 오만 원의 손실을 입는다. ㉡ 그러나 주식 투자를 계속 하면 이미 잃은 오만 원은 확실한 손실이 아닐 수 있다.

(1) ㉠, ㉡에 제시된 두 가지 상황은 _____관계에 있다.
(2) ㉠, ㉡ 안에는 모두 _____에 해당하는 내용이 포함되어 있다.

[10~12] 제시된 내용에 대한 설명으로 적절하지 <u>않은</u> 것은?

10. ㉠ 최근 20여 년 동안 자유 무역의 바람이 전 세계로 퍼지면서 세계 시장에서 모든 물품의 자유로운 거래를 당연한 것으로 여기는 경향이 있다. ㉡ 자유 무역의 이러한 논리에 따르면 식량도 자유 무역의 대상에서 예외가 될 수 없다.

① ㉠은 원인과 결과를 포함하고 있다.
② ㉡은 ㉠의 내용을 풀어 설명하고 있다.
③ ㉡은 가정한 내용에 대한 결론을 말하고 있다.

11. ㉠ 지구는 약 130억 명이 먹을 수 있는 식량을 생산할 능력이 있다. ㉡ 현재 지구의 인구는 70억 명에 불과하다. ㉢ 공급 능력 대비 수요를 고려할 때 굶주림에 시달리는 사람이 없어야 하고 식량 가격은 지금보다 훨씬 낮아야 한다.

① ㉠, ㉡은 ㉢의 전제이다.
② ㉢은 ㉠, ㉡을 상세화한 내용이다.
③ ㉢은 대등 관계의 두 문장을 포함하고 있다.

12. ㉠ 선진국에서도 식량 문제에 대해서는 이중적인 태도를 보이고 있다. ㉡ 저개발 국가에는 자유 무역에 동참할 것을, 그래서 그 국가의 정부가 시장에 개입하지 못하도록 요구한다. ㉢ 그러면서도 자국의 경제를 운용할 때는 굶주림에 시달리는 불행한 국민이 없도록 최소 생존권을 보장하는 정책을 적용하고 있다.

① ㉡, ㉢은 ㉠의 내용을 자세히 설명하고 있다.
② ㉡, ㉢의 제시 순서를 바꾸어도 ㉠을 설명할 수 있다.
③ ㉡을 원인으로 하여 ㉢과 같은 결과가 발생하고 있다.

●정답과 해설●···

확인 문제 1 (1)—㉢, (2)—㉠, (3)—㉡ **확인 문제 2** ③
실전 문제 1. 결과, 원인 2. 대조 3. ㉠의 내용을 상세화하고 있다. 4. ㉠에 첨가된 내용이다. 5. 비교 6. 비교, 다른 이의 말과 글을 빌려 인용하고 있다. 7. ① 가정, ② 전제 8. ① 대조, ② 상세화 9. ① 대조, ② 가정 10. ② 11. ② 12. ③

해설 1. ㉠의 원인을 ㉡에서 설명 2. 말과 도마뱀의 차이점 부각 3. '한류'의 내용을 자세히 풀어 설명 4. ㉠유기+㉡금속 세공품, 고급 직물, 금은 공예품 첨가 5. 수출국의 이름으로 인기 있는 물건을 부른다는 공통점 6. 유기를 부르는 말의 공통점 부각. 문헌의 글과 학자의 말 인용 7. (1) 용돈이 오르는 것은 실제 상황이 아님. (2) ㉡을 바탕으로 ㉢을 도출 8. (1) 이익과 손실에 대한 반응이 상반됨. (2) ㉠, ㉡의 의미가 유사하며, ㉡이 보다 구체적 9. (1) 오만 원의 손실이 생기는 상황과 반대로 그렇지 않은 상황을 제시 (2) 오만 원을 잃은 상황에서 투자를 그만두는 상황과 투자를 계속하는 상황을 가정 10. ㉡은 ㉠의 내용을 '식량' 문제와 관련지어 설명. 그러므로 ㉠, ㉡이 같은 내용을 풀어쓴 관계로 볼 수 없음. 11. ㉠, ㉡을 바탕으로 ㉢의 결론에 다다랐으므로 내용의 상세화로 볼 수 없음. 12. ㉡, ㉢은 상호 대등한 관계. 선진국의 이중적 태도를 각각 설명

2

문단 독해

I 문단의 기본 구조

하나의 집이 완성되기 위해서 여러 개의 방이 필요하듯이,
한편의 글이 완성되기 위해서도 여러 개의 문단이 필요하지.

1 '문단'이란?

'문단'이 무엇일까? 사전에서는 문단을 다음과 같이 설명하고 있어.

> ① 긴 글을 내용에 따라 나눌 때, ② 하나하나의 짧은 이야기 토막

①에서 '내용에 따라' 나눈다는 것은 문단마다 다른 내용을 담고 있다는 것이고, ②는 각각의 내용들이 짧지만 하나의 소주제를 표현한 이야기라는 것을 말하지.

만약 글에 문단이 구분되어 있지 않다면 어떨 것 같아? 다음은 '매사냥'에 관한 글이야. 글을 읽고 문제에 한번 도전해 볼까?

> **확인 문제** 다음 글을 세 문단으로 나눌 때, 각 문단이 시작하는 문장의 번호를 쓰시오.
>
> ① 2010년 11월 한국, 벨기에, 체코, 프랑스 등 11개국이 공동으로 신청한 매사냥이 유네스코 인류 무형 유산에 등재되었다. ② 이는 동서양을 아우른 공동 등재라는 점에서 의미가 깊다. ③ 그렇지만 매사냥에 대해 아는 현대인은 그리 많지 않은 듯하다. ④ 현재까지도 명맥을 이어가고 있는 우리의 전통 문화유산인 매사냥에 대해 알아보자. ⑤ 매사냥은 매를 이용해 꿩, 토끼 같은 야생 동물을 잡는 사냥법이다. ⑥ 일반적으로 사냥을 할 때 동물은 주인의 사냥을 돕는 보조적인 역할만 하지만, 매사냥에서 매는 주인을 대신해 짐승을 잡는 사냥꾼 역할을 한다. ⑦ 매사냥의 주인공은 사람이 아니라 매인 것이다. ⑧ 그런데 아무 매나 매사냥의 주인공이 될 수는 없다. ⑨ 매사냥에 쓰이는 매는 새끼 때부터 사람 손에서 길들여진 것이어야 한다. ⑩ 매가 사냥을 할 만큼 훈련이 되면 본격적인 매사냥이 시작되는데, 매사냥을 할 때 우선 매사냥꾼은 사방이 잘 보이는 산의 높은 곳으로 매를 들고 올라간다. ⑪ 준비하고 있던 몰이꾼들이 꿩을 몰면, 매사냥꾼은 날아가는 꿩을 향해 매를 떠나보내며 "매 나간다."라고 소리를 지른다. ⑫ 그러면 몰이꾼들은 매에 달아 놓은 방울의 소리를 따라 신속히 가서 매를 찾는다.

앗, 혹시 너무 어렵다고 포기하는 건 아니지? 이번만큼은 다 읽지 못했어도 이해할게. 이처럼 문단이 구분되지 않으면 읽기도 전에 질려 버릴 수밖에 없어.

확인 문제의 정답은 ①, ⑤, ⑧이야. 아래처럼 세 문단으로 나뉘지.

①2010년 11월 한국, 벨기에, 체코, 프랑스 등 11개국이 공동으로 신청한 매사냥이 유네스코 인류 무형 유산에 등재되었다. 이는 동서양을 아우른 공동 등재라는 점에서 의미가 깊다. 그렇지만 매사냥에 대해 아는 현대인은 그리 많지 않은 듯하다. 현재까지도 명맥을 이어가고 있는 우리의 전통 문화유산인 매사냥에 대해 알아보자.

⑤매사냥은 매를 이용해 꿩, 토끼 같은 야생 동물을 잡는 사냥법이다. 일반적으로 사냥을 할 때 동물은 주인의 사냥을 돕는 보조적인 역할만 하지만, 매사냥에서 매는 주인을 대신해 짐승을 잡는 사냥꾼 역할을 한다. 매사냥의 주인공은 사람이 아니라 매인 것이다.

⑧그런데 아무 매나 매사냥의 주인공이 될 수는 없다. 매사냥에 쓰이는 매는 새끼 때부터 사람 손에서 길들여진 것이어야 한다. 매가 사냥을 할 만큼 훈련이 되면 본격적인 매사냥이 시작되는데, 매사냥을 할 때 우선 매사냥꾼은 사방이 잘 보이는 산의 높은 곳으로 매를 들고 올라간다. 준비하고 있던 몰이꾼들이 꿩을 몰면, 매사냥꾼은 날아가는 꿩을 향해 매를 떠나보내며 "매 나간다."라고 소리를 지른다. 그러면 몰이꾼들은 매에 달아 놓은 방울의 소리를 따라 신속히 가서 매를 찾는다.

첫째 문단은 매사냥이 유네스코 인류 무형 유산에 등재된 사실을 소개하면서 매사냥에 대한 호기심을 불러일으키고 있어. 둘째 문단은 매사냥의 정의를 제시하면서 다른 사냥과 다른 매사냥의 특징을 함께 설명하고 있어. 셋째 문단은 매사냥에 쓰이는 매의 특징과 매사냥의 방법을 설명하고 있지.

어때, 한눈에 봐도 보기 좋지? "보기 좋은 떡이 먹기도 좋다."라는 말도 있잖아. 실제로 문단 구분이 잘된 글은 보기에도 좋고, 이해하기에도 좋아. 차분하게 문단별 내용을 이해하다 보면 글 전체의 내용도 자연스럽게 이해할 수 있을 거야!

🔋 연습 문제

[1~4] 다음 글을 두 문단으로 나눌 때, 둘째 문단이 시작하는 문장의 번호를 쓰시오.

1. ①남태평양 남서부에 있는 파푸아뉴기니는 세계에서 두 번째로 큰 섬인 뉴기니의 동쪽 절반을 차지하고 있는 나라이다. ②파푸아뉴기니에는 800여 부족이 700여 종의 다양한 언어를 사용하며 살고 있다. ③그리고 이들 중 상당수는 아직도 사냥과 채집을 하며 정글 깊숙한 곳에 흩어져 산다. ④그런데 각 부족들은 각자 다른 풍습과 문화를 가지고 있기 때문에 서로 갈등을 겪는 경우가 많았다. ⑤파푸아뉴기니 정부는 2년마다 전 부족이 참가하는 대규모 축제를 조직하게 되었는데, 이것이 바로 싱싱 축제이다.

2. ①싱싱 축제의 주요 행사는 싱싱 경연 대회이다. ②싱싱 경연 대회에 참가한 여러 부족들은 온갖 치장을 한다. ③남자들은 풀과 나무, 꽃에서 추출한 안료를 이용해 얼굴에 강렬한 색을 칠하고, 각종 새들의 깃털로 장식도 한다. ④이렇게 화려하게 꾸미고 난 후, 사람들은 전통에 따라 화살이나 나무로 만든 칼을 들고 춤을 추며 그들만의 신을 불러내는 다양한 의식을 행한다. ⑤이 의식에는 다른 부족으로부터 자신의 부족을 지키려고 했던 사람들의 심리가 반영되어 있다. ⑥싱싱 축제의 또 다른 행사는 포트모르즈비의 엘라 해변에서 열리는 '히리 모알레'이다. ⑦'히리 모알레'란 '행복한 무역'이라는 뜻으로, 교역을 무사히 마치고 돌아오는 남자들을 환영하기 위해 여자들이 춤추고 노래하던 풍습을 재연한 것이다. ⑧이 행사에서 여자들은 춤과 노래로 남자들 못지않은 열정을 과시한다.

3. ①얼음이 녹아 먹을 것이 사라져 배를 곯는 북극곰. ②사막화와 가뭄으로 검게 타들어 가고 있는 아프리카의 뜨거운 땅. ③인간이 지구의 주인을 자처하며 생활의 편리함을 위해 에너지를 마구 사용한 결과가 비극적인 부메랑이 되어 돌아왔다. ④기후 변화 여파는 더 이상 텔레비전 속 먼 나라 이야기가 아니다. ⑤100년 만에 찾아온 2011년 9월 중순의 폭염은 우리에게 초유의 정전 사태를 안겨 주지 않았던가. ⑥이러한 사태의 원인은 에너지 과잉 소비에 있다. ⑦사람들은 여전히 전기를 비용만 지불하면 마음껏 써도 된다고 생각하며 낭비하고 있다. ⑧에너지 절약을 위한 다각적인 실천은 지구 환경 보호를 위해서만이 아니라 국가 경제를 위해서도 필요하다. ⑨사용하지 않는 플러그 뽑기, 대중교통 이용하기, 일회용품 적게 쓰기 등과 같은 개인적인 실천과 더불어 국가적 차원에서의 구체적이고 실효성 있는 에너지 절약 대책 마련이 시급하다.

4. ①'헬리콥터 맘'이란 자녀 주변을 맴돌며 간섭을 멈추지 않는 과잉보호형 엄마를 가리키는 신조어. ②이들은 등교 시간, 학원 강의 시간에 맞춰 자녀들을 데려다 주고 데려오는 것은 기본이고, 중·고등학교에서 의무적으로 해야 하는 봉사 활동도 대신 해 준다. ③이것도 자녀의 대학 입학과 동시에 막을 내릴 것 같지만 그렇지 않다. ④대학 생활, 졸업 후 직장 선택까지 엄마의 개입은 끊이지 않는다. ⑤심지어 자녀가 취업한 뒤에 연봉 협상, 부서 발령이 자식에게 불리하면 회사에 가서 따지는 엄마도 있다. ⑥전문가들은 헬리콥터 맘이 늘어나는 원인이 상대적으로 부유해진 경제력, 줄어든 자녀 수, 부모의 고학력 때문이라고 설명한다. ⑦과거에는 자녀가 여럿이고 생업에 종사하다 보면 아이들 돌볼 시간이 부족했지만 요즘에는 풍족해진 시간과 돈을 한두 명의 자녀에게 쏟아 붓다 보니 이런 현상이 나타난다는 것이다. ⑧게다가 부모가 고학력일수록 자녀의 교육에 대한 관심이 높아져 간섭이 심해진다고 한다.

5. 다음 글을 세 문단으로 나눌 때, 둘째, 셋째 문단이 시작하는 문장의 번호를 쓰시오.

①최근 '힙합'이라는 음악 장르가 관심을 끌고 있다. ②방송 프로그램에 힙합 가수들이 출연해 다양한 끼와 랩 실력으로 주목을 받고 있고, 힙합 가수를 꿈꾸는 청소년들도 늘어나고 있다. ③이렇게 힙합 음악이 대중화된 상황에서 힙합 가수들에게는 어떠한 창작 태도가 필요할까? ④힙합 음악의 중요한 창작 수단으로 인식되어 온 '샘플링'을 중심으로 이를 알아보고자 한다. ⑤1960년대 미국에서 힙합이 '거리 음악'으로 막 시작되고 성장해 가던 시기의 샘플링은 단순히 원곡의 일부나 혹은 전체를 빌려 쓰는 것이었다. ⑥당시에는 완전히 새로운 음악 창작 방법이었으며, 저작권에 대한 인식이 확고하지 않았던 때라 샘플링에 큰 제약도 없었다. ⑦샘플링에 대한 이런 인식은 1990년대 초반까지 이어지며 확대되었다. ⑧하지만 힙합 음악이 대중적으로 관심을 끌면서 샘플링에 대한 인식도 점차 발전적으로 변화하였다. ⑨특히 1992년 미국에서 샘플링과 관련하여 제기된 저작권 소송이 변화의 중요한 계기가 되었다. ⑩이후 힙합 음악에서 샘플링은 원곡에 대한 충분한 이해와 원작자에 대한 존경심을 바탕으로 그의 허락을 받아 자신만의 방식으로 재해석하는 예술 기법으로 인식되고 있다.

✚ 더 읽어보기

'매사냥의 방법과 역사'에 대해 ⇒ 162쪽
'파푸아뉴기니의 싱싱 축제'에 대해 ⇒ 102쪽
'헬리콥터 맘'에 대해 ⇒ 112쪽

◉ 정답과 해설 ◉ ....

연습 문제 1. ④ **2.** ⑥ **3.** ⑥ **4.** ⑥ **5.** ⑤, ⑧
해설 1. 1문단: 파푸아뉴기니에 대한 소개, 2문단: 싱싱 축제가 시작된 계기 **2.** 1문단: 싱싱 축제의 주요 행사―싱싱 경연 대회, 2문단: 싱싱 축제의 주요 행사―히리 모알레 **3.** 1문단: 기후 변화의 여파, 2문단: 기후 변화의 원인과 해결 **4.** 1문단: '헬리콥터 맘'의 정의, 2문단: '헬리콥터 맘'이 늘어나는 원인 **5.** 1문단: 힙합 가수에게 필요한 창작 태도에 대해 알아보려 함, 2문단: '샘플링'의 등장과 초기 인식, 3문단: '샘플링'에 대한 인식의 변화

2 **'문단'의 구성 ① – 중심 문장과 뒷받침 문장**

　　'문단'은 일반적으로 하나의 소주제를 효과적으로 표현하기 위해, **주제를 직접 드러내는 중심 문장과 중심 문장을 뒷받침하는 뒷받침 문장**으로 구성되어 있어.

　　'**중심 문장**'은 문단 전체의 내용을 포괄할 수 있어야 하기 때문에, 대체로 일반적이고 추상적인 표현으로 구성되어 있어. 반면 '**뒷받침 문장**'은 중심 문장의 내용을 이해하기 쉽도록 구체적이고 자세하게 설명되어 있지. 그럼 다음 문제를 한번 살펴볼까?

🪙 확인 문제　　다음 문단에서 중심 문장을 찾아보시오.

　　①공유 자원이란 그 자원을 공유하고 있는 사람은 누구나 사용할 수 있지만, 그 양이 한정되어 있어서 누군가 먼저 쓰면 다른 사람은 사용에 제한을 받게 되는 자원을 말한다. ②예를 들어 어떤 마을이 공동으로 소유하고 있는 땅에 석유가 매장되어 있다면, 마을 사람들은 누구나 그 석유를 쓸 수 있다. ③그러나 어떤 사람이 석유를 마음대로 퍼 간다면 다른 사람들이 쓸 석유가 모자랄 수도 있다. ④그때 이 석유를 마을 사람들의 공유 자원이라고 한다.

---

　　①에서 '공유 자원'이 무엇인지 정의를 내리고 있어. 보통 개념을 정의할 때는 설명이 추상적이어서 이해하기가 어려워. 그래서 ②~④에서처럼 구체적인 예를 들어 이해를 돕게 되는 거야. 그럼 여기서 중심 문장은 정의를 내리는 문장이겠지?

　　하나의 문단에는 하나의 주제만 있어. 그러니까 중심 문장을 잘 찾아내는 것이 문단을 이해할 때 가장 중요하다는 점, 기억하도록 해!

🎖️잠깐!　　문단에 따라서는 중심 문장이 직접 드러나지 않은 경우도 있어. 그런 것들은 '핵심어'에서 다루기로 하고, 이번에는 중심 문장이 나타나 있는 것들만 먼저 연습해 보도록 하자.

🪙 연습 문제

[1~5] 다음 문단에서 중심 문장을 찾아보시오.

1. ①화폐는 교환 매개의 기능을 한다. ②예를 들어 옥수수를 가진 사람은 사과를 필요로 하고, 사과를 가진 사람은 옥수수를 필요로 한다고 해 보자. ③이 두 사람이 운 좋게 서로 만날 수 있다면 각자가 원하는 것을 가질 수 있다. ④그러나 서로 원하는 물건을 갖고 있는 사람을 찾으려면 많은 시간과 노력을 들여야 하는 것이 일반적이다. ⑤거래 과정에서 화폐를 매개로 대가를 지불함으로써 거래에 드는 시간과 노력이 줄어들게 되었다.

2. ①우리나라는 2천여 년 전부터 성씨를 쓰기 시작했는데, 그것은 중국 문화의 영향 때문이었다. ②신라의 왕실에서는 6세기 중반 경부터 중국식 성씨 체계를 수용해서 사용했는데, 고려

건국 이후에는 지방까지 확산되어 널리 쓰이기 시작했다. ③중국에서 제도를 빌려왔지만 우리의 성씨 제도는 그들과 달리 성(姓)과 본관(本貫)으로 구성되어 있다. ④중국에서는 성씨가 같으면 동족이지만 우리는 원칙적으로 성씨가 같아도 본관이 다르면 남남이다. ⑤따라서 성씨 그 자체보다도 본관에 더 중요한 의미가 있다.

3. ①본관의 변화는 행정 구획의 개편에서 비롯되기도 했지만, 신분 상승을 위한 선택의 결과로 나타나기도 했다. ②양반에도 높낮이가 있다고 생각했던 조선 왕조에서 가문의 품격을 따지는 중요한 조건 중 하나가 성과 본관이 무엇이며, 어떤 조상을 두었는가 하는 것이었다. ③그에 따라 이름난 조상을 두지 못했던 본관의 후손들이 기존의 이름 있는 큰 성씨에 끼어들기 위해 본관을 바꾸는 경우가 생겼던 것이다.

4. ①우리나라의 온돌은 상당히 수준 높은 난방 방식이다. ②왜냐하면 난방과 취사를 겸할 수 있고, 그 재는 비료로 재활용할 수 있는 이점을 지니고 있기 때문이다. ③또한 온돌은 우리의 건강에도 이롭다. ④육식을 하는 서양인들에 비해 채식을 주로 하는 한국인들은 창자의 길이가 길어 체내 혈액이 대부분 상체에 모여 있기 때문에 하체의 체온이 낮은 편이다. ⑤그렇기 때문에 머리를 차게 하고 발을 따뜻하게 하는 것이 좋은데, 이에 적합한 난방 방식이 바로 온돌이다. ⑥바닥에서 올라오는 온돌의 열기가 우리의 하체를 덥게 해 주고, 온돌방의 문과 창에 발라진 창호지를 통해 이 열기가 안팎으로 흐르면서 상쾌함과 개운함을 주니 우리의 몸에 여간 이로운 것이 아니다.

5. ①난방 방식이 서양식으로 바뀌면서 온돌의 이로움은 점차 사라지고 있다. ②밀폐된 구조에서 온열기를 사용하는 서양식 난방 방식은 더운 공기를 위로 올려 보내고 찬 공기는 밑으로 내려 보낸다. ③그러니 머리 부분은 항상 열을 받게 되어 있다. ④난방 방식의 변화는 우리의 생활 문화에도 큰 영향을 미쳤다. ⑤혼정신성(昏定晨省)이란 말이 있다. ⑥아랫사람이 아침저녁으로 어른들을 문안하면서 어른들이 계시던 아랫목 요 밑에 손을 넣어 온도를 살폈다는 말이다. ⑦어른들의 자리가 없어지자 전통과 권위를 존중하는 아름다운 문화도 함께 사라졌다.

➕더 읽어보기

‘공유 자원의 비극’에 대해 ⇒ 113쪽
‘온돌의 어제와 오늘’에 대해 ⇒ 207쪽

◉정답과 해설◉ ···

확인 문제 ①

연습 문제 1. ① 2. ⑤ 3. ① 4. ① 5. ①
해설 1. ①: 교환 매개로서 화폐의 기능, ②~⑤: ①의 예 2. ①~④: 우리나라의 성씨 제도 정착 양상, ⑤: 우리나라에서 본관의 중요성 3. ①: 신분 상승을 위한 본관의 변화, ②~③: ①이 일어난 사회적 배경 4. ①: 수준 높은 난방 방식인 온돌, ②~⑥: ①의 이유 5. ①: 온돌의 이로움이 사라지고 있음, ②~⑤: ①의 두 가지 예

'문단'의 구성 ② – 두괄식과 미괄식

　앞의 문제를 풀면서 이미 눈치챈 사람도 있겠지만, 중심 문장이 자주 나타나는 곳이 있어. 어딘지 아는 사람? 아직 잘 모르겠다고? 그럼 문제를 통해 한번 확인해 보자고.

🅰 **확인 문제 1** 다음 문단에서 중심 문장을 찾아보시오.

　①사람들은 경제활동을 할 때 손실이 일어나는 것을 회피하려는 경향이 있는데, 이것을 '손실회피성'이라고 한다. ②손실회피성은 주식에 투자하는 사람들의 행동에서 쉽게 찾아볼 수 있다. ③주식에 십만 원을 투자했는데 오만 원을 잃은 사람이 있다고 가정하자. ④그가 그 시점에서 주식 투자를 그만두면 그는 확실히 오만 원의 손실을 입는다. ⑤그러나 주식 투자를 계속하면 이미 잃은 오만 원은 확실한 손실이 아닐 수 있다. ⑥왜냐하면 주식 투자를 계속 할 경우 잃은 돈을 다시 벌 수 있는 가능성이 있기 때문이다. ⑦이러한 상황에서 사람들은 확실한 손실보다는 불확실한 손실을 선택하여 자신이 입을 손실을 회피하려고 한다.

　이 문단은 ①에서 손실회피성의 정의를 밝히고, ②~⑦에서는 이를 확인할 수 있는 주식 투자 상황의 예를 찾아서 제시하고 있어. 이런 문단 구성을 **'두괄식'**이라고 해. 즉 '두괄식' 문단은 ==중심 문장을 문단의 앞부분에 두고, 뒷받침 문장이 이어지는 구성 방식==을 말해.

🅰 **확인 문제 2** 다음 문단에서 중심 문장을 찾아보시오.

　①A의 용돈은 만 원, B의 용돈은 천 원이다. ②그런데 용돈에 변화가 생겨서 A의 용돈은 만천 원이 되고, B의 용돈은 이천 원이 되었다. ③이때 둘 중에 누가 더 만족할까? ④객관적인 기준으로 본다면 A는 B보다 여전히 더 많은 용돈을 받으므로 A가 더 만족해야 한다. ⑤그러나 용돈이 천 원 오른 것에 대해 A는 원래 용돈인 만 원을 기준으로, B는 천 원을 기준으로 그 가치를 느낄 것이므로 실제로는 B가 더 만족할 것이다. ⑥이렇게 경제적인 이익이나 손실의 가치를 판단할 때 작동하는 내적인 기준을 경제 이론에서는 '준거점'이라고 한다.

　이 문단의 ①~⑤에서는 용돈이 똑같이 천 원 늘어난 A와 B의 사례를 중심으로 누가 더 만족감을 느낄지 설명하고 있어. 그리고 ⑥에서 이러한 현상을 정리하여 '준거점'이라는 개념을 설명하고 있지. 이런 문단 구성을 '미괄식'이라고 해. **'미괄식'** 문단은 ==먼저 뒷받침 문장을 제시하고 이를 정리하여 마지막에 중심 문장을 제시하는 구성 방식==을 말해.

　자, 다음으로 넘어가기 전에 앞 쪽에 있는 연습 문제를 확인해 보자! 화폐, 성씨와 본관, 온돌에 관한 글이 각각 두괄식, 미괄식 중 어디에 해당하는지?

🔔 잠깐! 두괄식, 미괄식은 중심 문장의 대체적인 위치를 가리키는 표현이야. 앞에서 두 번째 문장에 중심 문장이 와도 두괄식이고, 뒤에서 두 번째 문장에 중심 문장이 와도 미괄식이라고 할 수 있어.

➕ TIP! '양괄식', '중괄식'이라는 것도 있다고 하던데요?

이렇게 똘똘할 수가! **'양괄식'** 문단은 중심 문장이 문단의 처음에 등장하고, 문단의 마지막에 한 번 더 나와 주제를 강조하는 구성 방식을 말해. 기본적으로 같은 내용을 반복해서 제시하는 형식이기 때문에 실제 시험에 출제되는 지문에서는 잘 나오지 않아. 그래도 지구 끝까지 찾아가서 찾아온 예문, 한번 살펴보자!

①무엇보다 『승정원일기』는 조선 시대에 국가의 정책이 어떻게 운영되었는지 이해하는 데 큰 도움을 준다. ②승정원은 왕명의 출납, 왕의 음식과 건강관리, 경호 등을 담당하던 기관으로, 왕의 국정 운영을 보조하였다. ③승정원의 관리인 주서는 왕을 그림자처럼 따라다니며 왕의 언행 하나하나를 속기로 적었을 뿐만 아니라 왕과 신하가 주고받은 이야기까지 낱낱이 기록했다. ④이에 따라 『승정원일기』에는 국가 정책과 관련된 보고 내용과 왕의 지시 사항 등이 자세하게 기록되어 있다. ⑤이러한 『승정원일기』를 통해 우리는 조선 시대에 정책이 결정되고 진행되는 과정 등을 매우 구체적이고 상세하게 파악할 수 있다.

이 문단은 ①에서 『승정원일기』가 조선 시대에 국가 정책의 운영 방식을 이해하는 데 도움을 준다고 밝히고 있어. 그리고 ②~④에서 그 이유에 대해 설명하고 있지. 그런데 ⑤에서 다시 한 번 ①과 유사한 내용을 제시하며 문단을 마무리하고 있어.

'중괄식' 문단은 뒷받침 내용에 이어 중심 문장을 제시한 다음, 문단을 끝맺지 않고 다시 뒷받침 문장을 제시하는 구성 방식을 말해. 결과적으로 중심 문장이 문단의 가운데에 위치하는 것이지.

①근본적으로 손짓은 문화적 토양을 바탕으로 생성된다. ②따라서 손짓은 각자의 행동 양식과 관습에 따른 문화를 반영하며, 그것이 다른 지역에서는 그곳의 관습과 문화에 따라 전혀 다른 의미로 받아들여지기도 한다. ③그렇기 때문에 서로 다른 문화권의 사람들이 각자의 문화에 근거하여 손짓을 사용할 경우, 그것이 다른 의미로 해석됨으로써 오해와 갈등이 생겨나기도 한다. ④예를 들면 엄지를 치켜세우는 손짓은 흔히 '최고다' 혹은 '좋다', '잘했다'의 의미이지만 서아시아 지역에서는 상대방을 모욕하는 의미가 있으므로 각별히 주의해야 한다.

이 문단은 ①~②에서 손짓이 관습과 문화에 따라 다른 의미로 생겨날 수 있음을 밝히고 있어. ③은 앞선 내용을 전제로 손짓이 오해와 갈등을 유발할 수 있다는 결론을 제시하고 있지. 그리고 ④에서 그에 해당하는 예를 찾아 ③을 뒷받침하고 있어.

 연습 문제

[1~3] 다음 글을 읽고 괄호 안에 들어갈 말로 적절한 것을 고르시오.

1. (가) 공공 디자인은 우리 주변의 공공 시설물을 디자인하는 행위나 그 결과물을 의미한다. 우리를 둘러싼 수많은 공공 디자인은 다양한 방식으로 우리 삶에 관여하기 때문에 공공 디자인에 대한 사람들의 관심이 점차 높아지고 있다. 그러나 최근 조사에 따르면 공공 디자인에 대해 만족하지 않는다는 응답이 만족한다는 응답의 두 배가 넘는 것으로 나타났다. 이는 급속한 경제 발전 과정에서 공공 디자인의 미적 기능을 소홀히 여긴 결과로 볼 수 있다. 보다 나은 공공 디자인을 위해 실용적 기능과 미적 기능의 균형을 생각해 볼 때이다. (중략)
   (나) 실용적 기능과 미적 기능이 균형을 이룬 예는 영국에서도 찾아볼 수 있다. 영국의 산업 디자이너 로스 러브그로브가 디자인한 '솔라 트리'가 그것이다. 솔라 트리는 태양광 패널이 달린 나무 모양의 가로등으로, 주변을 밝히는 가로등의 실용적 기능에 자연의 아름다움을 더해 사람들에게 만족감과 편안함을 주고 있다.
   (다) 우리나라에도 좋은 예가 있다. 전주에는 남원과의 경계를 알리는 '전주 연돌 탑'이 있다. 이 탑의 굴뚝에서는 밥 짓는 때에 맞춰 하루 세 번 연기가 나는데, 이는 사랑이 담긴 '엄마의 밥상'을 상징적으로 표현한 것이라고 한다. 이처럼 공공 디자인에 인간미를 더하면 사람들에게 깊은 인상을 줄 수 있다.

   ⇒ (가)는 (두괄식/미괄식) 문단, (나)는 (두괄식/미괄식) 문단, (다)는 (두괄식/미괄식) 문단에 해당한다.

2. (가) 어떤 사람이 해외를 여행하고 있었다. 첫 번째 나라에서 젊은 사람들이 노인에게 자리를 양보해 주었다. 두 번째 나라에서도 젊은 사람들이 자리를 양보했고, 세 번째 나라에서도 마찬가지였다. 그래서 그는 모든 나라에서 젊은 사람들이 노인에게 자리를 양보해 준다고 생각했다. 그런데 마지막으로 방문한 나라에서는 그런 경우를 찾아볼 수 없었다. 그렇다면 언제 어디서나 옳다고 여겨지는 도덕은 없는 것일까?
   (나) 이에 대해 시대나 장소와 무관하게 모든 사람들이 옳다고 여기는 보편적인 도덕이 존재한다는 관점이 있다. 예를 들어 '생명을 존중해야 한다.'나 '자기가 하기 싫은 일은 남에게 시키지 말라.'와 같은 것은 어느 시대, 어느 장소에서나 보편적으로 옳다고 여겨진다. 다만 이러한 관점만이 옳다고 생각할 경우 문화에 따라 달라지는 다양한 가치를 수용하는 데 소극적인 태도를 갖게 된다.
   (다) 이와 달리 언제 어디서나 옳다고 여겨지는 도덕은 존재하지 않는다고 보는 관점이 있다. 즉 도덕은 시대나 장소에 따라 달라지기 때문에 상대적이라는 것이다. 도덕을 이러한 관점에서 보는 사람들은 자신이 속한 사회의 도덕이 반드시 모든 사회에 적용되어야 한다고 생각하지 않는다. 그러나 이런 관점을 지나치게 확대 해석할 경우 서로 다른 사회에서 동일한 문제에 대해 각기 다른 도덕적 기준을 주장할 때 무엇이 옳은지 판단하기가 쉽지 않다.

   ⇒ (가)는 (두괄식/미괄식) 문단, (나)는 (두괄식/미괄식) 문단, (다)는 (두괄식/미괄식) 문단에 해당한다.

3. (가) 기계 번역이란 기계가 사람의 개입 없이 한 언어를 다른 언어로 번역하는 것을 말한다. 이 기술이 세상의 언어장벽을 조금씩 무너뜨리고 있다. 2015년 아일랜드에서는 영어를 전혀 하지 못하는 아프리카계 여성이 영어만 할 수 있는 의료진의 지시에 따라 무사히 출산을 했다. 기계 번역을 도입한 스마트폰 애플리케이션을 통해서였다.

(나) 기계 번역이 이 정도 수준까지 발전한 것은 인공 지능 기술 덕분이다. 초기의 기계 번역은 사람이 입력한 언어의 규칙에 따라서 번역을 수행하였다. 그래서 규칙에서 벗어나는 문장이 있는 경우 번역상 오류가 많이 생겼다. 이와 달리 인공 지능을 활용한 기계 번역은 컴퓨터가 인터넷상의 빅 데이터를 활용하여 스스로 오류를 수정하며 번역한다. 그렇기 때문에 기계 번역의 속도는 물론 정확성까지 상당히 향상되었다.

(다) 2017년 2월에 한국에서 있었던 기계와 인간의 번역 대결은 기계 번역이 눈부시게 발전하였음을 보여 주었다. 이 대결에서 기계는 전문 번역가들이 50분간 번역한 내용을 1분 안에 처리하여 속도 면에서 우월함을 보여주었다. 또한 물건의 사용 설명서와 같은 글을 번역할 경우 원문의 뜻을 약 80% 정도까지 제대로 전달할 만큼 정확성도 향상되었다. 이렇게 볼 때 앞으로 펼쳐질 기계 번역의 미래는 밝을 것으로 보인다.

⇒ (가)는 (두괄식/미괄식) 문단, (나)는 (두괄식/미괄식) 문단, (다)는 (두괄식/미괄식) 문단에 해당한다.

➕ 더 읽어보기

'승정원일기'에 대해 ⇒ 140쪽
'공공 디자인의 실용적 기능과 미적 기능'에 대해 ⇒ 190쪽
'보편적 도덕과 상대적 도덕'에 대해 ⇒ 144쪽
'기계 번역을 바라보는 두 가지 시각'에 대해 ⇒ 95쪽

● 정답과 해설 ● ···

확인 문제 1 ① **확인 문제 2** ⑥

연습 문제 1. 미괄식, 두괄식, 두괄식 **2.** 미괄식, 두괄식, 두괄식 **3.** 두괄식, 두괄식, 미괄식
해설 1. (가): 공공 디자인의 정의, 공공 디자인에 관한 조사 결과를 바탕으로 공공 디자인에서 실용적 기능과 미적 기능의 균형에 대한 고찰의 필요성을 밝힘. (나), (다): 실용적 기능과 미적 기능이 균형을 이룬 예가 각각 영국과 우리나라에 있음을 밝히고, 그 자세한 내용을 뒤에 설명함. **2.** (가): '어떤 사람'의 해외 여행 사례를 바탕으로 보편적 도덕의 존재라는 화제를 소개함. (나), (다): 보편적 도덕의 존재에 대한 두 가지 관점을 소개한 후, 각각의 관점이 가진 특징과 한계에 대해 설명함. **3.** (가): 기계 번역의 정의를 제시한 후 기계 번역이 세상에 미치는 영향에 대해 설명함. (나): 기계 번역의 발전 원인으로 인공 지능 기술을 소개한 후 이로 인한 기계 번역의 발전 양상을 설명함. (다): 기계와 인간의 번역 대결을 근거로 기계 번역의 미래가 긍정적임을 주장함.

4 이 문단 주인공은 나야 나! – 핵심어

혹시 아직 중심 문장을 찾는 것이 어려운 친구가 있니? 그런 친구들을 위해 준비했어. 바로 이번에 함께 연습해 볼 '핵심어' 찾기를 말이야.

'핵심어'는 문단에서 가장 중심이 되는 화제로, 문단 전체에서 반복적으로 등장하는 말이야. 반복되는 단어를 찾으면 되니까 중심 문장을 찾는 것보다 쉬울 거야. 하지만 핵심어를 찾는 일은 문단의 주요 내용을 파악하기 위해 꼭 필요해. 뿐만 아니라 중심 문장이 겉으로 드러나지 않은 문단의 중심 내용을 파악할 때 꼭 필요한 단계이기도 하지!

자, 그럼 핵심어가 어떤 정보를 담고 있는지 다음 문제를 통해 살펴볼까?

> **확인 문제 1** 다음 문단에서 핵심어를 찾아 동그라미 치시오.
>
> 우리나라에서는 새해가 되면 전 국민 모두 한 살씩 나이를 더 먹는다. 이렇게 나이를 세는 방식을 '세는나이'또는 '한국식 나이'라고 한다. 그런데 우리나라에서는 '세는나이' 외에도 '만 나이'도 쓰인다. '만 나이'는 0세부터 시작해서 출생일에 나이를 더하는 나이 셈법이다.

답을 찾았어? 이 문단에서 가장 많이 나온 단어는 '나이'야. 모든 문장에서 '나이'라는 단어가 등장하고 있지. 앞의 두 문장에서는 우리나라에서 나이를 세는 방식, 즉 '한국식 나이'에 대해 소개하고 있고, 뒤의 두 문장에서는 '만 나이'에 대해 소개하고 있지. 그렇다면 이 문단의 핵심어는 '나이'라고 할 수 있어. 그리고 특별히 중심 문장이라고 할 만한 것이 없기 때문에, 이 문단의 중심 내용은 '나이를 세는 두 가지 방식'이라고 정리할 수 있겠지.

이번에 볼 글은 지렁이가 어떤 이유에서 가축이 되었는가에 대해 설명하고 있어. 이번에는 핵심어를 두 개 찾아보도록 할 거야. 문단이 담고 있는 정보의 양에 따라 핵심어가 둘 이상 있을 수도 있거든.

> **확인 문제 2** 다음 문단에서 두 개의 핵심어를 찾아 동그라미 치시오. (단, 지렁이는 제외)
>
> 첫째, 농업을 위해 지렁이가 쓰인다. 지렁이는 소화 과정에서 해로운 미생물을 제거하고 식물 생장에 필수적인 질소, 칼슘, 마그네슘, 인, 칼륨 등이 포함된 분변토를 배출한다. 이 분변토를 사용하면 화학 비료를 적게 쓸 수 있어서 땅의 산성화를 막는 데에 도움이 된다. 또한 지렁이는 표면과 땅속을 오가면서 지표면의 물질과 땅속의 흙을 순환시킨다. 이때 땅속에 수많은 미세한 굴들이 상하좌우로 형성되고 공극[*]이 많아진다. 공극은 식물의 뿌리가 성장하는 데에 도움을 준다. 아울러 비가 오면 공극에 빗물이 스며들게 되어 식물에게 필요한 수분을 저장할 뿐만 아니라 지하수를 확보하는 데에 도움이 된다.
>
> * 공극: 비어 있는 틈.

문단 전체의 중심 문장은 첫째 문장이야. 하지만 문단 내용을 세부적으로 살펴보면, 농업을 위해 지렁이가 주는 도움을 둘로 나누어서 설명하고 있어. 그중 첫 번째는 '분변토'야. 지렁이의 똥을 고급스럽게 표현한 단어이지. 그런데 이 똥이 식물 생장에도 도움을 주고, 땅의 산성화도 막는다는 거지. 두 번째는 '공극'이야. 공극이 형성되는 과정과 공극이 식물의 뿌리 성장, 식물에 필요한 수분 저장, 지하수 확보 등에 도움을 준다는 정보를 하나씩 제시하고 있어.

이번에는 다시 '승정원일기'에 대한 글로 들어가 보자. 여기에서는 핵심어가 비슷한 의미의 다른 단어로도 등장하고 있으니까 한번 찾아보도록 해.

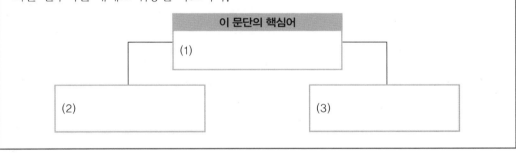

확인 문제 3 빈 칸에 적절한 말을 찾아 쓰시오.

　『승정원일기』가 가지는 또 다른 가치는 기상 변화를 연구하는 데 귀중한 자료가 된다는 점이다. 『승정원일기』는 항상 날짜와 날씨로 시작한다. 여기에는 눈, 비, 안개, 맑음, 흐림 등을 기록하고 하루 중에 날씨 변화가 있었을 때에는 어떻게 변화했는지까지 기술해 놓았다. 영조가 세종 대의 측우기를 복원한 이후에는 강우량을 측정한 결과도 구체적으로 『승정원일기』에 제시되어 있다. 기상 변화는 매일 일어나는 것도 있지만 몇백 년 주기로 일어나는 것도 있어서 그 내용을 분석하려면 오랜 기간의 자료가 필요하다. 그런 측면에서 『승정원일기』에 기술된 날씨와 강우량에 대한 기록은 과거뿐만 아니라 오늘날의 기상 변화를 연구하는 데에도 귀중한 자료이다.

이 문단의 핵심어
(1)

(2)	(3)

문단 전체의 중심 문장은 바로 첫째 문장인데, 『승정원일기』가 기상 변화 연구의 귀중한 자료라는 것을 밝히고 있지. 그래서 문단 전체에서 기상 변화라는 단어가 반복적으로 등장하고, 기상 변화에 포함되는 두 가지 단어도 반복적으로 등장하고 있어. 바로 '날씨'와 '강우량'이지. 그러니까 이 문단에서 핵심어를 찾으라고 한다면 '기상 변화'이겠지만, '기상 변화'가 '날씨'와 '강우량'을 포괄하는 내용이라는 것까지 파악해야 문단 전체를 제대로 이해했다고 할 수 있을 거야.

핵심어 찾기가 중심 문장 찾기만큼 문단의 핵심 내용을 이해하는 데 중요하다는 거 알겠지? 문단에서 반복되는 단어를 확인하고 그것이 담고 있는 정보에 집중하는 것, 기억해 둬!

연습 문제

[1~4] 괄호 안에 적절한 말을 찾아 쓰시오.

1. 나이를 계산하는 방식이 두 가지이다 보니 생활에서 혼란을 겪는 경우가 많다. 가령 극장에서 영화를 볼 수 있는지, 선거날 투표를 할 수 있는지와 같은 고민부터 '만 나이'를 기재해야 하는 공문서에 '세는나이'로 잘못 기재하는 일까지 혼란스러운 일이 비일비재하다. 이러한 혼란을 줄일 수 있는 방법은 '만 나이'로 나이 셈법을 통일하는 것이다.

   ⇒ 이 문단의 핵심어는 만 나이, (   )이다.

2. '만 나이'를 사용하는 것은 법의 규정에 부합한다. 우리 민법은 1962년부터 '만 나이'를 사용할 것을 명시하고 있다. 그래서 공문서나 법조문, 보험 문서에서는 공식적으로 '만 나이'를 사용한다. 2013년 개정된 민법을 보면, '만 20세'로 표기했던 성년의 나이를 '만' 자를 뺀 '19세'로 바꾸었다. 이 개정안은 법률적으로 나이를 셀 때에는 '만 나이'로 계산해야 한다는 것을 상징적으로 보여 주는 것이다.

   ⇒ 이 문단의 핵심어는 만 나이, (   )이다.

3. 공연의 질을 좌우하는 중요한 요소 중 하나는 음이 지속되는 잔향 시간이다. 잔향 시간은 음 에너지가 최대인 상태에서 일백만 분의 일만큼의 에너지로 감소하는 데 걸리는 시간을 말한다. 콘서트홀 종류마다 알맞은 잔향 시간이 다르다. 오케스트라 전용 콘서트홀은 청중들이 풍성하고 웅장한 감동을 느낄 수 있도록 잔향 시간을 1.6~2.2초로 길게 설계하고, 오페라 전용 콘서트홀은 이보다는 소리가 덜 울려야 청중들이 대사를 잘 들을 수 있기 때문에 잔향 시간을 1.3~1.8초로 짧게 만든다.

   ⇒ 이 문단의 핵심어는 콘서트홀, (   )이다.

4. 우리나라에서는 지렁이를 농업과 음식물 쓰레기 처리에 대규모로 이용하는 경우가 많지 않다. 지렁이의 먹이는 염분 농도가 낮아야 하기 때문에 국이나 찌개를 많이 먹는 우리 음식 문화에서는 소금기를 낮추는 별도의 처리가 필요하다. 또한 살아 있는 생명인 지렁이는 적합한 환경이 아니면 살 수 없다. 온도는 늘 15~25도로, 흙의 수분은 20%로 유지해야 하는 관리의 어려움이 있다.

   ⇒ 이 문단의 핵심어는 지렁이, (,   )이다.

※ (가), (나)를 읽고 물음에 답하시오.

(가) 잔향 시간을 조절하는 방법에는 콘서트홀의 크기를 고려하는 방법이 있다. 잔향 시간
은 콘서트홀의 크기에 따라 달라지기 때문이다. 작은 콘서트홀에서는 무대에서 나가는
소리가 벽에 부딪히기까지의 시간이 짧다. 따라서 소리가 벽에 부딪히는 횟수가 많아지
므로 소리 에너지가 빨리 줄어들어 잔향 시간이 짧아진다. 큰 콘서트홀은 작은 콘서트
홀에 비해 무대에서 나가는 소리가 벽에 부딪히기까지의 시간이 길다. 따라서 소리가
벽에 부딪히는 횟수가 적으므로 소리 에너지가 천천히 줄어들어 잔향 시간이 길어진다.

(나) 콘서트홀의 재료를 고려하여 잔향 시간을 조절하는 방법도 있다. 콘서트홀의 벽면과
바닥, 객석 등에 쓰이는 재료가 잔향 시간에 영향을 미치기 때문이다. 밀도가 낮고 통
기성이 좋은 합성섬유와 같은 푹신한 재료는 소리를 잘 흡수하므로 흡음재로 쓰인다.
반면 돌이나 두꺼운 합판은 소리를 거의 흡수하지 않고 튕겨 내기 때문에 반사재로 쓰
인다. 흡음재와 반사재를 적절히 조합하면 원하는 잔향 시간을 만들 수 있다. 무대 바
닥이나 벽은 반사재를 붙여 반사의 정도를 조절한다. 객석과 주변의 벽은 흡음재를 사
용하여 소리를 잘 흡수할 수 있도록 한다.

5. 다음은 핵심어를 바탕으로 (가), (나)를 요약한 것이다. ㉠~㉣에 적절한 단어를 찾아 쓰시오.

(가)의 핵심어는 '잔향 시간'과 콘서트홀의 ㉠_____이고, (나)의 핵심어는 '잔향 시간'
과 콘서트홀의 ㉡_____이다. ㉠_____이/가 달라지면 소리가 벽에 부딪히는 횟수가
달라져 잔향 시간에 변화가 생긴다. 또한 ㉡_____을/를 적절히 조합하여 원하는 잔향
시간을 만들 수 있다.
콘서트홀의 ㉡_____는 ㉢_____와/과 ㉣_____로 나누어지는데, ㉢_____은/는
소리를 잘 흡수해 주로 객석에, ㉣_____은/는 소리를 잘 튕겨 내 주로 무대 바닥에 사
용한다.

●정답과 해설●···

확인 문제 1 나이 **확인 문제 2** 분변토, 공극 **확인 문제 3** (1) 기상 변화, (2) 날씨, (3) 강우량

연습 문제 1. 혼란 **2.** 법 **3.** 잔향 시간 **4.** 먹이(염분), 환경 **5.** ㉠-크기, ㉡-재료, ㉢-흡음재, ㉣-반사재
해설 1. 두 가지 나이 계산 방식으로 인한 혼란에 대해 설명 **2.** '만 나이'가 법에 적용된 여러 예를 찾아 제시 **3.**
콘서트홀마다 적절한 잔향 시간이 다름을 설명 **4.** 지렁이 먹이 내 염분과 적합한 생장 환경-온도, 수분-에 대
해 설명 **5.** (가)는 콘서트홀의 크기, (나)는 콘서트홀의 재료-흡음재와 반사재-로 잔향 시간을 조절하는 방법을
설명

5 단어/구절의 변신은 무죄 – 지시하는 말

글이나 문단에서는 핵심어나 특정한 구절을 반복하기보다는 지시하는 말로 대체하는 경우가 많이 있어. 긴 내용을 다시 설명하는 것보다는 지시하는 말로 대체하는 것이 경제적이겠지? 지시하는 말의 종류는 다음과 같아.

➕ TIP! **지시하는 말의 종류 (1) – 거리에 따라**

이	듣는 이보다 말하는 이에게 가까운 대상을 가리킬 때
그	말하는 이보다 듣는 이에게 가까운 대상을 가리킬 때
저	말하는 이와 듣는 이에게 모두 멀리 있는 대상을 가리킬 때

자, 그럼 문제를 통해서 지시하는 말이 실제 글에서 어떻게 쓰이는지 확인해 볼까?

🔖 **확인 문제 1** ㉠, ㉡이 지시하는 내용이 무엇인지 설명하시오.

1966년에 발표된 한 연구는 기계 번역에 대한 사람들의 낙관적 전망을 무너뜨렸다. ㉠이 연구에 따르면 기계 번역은 사람이 하는 번역보다 돈이 많이 들고 시간은 더 오래 걸렸으며 정확성도 떨어졌다고 한다. 기계 번역은 인간이 한 번역보다 정확성이 떨어질 수밖에 없는데, ㉡이는 기계 번역이 맥락에 따라 달리 쓰이는 언어의 복잡한 의미를 반영하기 어렵기 때문이다.

⇒ ㉠:

　㉡:

앞에서 기계 번역에 대한 긍정적 전망이 담긴 글을 봤는데 기억이 나니? 이 글은 그와 반대로 기계 번역을 부정적 관점에서 바라보고 있어. ㉠과 ㉡은 모두 앞선 내용의 구절을 가리키고 있어. ㉠은 '1966년에 발표된 한 연구'라는 말을 반복하는 것을 피하기 위해 '이 연구'로 바꾸어 표현하였고, ㉡은 '기계 번역은 인간이 한 번역보다 정확성이 떨어질 수밖에 없'다는 내용을 반복하는 것을 피하고, 기계 번역이 한계를 가질 수밖에 없는 원인을 설명하기 위해 '이'라는 지시어로 바꾸어 표현한 것이야.

이 문제에서는 지시어가 모두 앞의 구절을 가리키고 있지만, 때로는 아래처럼 뒤의 구절을 가리키는 방식으로 사용될 수도 있어.

박명수가 말했다. '티끌 모아 티끌'이라고. 하지만 마더 테레사는 이렇게 말했다.

'우리가 하는 일은 바다에 붓는 한 방울의 물보다 하찮은 것이다. 하지만 그 한 방울이 없다면 바다는 그만큼 줄어들 것이다.'라고.

지시하는 말을 적절히 사용하면 긴 내용을 짧게 줄여 주기 때문에 읽을 때 부담이 없어. 하지만 한 문단에서도 여러 개의 지시어가 등장할 수 있으니, 지시하는 내용이 무엇인지 헷갈리지 않도록 주의해야겠지?

그래서 이번에는 한 문단에서 지시하는 말이 네 번이나 등장하는 글을 볼 거야. 한번 도전해 보자!

확인 문제 2 ㉠~㉣이 지시하는 내용이 무엇인지 설명하시오.

　시장이 새롭게 형성되는 초반에는 생산자나 소비자가 많지 않고 ㉠그 존재 여부도 잘 알려지지 않아 경쟁자가 거의 없기 마련이다. ㉡이러한 시장을 경제학에서는 평화로운 푸른 바다를 의미하는 '블루 오션(blue ocean)'이라고 한다. 예를 들어 어느 한 기업이 즉석밥을 최초로 판매하면 즉석밥의 편리함에 반한 소비자들이 몰리면서 큰 시장을 형성하게 되고 ㉢이 기업은 독점적으로 많은 이익을 얻게 된다. ㉣이렇게 다른 경쟁자가 거의 없는 시장이 바로 블루 오션이다. 블루 오션에서는 시장의 수요가 경쟁이 아니라 창조에 의해 형성된다. 그리고 시장의 규모가 정해져 있지 않아 높은 수익을 얻을 수 있고 빠르게 성장할 수 있는 기회도 있다.

⇒ ㉠:
　㉡:
　㉢:
　㉣:

'블루 오션'에 대해 설명하고 있는 글이야. 신문에서 한 번쯤 접해봤을만한 말이지. 이와 반대의 의미를 가진 '레드 오션'이라는 말도 있고, 요즘에는 블루 오션과 레드 오션을 합쳐 놓은 것 같은 '퍼플 오션'이라는 말도 있다고 해. 색깔로 경제 상황을 나타낸다니 재미있지 않아?

㉠에서 '그'가 가리키는 것은 '시장'이야. 정확하게는 '새롭게 형성되어 생산자나 소비자가 많지 않은 시장'이니까 ㉠의 앞에 있는 구절 전체를 가리킨다고 볼 수 있어. ㉡의 경우에도 앞 문장 전체를 가리킨다고 볼 수 있지. ㉢은 '어느 한 기업', 즉 즉석밥을 최초로 판매한 기업을 가리키고, ㉣은 앞 문장에서 설명한 즉석밥의 예를 가리키는 것으로 볼 수 있어.

우리가 확인 문제에서 보았던 것들 외에도 여러 형태의 지시하는 말이 있으니까, 한번 확인해 보자!

➕ TIP! **지시하는 말의 종류 (2) - 품사에 따라**

관형사	이, 그, 저
대명사	이(이것, 이분), 그(그것, 그분), 저(저것, 저분) / 여기, 거기, 저기
형용사	이렇다, 그렇다, 저렇다
동사	이러다, 그러다, 저러다
부사	이리, 그리, 저리

[1~4] 밑줄 친 부분이 지시하는 내용이 무엇인지 설명하시오.

1. 블루 오션은 시간이 흐르면서 더 이상 블루 오션이 아닐 수 있다. 이익을 얻고자 하는 새로운 기업이 해당 시장에 뛰어 들면 경쟁이 발생하기 때문이다. 앞서 언급한 즉석밥의 경우, 다른 기업들도 새로운 즉석밥을 시장에 내놓으면서 경쟁 업체들은 소비자의 선택을 받기 위해 치열한 경쟁을 하게 된다. ㉠이러한 시장 상황을 바다의 포식자들이 먹이를 낚아채기 위해 서로 경쟁하는 상황에 비유하여 '레드 오션(red ocean)'이라고 한다. 즉 레드 오션은 경쟁 업체들이 고객을 확보하기 위해 치열한 경쟁을 벌이는 상태를 말한다.
   ⇒ ㉠:

2. 말로 의사소통을 하기 이전부터 인간은 줄곧 몸짓과 자세, 표정 등과 같은 신체 언어를 통해 서로의 생각을 교환해 왔다. 말과 신체 언어가 서로 다른 메시지를 전달할 때 일반적으로 사람들은 말보다는 신체 언어를 더 많이 신뢰한다. 가령 상대방이 말로는 '괜찮다'고 하면서도 표정이 어둡거나 손을 부르르 떨고 있으면 우리는 '괜찮다'는 ㉠그 말을 믿지 않는다.
   ⇒ ㉠:

3. 신체 언어는 의사소통 과정에서 중요한 역할을 하는데 ㉠그중에서도 손짓은 좀 더 특별한 의미를 지닌다. 손짓이란 '손을 놀려 어떤 사물을 가리키거나 자기의 생각을 남에게 전하는 일'이다. 손은 다른 신체 부위에 비해 움직임이 자유롭고 모양을 만들기가 쉬워서 다양한 감정과 생각을 담아 손짓으로 표현할 수 있다. 박수는 칭찬과 격려를, 기도하는 두 손은 염원의 메시지를 전한다. 사랑한다는 말 대신 손을 지그시 잡는다거나, 힘내라는 말보다 등을 토닥이며 위로를 전하는 손짓이야말로 말보다 더 강력한 힘을 가진다.
   ⇒ ㉠:

4. 한편으로 손짓은 다른 신체 부위와 결합하여 다양한 의미를 생산함으로써 언어를 대신하거나 ㉠그 의미를 보조하는 데에도 큰 역할을 한다. 손짓은 팔, 얼굴, 귀, 코, 눈, 머리 등과 결합해 무려 3천여 가지의 다양한 움직임을 만들어 낸다. ㉡여기에 인간의 사고와 심리 상태 등의 메시지가 담김으로써 의사소통 방식이 훨씬 풍부해지고 다양해진다. 꼭 다문 입술에 집게손가락을 대는 행동으로 '조용히 하세요'라는 의미를 표현하거나 머리 위에 하트를 그리는 행동을 통해 상대방에게 사랑의 감정을 더욱 강하게 전달하는 것 등이 ㉢그러한 예이다.
   ⇒ ㉠:
   　　㉡:
   　　㉢:

➕ 더 읽어보기

'블루 오션/레드 오션/퍼플 오션'에 대해 ⇒ 143쪽, '손짓의 의미'에 대해 ⇒ 104쪽

[5~6] 밑줄 친 내용에 대한 설명으로 적절하지 않은 것은?

5. 레드 오션의 치열한 경쟁 속에서 기업들은 새로운 전략을 고민하기도 한다. 레드 오션이 된 시장에서 눈이 높은 소비자들의 요구를 파악하고 ⊙여기에 새로운 아이디어나 기술 등을 적용해 새로운 시장을 형성한다. ⊙이를 '퍼플 오션(purple ocean)'이라고 한다. 퍼플 오션을 찾기 위한 대표적인 전략은 이미 인기를 얻은 소재를 다른 장르에 적용하여 ⊙그 파급 효과를 노리는 것이다. 가령 특정 만화가 인기를 끌면 ⊙이것을 드라마나 영화로 만들고 캐릭터 상품을 개발한다. ⊙이런 전략은 실패할 위험이 적고 제작 비용과 시간을 줄일 수 있다는 장점이 있다.

　① ⊙: '눈이 높은 소비자들의 요구'를 지시하는 표현이다.
　② ⊙: 둘째 문장의 '새로운 아이디어나 기술'을 가리키고 있다.
　③ ⊙: 이미 인기 있는 소재를 다른 장르에 적용할 때 생기는 효과를 말한다.
　④ ⊙: 앞 구절에 나타난 '특정 만화'를 지시하는 표현이다.
　⑤ ⊙: 넷째 문장의 '퍼플 오션을 찾기 위한 대표적인 전략'을 가리킨다.

6. 근본적으로 손짓은 문화적 토양을 바탕으로 생성된다. 따라서 손짓은 각자의 행동 양식과 관습에 따른 문화를 반영하며, ⊙그것이 다른 지역에서는 ⊙그곳의 관습과 문화에 따라 전혀 다른 의미로 받아들여지기도 한다. ⊙그렇기 때문에 서로 다른 문화권의 사람들이 각자의 문화에 근거하여 손짓을 사용할 경우, ⊙그것이 다른 의미로 해석됨으로써 오해와 갈등이 생겨나기도 한다. 예를 들면 엄지를 치켜세우는 손짓은 흔히 '최고다' 혹은 '좋다', '잘했다'의 의미이지만 서아시아 지역에서는 상대방을 모욕하는 의미가 있으므로 각별히 주의해야 한다. 손짓을 문화적 맥락 속에서 이해하고 해석하려는 노력이 필요한 이유는 바로 ⊙의 때문이다.

　① ⊙: 지역별로 다른 형태의 '손짓'을 의미한다.
　② ⊙: 관습과 문화가 다른 각각의 '지역'을 의미한다.
　③ ⊙: ⊙의 앞 문장 내용 전체를 가리키는 표현이다.
　④ ⊙: 다른 문화에 대해 이해 없이 사용한 '손짓'을 가리킨다.
　⑤ ⊙: 손짓으로 인해 오해와 갈등이 생길 수 있음을 가리킨다.

●정답과 해설●

확인 문제 1 ⊙－1966년에 발표된 한 연구, ⊙－기계 번역이 인간이 한 번역보다 정확성이 떨어질 수밖에 없는 것
확인 문제 2 ⊙－새롭게 형성된 시장, ⊙－새롭게 형성되어 생산자(경쟁자), 소비자가 거의 없는 시장, ⊙－즉석밥을 최초로 판매한 기업, ⊙－즉석밥 시장의 예와 같이

연습 문제 1. ⊙: 새로운 기업들이 블루 오션에 뛰어 들어 경쟁이 발생한 2. ⊙: 괜찮다 3. ⊙: 신체 언어 4. ⊙: 언어에 담긴 의미, ⊙: 3천여 가지의 다양한 움직임, ⊙: 다른 신체 부위와 결합하여 다양한 의미를 생산한 5. ② 6. ①
해설 1. 앞선 내용 전체를 가리킴. 2. 상대방이 표정과 다르게 한 말 3. 신체 언어 전체 4. ⊙－앞선 구절에 설명된 언어의 의미를 가리킴. ⊙－앞 문장에 설명된 '다양한 움직임'을 가리킴. ⊙－앞 문장의 내용을 가리킴. 5. 둘째 문장의 '새로운 시장'을 가리킴. 6. 지역별로 달리 해석될 수 있는 동일 형태의 손짓을 가리킴.

II │ 문단의 전개

문단의 형식적 측면을 살펴보았으니 이제 내용적 측면을 알아보자.
문단이 어떻게 내용을 담고, 어떻게 글을 완성해 나가는지를 말이야.

1 정의

'정의'는 어떤 말의 '뜻'을 밝히는 서술 방법이야. 주로 'A는 B이다.'의 형태로 되어 있지. 한편의 글에서 핵심이 되는 단어들은 대개 별도의 '정의'가 제시돼. 하나의 개념을 어떻게 정의하느냐에 따라 글의 내용이 완전히 달라질 수 있거든. 그래서 '정의(定義, definition)'가 없는 글은 거의 존재하지 않아. 마치 '정의(正義, justice)'가 없는 세상은 없어야 하는 것처럼 말이야! ^^

아래는 '인간의 얼굴'이 지닌 특징에 관한 내용의 글이야. '얼굴'이 어떻게 정의되어 있는지 확인해 보자고.

> **확인 문제 1** 다음에서 '얼굴'의 정의에 해당하는 부분에 밑줄을 치시오.
>
> 머리와 얼굴 구조 연구 분야에서 권위 있는 학자로 알려진 도널드 엔로는 인간의 얼굴을 두고 "일반적인 포유류의 기준에서 인간의 이목구비는 이례적이고, 전문화되었으며, 어떻게 보면 기이하기까지 하다."라고 설명하였다. 일반적으로 '얼굴'이란 '입, 코, 눈이 있는, 동물의 머리 앞쪽 면'을 의미한다. 폐나 팔다리, 꼬리 등은 척추동물에 따라 사라지기도 하였으나 얼굴만큼은 모든 척추동물이 가지고 있다. 그렇다면 인간의 얼굴은 과연 어떤 특징을 가지고 있을까?

'얼굴'이 있다는 사실에 감사해 본 적이 있어? 수많은 동물 중 얼굴을 가진 종은 그리 많지 않다고 해. '머리와 얼굴 구조' 연구 분야라는 것이 있다는 것도 새롭지 않니?

위 글을 통해 '얼굴'의 정의를 분명히 이해했다면 '선생님, 대머리는 어디까지가 얼굴인가요?' 하는 짓궂은 농담은 하지 못하게 될 거야. 얼굴은 동물의 머리 앞쪽 면이라고 분명히 밝히고 있으니까 말이지.

글에 따라서는 같은 대상에 대한 정의를 두 번에 걸쳐 제시하는 경우도 있어.

확인 문제 2 다음에서 '샘플링'의 정의에 해당하는 부분을 모두 찾아 밑줄을 치시오.

1960년대 미국에서 힙합이 '거리 음악'으로 막 시작되고 성장해 가던 시기의 샘플링은 단순히 원곡의 일부나 혹은 전체를 빌려 쓰는 것이었다. 당시에는 완전히 새로운 음악 창작 방법이었으며, 저작권에 대한 인식이 확고하지 않았던 때라 샘플링에 큰 제약도 없었다. 샘플링에 대한 이런 인식은 1990년대 초반까지 이어지며 확대되었다.

하지만 힙합 음악이 대중적으로 관심을 끌면서 샘플링에 대한 인식도 점차 발전적으로 변화하였다. 특히 1992년 미국에서 샘플링과 관련하여 제기된 저작권 소송이 변화의 중요한 계기가 되었다. 이후 힙합 음악에서 샘플링은 원곡에 대한 충분한 이해와 원작자에 대한 존경심을 바탕으로 그의 허락을 받아 자신만의 방식으로 재해석하는 예술 기법으로 인식되고 있다.

이 글에서는 1960년대 미국에서 샘플링이 처음 등장한 시기의 샘플링이 어떠했는지 정의한 후에, 1992년 이후에는 샘플링이 어떻게 변화했는지 밝히고 있어. 이럴 때는 전자와 달리 후자에 어떤 특징이 있는지 파악하는 것이 '샘플링'을 이해하는 핵심일 거야.

➕ TIP! '정의'는 항상 'A는 B이다.'의 형태로 되어 있나요?

그렇지 않아. 'A는 B이다.'의 형태가 아니라도 정의로 볼 수 있는 것들이 있어. 다음 문단을 살펴볼까?

도시에서는 관찰하기 힘들지만 시골의 밤하늘에서는 가끔 유성(별똥별)이 나타난다. ①우주 공간을 떠도는 암석이 유성체라면, ②이 암석이 지구 중력에 이끌려서 대기권에 진입하면 유성이 된다. ③유성은 대기와의 마찰로 빛을 내며 녹게 되고, 그 남은 덩어리가 땅에 떨어져 운석이 된다.

이 짧은 문단 안에 유성체, 유성, 운석에 대한 정의가 모두 담겨 있어. ①은 전형적인 'A는 B이다.'의 구조로 유성체에 대해 정의를 내리고 있고, ②, ③에서는 각각 유성과 운석이 만들어지는 과정을 설명하고 있어. '유성'은 우주 공간을 떠도는 암석이 지구 중력에 이끌려서 대기권에 진입한 것이고, '운석'은 유성이 대기와의 마찰로 빛을 내며 녹게 되고, 그 남은 덩어리가 땅에 떨어진 것으로 이해할 수 있겠지.

➕ TIP! 왜 '정의'는 다양한 형식으로 표현되나요?

이렇게 정의가 다양한 형식으로 표현될 수 있는 것은 하나의 대상이나 개념을 대표하는 특징이 각각 다르기 때문이야. 위 문단은 운석의 정의이기도 하지만 운석이 만들어지는 과정으로 볼 수도 있어. 운석은 아마 떨어지는 과정 자체가 중요한 사물인가 봐. 실제 운석의 사전적 정의는 '지구에 떨어진 별똥'이거든.

예시와 부연

'예시'는 말 그대로 예를 들어 보이는 서술 방법이야. 예가 없다면 글 전체가 딱딱하고 재미없는 글이 될 거야. 그래서 이해하기 쉽도록 예가 많이 활용되지. 예가 얼마나 중요한지 한번 살펴볼까?

🍡 **확인 문제 3** 다음 글에서 ㉠이 의미하는 바가 무엇인지 말해보시오.

방관자의 역할을 이해하고 학급 내 괴롭힘 상황을 근본적으로 해결하기 위한 새로운 모델이 '가해자–피해자–방관자 모델'이다. 이 모델에서는 방관하는 행동이 바로 괴롭힘 상황을 유지하게 만드는 근본적인 원인이라고 생각한다. 즉 괴롭힘 상황에서 방관자는 단순한 제3자가 아니라 가해자와 마찬가지의 책임이 있다고 보는 것이다.

그렇다고 이 모델에서 방관자를 가해자와 동일하게 처벌하자는 것은 아니다. 대신 방관자가 피해자를 돕는 행동을 할 수 있도록 ㉠학급 환경 자체를 변화시켜야 함을 강조한다.

과연 방관자가 피해자를 돕기 위해 변화되어야 할 '학급 환경 자체'란 무엇일까? 선생님? 학생들? 책걸상과 같은 사물들? '학급'이라는 공간은 그나마 구체적이지만, '환경'이라는 말은 추상적이라서 무엇을 말하는지 알 수가 없네 .

그럼 원래 글에는 어떤 예시가 붙어 있는지 확인해 볼까?

그렇다고 이 모델에서 방관자를 가해자와 동일하게 처벌하자는 것은 아니다. 대신 방관자가 피해자를 돕는 행동을 할 수 있도록 ㉠학급 환경 자체를 변화시켜야 함을 강조한다. 예를 들어, 괴롭힘 상황이 발생했을 때 학급의 모든 구성원은 이 상황을 인지하고 역할극이나 회의를 통해 문제의 심각성을 공유해야 한다. 또한 돕고 싶지만 두려움 때문에 방관만 하던 소극적인 학생들은 피해자를 적극적으로 도울 수 있도록 심리적, 물리적으로 지원받아야 한다. 그러면서 학생들은 방관하는 행동이 문제임을 깨닫게 되고, 앞으로는 누군가가 괴롭힘을 당할 때 방관하지 않고 나서서 피해자를 도우려는 태도를 지니게 된다.

첫째, 괴롭힘 상황을 모든 학급 구성원이 인지하는 것, 둘째, 역할극이나 회의를 통해 학급 구성원이 문제의 심각성을 공유하는 것, 셋째, 방관자인 학급 구성원에게 심리적, 물리적으로 지원하는 것. 이렇게 예시를 살펴보고 나니 학급 환경 자체를 변화시킨다는 것이 구체적으로 무엇인지 알 수 있게 되었어. 맞아. 여기서 말하는 학급 환경이란, 학급 구성원들이 변화해야 함을 가리키는 것이었어.

만약, 아주 만약에, 우리 학급에서 괴롭힘 상황이 발생하고 있다면 실제로 이 세 가지 방법을 실천해 보는 것이 어떨까? 비문학 책 하나 풀었을 뿐인데, 여러분들 인성까지 챙겨준다. 참 좋지요?

'예시'는 앞서 살펴 본 '정의'와 절친한 사이야. 정확히 말하자면 주로 '예시'가 '정의'를 도와주는 역할을 많이 해. '정의'는 다소 추상적이고, 예시는 구체적이기 때문이지. 구체적인 내용은 추상적인 내용에 비해 이해하기가 훨씬 쉽잖아? 그래서 글에서 중요한 개념일수록 예시를 빼놓고 이야기할 수 없어.

> **확인 문제 4** 다음 문단에서 손짓의 '정의'와 '예시'에 해당하는 부분을 찾아 각각 밑줄 치시오.
>
> 신체 언어는 의사소통 과정에서 중요한 역할을 하는데 그중에서도 손짓은 좀 더 특별한 의미를 지닌다. 손짓이란 '손을 놀려 어떤 사물을 가리키거나 자기의 생각을 남에게 전하는 일'이다. 손은 다른 신체 부위에 비해 움직임이 자유롭고 모양을 만들기가 쉬워서 다양한 감정과 생각을 담아 손짓으로 표현할 수 있다. 박수는 칭찬과 격려를, 기도하는 두 손은 염원의 메시지를 전한다. 사랑한다는 말 대신 손을 지그시 잡는다거나, 힘내라는 말보다 등을 토닥이며 위로를 전하는 손짓이야말로 말보다 더 강력한 힘을 가진다.

이 문단은 손짓에 대한 정의와 손짓이 지닌 특징을 제시한 후에, 이에 대한 이해를 도울 수 있는 구체적인 예를 들어 설명하고 있어. 예시는 모두 찾았니? 힌트를 준다면, 이 글에 나오는 손짓의 예는 4가지야! 손짓이 담고 있는 긍정적인 감정과 생각을 예로 나열해 놓았어.

'**부연**'은 추상적인 어떤 현상이나 개념에 대한 세부적인 설명을 제시하는 서술 방법이야. 방금 전에 보았던 '정의-예시'의 관계에 대한 설명과 비슷하지? 실은 부연은 예시보다도 흔하고, 정의와 더 밀접한 사이야! '예시'도 일종의 '부연'으로 볼 수 있기 때문이야. 그럼 예시가 아닌 부연들은 어떤 모습인지 살펴볼까?

> [확인 문제 3-A] ① 방관자의 역할을 이해하고 학급 내 괴롭힘 상황을 근본적으로 해결하기 위한 새로운 모델이 '가해자-피해자-방관자 모델'이다. ② 이 모델에서는 방관하는 행동이 바로 괴롭힘 상황을 유지하게 만드는 근본적인 원인이라고 생각한다. ③ 즉 괴롭힘 상황에서 방관자는 단순한 제3자가 아니라 가해자와 마찬가지의 책임이 있다고 보는 것이다.

> [확인 문제 4-A] ① 신체 언어는 의사소통 과정에서 중요한 역할을 하는데 그중에서도 손짓은 좀 더 특별한 의미를 지닌다. ② 손짓이란 '손을 놀려 어떤 사물을 가리키거나 자기의 생각을 남에게 전하는 일'이다. ③ 손은 다른 신체 부위에 비해 움직임이 자유롭고 모양을 만들기가 쉬워서 다양한 감정과 생각을 담아 손짓으로 표현할 수 있다.

앞서 보았던 확인 문제들에도 부연이 숨어 있어. 3-A는 ①에서 '가해자-피해자-방관자 모델'에 대해 소개하였지. 그리고 ②, ③에서 방관자에 초점을 맞추어 학급 내 괴롭힘 상황을 분석하는 이 모델의 특징에 대해 자세히 풀어 설명하고 있단다.

4-A는 ①, ②에서 신체 언어 중 특별한 의미를 지니는 손짓에 대해 정의한 뒤, ③에서 왜 특별한 의미를 지니는지 자세히 풀어 설명하고 있어. 그러니까 3-A에서 ②, ③, 4-A에서 ③은 '부연'에 해당한다고 볼 수 있어.

3 비교와 대조

'비교'는 두 대상이나 현상 간의 공통점, '대조'는 차이점에 초점을 맞추어 내용을 전개하는 서술 방법이야. 예를 들어 '아이폰과 갤럭시노트는 둘 다 스마트폰이다.' 이런 게 비교이고, '방탄소년단은 보이그룹이지만, 마마무는 걸그룹이다.' 이런 게 대조야. 비교와 대조는 '문장 간의 관계'에서도 살펴본 적이 있지만, 문단이나 글 수준에서도 자주 등장해. 어디에서든 공통점과 차이점을 판단하는 기준에 초점을 맞추어 살펴보아야 한다는 점은 같아.

비교와 대조는 지문이나 문제의 선택지에서 자주 등장하는 개념이야. 그리고 실은 우리가 방금 읽은 바로 위 부분에서도 대조가 활용되고 있지. 첫째 문장에서 '비교'와 '대조'의 정의에 대해 설명하고 있는데, 이는 두 개념 간의 차이점을 설명하고 있으니 대조로 볼 수 있어.

이제 비교와 대조가 쓰인 실제 사례를 살펴보도록 하자. 다시 한번, 인간의 얼굴이 지닌 특징에 대한 글을 보게 될 거야.

🔎 확인 문제 5 다음 문단의 내용과 일치하는 것은?

인간의 얼굴 생김새가 갖는 특징은 다음 그림을 통해 찾아볼 수 있다.

먼저 여우의 얼굴과 인간의 얼굴을 비교해 보자. 여우는 긴 주둥이와 머리덮개뼈 쪽으로 부드러운 경사를 이루는 안면 윤곽을 가지고 있다. 이는 대부분의 포유류에서 보이는 얼굴의 특징이다. 반면에 인간의 얼굴은 주둥이가 줄어들어 돌출된 흔적만 남아 있고 두 개골 앞면에 둥글납작하며 수직으로 솟은 이마가 있다. 또한 여우의 얼굴은 대다수의 포유류처럼 털로 덮여 있고 촉촉한 코를 가지고 있지만, 인간의 얼굴은 피부가 그대로 노출되어 있고 마른 코를 가지고 있다. 한편 침팬지의 얼굴은 여우와 인간, 두 종의 특징이 혼합되어 있으면서도 여우보다는 인간의 얼굴에 더 가깝다.

① 여우와 인간의 얼굴은 주둥이 모양, 안면 윤곽 등에서 차이점이 있다.
② 인간의 얼굴은 대다수의 포유류와 같이 피부가 그대로 노출되어 있다.
③ 여우의 얼굴은 대다수의 포유류와 달리 머리덮개뼈 쪽으로 부드러운 경사를 이루는 안면 윤곽을 가지고 있다.

이 문단에서는 주로 여우와 인간의 얼굴의 차이점을 설명하고 있어. 거기에 대부분의 포유류와 어떤 공통점, 차이점이 있는지도 함께 제시하고 있어. 주로 여우와 대부분의 포유류는 공통점이 많고, 인간은 이들과 다르다고 설명하고 있어. 자세한 내용은 아래 표를 참고하도록 해.

기준 \ 종(種)	여우	대부분의 포유류	인간
주둥이의 형태	길다	길다	돌출된 흔적
안면 윤곽	머리덮개뼈 쪽으로 부드러운 경사	머리덮개뼈 쪽으로 부드러운 경사	두개골 앞면에 솟은 이마
피부	털로 덮임	털로 덮임	피부 노출
코의 성격	촉촉한 코	촉촉한 코	마른 코

➕ TIP! 서술 방법으로서 '비교'와 일상생활에서 사용하는 '비교'는 다르다.

[확인 문제 5]의 둘째 문장(먼저 여우의 얼굴과 인간의 얼굴을 **비교**해 보자.)을 봐. 이 문장에서의 '비교'는 사전적인 의미(두 개 이상의 사물을 견주어 봄.)로 이해해야 해. 그저 견주어 본다는 뜻이라면 공통점과 함께 차이점도 설명할 수 있겠지.

이처럼 서술 방법으로서 '비교'와 사전적 의미의 '비교'는 다르다는 점, 기억해 두자!

이번에는 3차원 프린터에 대한 글을 살펴보려 해. 3차원 프린터는 '3D 프린터'를 부르는 우리말 이름이야.

🔖 확인 문제 6 다음 문단의 내용과 일치하는 것은?

3차원 프린터는 일반 프린터와 작동 방식과 결과물에 차이가 있다. 일반 프린터는 잉크를 종이 표면에 분사하여 인쇄하는 방식이기 때문에 2차원의 이미지 제작만 가능하다. 그러나 3차원 프린터는 특수 물질이나 금속 가루 등 다양한 재료를 쏘아 층층이 쌓아 올리는 방식이기 때문에 자동차 모형, 스마트폰 케이스 등과 같은 실물도 만들 수 있다.

① 작동 방식과 결과물에서 두 프린터의 공통점에 대해 설명하고 있다.
② 일반 프린터는 3차원 프린터와 달리 다양한 재료를 사용하여 인쇄를 한다.
③ 3차원 프린터는 일반 프린터와 달리 입체적 형태의 모형을 만들어 낼 수 있다.

첫째 문장은 3차원 프린터와 일반 프린터의 차이점, 즉 두 프린터를 대조하겠다고 밝히고 있어. 대조의 기준은 바로 '작동 방식'과 '결과물'이지. 그리고 둘째, 셋째 문장에서 3차원 프린터는 잉크를 분사하여 인쇄하는 일반 프린터와 달리 다양한 재료를 사용한다는 점, 2차원 이미지 제작만 가능한 일반 프린터와 달리 3차원의 실물도 제작할 수 있다는 점을 설명하고 있어.

1. (나)는 (가)를 정리한 표이다. ㉠~㉣에 들어갈 내용에 대한 설명으로 적절한 것은?

(가) 운석은 초당 10~20km의 엄청난 속도로 지구에 진입한다. 큰 운석은 지구 표면에 커다란 충돌구를 만들고, 사람을 다치게 하거나 건물을 부수기도 하는데, 이는 운석이 떨어지는 속도 때문이다. 운석이 지구 대기에 진입할 때는 저항을 받는데 이때 운석의 크기에 따라 감속되는 정도가 달라진다. 크기가 매우 큰 운석은 거의 초기 속도를 유지한 채 지표에 충돌해 거대한 충돌구를 만든다. 크기가 작은 경우에는 속도가 빨리 줄어 지구 표면에 충돌구를 만들지 못한다.

(나)

	비교	대조
큰 운석	㉠	㉢
작은 운석	㉡	㉣

① ㉠: 초기 속도를 거의 유지한 채 지표에 충돌한다.
② ㉡: 초당 10~20km의 엄청난 속도로 지구에 진입한다.
③ ㉢: 크기가 클수록 감속되는 정도가 커진다.
④ ㉣: 지구 대기에 진입할 때에 저항을 받는다.
⑤ ㉣: 크기가 작아서 대기의 저항을 적게 받는다.

2. (가), (나)의 전개 방식에 대한 설명으로 적절하지 않은 것은?

(가) 최근 몇 년 사이 각종 방송 드라마나 오락 프로그램에서 출연자가 특정 회사의 상표가 드러나는 옷을 입거나 자동차를 타는 장면을 흔히 볼 수 있게 되었다. 이렇게 상업적 의도를 감춘 채 프로그램 내에 배치된 제품이나 기업의 상징물 등을 소비자가 인식하도록 만드는 광고를 '간접 광고'라고 한다. 우리나라는 2010년 1월부터 간접 광고를 허용했다. 허용 초기에는 간접 광고의 정도가 미미했지만 해가 갈수록 그 정도가 심해져 내용 전개와 무관한 간접 광고가 시청자들의 몰입을 방해하는 수준에 이르렀다. 이러한 상황에 있는 간접 광고의 문제를 살펴보고 적절한 해결책을 모색할 필요가 있다.

(나) 한편 간접 광고는 시청자의 선택권을 빼앗는다는 점에서도 문제가 있다. 프로그램 앞뒤에 하는 광고는 시청자가 볼 것인가 말 것인가를 선택할 수 있지만, 간접 광고는 프로그램 내에 포함되어 있어 그렇게 할 수 없다. 이는 시청자를 더욱 수동적인 존재로 만든다.

① (가)는 간접 광고의 개념에 대해 설명하고 있다.
② (가)는 간접 광고가 시청자의 몰입을 방해하는 예를 설명하고 있다.
③ (가)는 간접 광고 허용 초기와 현재 상황의 차이점을 부각하고 있다.
④ (나)는 첫째 문장의 내용에 대해 뒤의 문장들이 자세히 부연하고 있다.
⑤ (나)는 프로그램 앞뒤의 광고와 간접 광고가 대조되는 점을 설명하고 있다.

[3~4] 다음을 읽고 물음에 답하시오.

> (가) 지수물가는 가격 변동을 측정하기 위하여 통계적 방법으로 처리된 평균적인 물가이다. 그런데 소비자는 실생활에서 느끼는 체감물가와 통계청에서 발표하는 지수물가가 다르다고 생각한다. 이에 대한 여러 가지 원인 중에서 대표적인 세 가지를 알아보자.
>
> (나) 첫째, 지수물가는 대표적인 품목만을 대상으로 한다. 그런데 모든 소비자가 동일한 품목의 물건을 구매하지는 않는다. 그래서 모든 소비자에게 지수물가를 공통적으로 적용할 수는 없다. 중학생이 있는 집에서는 교복, 참고서, 학용품 등의 가격 변화에 민감하지만 중학생이 없는 집에서는 이를 실감할 수 없다. 사람들은 각자가 구입한 물건 값의 변화를 전체 물가의 변화로 생각하는 경향이 있다.
>
> (다) 둘째, 지수물가는 전국 주요 도시의 상점과 서비스 업체 중 일부를 표본으로 추출하여 조사한 평균이다. 지수물가가 내려갔다고 할지라도, 개인이 구매한 물건의 가격이 올랐을 경우에 사람들은 물가가 올랐다고 생각한다. 예를 들어, 내가 산 신발 가격이 5만 원이라고 할 때 전국의 신발 평균 가격이 4만 5천 원이라고 한다면, 사람들은 자신이 느끼는 체감물가가 지수물가와 다르다고 생각한다.

3. '지수물가'에 대한 설명으로 적절하지 <u>않은</u> 것은?

① 통계청을 통해 발표된다.
② 가격 변동을 측정하기 위한 수단이다.
③ 소비자가 느끼는 체감물가를 조사하여 반영한다.
④ 대표적 품목을 대상으로 측정하는 평균적 물가이다.
⑤ 전국 주요 도시의 상점 중에서 일부를 표본으로 삼는다.

4. (가)~(다)의 전개 방식에 대한 설명으로 적절하지 <u>않은</u> 것은?

① (가): 지수물가와 체감물가의 개념에 대해 설명하고 있다.
② (나): 중학생이 있는 집과 없는 집의 차이점을 밝히고 있다.
③ (나): 지수물가가 모든 소비자의 상황을 반영할 수 없음을 예시로 설명하고 있다.
④ (다): 지수물가와 체감물가가 유사한 특징을 지녔음을 설명하고 있다.
⑤ (다): 지수물가와 체감물가를 다르게 느낄 수 있음을 예를 들어 설명하고 있다.

● **정답과 해설** ●‥‥

확인 문제 1 입, 코, 눈이 있는, 동물의 머리 앞쪽 면 **확인 문제 2** (1960년대 미국에서) 단순히 원곡의 일부나 혹은 전체를 빌려 쓰는 것, (1992년 이후) 원곡에 대한 충분한 이해와 원작자에 대한 존경심을 바탕으로 그의 허락을 받아 자신만의 방식으로 재해석하는 예술 기법 **확인 문제 4** 손을 놀려 어떤 사물을 가리키거나 자기의 생각을 남에게 전하는 일(정의), 박수는 칭찬과 ~ 힘을 가진다.(예시) **확인 문제 5** ① **확인 문제 6** ③

연습 문제 1. ② **2.** ② **3.** ③ **4.** ④

해설 1. ①: ⓒ에 들어갈 내용(대조), ③: 크기가 클수록 잘 감속되지 않음, ④: ⊙, ⓒ에 들어갈 내용(비교) ⑤: 크기가 작으면 속도가 빨리 줄어 듦. **2.** 첫째 문장은 일반적인 간접 광고의 예로, 몰입을 방해하는 수준의 예는 아님. **3.** 체감물가는 조사 대상이 아님. **4.** 지수물가와 체감물가가 다를 수 있음을 설명한 것으로, 유사성은 설명하지 않음.

4 분류와 나열

'**분류**'는 사물을 공통되는 성질에 따라, 종류별로 나누어 놓은 것을 말해. 시계의 분류를 예로 든다면, 시계를 착용하거나 설치하는 위치에 따라 벽시계, 손목시계, 회중시계로 나눌 수 있고, 작동 방식에 따라 아날로그시계, 디지털시계, 스마트워치로 나눌 수 있지. 이때 분류의 기준은 각각 시계의 '위치', '작동 방식'이 되는 거야.

그럼 반대로 해볼까? 아래에 그룹을 두 개씩 줄 테니까 그렇게 분류한 기준을 말해 보는 거야.

✍ 확인 문제 7 다음 그룹을 분류한 기준이 무엇인지 쓰시오.

(1) 첫째 그룹: 뉴이스트 W, 방탄소년단, 비투비, iKON.
　　둘째 그룹: 레드벨벳, 마마무, 여자친구, 트와이스.

　　⇒ 두 그룹의 분류 기준은 (　　　　　　)이다.

(2) 첫째 그룹: 방탄소년단, 비투비, iKON, 트와이스.
　　둘째 그룹: 뉴이스트 W, 레드벨벳, 마마무, 여자친구.

　　⇒ 두 그룹의 분류 기준은 (　　　　　　)이다.

---

(1)은 성별에 따라 분류했다는 것을 어렵지 않게 알 수 있겠지? (2)는 쉽지 않았을 걸? 그룹의 구성 인원에 따라 나누어 보았어. 7명 이상으로 구성된 그룹과 6명 이하로 구성된 그룹으로. (그룹명의 순서는 가나다순을 따랐어.)

자, 그럼 본격적으로 분류가 어떻게 쓰였는지 살펴보도록 하자. 다시 한번 3차원 프린터의 세계로 들어가 보려 해.

✍ 확인 문제 8 다음 문단을 읽고 괄호 안에 적절한 내용을 쓰시오.

　이러한 3차원 프린터는 여러 분야에 다양하게 활용될 수 있다. 의료 분야에서는 3차원 프린터를 활용하여 인공 턱, 인공 귀, 의족 등과 같이 인간의 신체에 이식할 수 있는 복잡하고 정교한 인공물을 생산한다. 우주 항공 분야에서도 국제 우주 정거장에서 필요한 실험 장비나 건축물 등을 3차원 프린터를 활용하여 제작할 계획이다. 지구에서 힘들게 물건을 운반할 필요 없이 3차원 데이터를 전송하면 바로 우주에서 제작이 가능하기 때문이다.

　⇒ 이 문단은 3차원 프린터의 특징을 (　　　　　　)에 따라 분류하여 설명하고 있다.

첫째 문장에서 분류의 기준에 대한 힌트를 얻을 수 있어. 그리고 의료 분야와 우주 항공 분야로 분류하여 3차원 프린터의 쓰임에 대해 설명하고 있어.

이번에는 '삼국 시대와 사국 시대'에 대한 글을 하나 살펴볼 거야. 자, 역사 속으로 고고!

확인 문제 9 **(가), (나)를 읽고 괄호 안에 적절한 말을 쓰시오.**

(가) 한국 고대사에서 통일 신라 이전 시기를 '삼국 시대'라고 부른다. 그러나 기원전 1세기경부터 서기 562년까지 약 600년 동안은 '고구려, 백제, 신라, 가야' 사국(四國)이 있었고, 가야가 멸망하고 삼국(三國)만 유지된 기간은 100여 년 정도이다. 따라서 통일 신라 이전 시기를 '삼국 시대'라고 부르면 한국 고대사는 가야를 제외한 3국만의 역사로 축소된다. 가야는 국력은 약했지만 동시대의 다른 나라들과 서로 경쟁하며 발전하였다. 실제로 가야 지역에서는 우수한 제철 기술, 선진적인 토기 문화를 보여 주는 유물이 많이 나왔고, 이를 통해 백제나 신라와 다른, 가야만의 독자적인 문화를 엿볼 수 있다.

(나) 삼국 시대라 함은 '고구려, 백제, 신라' 3국을 중심으로 우리나라의 고대사를 인식하는 것을 말한다. 고대사에서 국가의 발전 단계는 소국들이 모여 연맹 왕국을 이루고, 나아가 왕권이 강화된 중앙 집권적 고대 국가로 성장하는 과정을 거친다. 고조선 이후 한반도에서 고대 국가로 성장한 나라는 고구려, 백제, 신라 3국뿐이었다. 가야는 5, 6세기까지 3국과 함께 존재하였지만 고대 국가로 성장하지 못하고 연맹 왕국 단계에 머무른 채 멸망하였다.

(1) (가)는 국가의 (   )을/를 기준으로 '고구려, 백제, 신라, 가야'를 사국으로 대등하게 분류하고 있다.

(2) (나)는 국가의 (   )을/를 기준으로 '고구려, 백제, 신라'와 가야를 별도로 분류하고 있다.

(가)는 삼국 시대보다 사국 시대라는 말이 적절하다고 주장하고 있어. 왜냐하면 약 600년 동안 사국이 유지되어 왔기 때문이지. 한편 (나)는 가야는 연맹 왕국 단계에서 멸망하였기 때문에 다른 국가와 별도로 분류하고 있지. 어떻게 분류하는 것이 더 적절하다고 생각하니?

'**나열**'은 대상을 죽 늘어놓는 서술 방법을 말해. "레드벨벳은 웬디, 아이린, 슬기, 조이, 예리로 구성된 걸그룹이야."라고 할 때 레드벨벳의 멤버를 한 명, 한 명 소개하는 것이 바로 나열이지. '나열'을 분류와 함께 소개하는 것은, 분류가 나열의 특성을 보일 때가 많기 때문이야. "삼국 시대에서 삼국은 고구려, 백제, 신라를 가리킨다."라고 할 때도 각국을 나열하고 있지.

[확인 문제 8-A] 이러한 3차원 프린터는 여러 분야에 다양하게 활용될 수 있다. ①의료 분야에서는 3차원 프린터를 활용하여 ㉠인공 턱, 인공 귀, 의족 등과 같이 인간의 신체에 이식할 수 있는 복잡하고 정교한 인공물을 생산한다. ②우주 항공 분야에서도 국제 우주 정거장에서 필요한 실험 장비나 건축물 등을 3차원 프린터를 활용하여 제작할 계획이다.

여기에서도 3차원 프린터의 활용 분야를 소개하며 ①, ②를 나열한 것으로 볼 수 있고, ㉠ 자체도 3차원 프린터가 제작할 수 있는 의료용품의 나열이라 할 수 있어.

5 분석과 묘사

'분석'은 복잡한 것을 풀어서 개별적인 요소로 분해하는 서술 방법을 말해. 시계를 예로 든다면, '하나의 시계를 분해하면 초침과 분침, 시침, 여러 개의 태엽 등으로 나누어진다.' 이게 바로 분석이야. 앞에서 시계를 분류한 방식과 어떤 차이가 있는지 비교해 보자.

시계의 분류	벽시계, 손목시계, 회중시계, 아날로그시계, 디지털시계, 스마트워치, …
시계의 분석	초침, 분침, 시침, 태엽, 나사, …

아래는 '식용 곤충'에 관한 글이야. 우리나라는 저출산이 심각한 문제라고 하는데, 전 세계 인구는 증가 추세라서 새로운 미래 식량이 필요하다고 해.

> **확인 문제 10** 다음 문단에 제시된 곤충의 영양 성분에 동그라미 치시오.
>
> 식용 곤충의 또 다른 장점은 영양이 매우 풍부하다는 것이다. 식용 곤충의 단백질 비율은 쇠고기, 생선과 유사하고 오메가 3의 비율은 쇠고기, 돼지고기보다 높다. 게다가 식용 곤충은 건강에 좋은 리놀레산, 키토산을 비롯하여 각종 미네랄과 비타민까지 골고루 함유하고 있다.

이 문단은 식용 곤충의 영양 성분을 분석하여 제시하고 있어. 첫째 문장에서 곤충에 영양소가 풍부함을 밝히고, 뒤에서 곤충의 영양소를 세부적으로 나누어서 필수 영양소인 단백질, 영양제에 많이 들어가는 오메가 3 등이 있음을 설명하고 있지.

다음은 인간의 뇌가 지닌 기능에 관한 글이야. 뇌를 어떻게 나누어서 설명하고 있는지 살펴보자.

> **확인 문제 11** 다음 문단에 대한 설명으로 적절한 것은?
>
> 인간의 뇌를 연구하던 과학자들은 대뇌 겉질이 영역마다 담당하는 기능이 다르다는 사실을 발견했다. 뇌 중에서도 대뇌의 가장 바깥 구조물인 대뇌 겉질에 전기 자극을 주는 실험을 통해 전두엽에는 판단, 성격, 운동 조절 등의 기능이 있으며, 측두엽, 후두엽, 두정엽은 귀, 눈, 피부 등의 감각 기관으로부터 수용하는 정보를 처리하는 기능이 있음을 밝혀냈다. 이와 유사한 과학적 발견이 이어지면서, 인간의 뇌는 영역별로 나누어 맡는 기능이 고정되어 있다는 인식이 자리를 잡았다.
>
> ① 대뇌는 전두엽, 측두엽, 후두엽, 두정엽으로 구성되어 있다.
> ② 전두엽에는 감각 기관이 수용하는 정보를 처리하는 기능이 있다.
> ③ 측두엽, 후두엽, 두정엽은 대뇌 겉질을 구성하는 요소 중 일부이다.

이 문단은 인간의 뇌 중에서도 대뇌 겉질의 영역을 자세히 분석하고 있어. 대뇌 겉질은 전두엽, 측두엽, 후두엽, 두정엽 등으로 나뉘고 각각의 고정된 기능이 있다는 설명이야.

식용 곤충의 영양 성분과 뇌의 기능에 관한 글이 움직이지 않는 대상의 성분과 기능을 나누어 살펴본 것이라면, 시간의 흐름에 따라 변화하는 대상에 대해 설명하는 것도 분석으로 볼 수 있어.

앞서 유성과 운석의 정의에 관한 글을 본 적이 있는데, 기억나니? 이번에는 운석이 대기에 진입하는 순간을 살펴볼 거야.

🪙 확인 문제 12 다음 문단에 대한 설명으로 적절한 것은?

운석은 대기에 진입할 때 대기와 마찰을 일으킨다. 이때 발생하는 높은 열 때문에 운석 표면이 녹는다. 지표면에 가까워져 속도가 대폭 감소되면 충분한 열이 형성되지 않아 운석이 더 이상 녹지 않는다. 마지막으로 녹았던 표면이 식어서 검은 색 껍질인 용융각이 된다. 사람들은 보통 운석이 녹았다가 식은 것이라고 생각하지만 실제로 용융각을 제외하면 전혀 녹지 않은 물질이다.

① 대기와 마찰하며 발생하는 열은 운석의 내부를 녹일 수 없다.
② 운석이 지표면에 가까워질수록 대기와 마찰로 발생하는 열이 높아진다.
③ 용융각은 운석이 대기에 진입하기 전부터 존재하는 운석의 구성요소이다.

이 문단은 운석이 대기에 진입해서 지표면에 도착하기까지의 과정을 단계적으로 분석하여 제시하고 있어. 우선 대기와 마찰하면서 운석 표면이 녹아. 다음으로 지표면에 가까워지면서 운석이 녹지 않게 되지. 마지막으로 녹았던 표면이 식으면 용융각을 형성하는 거야.

'묘사'는 대상의 형태, 색채, 감촉 등을 있는 그대로 생생하게 그림을 그리듯이 그려내는 서술 방법이야. 하나의 구체적인 현상이나 사물을 세부적으로 들여다보는 방식이라는 점에서 분석과 비슷한 점이 있지?

🪙 확인 문제 13 다음 문단에서 '묘사'에 해당하는 문장을 모두 고르시오.

①인간, 침팬지, 여우가 동료들과 소통하는 모습을 관찰해 보면 세 동물 모두에서 얼굴의 표정 변화가 나타나지만 인간의 얼굴 표정이 훨씬 다양하고 섬세함을 알 수 있다. ②여우나 침팬지와는 달리, 대화를 나눌 때 인간은 표정을 순식간에 만들어 말의 의미를 보강한다. ③예를 들면 실눈을 뜨면서 이마를 살짝 찌푸리는 표정은 이해하지 못해 혼란한 상태임을 의미하기도 하고, 여기에 더해 입꼬리를 살짝 내린다면 회의적임을 나타내기도 한다. ④입술이 벌어진 상태에서 입꼬리가 살짝 위로 올라간 모습은 행복함이나 즐거움의 신호인 반면, 꽉 다문 입술은 불신을 의미하기도 한다.

---

①이 이 문단의 중심 문장으로 인간의 얼굴 표정이 다양하고 섬세함을 밝히고 있다면, ②는 부연으로 ①이 잘 드러나는 것이 대화를 나눌 때라는 것을 밝혀주고 있어. ③과 ④는 이를 뒷받침하는 예시인데, 대화를 나눌 때 인간의 표정을 자세히 묘사하고 있지.

6 '시간적/공간적 순서'의 전개

'**시간적 순서**'는 일이 일어난 시간적 순서에 따라 내용을 전개하는 방식이야. '**공간적 순서**'는 공간의 이동이나 지역적, 공간적 순서에 따라 내용을 전개하는 방식이지. 문단에서 말하고자 하는 화제가 무엇인가에 따라 시간적 순서나 혹은 공간적 순서로 설명할 수 있어.

예를 들어 건물주로서 내가 짓고 싶은 건물에 대해 친구들에게 설명한다면, 층별로 어떻게 건물을 구성하고 싶은지 공간에 따라 설명하는 것이 적절하겠지. 그럼 미래의 건물주로서 앞으로 나의 계획에 대해 친구들에게 설명한다면, 고등학교 진학 후 계획, 고등학교 졸업 후 계획 등으로 나눠 시간 순서대로 설명하는 것이 좋을 거야.

미래의 건물주들아, 이번에는 성씨와 본관에 대한 글을 같이 살펴보도록 하자. ^^

확인 문제 14 다음 문단을 읽고 ㉠~㉢에 적절한 내용을 쓰시오.

　본관이란 그 성씨의 시조나 조상이 살던 지역이다. 태조 왕건은 각 지역의 호족들에게 그들이 기반을 둔 지역을 본관으로 하는 토성(土姓)*을 나눠 주었는데, 이것이 본관이 확산되어 본격적으로 쓰인 계기가 되었다. 조선의 건국과 함께 행정 구획이 큰 고을을 중심으로 정비되자, 이 과정에서 본관이 바뀌는 경우가 생겼다. 또한 크고 작은 지역을 기반으로 한 여러 본관들이 더 크고 강한 세력을 지닌 본관으로 편입되는 현상이 일어나기도 했다.

* 토성: 일정한 지역에 근거를 두고 있는 지배 집단의 성씨.

고려 건국 이후	㉠_____이 확산되어 본격적으로 쓰임.
조선 건국 이후	㉡_____이 정비되면서 본관이 바뀌기도 함. 한 본관이 크고 강한 세력을 지닌 본관으로 ㉢_____되기도 함.

우리나라 사람들은 누구나 본관과 성씨를 가지고 있지. 미래의 건물주들답게 아마 왕족을 시조로 둔 친구들도 많을 것 같아. 이 문단은 본관에 대해 정의를 내린 후에 본관이 우리나라에서 자리를 잡는 과정을 시간적 순서에 따라 설명하고 있어. 고려 건국 직후에 본관이 본격적으로 확산되기 시작하였고, 조선 건국 이후에 여러 사건을 계기로 본관에 변화가 생겨났다는 걸 알 수 있겠지?

➕ 들어는 봤나? 하나!　'과정'에 대해 알아보자.

　문단의 전개 방법의 하나로서 '과정'은 우리가 평소에 쓰듯이 '일이 되어 가는 경로'라는 의미를 지니고 있어. 봄날 애벌레가 나비로 성장하는 과정, 늦은 여름밤에 치즈 라면을 끓이는 과정, 나뭇잎에 붉은 물이 들었다가 떨어지는 과정, 나뭇가지에 눈이 쌓여 눈꽃이 피어나는 과정 등등! 일의 진행을 단계별로 설명하기 때문에 과정은 대개 시간적 순서에 따른 전개 방식이 쓰이게 돼.

이번에는 좀 더 먼 과거로 돌아가 볼까 해. 앞서 '삼국 시대와 사국 시대'에 관한 글을 살펴본 적이 있지? 이 문단은 '삼국 시대'라는 명칭이 정당함을 지지하고 있어.

확인 문제 15 다음 문단을 읽고 서로 관련 있는 것끼리 연결하시오.

고구려는 태조왕 대에 옥저와 요동 지방을 정복하여 경제 기반을 확대하였고 계루부 고씨가 왕위를 독점하는 등 중앙집권적 고대 국가로서의 모습을 갖추었다. 백제는 고이왕 때에 밖으로 활발한 정복 활동을 벌여 마한의 목지국을 병합하고 안으로는 국가 조직을 정비함으로써 중앙 집권적 고대 국가의 면모를 갖추게 되었다. 신라는 내물왕 때에 진한을 정복하여 낙동강 유역까지 영토를 확장하고, 왕위를 세습하는 등 중앙 집권 체제를 갖춘 고대 국가의 기틀을 확립하였다. 따라서 가야는 통일 왕국을 이루지 못하였고 결국 중앙 집권적인 고대 국가로 성장하지 못한 채 신라에 병합되었다.

① 고구려 •

② 백제 •

③ 신라 •

④ 가야 •

• ㉠ 대외 – 진한 정복
　　대내 – 왕위 세습

• ㉡ 대외 – 옥저와 요동 지방 정복
　　대내 – 계루부 고씨의 왕위 독점

• ㉢ 대외 – 마한의 목지국 병합
　　대내 – 국가 조직 정비

• ㉣ 통일 왕국 형성 실패

우리에게 사국 시대보다는 삼국 시대인 이유가 바로 여기에 설명되어 있네. 대외적으로, 대내적으로 중앙집권적 고대 국가로서 기틀을 마련한 고구려, 백제, 신라와 달리 가야는 그러한 단계까지 이르지 못하였다고 보는 것이지. 이러한 내용을 설명하기 위해 고구려, 백제, 신라, 가야의 순으로 지역별 특징을 설명하고 있어.

➕ 들어는 봤나? 둘! '통시적 관점'과 '공시적 관점'에 대해 알아보자.

통시적 관점과 공시적 관점이라는 말은 국어뿐만 아니라 역사나 과학 시간에도 종종 사용해! 통시적 관점과 공시적 관점은 둘 다 시간, 공간과 관련이 있어.

'**통시적 관점**'은 하나의 사건에 대해 같은 공간, 다른 시간으로 나누어 바라보는 관점이야. 예를 들자면 우리나라의 공깃밥 크기를 조선 후기, 1950년대, 현재로 나누어서 비교해 보는 글이 있다고 해 보자. 실제로 조선 후기 성인 남자의 공깃밥은 1.2리터 크기였다고 해. 그러던 것이 1950년대에는 약 540cc, 현재는 약 290cc 정도로 작아졌다고 해.

'**공시적 관점**'은 하나의 사건에 대해 같은 시간, 다른 공간으로 나누어 바라보는 관점이야. 예를 들면 21세기에 채소 '부추'의 이름이 지역별로 어떻게 다른지 설명하는 글이 있다고 해 보자. 경기도와 강원도 인근에서는 '부추'나 '분추', 충청남도에서는 '졸', 전라도에서는 '솔', 경상도에서는 '부추', 이렇게 말이야.

1. 다음 문단에 대한 설명으로 적절한 것은?

> 지구 밖에서 온 운석은 태양계와 지구의 비밀을 풀 수 있는 중요한 자료가 된다. 태양계가 탄생할 때 생겨난 운석에는 태양계가 탄생할 당시에 어떤 일이 있었는지를 알 수 있는 정보가 담겨 있고, 태양계가 생성된 이후의 운석에는 소행성이나 화성과 같은 행성의 초기 진화에 대한 기록이 보존되어 있다. 그리고 소행성의 핵에서 떨어져 나온 철질운석은 지구의 내부 중심인 핵이 어떤 물질로 구성되어 있는지 연구할 수 있는 소중한 자료가 된다.

① 운석의 종류를 운석이 생겨난 시점과 방식에 따라 분류하고 있다.
② 운석의 개념에 대해 설명하고 이에 대해 자세하게 부연하고 있다.
③ 태양계와 지구의 비밀을 풀어낸 구체적 사례를 찾아 설명하고 있다.
④ 하나의 운석이 어떻게 구성되어 있는지 구성 요소별로 분석하고 있다.
⑤ 운석이 생겨나서 지구에 떨어지기까지의 과정을 시간 순서로 제시하고 있다.

2. 다음 문단에 대한 설명으로 적절한 것은?

> 이런 가치를 지닌 운석을 연구하기 위해서는 많은 운석이 필요하다. 그런데 지구에 떨어지는 운석의 상당수는 남극에서 발견된다. 왜냐하면 특정 장소에 운석이 모이게 되는 남극의 특수한 지형 조건 때문이다. 빙하는 꾸준히 낮은 곳으로 이동하는데, 이동 중에 산맥에 의해 가로막히면 앞부분의 빙하가 밀려서 위로 상승하게 된다. 매년 여름마다 상승한 빙하가 점차 녹으면서 그 속에 있던 운석들이 모이게 되는 것이다. 그래서 세계 각국은 앞다투어 남극을 탐사하며 운석을 찾고 있다.

① 운석을 연구하는 과정을 설명하고 있다.
② 운석의 생김새를 자세하게 묘사하고 있다.
③ 운석을 대하는 각국의 태도를 나열하고 있다.
④ 운석이 나타나는 장소를 분류하여 설명하고 있다.
⑤ 운석이 모이는 과정을 시간적 순서로 설명하고 있다.

[3~4] 다음을 읽고 물음에 답하시오.

> (가) 학급에서 발생하는 괴롭힘 상황에 대한 전통적인 접근 방법은 '가해자−피해자 모델'
> 이다. 이 모델에서는 가해자와 피해자의 개인적인 특성 때문에 괴롭힘 상황이 발생한다
> 고 본다. 개인의 특성이 원인이기 때문에 문제의 해결에서도 개인적인 처방이 중시된
> 다. 예를 들어, 가해자는 선도하고 피해자는 치유 프로그램에 참여하도록 한다.
> (나) 하지만 '가해자−피해자 모델'로는 괴롭힘 상황을 근본적으로 해결하지 못한다. 왜냐
> 하면 이 모델은 괴롭힘 상황에서 방관자의 역할을 고려하지 못하기 때문이다. 학급에서
> 일어난 괴롭힘 상황에는 가해자와 피해자뿐만 아니라 방관자가 존재한다. 방관자는 침
> 묵하거나 모르는 척하는데, 이런 행동은 가해자를 소극적으로 지지하게 되는 것이다.
> (다) 만약 방관만 하던 친구들이 적극적으로 나선다면 괴롭힘을 멈출 수 있다. 피해자는
> 보호를 받게 되고 가해자는 자기의 행동을 되돌아볼 수 있게 된다. 반면 방관자가 무관
> 심하게 대하거나 알면서도 모르는 척한다면 괴롭힘은 지속된다. 따라서 방관자의 역할
> 이야말로 학급의 괴롭힘 상황을 해결할 때 가장 주목해야 할 부분이다.

3. (가)~(다)의 전개 방식에 대한 설명으로 적절하지 않은 것은?

① (가): '가해자−피해자 모델'의 개념에 대해 설명하고 있다.

② (가): '가해자−피해자 모델'이 문제를 해결하는 방식에 대한 예를 들고 있다.

③ (나): 괴롭힘 상황에서 방관자의 특징을 문단의 마지막 문장에서 부연하고 있다.

④ (다): 괴롭힘 상황이 이루어지는 방식에 대해 구체적으로 묘사하고 있다.

⑤ (다): 방관자가 상반된 태도를 보였을 때 괴롭힘 상황의 차이점을 설명하고 있다.

4. (가), (다)에서 괴롭힘 상황에 관여한 학생을 각각 어떻게 분류하고 있는지 쓰시오.

(가)	(다)

●정답과 해설●··

확인 문제 7 (1) 성별 (2) 구성 인원 **확인 문제 8** 활용 분야 **확인 문제 9** (1) 유지 기간 (2) 발전 단계 **확인 문제 10** 단백질, 오메가 3, 리놀레산, 키토산, 미네랄, 비타민 **확인 문제 11** ③ **확인 문제 12** ① **확인 문제 13** ③, ④ **확인 문제 14** ㉠ 본관, ㉡ 행정 구획, ㉢ 편입 **확인 문제 15** ①−㉡, ②−㉢, ③−㉠, ④−㉣

연습 문제 1. ① **2.** ⑤ **3.** ④ **4.** (가) 가해자, 피해자, (다) 가해자, 피해자, 방관자
해설 1. 태양계가 탄생할 때, 생성된 이후의 운석, 소행성의 핵에서 떨어져 나온 운석으로 분류 **2.** 빙하의 이동 → 산맥에 막히면서 빙하 앞부분이 위로 상승 → 녹으면서 운석들이 모임 **3.** 괴롭힘 상황에 대한 묘사가 아니라 방관자가 소극적일 때 괴롭힘 상황이 이루어지기 쉬움을 설명 **4.** 학생을 분류하는 방식의 변화 → 괴롭힘 상황의 해결 방안 변화

원인과 결과

우리는 살다보면 해결할 수 없는 의문에 빠질 때가 있어. 사춘기에는 더욱 그렇지. '왜 자꾸 배가 고프지?'라는 원초적인 질문부터, '왜 나는 공부를 하고 있지?'라는 좀 더 본질적인 의문이 생길 때가 있을 거야. 한번 아래 표에서 각자 답을 찾아볼래?

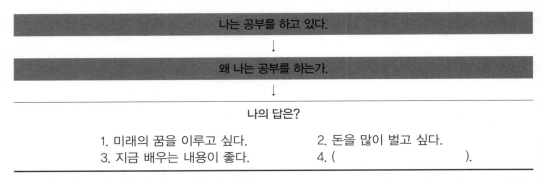

나는 공부를 하고 있다.

↓

왜 나는 공부를 하는가.

↓

나의 답은?

1. 미래의 꿈을 이루고 싶다. 　　2. 돈을 많이 벌고 싶다.
3. 지금 배우는 내용이 좋다. 　　4. (　　　　　　　　).

'나는 공부를 하고 있다.'라는 사실이 '**결과**'라면, 공부를 하는 이유가 바로 '**원인**'이야. 즉 어떠한 결과나 결론이 있을 때, 그것이 '왜' 나타났는지에 해당하는 것을 원인이라고 해.

인류는 주변에서 자연스럽게 일어나고 있는 여러 가지 현상에 '왜'라는 질문을 던지고, 그에 대한 논리적인 답을 찾아가면서 발전해 왔어. 사춘기를 겪고 있을 여러분의 머릿속에 숱하게 떠오르고 있을 그 질문에 대한 답을 찾아가는 과정에서 여러분들은 '나' 다운 '나'를 발견하게 될 거야.

> **확인 문제 16** 밑줄 친 부분에 적절한 말을 찾아 쓰고, 원인과 결과로 구분하시오.
>
> 　현재 식량 문제의 주도권은 일부 거대 곡물 회사들이 쥐고 있다. 이들 거대 곡물 회사들은 높은 수익을 얻기 위해 주도권을 행사하고 있지만, 바로 여기에 문제가 있다. 지구는 약 130억 명이 먹을 수 있는 식량을 생산할 능력이 있다. 현재 지구의 인구는 70억 명에 불과하다. 공급 능력 대비 수요를 고려하면 굶주림에 시달리는 사람이 없어야 하고 식량 가격은 지금보다 훨씬 낮아야 한다. 그러나 현실은 그렇지 않다. 이들이 세계 곡물 거래량의 80%가 넘는 곡물을 거래하고 있으며, 최대치의 이윤을 얻기 위해 곡물 생산량을 임의로 결정하기 때문이다. 2008년 세계 곡물 파동 당시 식량 가격이 마구 치솟아 수많은 빈민들이 굶주림으로 허덕였을 때 오히려 이 회사들의 이익은 40% 이상 높아졌다.
>
> | ＿＿＿＿＿＿＿＿＿＿＿을/를 고려하면 굶주림에 시달리는 사람이 없어야 하지만 굶주림으로 허덕이는 사람들이 있다. | (원인, 결과) |
> |---|---|
> | ＿＿＿＿＿＿＿＿＿이/가 ＿＿＿＿＿＿＿＿＿을 얻기 위해 곡물 생산량을 임의로 결정하고 있다. | (원인, 결과) |

약 130억 명의 식량을 공급할 수 있고, 수요는 70억 명에 불과하지. 모든 인간이 먹고도 남을 식량을 생산할 수 있지만, 굶주림에 고통받는 사람이 존재한다는 것이 이 글에서 말하고 있는 현실, 즉 결과이지. 이러한 결과가 생긴 이유는 일부 거대 곡물 회사가 최대치의 이윤을 얻기 위해 곡물의 생산과 공급을 조절하기 때문이야. 이것이 바로 원인이지.

원인과 결과 즉 '인과 관계'는 특정한 현상이 일어난 사실에 대해 설명하는 글에서 자주 찾아볼 수 있어. 하지만 무언가를 주장하는 글에서도 객관적인 근거에 대해 설명하기 위해 인과 관계가 등장하기도 해. 이번에는 '잊힐 권리'의 법제화가 필요하다고 주장하는 글을 살펴보도록 하자.

확인 문제 17 ㉠~㉢에 적절한 내용을 쓰시오.

잊힐 권리*의 법제화에 대해 찬성과 반대 의견이 대립하고 있다. 찬성 측은 무엇보다 개인의 인권 보호를 위해 잊힐 권리를 법제화해야 한다고 주장한다. 인쇄 매체 시대에는 시간이 지나면 기사가 사람들의 기억 속에서 점차 잊혔기 때문에 그로 인한 피해가 한시적이었다. 반면 인터넷 시대에 한 번 보도된 기사는 언제든지 다시 찾을 수 있기 때문에 기사와 관련된 사람이 소위 '신상 털기'로 인한 피해를 지속적으로 입을 수 있다. 또한 인터넷 환경에서는 개인에 대한 정보를 쉽게 검색할 수 있어서 한 개인의 신원을 종합적으로 파악하는 이른바 '프로파일링'도 가능해졌다. 이러한 행위들이 무차별적으로 이루어진다면 당사자는 매우 큰 정신적·물질적 피해를 입을 수 있기 때문에 이를 방지할 수 있는 강제적인 규제가 필요하다는 것이다.

* 잊힐 권리: 인터넷에서 생성·저장·유통되는 개인 정보에 대해 유통 기한을 정하거나 이의 수정, 삭제, 영구적인 폐기를 요청할 수 있는 권리.

	인쇄 매체 시대	인터넷 환경
원인	시간이 지나면 기사가 사람들의 기억 속에서 점차 잊힘.	㉡'_____', ㉢'_____'이 가능함.
결과	피해가 ㉠_____임.	지속적이며 매우 큰 정신적·물질적 피해가 발생함.
주장		잊힐 권리의 법제화에 찬성한다.

인터넷 환경에서는 인쇄 매체 시대와 달리 언제든지 지난 기사를 찾아볼 수 있어. 그래서 '신상 털기'나 '프로파일링'이 가능하고, 이것이 개인에게 엄청난 피해를 줄 수 있다는 거야. 인터넷 없이 살 수 없겠지만, 만약 이런 일이 일어난다고 생각하면 무섭지 않니?

➕ TIP! '이유'와 '원인'은 같을까요, 다를까요?

사전적인 의미를 비교해 보자. '이유'는 어떠한 결론이나 결과에 이른 까닭이나 근거, '원인'은 어떤 사물이나 상태를 변화시키거나 일으키게 하는 근본이 된 일이나 사건을 말해. 문맥에 따라 선택되는 단어는 다르겠지만, 두 단어는 유의어로 볼 수 있어.

8 주장과 근거

'앙꼬(팥) 없는 찐빵'이라는 말 들어본 적 있어? 꼭 있어야 할 중요한 것이 빠졌을 때, 사람들은 앙꼬 없는 찐빵이라는 말을 하지. 찐빵 안에 팥이 없으니 얼마나 맛이 없겠어.

주장과 근거도 마찬가지야. 글에서 주인공은 주장, 즉 찐빵이겠지. 그렇지만 근거, 즉 앙꼬가 없다면 다 무슨 소용이겠어. 그래서 근거는 주연보다 빛나는 조연이라고도 할 수 있어.

➕ TIP! **주장과 근거란?**

주장	근거
굳게 내세운 의견	주장의 근본이 되는 까닭

바로 앞에서 '잊힐 권리'의 법제화에 찬성하는 글을 보았지? 이번에는 그 반대의 입장은 어떠한지 살펴보려고 해.

🍪 확인 문제 18 ㉠~㉢에 적절한 내용을 쓰시오.

반면 또 다른 권리의 측면에서 법제화를 반대하는 입장도 있다. 표현의 자유를 제한하고 알 권리를 침해할 가능성이 있다는 것이다. 잊힐 권리가 법제화되면 언론사는 삭제나 폐기를 요구받을만한 민감한 기사를 보도하는데 조심스러워질 수밖에 없어 표현의 자유가 제한될 수 있다. 그리고 기사나 자료가 과도하게 삭제될 경우 정부나 기업, 특정인과 관련된 정보에 대한 국민의 알 권리가 침해될 수 있다. 또한 반대 측은 현실적인 측면에서도 문제가 있다고 본다. 인터넷에 광범위하게 퍼져 있는 개인의 정보를 찾아 지우는 것은 기술적으로 대단히 어렵다. 게다가 잊힐 권리를 현실에 적용할 때 투입되는 비용 문제 역시 기업에는 큰 부담이 될 수 있다.

근거	① ㉠_____를 제한할 수 있다. ② ㉡_____를 침해할 수 있다. ③ 현실적인 측면 – ㉢_____한계와 ㉣_____문제가 있다.

↓

주장	잊힐 권리의 법제화에 반대한다.

잊힐 권리를 반대하는 입장에서는 모두 세 가지의 근거를 제시하고 있어. 언론사의 입장, 국민의 입장, 그리고 기술적·경제적 측면에서 각각 근거를 찾고 있지.

위 글과 조금 다른 측면의 문제이지만, 최근 여러 공공장소에서 이루어지는 불법 촬영으로 인한 범죄가 점점 심각해지고 있다고 하지? 이 문제도 잊힐 권리의 차원에서 생각해 본다면, 인터넷 상의 정보를 완전히 지울 수 있는 기술이 서둘러 개발되어 범죄로 고통받고 있는 이들의 상처가 조금이나마 회복되었으면 좋겠어.

꼭 그렇지만은 않아. 하지만 교과서나 학업성취도 평가, 수능 등에 주장하는 글이 나올 때, 어느 한쪽의 입장을 일방적으로 주장하기보다, 주로 찬성과 반대의 입장을 균형 있게 소개하는 경우가 많지. 왜냐하면 학교에서는 어느 한쪽의 입장을 가르치기보다, 학생들이 균형 잡힌 시각을 가질 수 있도록 해주어야 하거든.

이번에는 기업의 사회적 책임에 대한 문단을 읽어 볼 거야. 기업의 존재 이유는 무엇일까? 더 많은 물건을 생산하고 더 많은 이익을 창출하는 것, 쉽게 말하면 돈을 버는 것일까? 기업의 존재 이유가 오직 '돈'만이 아님을 아래 문단은 말하고 있어.

🏦 **확인 문제 19** ㉠~㉤에 적절한 내용을 쓰시오.

기업의 사회적 책임에 대해 구체적으로 살펴보면, 우선 기업은 투명하고 효율적인 경영으로 기업을 유지할 책임이 있다. 한 기업이 망하면 직원들과 관련 기업들이 어려움을 겪게 되고, 나아가 지역 사회와 국가 경제도 타격을 받기 때문이다. 다음으로 기업은 정직한 제품을 생산할 책임이 있다. 정직하지 않은 제품은 그 제품을 사용하는 소비자들에게 돌이킬 수 없는 피해를 입힐 수 있기 때문이다. 마지막으로 기업은 이익의 일부를 사회에 환원할 책임이 있다. 기업은 그 지역의 교통망이나 통신망, 물과 공기 등을 이용함으로써 지역 사회에 빚을 지고 있는 셈이기 때문이다.

근거1	기업이 망하면 직원들, 관련 기업, 지역 사회, 국가 경제가 어려워진다.	→	주장1	㉠_____하고 ㉡_____인 경영으로 기업을 유지해야 한다.
근거2	정직하지 않은 제품은 소비자들에게 돌이킬 수 없는 ㉢_____을/를 입힐 수 있다.	→	주장2	정직한 제품을 생산해야 한다.
근거3	㉣_____에 빚을 지고 있다.	→	주장3	이익의 일부를 사회에 ㉤_____해야 한다.

↓

결론	기업이 사회적 책임을 다해야 한다.

'책임'이라는 말 자체가 해야 할 임무나 의무를 뜻하거든. 그래서 이 문단은 기업의 사회적 책임에 대해 설명하고 있는 글처럼 보이지만, 실질적으로는 이러한 책임을 기업이 수행해야 함을 주장하는 글로서의 성격도 지니고 있어.

이 문단은 기업의 사회적 책임을 세 가지로 세분화하고, 그것이 수행되어야 하는 근거를 또 세 가지로 나누어서 설명하고 있어. 근거가 빈약하다면 주장이 설득력 있게 들릴 수 없어. 예전에 우리나라에서도 기업에서 정직하지 않은 제품을 생산하여 소비자의 생명을 위협하였던 사례들이 자연스럽게 떠오르는구나. 여러분들의 미래에는 기업이 사회적 책임을 다하길 바라.

1. 다음 문단에 대한 설명으로 적절한 것은?

> ㉠3차원 프린터의 장점은 시제품 제작과 같이 소규모로 제품을 생산해야 하는 상황에서 빛을 발한다. ㉡3차원 프린터와 입체 도면만 있으면 빠른 시간 안에 적은 비용으로 시제품을 만들 수 있기 때문이다. ㉢또한 3차원 프린터를 사용하면 제품을 쉽게 수정할 수 있다. ㉣제품 디자인을 변경하거나 생산한 제품에서 오류를 발견하였을 경우, 컴퓨터로 도면만 수정하면 바로 제품을 다시 만들 수 있다. ㉤이렇게 제작 과정이 간단할 뿐 아니라 비용과 시간을 대폭 절약할 수 있기 때문에 여러 회사들이 3차원 프린터를 이용해 다양한 시제품과 모형을 생산하고 있다.

① ㉠은 ㉡의 주장에 대한 근거이다.
② ㉡은 ㉠으로 인해 발생한 결과이다.
③ ㉢은 ㉣의 결과를 이끌어낸 원인이다.
④ ㉣은 ㉠~㉢을 바탕으로 나온 주장이다.
⑤ ㉤은 ㉡~㉣을 원인으로 하여 나온 결과이다.

2. 다음 문단을 읽고 ㉠~㉢에 적절한 내용을 쓰시오.

> 그러나 최근의 연구 성과에 따르면, 대뇌 겉질이 나누어 맡는 기능이 완전히 고정되어 있는 것은 아니다. 인간은 환경에 둘러 싸여 여러 가지 경험을 하며 살아가는데, 그 경험에 따라 각 영역이 맡는 기능이 달라지기도 한다. 과학자들은 빛을 완전히 차단한 공간에 실험 참여자들을 머물게 하고 손으로 정보를 탐색하게 했는데, 이틀이 지나자 시각 정보 처리를 맡았던 뇌 영역이 손에서 오는 촉각 정보를 처리한다는 사실을 발견했다. 빛이 차단된 환경에서 이루어지는 정보 처리의 경험으로 인해 실험 참여자들의 뇌 영역이 맡은 기능이 변화된 것이다.

주장	
대뇌 겉질이 나누어 맡는 기능은 ㉠_____ 에 따라 달라진다.	
근거	
원인	**결과**
빛을 완전히 차단한 공간에서 이틀간 ㉡_____으로 정보를 탐색하게 함.	시각 정보 처리를 맡았던 뇌 영역이 ㉢_____를 처리함. → 뇌 영역이 맡은 기능이 변화함.

3. 다음을 읽고 ㉠~㉢에 적절한 내용을 쓰시오.

(가) 식량은 인간 생존의 필수적인 품목이다. 자유 무역의 논리에도 불구하고 식량을 자유 무역의 상품으로 던져둘 수 없는 이유가 여기에 있다. 실제로 선진국에서도 식량 문제에 대해서는 이중적인 태도를 보이고 있다. 저개발 국가에는 자유 무역에 동참할 것을, 그래서 그 국가의 정부가 시장에 개입하지 못하도록 요구하면서도 자국의 경제를 운용할 때에는 굶주림에 시달리는 불행한 국민이 없도록 최소 생존권을 보장하는 정책을 적용하고 있다. 기업의 이윤 극대화보다 더 중요한 것이 인간의 최소 생존권임을 인정하고 있는 것이다.

(나) 오늘날 지구 한쪽에서는 살을 많이 빼면 25만 달러를 상금으로 주고, 다른 한쪽에서는 하루 1달러가 없어 굶주림에 시달리고 있다. 식량 문제를 자유 무역의 논리로만 다루면 이러한 현상은 더욱더 심해질 것이다. 그러므로 인간 생존의 기본 요건인 식량 문제를 자유 무역의 대상으로 다루어서는 안 된다.

	주장	근거
(가)	식량을 자유 무역의 상품으로 다루어서는 안 된다.	선진국도 ㉠_____보다 ㉡_____을 중시하는 정책을 적용하고 있다.
(나)		식량을 자유 무역의 논리로만 다루면 ㉢_____ 현상이 심화될 것이다. * '이러한' 이라고 쓰지 말고, 적절한 단어를 떠올려 쓸 것.

'질문-답변'의 전개

글쓴이가 글 속에서 질문을 던지는 이유가 독자의 답을 기대하기 때문일까? 경험상 아니라는 느낌이 들지? 실제로 글쓴이들은 질문을 던진 후에 "내 생각은 이래."라고 스스로 답을 고백해 버리거든. 그러니까 비문학 지문 속의 질문의 형식은 '앞으로 내가 여기에 대한 답을 말해 줄 테니 집중해!' 라고 말하고 있는 거야. 그야말로 '답·정·너'지. 답은 정해져 있으니, 너는 읽고 이해만 하면 된다고!

'질문-답변'의 전개는 말 그대로 어떠한 문제 상황에 대해 의문을 제기하고, 이를 해결할 수 있는 방안에 대해 설명 혹은 주장하는 형식의 전개 방식을 말해. 그럼 실제 어떤 식으로 나타나는지 확인해 볼까?

> **확인 문제 20** ㉠, ㉡에 대한 답을 쓰시오.
>
> 측면과 정면 중 인물의 특징을 더 잘 나타내는 것은 어느 쪽일까? 우선 동물들의 이미지를 떠올려 보자. ㉠동물들을 그릴 때 정면, 측면, 윗면 가운데 어느 면이 제일 먼저 떠오르는가? 먼저 말을 그려 보자. 말은 일반적으로 옆에서 본 이미지가 가장 먼저 떠오른다. 물고기는 어떤가? 그것도 옆에서 본 이미지이다. 도마뱀을 그려 본다면? 위에서 본 이미지가 제일 먼저 떠오를 것이다. 이런 것들이 우리의 머릿속에 각인된 전형적인 이미지 면이다.
>
> ㉡그렇다면 사람은 어떤가? 사람은 다른 동물과 달리 두 개의 경쟁적인 이미지 면을 동시에 갖고 있다. 고대 이집트의 벽화가 이를 잘 보여 준다. 이집트 벽화 중에 귀족 '네바문'을 그린 그림이 있다. 얼굴과 다리는 측면에서 본 모습이고, 가슴과 눈은 정면에서 본 모습을 그린 것이다. 해부학적으로 불가능한 구성 혹은 자세이지만, 이 그림뿐 아니라 고대 이집트 벽화 대부분이 이런 식으로 그려졌다. 이 혼합 형식으로부터 우리가 확인할 수 있는 것은, 인간이 신체 부위에 따라 정면이 먼저 떠오르기도 하고 측면이 먼저 떠오르기도 하는 존재라는 사실이다.
>
> ㉠: _____
> ㉡: _____

위에 제시된 두 개의 문단은 모두 질문의 형식으로 시작하고 있지. 첫째 문단의 첫째 문장은 글쓴이가 제시하고자 하는 화제가 인물의 특징을 잘 나타내는 이미지 면에 관한 것임을 밝히고 있어. 그리고 본격적으로 인물과 관련해 설명하기에 앞서, 동물의 예를 들어 전형적인 이미지 면에 대해 설명하고 있지. 둘째 문단에서는 본격적으로 인물의 이미지 면에 대해 설명하고 있고.

만약 위의 두 문단에서 ㉠, ㉡이 없다면 어떨까? 문장이나 문단 간의 연결이 다소 매끄럽지 않을 수도 있겠지. 하지만 없어도 내용을 이해하는데 어려움은 없어. ㉠, ㉡이 새로운 내용을 담고 있지 않기 때문이야. 그러니까 ㉠, ㉡의 목적은 오직 너의 시선을 집중시키는 것이고, 다음과 같이 말하는 거야. "나 이제 동물의 이미지 면에 대해 이야기할 거다(㉠)", "이제 사람에 대해 이야기한다!(㉡)"라고.

✚ TIP! **왜 '질문'이 아니라, '질문의 형식'이라고 하나요?**

왜냐하면 비문학 지문에서의 질문은 진짜 질문이 아니거든. 질문에 진짜, 가짜가 있냐고? 그럼. 글쓴이가 독자의 대답을 기대하고 한 질문이 진짜 질문이라면, 대답을 기대하지 않고 독자의 호기심을 일으키기 위한 수단으로 한 질문은 가짜 질문이라고 할 수 있겠지. 그러니까 '형식'이라고 하는 거야. 질문의 **답**은 **정**해져 있으니 **너**는 이해만 하라고! ^^

알고 보면 '질문-답변'의 전개는 독자에게 글을 이해하기 위한 아주 중요한 힌트를 대놓고 제공하는 고마운 방법인 것이지. 그래서 우리가 이 구조를 적극적으로 활용한다면, 질문을 보고 뒤에 어떤 내용이 나올지 예측하면서 읽을 수 있을 거야.

이 구조에 대해 알아볼 수 있는 글을 하나 더 준비했어. '매사냥'에 대한 글을 다시 만나보자.

🍡 확인 문제 21 ㉠, ㉡에 대한 설명으로 적절하지 <u>않은</u> 것은?

㉠이러한 매사냥은 언제, 어디에서 시작되었을까? 기록에 따르면 매사냥은 4,000여 년 전 고대 중앙아시아와 서아시아에서 시작되어 세계로 퍼져 나갔다. 메소포타미아 유적지에서는 매사냥꾼을 새긴 유물이 발견되었고, 마르코 폴로의 『동방견문록』에는 쿠빌라이 황제가 사냥터로 떠날 때 다양한 매 500마리를 동원한 기록이 남아 있다.

㉡우리나라는 어떠했을까? 우리나라의 경우 매사냥이 어디로부터 전해져 언제부터 시작되었는지에 대한 정확한 기록은 남아 있지 않지만, 고구려 고분 벽화에 남아 있는 매사냥 그림을 통해 이미 삼국 시대부터 매사냥이 이루어졌음을 알 수 있다. 『삼국사기』에는 신라 진평왕이 매사냥에 푹 빠져 신하들이 걱정했다는 기록도 있다. 매사냥은 주로 왕과 귀족들 사이에서 성행했다. 고려 충렬왕은 매사냥을 담당하는 응방이라는 관청을 두었고, 이를 위해 몽골에서 기술자를 데려오기도 했다.

① ㉠: 매사냥은 4,000여 년 전부터 시작되었다.
② ㉠: 매사냥에 관한 유물과 기록을 통해 확인할 수 있다.
③ ㉡: 고구려 고분 벽화에서 매사냥 그림을 찾아볼 수 있다.
④ ㉡: 신라에서 매사냥이 이루어졌음을 알 수 있는 기록이 남아 있다.
⑤ ㉡: 우리나라의 매사냥은 몽골의 매사냥 기술자들을 통해 유입되었다.

㉠은 앞으로 매사냥의 시작 시기, 장소 등에 대해 언급할 것임을 짐작하게 하지. 아니나 다를까 바로 뒤에 매사냥이 4,000여 년 전 고대 중앙아시아와 서아시아에서 시작되었음을 밝히고 있어. 그리고 이를 확인할 수 있는 근거인 유물과 기록에 대해 소개하고 있지.

㉡은 ㉠에 이어 우리나라에서 매사냥이 시작된 시기에 대해 언급할 것임을 짐작하게 하지. 고구려 고분 벽화, 『삼국사기』의 기록 등을 통해서 삼국 시대부터 매사냥이 시작되었음을 알 수 있어. 하지만 매사냥이 어디서부터 유래했는지에 대해서는 설명하고 있지 않아. 다만 고려 시대에 몽골에서 매사냥 기술자를 데려온 것을 보면 몽골의 매사냥 기술이 뛰어났음을 짐작할 수 있을 뿐이지.

10 **'반박-주장'의 전개**

  '반박-주장'의 전개는 앞서 보았던 '3. 비교와 대조'와 '8. 주장과 근거'의 융합 버전이라고 할 수 있어. 어떠한 사안에 대한 하나의 주장이나 견해를 제시하고, 이를 반박할 수 있는 새로운 주장이나 견해를 제시하는 서술 방법이라고 할 수 있지. 대개 먼저 제시되는 의견은 널리 알려진 일반적 주장이나 견해인 경우가 많은데, 이러한 일반적 생각을 '통념(通念)'이라고 하지. 그리고 뒤에 이를 깨뜨릴 수 있는 흥미로운 아이디어가 서술되는 방식이야.

  '8. 주장과 근거'에서 기업이 왜 사회적 책임을 다해야 하는지에 대해 설명한 글을 읽었어. 그런데 기업이 사회적 책임을 다하기 위해 노력하다 보면, 그 기업의 이익이 줄어들어 경영에 어려움이 생기는 것은 아닐까? 이러한 생각에 반박하고 있는 글을 한번 읽어보도록 하자.

🥛 **확인 문제 22**   다음 문단을 읽고 ㉠~㉢에 적절한 내용을 쓰시오.

  투명하게 경영하고 윤리적으로 제품을 생산하며 이익을 지역 사회에 환원하면 그만큼 기업의 이익은 줄어들 것이라 생각할 수도 있다. 그러나 장기적으로 보면 이미지가 좋아지고 소비자의 신뢰를 얻을 수 있기 때문에 기업은 더 큰 혜택을 받을 수 있다. 실제로 사회적 책임 경영 컨설팅 기업인 콘 로퍼의 '기업 시민 정신에 대한 보고서'를 보면, 소비자 10명 중 8명 이상은 가격이 비슷하면 사회적 책임을 위해 노력하는 기업의 제품을 선택하겠다는 대답을 했다고 한다. 그러므로 기업이 사회적 책임을 다한다고 해서 기업의 이익이 줄어드는 것은 아니다.

통념		반박
투명한 경영, 윤리적 생산, 이익의 지역 사회 환원 → 기업의 ㉠＿＿＿＿＿감소	원인	장기적으로 기업이 더 큰 혜택을 받음
	결과	소비자 ㉡＿＿＿＿＿% 이상이 ㉢＿＿＿＿＿을 위해 노력하는 기업의 제품을 선택하겠다고 답했다. – 출처: 콘 로퍼의 '기업 시민 정신에 대한 보고서'

  이 문단은 첫째 문장에서 사회적 책임을 다하는 기업이 손해를 볼지도 모른다는 견해가 있음을 밝히고 있어. 기업의 이익이 10억인데 1억을 지역 사회에 돌려준다면 얼마가 남겠어? 9억이지. 그런데 글쓴이는 그것이 통념일 뿐이라는 거야. 콘 로퍼에서 만든 보고서를 근거로 이를 반박하고 있어. 장기적으로 볼 때 소비자들이 사회적 책임을 다하는 기업의 상품을 더 많이 구입하면 이익은 줄어들지 않을 것이라는 대조적인 주장을 하고 있는 거지.

➕ **TIP!**   **하나의 글에는 하나의 구조만 들어 있나요?**

  그렇지 않아. '반박–주장'의 구조를 '비교와 대조', '주장과 근거'의 융합으로 볼 수 있듯이, 하나의 글에는 여러 가지의 내용 전개 방식이 복합적으로 담겨 있는 것이 더 일반적이야. 다른 예로 시간적 구성과 공간적 구성도 반대되는 것처럼 보이지만, 집에서 학교까지 가는 길을 누군가에게 말할 때 여러분은 시간적 순서이면서 동시에 공간적 순서대로 설명하게 될 거야.

'반박-주장'의 구조가 꼭 눈에 띄는 형태로 나타나는 것은 아니야. 다음은 여성의 정치 참여가 잘 이루어지지 않는 현실을 다룬 글의 일부인데, 어디에서 반박이 나타나는지 찾아보자.

✏️ 확인 문제 23 (가), (나)에 대한 설명으로 적절하지 <u>않은</u> 것은?

(가) 세상의 절반은 여성이다. 그러나 정치 분야에 진출한 여성은 매우 적다. 유엔 인류발전보고서(2004년)에 따르면 여성의 정치 참여율이 가장 높은 스웨덴의 여성 의원 비율이 45.3%이고, 미국은 14%, 한국은 5.9%에 지나지 않는다. 그렇다면 이렇게 여성의 정치 참여가 낮은 이유는 무엇이며 참여를 늘릴 수 있는 방안에는 어떤 것이 있을까?

(나) 이렇게 쉽지 않은 여성의 정치 참여를 늘리는 방법 중 하나는, 정치에 대한 생각을 바꾸는 것이다. 정치를 '권력을 얻기 위한 경쟁'으로 보면 여성의 정치 참여에 어려움이 있지만, 정치를 나눔과 돌봄, 공존과 조화로 보면 여성의 정치 참여는 한결 쉬워진다. 왜냐하면 일반적으로 여성은 경쟁보다는 나눔, 힘보다는 설득이나 조화에 더 가치를 두는 편이기 때문이다.

①: (가)는 전체 여성 인구와 정치 분야 진출 여성 인구를 대조하고 있다.
②: (가)는 스웨덴의 높은 여성 의원 비율을 모범적 사례로 제시하고 있다.
③: (나)는 정치를 '권력을 얻기 위한 경쟁'으로 보는 견해에 반박하고 있다.
④: (나)는 여성의 정치 참여가 나눔과 돌봄 등의 가치를 실현한다고 주장하고 있다.
⑤: (나)는 여성의 일반적 특성을 근거로 제시함으로써 자신의 주장을 뒷받침하고 있다.

(가)는 세상의 절반이 여성이라는 아주 당연한 사실로 시작돼. 모든 분야에서 여성이 절반을 차지해야 한다는 것을 말하려는 의도겠지? 그런데 정치 분야에서 유엔 인류발전보고서에 담긴 각국의 여성 의원 비율을 보면 스웨덴조차 절반이 되지 않는 수치를 보임을 알 수 있지. (나)는 정치가 '권력을 얻기 위한 경쟁'이라고 보는 견해가 여성의 정치 참여를 막는다고 보고, 정치를 바라보는 관점이 변해야 여성의 정치 참여가 늘어날 것이라고 주장하고 있어.

우리나라 여성의 국회 참여 비율은 최근에야 15%를 넘어선 수준이라고 해. 남성만큼 여성도 정치에 적극적으로 참여해서 나눔과 설득, 조화의 가치가 더욱 잘 실현되었으면 좋겠어.

➕ 들어는 봤나? 셋! '전환(轉換)'에 대해 알아보자.

'그런데 말입니다.'라는 유행어 들어본 적 있어? '그런데 말입니다.'는 한 TV프로그램의 진행자가 화제를 바꿀 때 쓰는 말이야. 예를 들자면 이런 거야. 평소에 맛있는 김을 먹은 경험에 대한 이야기를 하다가 김에 대한 다른 이야기로 화제를 바꿀 때 쓰는 거지. "그런데 말입니다. 김의 이름이 왜 김인지 알고 계십니까?", 이렇게.

이렇게 한 가지 화제에 대해 이야기하다가 다른 화제로 바꾸어 말하는 서술 방법을 '전환'이라고 해. '반박-주장'의 구조에서 하나의 주장에 대해 소개하다가 이를 반박하는 새로운 주장을 제시하는 것도 '전환'의 한 예로 볼 수 있어.

1. ㉠~㉣에 적절한 내용을 쓰시오.

(가) 전문가들에 따르면 2050년에 전 세계 인구는 90억 명을 넘을 것이며 그에 따라 식량 생
산량도 늘려야 한다고 한다. 하지만 공산물의 생산량을 늘리듯 식량 생산량을 대폭 늘릴
수는 없다. 곡물이나 가축을 더 키우기 위한 땅과 물이 충분치 않고, 가축 생산량을 마구
늘렸을 때 온실 가스 등이 발생하기 때문이다. 이런 상황을 고려할 때 유엔 식량 농업 기구
에서 곤충을 유망한 미래 식량으로 꼽은 것은 주목할 만하다. 사람들이 보통 '작고 징그럽
게 생긴 동물'로 인식하는 곤충이 식량으로서는 여러 가지 장점을 갖고 있기 때문이다.

(나) (가)를 정리한 학생의 노트

문제
늘어나는 세계 인구에 맞추어 식량 생산량이 늘어야 한다.
해결 방안

〈기존 주장1〉 대안은 ㉠_____이야: 땅과 물이 충분치 않음.
〈기존 주장2〉 대안은 ㉡_____이야: ㉢_____ 발생의 우려까지 있음.
〈새로운 주장〉 대안은 ㉣_____이야: 식량으로서 여러 가지 장점을 갖고 있음.

---

2. 다음 글에 대한 설명으로 적절하지 <u>않은</u> 것은?

정부는 최근*강화 갯벌에 조력 발전소를 세울 계획을 발표하였다. 정부의 계획은 조수 간
만의 차가 8m나 되는 이 지역에 설비 용량 132만kW급 규모의 조력 발전소를 건설한다는 것
이다. 이것은 현재 세계 최대 규모인 프랑스 '랑스 조력 발전소'의 다섯 배가 넘는 규모이다.

물론 갯벌은 그 자체로 가치가 있고, 갯벌이 파괴될 때의 피해도 무시할 수 없는 것이 사실
이다. 그러나 이곳에 발전소가 만들어지면 한 해에 24억 1,000만kWh의 전기를 만들 수 있는
데, 이는 인천광역시의 각 가정에서 1년 동안 쓰는 전력의 약 60%를 감당할 수 있는 양이라
고 한다. 그 결과 한 해에 354만 배럴의 원유 수입 대체 효과가 생겨 전력 수급 문제를 상당
부분 해결할 것으로 기대된다. 더욱이 공사 기간 동안 약 6만 4,000명의 고용 효과가 발생할
것으로 분석되어, 경제적으로 어려운 시기에 정부 차원에서는 포기하기 어려운 사업이다.

* 최근: 여기서는 2010년 전후.

---

① 조력 발전소를 세우려 하는 정부의 입장에 찬성하는 글이다.
② 우리나라가 자체적으로 전력을 수급하지 못함을 전제하고 있다.
③ 8m나 되는 조수 간만의 차는 조력 발전소 입지의 적절성을 증명한다.
④ 갯벌이 지닌 경제적 가치와 조력 발전소 건설의 경제적 가치를 비교하고 있다.
⑤ 갯벌이 입을 피해를 인정하지만 조력 발전소의 건설이 불가피함을 주장하고 있다.

[3~4] 다음 글을 읽고 물음에 답하시오.

(가) ⊙간접 광고는 어떤 문제를 안고 있을까? 간접 광고는 앞에서 언급한 몰입 방해 외에도, 특정 기업이나 상품 등에 대한 무의식적인 각인 효과를 시청자에게 심어준다는 문제가 있다. 이렇게 되면 시청자들이 비판적 판단을 하지 못하고 간접 광고가 다루는 대상을 무조건적으로 신뢰하는 일이 벌어지게 된다.

(나) 또한 간접 광고로 인해 드라마나 오락 프로그램의 완성도가 떨어진다. 간접 광고의 대가로 광고주들은 방송 프로그램의 제작비를 지원하는데, 간접 광고가 허용된 이후 광고주들의 요구가 강해지고 있다. 그 결과 프로그램의 완성도가 떨어지는 경우가 빈번해지고 있다. 광고주들은 간접 광고를 더 길게 더 자주 넣도록 요구하기 때문이다.

(다) 과도한 간접 광고가 가지고 있는 이러한 문제를 해결하기 위한 노력이 필요하다. 우선 법이나 규정을 명확히 해야 한다. 그물코가 느슨하면 물고기가 그물망을 쉽게 빠져나가서 물고기를 잡을 수 없다. 이와 마찬가지로 방송법 시행령의 규정이 '제작상 불가피한', '자연스러운 노출'처럼 모호하면 광고주들과 방송사가 법망을 쉽게 피할 수 있게 되어 간접 광고가 과도해지는 것을 막을 수 없다. 실제로 광고주들이나 방송사가 법이나 규정의 모호한 표현을 악용하는 사례도 매년 늘고 있다. 그러므로 법이나 규정을 명확히 하여 과도한 간접 광고를 막아야 한다. 더 나아가 법이나 규정을 위반했을 때 가하는 법적 제재도 광고주들이나 방송사가 부담을 느낄 정도로 강화해야 한다.

3. ⊙에 대한 답으로 적절하지 않은 것은?

① 시청 프로그램에 대한 몰입을 방해한다.
② 점차 더 길고 더 자주 등장하는 경향이 있다.
③ 드라마나 오락 프로그램의 완성도를 떨어뜨린다.
④ 특정 기업, 상품 등에 대해 과장된 광고가 나타난다.
⑤ 시청자들이 광고 대상에 대해 무조건적 신뢰를 느끼게 된다.

4. ⓐ~ⓔ에 적절한 말을 쓰시오.

근거	원인		결과	
	ⓐ_____의 규정이 모호함		과도한 ⓑ_____가 나타남	
주장	ⓒ_____이나 ⓓ_____을 명확히 하고, ⓔ_____를 강화해야 한다.			

●정답과 해설● ……………………………………………………………………………………

확인 문제 20 ⊙: 말은 측면, 물고기는 옆면, 도마뱀은 윗면 ⓒ: 정면과 측면 **확인 문제 21** ⑤ **확인 문제 22** 이익, 80, 사회적 책임 **확인 문제 23** ②

연습 문제 1. ⊙ 곡물, ⓒ 가축, ⓒ 온실 가스, ⓔ 곤충 2. ④ 3. ④ 4. ⓐ-방송법 시행령, ⓑ-간접 광고, ⓒ-법, ⓓ-규정, ⓔ-법적 제재

해설 1. 기존 대안의 한계를 밝히고 곤충이라는 새로운 대안을 제시 **2.** 갯벌의 가치나 피해에 대해 언급하나 경제적인 관점은 아님. **3.** 광고가 과장된 점에 대한 문제 제기 없음. **4.** 인과 관계가 분명한 근거로 주장을 뒷받침함.

III | 문단 독해의 실제

이제 본격적으로 문단 수준의 실전 문제를 공부하려 해.
지금까지 실전에 가까운 문제로 연습해 왔으니 어려울 것 없을 거야!

1 일치하는 정보 찾기

글이나 문단에서 일치하는 정보를 찾는 건 사실 '다른 그림 찾기' 같은 거야. 다른 그림 찾기는 위 그림을 보고 아래 그림을 보고, 다시 위 그림을 보고 다시 아래 그림을 보면서 다른 곳을 찾아내는 거지. 특별히 어려운 일은 아니겠지? 하지만 오락실에서 '다른 그림 찾기'를 해본 사람은 알 거야. 이 게임이 생각보다 어렵다는 것을! 왜냐하면 이 게임에는 '시간제한'이 있거든.

비문학 독해에서도 마찬가지야. 지문의 내용과 일치하는지 묻는 문제에 제시된 선지를 보고 지문을 보고, 다시 선지를 보고 지문을 보면서 다른 것을 찾아내는 거지. 하지만 짧은 시간 안에 다른 부분을 찾아내야 하기 때문에 '일치하는 정보 찾기'는 생각보다 쉽지 않은 일이야.

그래서 일치하는 정보를 찾을 때는,

(1) 문단이나 글의 전개 방식에 따라 구조적으로 이해하며 읽거나,
(2) 문제의 선지를 먼저 읽고 글의 내용을 예측하는 등 문제 풀이의 요령이 필요해.

단, (1), (2)를 각각 적용하는 것이 아니라, 동시에 활용하는 것이 더 효과적이야.

비문학 독해에서 '일치하는 정보 찾기'는 출제자 입장에서 허허실실(虛虛實實), 즉 허를 찌르고 실을 꾀하는 계책이라고 할 수 있어. 아무리 어려워도 결국 다른 그림 찾기 정도의 난이도이거든. 하지만 시험에 임하는 학생들의 문제 풀이 시간을 가장 많이 빼앗을 수 있지.

반대로 학생의 입장에서도 '허허실실'일 수 있어. 일치하지 않는 하나의 선지 이외에는 전부 맞는 내용이니까, 글이나 문단의 핵심적인 정보를 미리 파악할 수 있는 좋은 단서가 되기도 하거든!

다음에 나오는 확인 문제는 <자료>가 포함되어 있어서 언뜻 어려워 보이지만, 잘 살펴보면 <자료>가 본문의 내용을 정리해 주고 있다는 것을 알 수 있어.

〈자료〉는 (가)와 (나)를 비교하여 정리한 표이다. ㉠, ㉡에 들어갈 적절한 내용을 〈조건〉에 맞게 쓰시오.

2017 학업성취도 평가

(가) 2017년 2월에 한국에서 있었던 기계와 인간의 번역 대결은 기계 번역이 눈부시게 발전하였음을 보여 주었다. 이 대결에서 기계는 전문 번역가들이 50분 간 번역한 내용을 1분 안에 처리하여 속도 면에서 우월함을 보여 주었다. 또한 물건의 사용 설명서와 같은 글을 번역할 경우 원문의 뜻을 약 80% 정도까지 제대로 전달할 만큼 정확성도 향상되었다. 이렇게 볼 때 앞으로 펼쳐질 기계 번역의 미래는 밝을 것으로 보인다.

(나) 기계 번역의 한계가 오늘날에도 여전히 극복되지 못하고 있음이 2017년 2월에 한국에서 열린 기계와 인간의 번역 대결에서 드러났다. 전문 번역가 4명과 인공 지능 기술을 활용한 기계가 펼친 이 대결에서 기계 번역은 내용의 정확성 면에서 인간이 한 번역을 따라오지 못했다. 의미가 명확한 짧은 문장은 비교적 잘 번역하였으나 구조가 복잡한 긴 문장을 번역할 때는 오류가 많았던 것이다. 특히 글의 맥락이나 작가의 의도를 고려하여 해석해야 하는 문학 작품의 번역에서 기계는 전체 지문의 90%를 문장조차 제대로 구성하지 못했다.

〈자 료〉

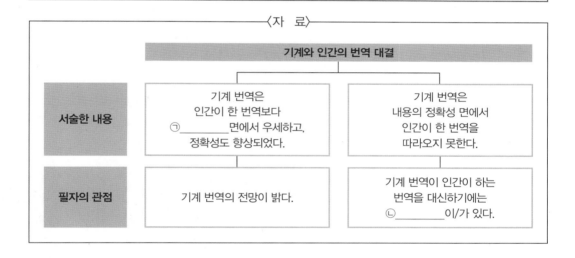

〈조 건〉

○ ㉠은 (가)에서, ㉡은 (나)에서 찾아 한 단어로 쓸 것.

㉠: _____

㉡: _____

중심 내용 파악하기

'일치하는 정보 찾기'가 문단이나 글의 정보를 있는 그대로 이해하였는가를 묻는 것이라면, '중심 내용 파악하기'는 문단이나 글의 정보를 일반화, 추상화할 수 있는가를 묻는 거야. 문단의 중심 내용을 잘 파악해야 글 전체가 어떻게 구성되어 있는지 알 수 있고, 그래야 글 전체의 중심 내용이 무엇인지 이해할 수 있단다.

그럼 중심 내용을 파악하는 방법에 어떤 것이 있었는지 떠올려 볼까?

> (1) 중심 문장이 있으면 중심 문장을 찾는다.
> – 두괄식, 미괄식 등 문단 구조에 따라 찾기
>
> (2) 중심 문장이 없으면 중심 내용을 만든다.
> – 첫째, 문단이나 글 속에 반복되는 '핵심어'를 먼저 찾는다.
> – 둘째, '핵심어'의 속성, 특성 등에 대해 파악한다.

어때? '말은 참 쉽지요?'라고 생각하는 학생들의 목소리가 벌써 귀에 쟁쟁 울리는 것 같아. 맞아. (1)의 경우에는 중심 내용을 파악하는 것이 크게 어렵지 않을 거야. 하지만 (2)의 경우에는 문단의 내용을 포괄할 수 있는 적절한 어휘를 찾아야 하는 등 (1)에 비해서 고도의 사고 능력을 필요로 하지.

그렇지만 걱정할 필요는 없어. 대학수학능력시험이나 모의평가에서는 객관식으로 이런 내용을 평가하니, 제시된 선지를 잘 살펴보고 적절한 답안을 찾아내면 되니까. 다만 선지를 잘 살펴보고 독해력을 늘리는 노력도 충분히 해야 진짜 실력이 늘겠지!

> **➕ TIP!** 바늘 가는 데 실 간다. 중심 문장이 가는 데는?
>
> 당연히 뒷받침 문장이 따라 가야지. 하나의 문단은 중심 문장과 이를 뒷받침하는 뒷받침 문장으로 구성된다고 했지? 뒷받침 문장이 없는 문단은 있을 수 없다고 했고 말이야.
>
> **뒷받침 문장에 관한 문제**는 두 유형으로 나누어 볼 수 있어. 첫째, <u>특정한 견해나 주장과 이를 뒷받침하는 내용을 찾게 하는 거야.</u> '일치하는 정보 찾기' 문제의 변형이라고 할 수 있어. 하지만 '일치하는 정보 찾기'는 그래 봤자 무엇이라고? 맞아. 다른 그림 찾기일 뿐이지.
>
> 둘째, <u>새로운 근거를 선지로 제시하고 주장을 뒷받침할 수 있는지 묻는 거야.</u> '중심 내용 파악하기'보다 한 단계 고난도 문항이라고 할 수 있어. 이 문제를 풀려면,
>
> > (1) 주장이나 견해가 어떤 특징을 가지고 있는지 살펴보고,
> > (2) 제시된 근거가 이와 어떻게 관련이 있는지 따져 봐야 해.
>
> 바로 다음 확인 문제 두 번째 문항에서 이를 확인할 수 있어. 우선 ㉠의 특징을 잘 살펴보고, 이와 관련성이 떨어지는 선지를 찾아보도록 해!

(가) 현재 우리나라에서 사용되는 대부분의 지도는 산들의 인접성
과, 단층선과 습곡축을 아우르는 지질 구조를 기준으로 산줄기
를 나타낸다. 이는 1900년대 초 일본의 한 지질학자가 서구적
관점으로 연구한 결과를 바탕으로 한 것이다. 서구적 관점에서
는 산줄기를 '산맥'으로 부르고, 산의 인접성과 지질 구조를 강
조하여 강이 사이에 있더라도 하나의 산맥으로 본다. 그래서 지
도상에서는 〈그림 1〉과 같이 굵은 선으로 표현된 산맥들이 가는
선으로 표현된 강줄기를 지나갈 수도 있다. 그리고 각각의 산맥
은 하나의 선으로 표현되지만 다른 산맥과는 연결되지 않고 끊
어져 표현되기도 한다. 이 관점에 따른 지도는 '등고선 지도'이
며, 일제 강점기부터 지금까지 100년 이상 사용되고 있다.

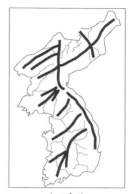

〈그림 1〉

(나) 반면 ㉠『산경표』의 지도는 산의 등줄기인 산등성이의 연속성
을 기준으로 산줄기를 파악한다. 이 관점은 예로부터 전해 내려
오는 전통적 관점으로 우리 조상들은 산과 강을 눈으로 확인한
뒤 산줄기 체계를 세웠다. 이 관점에서는 산줄기를 '대간', '정
간', '정맥' 등으로 분류하여 부르며, 산줄기는 강을 가로지를 수
없다고 파악한다. 그래서 지도상에서 보면 〈그림 2〉와 같이 산
줄기는 강과 교차되는 부분 없이 하나로 연결되어 나타난다. 이
관점에서는 백두산에서 시작하여 지리산까지 이어지는 큰 산줄
기를 '백두대간(白頭大幹)'이라고 하고 이것을 중심으로 나머지
작은 산줄기들이 연결되어 있다고 파악한다. 이를 바탕으로 그
린 지도는 '산줄기 지도'이며『대동여지도』가 대표적이다.

〈그림 2〉

1. (가), (나)의 내용과 일치하는 것은?

① 현재 우리나라에서 보편적으로 사용되는 지도는 전통적 관점을 따른 것이다.
② 산들의 인접성과 지질 구조를 기준으로 그린 지도에서 산줄기와 강은 교차되지 않는다.
③ 서구적 관점에서 그린 지도는 하나의 선으로 우리나라 산맥 모두를 연결하여 표현한다.
④ 일제 강점기를 거치면서 산줄기 체계를 파악하는 관점이 서구적 관점으로 바뀌었다.
⑤『대동여지도』는 산들의 인접성과 지질 구조를 기준으로 산줄기를 그렸다.

2. ㉠의 관점을 옹호하기 위한 자료로 적절하지 않은 것은?

① 백두대간 체계에 맞게 지도, 표지판 등을 교체할 때 생기는 비용 문제를 지적하는 인터뷰 자료
② 백두대간 체계가 가지고 있는 가치를 다각도로 다루고 있는 다큐멘터리 영상
③ 백두대간 체계의 지도가 실생활에 유용하게 쓰이는 사례를 다룬 신문 기사
④ 백두대간 체계가 우리의 생활 문화를 파악하기에 적절하다는 것을 밝힌 논문
⑤ 백두대간 체계에 담긴 우리 민족 고유의 정신을 분석한 연구 보고서

정보를 통해 미루어 알기

'미루어 알기', 즉 추론의 어려움은 예로부터 소문이 자자하지. '열 길 물속은 알아도 한 길 사람 속은 모른다.'라고. 특히 좋아하는 이성 친구의 마음은 알다가도 모르겠지? 방탄소년단도 이렇게 노래했잖아. "Sometimes I know, Sometimes I don't." 하지만 걱정하지 마! 비문학 독해에서는 그렇게 답을 알 수 없는 것들을 물어보지 않거든. ^^

'정보를 통해 미루어 알기'에서는 제시된 정보에 대해 이해한 것을 바탕으로 제시되지 않은 내용을 추론할 수 있는지를 평가하게 될 거야. 실제 문제에서는 문단이나 글에 담긴 정보를 살짝 변형해서 나오는 경우도 많아. 그러니까 무엇보다 중요한 것은 내용을 정확하게 이해하는 것이겠지?

물어보는 방식은 조금 다르지만, 아래의 두 유형도 추론적 사고를 바탕으로 해결해야 하는 문항들이야.

(1) 문단이나 글의 흐름을 고려했을 때 이어질 내용의 적절성을 묻는 문항
(2) 글에 제시된 정보를 새로운 상황에 적용해서 적절성을 판단하는 문항

두 유형 모두 가장 기본적인 해법은, 글의 내용을 정확히 이해하는 거야. (1)의 경우에는 거기에 더불어 어떤 내용이 앞의 내용과 논리적으로 연결되는지를 판단할 수 있어야 하겠지. 접속 표현의 쓰임이나, 문단의 전개 방식을 이해할 수 있어야 할 거야. (2)의 경우에는 제시된 내용의 논리적 흐름과 유사한 논리적 흐름을 가진 사례를 분석해 낼 수 있어야 하지. 실제 시험에 어떤 식으로 출제되는지 각각 [확인 문제 3, 4]에서 확인해 보자고!

확인 문제 3 글의 흐름을 고려할 때 ㉠에 들어갈 내용으로 가장 적절한 것은? 2018 학업성취도 평가

> 그러나 블루 오션은 시간이 흐르면서 더 이상 블루 오션이 아닐 수 있다. 이익을 얻고자 하는 새로운 기업들이 해당 시장에 뛰어들면 경쟁이 발생하기 때문이다. 앞서 언급한 즉석밥의 경우, 다른 기업들도 새로운 즉석밥을 시장에 내놓으면서 경쟁 업체들은 소비자의 선택을 받기 위해 치열한 경쟁을 하게 된다. 이러한 시장 상황을 바다의 포식자들이 먹이를 낚아채기 위해 서로 경쟁하는 상황에 비유하여 '레드 오션(red ocean)'이라고 한다. 즉 레드 오션은 (㉠   ).

① 기존에 없던 제품을 만들어 새로운 시장을 개척한 상태를 말한다.
② 경쟁에 밀린 업체들이 시장에서 빠져나가 경쟁이 사라진 상태를 말한다.
③ 경쟁 업체들이 고객을 확보하기 위해 치열한 경쟁을 벌이는 상태를 말한다.
④ 기존에 인기 있던 제품에 새로운 아이디어를 적용하여 새 시장을 형성한 상태를 말한다.
⑤ 시장의 규모가 알려지지 않거나 본격적인 시장 형태가 갖추어지지 않은 상태를 말한다.

(가) A의 용돈은 만 원, B의 용돈은 천 원이다. 그런데 용돈에 변화가 생겨서 A의 용돈은 만천 원이 되고, B의 용돈은 이천 원이 되었다. 이때 둘 중에 누가 더 만족할까? 객관적인 기준으로 본다면 A는 B보다 여전히 더 많은 용돈을 받으므로 A가 더 만족해야 한다. 그러나 용돈이 천 원 오른 것에 대해 A는 원래 용돈인 만 원을 기준으로, B는 천 원을 기준으로 그 가치를 느낄 것이므로 실제로는 B가 더 만족할 것이다. 이렇게 경제적인 이익이나 손실의 가치를 판단할 때 작동하는 내적인 기준을 경제 이론에서는 '준거점'이라고 한다. 사람들은 이러한 준거점에 의존하여 이익과 손실의 가치를 판단한다.

(나) 그런데 사람들은 똑같은 금액의 이익과 손실이 있을 때, 이익으로 인한 기쁨보다 손실로 인한 고통을 더 크게 느낀다. 즉, 백만 원이 생겼을 때 느끼는 기쁨보다 백만 원을 잃었을 때 느끼는 슬픔을 더 크게 느낀다는 것이다. 이러한 심리적 특성으로 인해 사람들은 경제 활동을 할 때 손실이 일어나는 것을 회피하려는 경향이 있다. 이것을 '손실회피성'이라고 한다.

(다) 손실회피성은 주식에 투자하는 사람들의 행동에서 쉽게 찾아 볼 수 있다. 주식에 십만 원을 투자했는데 오만 원을 잃은 사람이 있다고 ⊙가정하자. 그가 그 시점에서 주식 투자를 그만 두면 그는 확실히 오만 원의 손실을 입는다. ⓛ그러나 주식 투자를 계속하면 이미 잃은 오만 원은 확실한 손실이 아닐 수 있다. ⓒ왜냐하면 주식 투자를 계속 할 경우 잃은 돈을 다시 벌 수 있는 가능성이 있기 때문이다. ⓔ이러한 상황에서 사람들은 확실한 손실보다는 불확실한 손실을 선택하여 자신이 입을 손실을 회피하려고 한다. 주식 투자를 할 때 사람들이 돈을 잃어도 쉽게 그만두지 못하는 것은 손실회피성 때문이다. ⓜ이때 준거점에 의해 손실의 가치를 크게 느낄수록 주식 투자를 그만두기는 더 어렵다. 돈을 적게 잃었다고 생각하는 사람보다, 돈을 많이 잃었다고 생각하는 사람이 손실에 대한 두려움이 크기 때문이다.

1. (가)를 바탕으로 볼 때 만족감이 가장 클 것으로 기대되는 사례는?

① 민희의 한 달 용돈이 십만 원에서 십일만 원으로 인상되었다.

② 영호는 오만 원의 용돈을 받다가 이달부터 육만 원을 받게 되었다.

③ 인수는 매달 이만 오천 원의 용돈을 받았는데 이달부터 삼만 오천 원을 받았다.

④ 철수는 용돈으로 이만 원을 받다가 이달부터 삼만 원으로 올려 받았다.

⑤ 영희는 만 원씩 받던 한 달 용돈을 이달부터 이만 원씩 받았다.

2. 윗글의 ⊙~ⓜ을 탐구한다고 할 때, 적절하지 않은 것은?

① ⊙이라고 했으니 실제 일어난 상황은 아니지만 손실회피성이 나타나는 예를 제시하고 있구나.

② ⓛ이라고 했으니 손실회피성이 드러나지 않는 원인이 나오겠네.

③ ⓒ이라고 했으니 다음 내용은 오만 원을 잃은 것이 확실한 손실이 아닐 수 있는 이유가 되겠네.

④ ⓔ은 잃은 돈을 다시 벌 수 있는 가능성이 있는 상황을 가리키는 거야.

⑤ ⓜ은 문맥으로 보아 손실회피성이 작용할 때를 말하고 있어.

4 **문단의 전개 방식 파악하기**

열 길 물속은 알아도 한 길 사람 속은 모른다고 했고, 이성 친구의 속은 더더욱 모르겠다고 말했지? 하지만 만약 이성 친구의 속마음에 일정한 유형이 있다면 어떨까? 마치 혈액형 A형의 친구는 이런 생각을 하고, 혈액형 B형의 친구는 저런 생각을 한다는 것을 유형별로 정리해 놓았다면 말이야. 이성 친구에게 접근하기가 더 수월하지 않을까? (하지만 우리가 재미로 이야기하는 혈액형별 성격은 과학적 근거가 없다는 사실!)

다행히 비문학 지문의 전개는 대표적인 유형들이 있어. 이미 'Ⅱ. 문단의 전개'에서 10가지 유형으로 나누어 살펴본 바 있지. 실제 문제에서는 해당 문단에서 어떤 전개 방식이 사용되었는지 묻는 경우가 많고, 전개 방식과 함께 중심 내용을 함께 물어보는 경우도 많아.

> **➕TIP!** **문단의 전개에는 어떤 것들이 있더라?**
>
> 정의, 예시와 부연, 비교와 대조, 분류와 나열, 분석과 묘사, 시간적/공간적 순서의 전개, 원인과 결과, 주장과 근거, 질문-답변의 전개, 반박-주장의 전개, 이렇게 10가지 유형이 있었어. 각각의 용어들이 직접 선지에 등장하기도 하는 만큼, 개념 정리는 필수 중의 필수야!

문단 전개 방식의 경우, 문단의 도입부에서 하나의 개념에 대해 정의를 내리고 있다면, 이에 대한 구체적 예나 부연 설명이 이어지겠지. 무언가를 주장하고 있다면 그에 대한 근거가 따라올 테고. 또 질문을 던지고 있다면 이에 대한 답을 제시하겠지. 문단의 전개 방식에 대해 잘 이해하고 있으면 이렇게 뒤에 이어질 내용을 예측하면서 읽을 수도 있단다.

다만 각각의 전개 방식은 매번 똑같은 형태로 등장하지 않고 약간의 변형이 있을 수 있다는 것, 그리고 하나의 문단에 동시에 여러 가지 전개 방식이 적용될 수 있다는 것도 잊지 말아야겠지. 그래도 좋아하는 이성 친구의 속마음처럼 복잡하지는 않을 테니까 자신감을 갖고 도전하도록 해! ^^

> **➕TIP!** **문단에 그림이나 그래프가 나와요.**
>
> 그림이나 그래프가 등장하는 가장 기본적인 이유는 핵심적인 정보에 대한 이해를 도와주기 위한 거야. 그러니 당황하지 말고 오히려 내용을 이해하는 중요한 단서로 활용해야겠지?
>
> (1) 그래프
> 복잡한 수치 자료를 한눈에 알아보기 쉽게 정리해 놓은 것이지. 중학교 수준에서는 대체로 간략한 형태로 등장하니까 두려워할 것 없어. 수치가 가장 높거나, 가장 낮은 항목에 초점을 맞추어 특징을 이해하면 돼.
>
> (2) 그림
> 글만으로 충분히 설명하기 어렵거나 그림을 통한 설명이 효과적일 때 등장해. 글에 담긴 정보 중에서 어떤 부분을 구체화하고 있는지 확인하면 출제자의 의도를 파악하는 데 도움이 될 거야.

확인 문제 5 다음 문단의 서술 방식으로 적절한 것은?

2015 학업성취도 평가

> 공연의 질을 좌우하는 중요한 요소 중 하나는 음이 지속되는 잔향 시간이다. 잔향 시간은 음 에너지가 최대인 상태에서 일백만 분의 일만큼의 에너지로 감소하는 데 걸리는 시간을 말한다. 콘서트홀 종류마다 알맞은 잔향 시간이 다르다. 오케스트라 전용 콘서트홀은 청중들이 풍성하고 웅장한 감동을 느낄 수 있도록 잔향 시간을 1.6~2.2초로 길게 설계하고, 오페라 전용 콘서트홀은 이보다는 소리가 덜 울려야 청중들이 대사를 잘 들을 수 있기 때문에 잔향 시간을 1.3~1.8초로 짧게 만든다. 예술의 전당에서, 주로 오케스트라가 공연하는 콘서트홀은 잔향 시간이 2.1초에 달하고, 오페라를 공연하는 콘서트홀은 잔향 시간이 1.3~1.5초이다. 그러면 콘서트홀의 잔향 시간을 조절하는 방법을 살펴보자.

① 구성 요소를 분석하고 그 속성을 나열하고 있다.
② 문제의 원인을 분석하고 그 결과를 서술하고 있다.
③ 생소한 개념을 풀이하고 관련 사례를 제시하고 있다.
④ 현상을 기술하고 변화의 과정을 단계별로 밝히고 있다.
⑤ 과정을 시간 순으로 나열하고 일정 기준에 따라 분류하고 있다.

확인 문제 6 [A]의 기능에 대한 설명으로 가장 적절한 것은?

2017 학업성취도 평가

> 둘째, '만 나이'는 '세는나이'에 비해 계산 방식이 더 합리적이다. 아래 그림에서 2014년 12월 26일에 태어난 아이를 통해 '만 나이'와 '세는나이'의 차이를 살펴보자. '세는나이' 셈법으로 이 아이는 태어난 순간 1살이 되고, 며칠 뒤 2015년 1월 1일이 되면 바로 2살이 된다. 출생 후 1살을 더하기까지의 기간이 출생일에 따라 모두 다르다. 반면 '만 나이' 셈법으로 이 아이는 2015년 12월 26일이 되었을 때 1살을 더하게 된다. 누구나 출생일에서 1살을 더하기까지의 기간이 동일한 것이다.

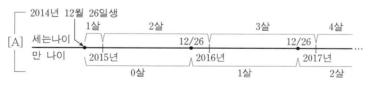

① 글에 나타나지 않은 사례를 추가한다. ② 글의 모든 근거를 종합하여 보여 준다.
③ 앞으로 제기할 문제를 압축적으로 제시한다. ④ 두 대상이 지닌 차이를 시각적으로 드러낸다.
⑤ 제기한 문제 상황에 대한 해결 방안을 제시한다.

● 정답과 해설 ●

확인 문제 1 ㉠: 속도, ㉡: 한계 확인 문제 2 1. ④ 2. ① 확인 문제 3 ③ 확인 문제 4 1. ⑤ 2. ②
확인 문제 5 ③ 확인 문제 6 ④

(가) 남태평양 남서부에 있는 파푸아뉴기니는 세계에서 두 번째로 큰 섬인 뉴기니의 동쪽 절반을 차지하고 있는 나라이다. 파푸아뉴기니에는 800여 부족이 700여 종의 다양한 언어를 사용하며 살고 있다. 그리고 이들 중 상당수는 아직도 사냥과 채집을 하며 정글 깊숙한 곳에 흩어져 산다.

(나) 각 부족들은 각자 다른 풍습과 문화를 가지고 있기 때문에 서로 갈등을 겪는 경우가 많았다. 파푸아뉴기니 정부는 2년마다 전 부족이 참가하는 대규모 축제를 조직하게 되었는데, 이것이 바로 싱싱 축제이다. 이때 '싱싱'이란 전통 춤과 노래를 일컫는 말이다.

(다) 이 축제는 독립 기념일인 9월 16일을 전후해 수도인 포트모르즈비에서 열린다. 축제에는 전국의 모든 부족들이 참여하며, 이 기간에 사람들은 모든 일을 접어 두고 오직 축제에만 온 정열을 쏟는다.

(라) 싱싱 축제의 주요 행사는 싱싱 경연 대회이다. 싱싱 경연 대회에 참가한 여러 부족들은 온갖 치장을 한다. 남자들은 풀과 나무, 꽃에서 추출한 안료를 이용해 얼굴에 강렬한 색을 칠하고, 각종 새들의 깃털로 장식도 한다. 이렇게 화려하게 꾸미고 난 후, 사람들은 전통에 따라 화살이나 나무로 만든 칼을 들고 춤을 추며 그들만의 신을 불러내는 다양한 의식을 행한다. 이 의식에는 다른 부족으로부터 자신의 부족을 지키려고 했던 사람들의 심리가 반영되어 있다.

(마) 싱싱 축제의 또 다른 행사는 포트모르즈비의 엘라 해변에서 열리는 '히리 모알레'이다. '히리 모알레'란 '행복한 무역'이라는 뜻으로, 교역을 무사히 마치고 돌아오는 남자들을 환영하기 위해 여자들이 춤추고 노래하던 풍습을 재연한 것이다. 이 행사에서 여자들은 춤과 노래로 남자들 못지않은 열정을 과시한다.

(바) 이처럼 다양한 행사로 치러지는 싱싱 축제는 파푸아뉴기니 사람들의 열정으로 가득 차 있다. 이 축제는 각 부족이 그들의 전통과 힘을 과시하는 장(場)인 동시에, 다른 여러 부족들과 하나로 뭉치는 화합의 장이기도 하다.

1. 위 글의 내용과 일치하지 <u>않는</u> 것은?

① 싱싱 축제에는 전국의 부족들이 참여한다.
② 파푸아뉴기니는 남태평양에 있는 섬나라이다.
③ 싱싱은 각 부족의 종교 의식과도 관련이 있다.
④ 히리 모알레는 교역을 무사히 마치고 돌아오길 기원하는 행사이다.
⑤ 싱싱 경연 대회에서 각 부족은 전통적인 방식으로 자신들의 힘을 과시한다.

2. [기출 응용] 위 글의 내용 전개 방식에 대한 설명으로 적절한 것은?

① (가)는 '파푸아뉴기니'의 역사를 시간 순서대로 설명하고 있다.
② (나)는 '싱싱'의 개념과 '싱싱 축제'의 변화 과정을 설명하고 있다.
③ (다)는 '싱싱 축제'의 기원에 대해 (나)와 상반된 견해를 제시하고 있다.
④ (라)와 (마)는 행사에 참여하는 구성원들의 공통적인 태도를 밝히고 있다.
⑤ (바)는 (마)에서 설명한 '히리 모알레'에 대해 추가적인 정보를 제시하고 있다.

3. 위 글의 통일성을 위해 (나)를 보완하고자 할 때, 그 보완 방향으로 가장 적절한 것은?

① 싱싱의 의미를 설명하는 내용을 삭제한다.
② 각 부족의 채집과 사냥 생활에 대한 내용으로 바꾼다.
③ 각 부족의 다양한 풍습과 문화에는 무엇이 있었는지 덧붙인다.
④ 풍습이 다양하기 때문에 축제도 다양했다는 내용으로 교체한다.
⑤ 부족 간의 갈등을 해결하기 위해 축제가 시작되었다는 내용을 추가한다.

> 🛡️ 잠깐! 통일성이란 하나의 글이 하나의 주제로 묶여야 한다는 규칙이야. 이 문제를 풀기 위해서는 글 전체의 주제가 무엇인지 먼저 파악해야 해!

[4~5] 다음을 읽고 물음에 답하시오.

2012 고1 3월 학력평가

> 모래의 유출 속도는 모래시계 안에서는 시간에 따라 변하지 않고 일정하다. 그렇기 때문에 유출되는 구멍의 단면적과 모래의 양, 이 두 가지를 다르게 조절하면 다양한 주기의 모래시계를 만들 수 있게 된다. 구멍의 단면적이 넓을수록 유출되는 모래의 양은 많아지므로 모래시계의 주기가 짧아진다. 그리고 모래의 양이 많으면 오랜 시간에 걸쳐 떨어지므로 모래시계의 주기가 길어진다. 그렇기 때문에 모래시계의 주기를 늘이려면 유출되는 구멍의 크기를 줄이고 모래의 양을 늘려주면 된다. 이때 모래는 알갱이의 크기가 일정하고, 습기를 완전히 제거한 상태여야 좋다. 정동진에 세워져 있는 모래시계는 한 번 모래가 다 떨어지는 데 1년의 시간이 걸리도록 설계되었다. 또한 정확도를 위해 모래 대신에 일정한 크기의 고분자물질을 사용하였다.

4. [기출 응용] 위 문단의 내용과 일치하는 것은?

① 모래의 유출 속도는 모래의 양에 따라 변화한다.
② 유출되는 구멍의 단면적이 넓으면 모래시계의 주기가 길어진다.
③ 모래시계 속에 모래 양이 많을수록 모래시계의 주기가 짧아진다.
④ 모래 알갱이의 크기가 일정할수록 모래시계의 정확도가 높아진다.
⑤ 모래를 대체하여 다른 물질을 사용한 것은 모래시계라고 할 수 없다.

5. 위 문단의 내용을 참고할 때, 모래시계의 주기가 가장 긴 것은?

	모래의 양	모래 유출 구멍의 면적
①	50	2
②	50	3
③	50	5
④	20	2
⑤	20	5

(가) 말로 의사소통을 하기 이전부터 인간은 줄곧 몸짓과 자세, 표정 등과 같은 신체 언어를 통해 서로의 생각을 교환해 왔다. 말과 신체 언어가 서로 다른 메시지를 전달할 때 일반적으로 사람들은 말보다는 신체 언어를 더 많이 신뢰한다. ㉠가령 상대방이 말로는 '괜찮다'고 하면서도 표정이 어둡거나 손을 부르르 떨고 있으면 우리는 '괜찮다'는 그 말을 믿지 않는다.

(나) 신체 언어는 의사소통 과정에서 중요한 역할을 하는데 그중에서도 손짓이 좀 더 특별한 의미를 지닌다. ㉡손짓이란 '손을 놀려 어떤 사물을 가리키거나 자기의 생각을 남에게 전하는 일'이다. 손은 다른 신체 부위에 비해 움직임이 자유롭고 모양을 만들기가 쉬워서 다양한 감정과 생각을 담아 손짓으로 표현할 수 있다. 박수는 칭찬과 격려를, 기도하는 두 손은 염원의 메시지를 전한다. 사랑한다는 말 대신 손을 지그시 잡는다거나, 힘내라는 말보다 등을 토닥이며 위로를 전하는 손짓이야말로 말보다 더 강력한 힘을 가진다.

(다) 한편으로 손짓은 다른 신체 부위와 결합하여 다양한 의미를 생산함으로써 언어를 대신하거나 그 의미를 보조하는 데에도 큰 역할을 한다. ㉢손짓은 팔, 얼굴, 귀, 코, 눈, 머리 등과 결합해 무려 3천여 가지의 다양한 움직임을 만들어 낸다. 여기에 인간의 사고와 심리 상태 등의 메시지가 담김으로써 의사소통 방식이 훨씬 풍부해지고 다양해진다. 꼭 다문 입술에 집게손가락을 대는 행동으로 '조용히 하세요'라는 의미를 표현하거나 머리 위에 하트를 그리는 행동을 통해 상대방에게 사랑의 감정을 더욱 강하게 전달하는 것 등이 그러한 예이다.

(라) 근본적으로 손짓은 문화적 토양을 바탕으로 생성된다. 따라서 손짓은 각자의 행동 양식과 관습에 따른 문화를 반영하며, 그것이 다른 지역에서는 그곳의 관습과 문화에 따라 전혀 다른 의미로 받아들여지기도 한다. 그렇기 때문에 ㉣서로 다른 문화권의 사람들이 각자의 문화에 근거하여 손짓을 사용할 경우, 그것이 다른 의미로 해석됨으로써 오해와 갈등이 생겨나기도 한다. 예를 들면 ㉤엄지를 치켜세우는 손짓은 흔히 '최고다' 혹은 '좋다', '잘했다'의 의미이지만 서아시아 지역에서는 상대방을 모욕하는 의미가 있으므로 각별히 주의해야 한다. 손짓을 문화적 맥락 속에서 이해하고 해석하려는 노력이 필요한 이유는 바로 이 때문이다.

6. [기출 응용] (가)~(라)를 읽는 과정에서 떠올린 질문으로 적절하지 않은 것은?

① (가): 말로 의사소통을 하기 전에 인간이 사용한 몸짓이나 자세는 어떤 형태였을까?
② (나): 신체 언어 중에 손짓이 좀 더 특별한 의미를 지니는 이유는 무엇일까?
③ (다): 인간의 사고나 심리 상태가 담긴 신체 언어에는 어떤 것들이 더 있을까?
④ (다): 손짓이 코와 결합하여 어떤 의미를 생산해낼 수 있을까?
⑤ (라): 손짓이 관습에 영향을 받지 않는 이유는 무엇일까?

7. ㉠~㉤에 사용된 설명 방식에 대한 학생의 생각으로 적절하지 않은 것은?

① ㉠: 구체적인 사례로 사람들이 신체 언어를 더 신뢰한다는 점을 보여 주고 있어.
② ㉡: 대상의 뜻을 밝혀서 손짓의 의미를 명확하게 이해하는 데 도움을 주고 있어.
③ ㉢: 손짓의 결합 대상을 나열해서 손짓이 만들어내는 움직임이 다양함을 강조하고 있어.
④ ㉣: 대상을 분석해서 손짓의 다양한 해석 방법을 자세히 알려 주고 있어.
⑤ ㉤: 같은 손짓에 담긴 서로 다른 의미를 대조해서 손짓할 때 유의점을 강조하고 있어.

(가) '만지지 마시오.'라는 푯말을 보면 그 전시물을 더 만지고 싶어진다. 하지 말라고 하면 이상하게 더 하고 싶어지는 것이 사람 마음이다. 금지된 것은 왜 더 하고 싶어지는 걸까? 그리고 외부로부터의 강압적 지시는 왜 어기고 싶은 걸까?

(나) ○○대학에서는 화장실에 낙서를 금지하는 경고문을 붙였다. 하나는 '낙서 엄금!'이라는 강력한 경고문이었으며, 다른 하나는 '낙서를 하지 마세요.'라는 부드러운 어조의 경고문이었다. 두 경우를 비교했더니 강력한 금지 문구 밑에 오히려 더 낙서가 많았다. 이처럼 사람들은 외부의 압력이 강력할수록 도리어 금지된 행동을 더 많이 하는 경향이 있다.

(다) 인간은 자신과 주변 세계를 자신이 통제하려는 욕구를 가지고 있다. 그래서 외부에서 자신의 행동을 통제하려 하면 강력히 반발한다. 강하게 금지 당할수록 반발심은 더욱 커진다. 경고문이 없다면 낙서를 하지 않았을 사람들까지 반발하게 한다.

(라) 이런 심리는 어릴 때부터 나타난다. 발달심리학자 코찬스카는 아이의 어머니로 하여금 아이에게 두 가지 사항을 지시하게 하는 실험을 하였다. 첫째, 선반 위에 놓인 장난감을 만지지 말 것. 둘째, 바닥에 어질러진 장난감들을 깨끗이 치울 것. 그 결과 어머니의 지시가 강압적일수록 아이는 선반 위의 장난감을 더 많이 만지고, 장난감 치우는 일을 더 쉽게 포기한다는 사실을 알게 되었다. 반면 규칙을 지켜야 하는 이유를 아이가 이해할 수 있도록 설명해 줄 때 아이는 자신을 더 잘 통제한다는 사실도 알게 되었다.

(마) 인간에게 하지 말라는 금지는 너무나 매력적인 것이다. 내버려 두면 하지 않을 일도 하지 말라고 하면 오히려 한 번 더 돌아보게 된다. 꼭 지켜야 할 규칙이라면, 그리고 그것이 중요하다면, 하지 말라는 무조건적인 강압만으로는 불충분하다. 일방적으로 강요하기보다는 규칙 자체의 필요성을 이해하게 해야 한다. 이해가 되면 자발적으로 규칙을 따르게 되기 때문이다. 이는 하지 말라는 것만 강요하는 사회, 지나치게 억압적인 사회에서는 어려운 일이다.

8. 〈자료 1〉을 읽고, 문맥에 맞게 〈자료 2〉의 빈칸을 채우시오.

─〈자 료 1〉─

　　자녀의 게임 중독을 치료하려면 게임을 못하게 하기보다 자제력을 길러주는 것이 좋다. 그러나 스스로 통제하지 못하는 아이라면 일정 기간 동안 게임은 물론 컴퓨터 사용을 아예 금지하는 것도 고려해 보아야 한다. 처음에는 불안, 초조, 분노 등의 금단 증세가 나타날 수 있지만 힘든 고비를 넘기면 서서히 정상을 회복한다.

─〈자 료 2〉─

　　본문에서는 사람이 하고 싶은 일을 강제로 못하게 하면 (　　㉠　　) 된다는 이유를 들어 (　　㉡　　)의 중요성을 강조한다. 이에 반해 〈자료 1〉에 따르면, 규칙을 지키게 하기 위해 때로는 (　　㉢　　) 필요도 있다. 물론 이것은 아이가 자신을 통제하지 못하는 경우로 한정해야 한다.

㉠: _____ ㉡: _____

㉢: _____

9. 문단별 중심 내용을 바르게 나타낸 것은?

① (가): 금지의 내용을 담은 푯말은 없는 것이 낫다.
② (나): ○○대학에서는 경고가 강력할수록 사람들이 낙서를 더 많이 했다.
③ (다): 외부에서 통제를 가하면 사람들은 스스로 통제하는 능력을 잃어버린다.
④ (라): 아이들은 강압적인 지시보다 설명을 들을 때 더 규칙을 잘 지킨다.
⑤ (마): 인간의 자유가 보장되는 사회에서는 규칙이 잘 지켜진다.

[10~12] 다음 글을 읽고 물음에 답하시오.

2013 학업성취도 평가

(가) 학급에서 발생하는 괴롭힘 상황에 대한 전통적인 접근 방법은 '가해자-피해자 모델'이다. 이 모델에서는 가해자와 피해자의 개인적인 특성 때문에 괴롭힘 상황이 발생한다고 본다. 개인의 특성이 원인이기 때문에 문제의 해결에서도 개인적인 처방이 중시된다. 예를 들어, 가해자는 선도하고 피해자는 치유 프로그램에 참여하도록 한다.

(나) 하지만 '가해자-피해자 모델'로는 괴롭힘 상황을 근본적으로 해결하지 못한다. 왜냐하면 이 모델은 괴롭힘 상황에서 방관자의 역할을 고려하지 못하기 때문이다. 학급에서 일어난 괴롭힘 상황에는 가해자와 피해자뿐만 아니라 방관자가 존재한다. 방관자는 침묵하거나 모르는 척하는데, 이런 행동은 가해자를 소극적으로 지지하게 되는 것이다.

(다) 만약 방관만 하던 친구들이 적극적으로 나선다면 괴롭힘을 멈출 수 있다. 피해자는 보호를 받게 되고 가해자는 자기의 행동을 되돌아볼 수 있게 된다. 반면 방관자가 무관심하게 대하거나 알면서도 모르는 척한다면 괴롭힘은 지속된다. 따라서 방관자의 역할이야말로 학급의 괴롭힘 상황을 해결할 때 가장 주목해야 할 부분이다.

(라) ㉠이러한 방관자의 역할을 이해하고 학급 내 괴롭힘 상황을 근본적으로 해결하기 위한 새로운 모델이 '가해자-피해자-방관자 모델'이다. 이 모델에서는 방관하는 행동이 바로 괴롭힘 상황을 유지하게 만드는 근본적인 원인이라고 생각한다. ㉡즉 괴롭힘 상황에서 방관자는 단순한 제3자가 아니라 가해자와 마찬가지의 책임이 있다고 보는 것이다.

(마) ㉢그렇다고 이 모델에서 방관자를 가해자와 동일하게 처벌하자는 것은 아니다. 대신 방관자가 피해자를 돕는 행동을 할 수 있도록 학급 환경 자체를 변화시켜야 함을 강조한다. 예를 들어, 괴롭힘 상황이 발생했을 때 학급의 모든 구성원은 이 상황을 인지하고 역할극이나 회의를 통해 문제의 심각성을 공유해야 한다. ㉣또한 돕고 싶지만 두려움 때문에 방관만 하던 소극적인 학생들은 피해자를 적극적으로 도울 수 있도록 심리적, 물리적으로 지원받아야 한다. ㉤그러면서 학생들은 방관하는 행동이 문제임을 깨닫게 되고, 앞으로는 누군가가 괴롭힘을 당할 때 방관하지 않고 나서서 피해자를 도우려는 태도를 지니게 된다. 이러한 학급 환경에서는 더 이상 괴롭힘이 발생하지 않거나 가끔 발생하더라도 오래 지속되지 않는 것이다.

(바) 이 모델에 따르면, 학급의 괴롭힘 상황을 가해자와 피해자 사이의 문제로만 여기고 '나는 저 문제에 끼어들지 않겠다.' 또는 '나는 남을 괴롭히지 않으니까 괜찮아.'라고 회피하는 태도는 가해자를 돕는 것이나 마찬가지이다. 이 새로운 모델은 방관자였던 학생들이 피해자를 돕는 행동을 할 수 있는 학급 환경이 조성될 때 학급에서 친구를 괴롭히는 일이 근절될 수 있음을 보여 준다.

10. [기출 응용] (가)~(바)의 내용 전개 방식에 대한 설명으로 적절하지 <u>않은</u> 것은?

① (가)와 (라)는 학급의 괴롭힘 상황을 분석하는 관점이 대조적이다.

② (나)는 '가해자-피해자 모델'의 한계를 보이는 원인을 밝히고 있다.

③ (다)는 방관자가 괴롭힘 상황에서 침묵하는 원인을 분석하고 있다.

④ (마)는 예상되는 반론에 반박하며 방관자의 중요성을 밝히고 있다.

⑤ (바)는 (마)의 내용에 덧붙여 방관자의 역할이 중요함을 강조하고 있다.

11. (다)의 타당성을 높이기 위한 방법으로 가장 적절한 것은?

① 피해자 치유 프로그램이 성공적이었음을 보여 주는 통계 자료를 제시한다.

② 아무도 말리지 않아 계속 괴롭혀도 된다고 생각했다는 가해자 면담 자료를 인용한다.

③ 가해자에 대한 강력한 처벌을 통해 학급 내 괴롭힘 문제를 해결한 사례를 제시한다.

④ 피해자가 가해자를 용서했더니 학급 내의 괴롭힘이 줄어들었다는 보고서의 자료를 인용한다.

⑤ 학교 폭력의 가해자가 피해자로 바뀌고, 피해자가 가해자로 바뀌기도 하는 실제 사례를 추가한다.

> **잠깐!** 타당성을 높이기 위해서는 주장을 적절히 뒷받침할 수 있는 근거가 있어야 하고, 근거와 주장이 논리적으로 연결되어야 하지.

12. ㉠~㉤을 문맥에 맞게 바꾸어 쓸 때 적절한 것은?

① ㉠ → 저러한

② ㉡ → 다시 말해

③ ㉢ → 그렇다면

④ ㉣ → 만약

⑤ ㉤ → 그럼에도

● 정답과 해설 ● ┄┄

실전 문제 1회 1. ④ **2.** ④ **3.** ⑤ **4.** ④ **5.** ① **6.** ⑤ **7.** ④ **8.** ㉠: 오히려 반발하게, ㉡: 이해(설명), ㉢: 행동을 금지할 **9.** ④ **10.** ③ **11.** ② **12.** ②

해설 1. '히리 모알레'는 무사히 돌아오길 기원하는 행사가 아닌, 돌아오는 남자들을 환영하던 풍습을 재연한 것 **2.** 싱싱 경연 대회, 히리 모알레의 참여자들은 열정적 태도로 행사에 임함. **3.** 부족 간 화합을 도모한다는 축제의 의미를 뒷받침함. **4.** 정동진의 모래시계는 일정한 크기의 고분자물질로 정확도를 높임. **5.** 모래의 양은 많고, 구멍 면적은 좁아야 함. **6.** 손짓은 관습에 영향을 받음. **7.** 문화적 이해 없이 사용한 손짓을 원인으로 생긴 결과에 대해 설명 **8.** ㉠은 (가)~(다), ㉡은 (마), ㉢은 〈자료 1〉에서 확인 **9.** 실험에 대한 두 가지 해석을 정리 **10.** (다)는 방관자가 적극적으로 개입하는 상황과 그렇지 않은 상황의 차이점을 설명함. **11.** 방관자의 무관심으로 상황이 악화된 사례로 방관자의 역할을 강조 **12.** ㉡은 같은 내용을 바꾸어 말할 때 사용하는 접속 표현

지문 해설

[1~3] 파푸아뉴기니 '싱싱 축제'에 대하여

주제: 파푸아뉴기니 '싱싱 축제'의 기원과 주요 행사

해제: 이 글은 파푸아뉴기니 '싱싱 축제'가 시작된 계기와 축제의 주요 행사인 '싱싱 경연 대회'와 '히리 모알레'에 대해 설명하고 있다. 수많은 부족 간의 화합을 위해 시작된 이 축제에서 남성들은 그들만의 신을 불러내는 다양한 의식을 행하고, 여성들은 춤과 노래로 교역을 마치고 돌아오는 남자들을 환영하던 풍습을 재연한다.

[6~7] 신체 언어—손짓—의 의미

주제: 손짓이 의미를 생성하는 방식과 특징

해제: 이 글은 신체 언어 중 특별한 의미를 지닌 손짓의 특징에 대해 설명하고 있다. 손은 다른 신체 부위에 비해 움직임이 자유로워 손짓을 통해 다양한 감정과 생각을 표현할 수 있고, 다른 신체 부위와 결합하여 더 다양한 의미를 만들어낸다. 이러한 손짓은 지역의 관습과 문화에 따라 다른 의미를 지니므로 문화적 맥락에 따라 이해하고 해석해야 한다.

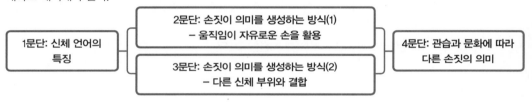

[8~9] 금지의 매력

주제: 금지된 것에 끌리는 인간의 심리와 규칙을 잘 지키도록 하는 방법

해제: 이 글은 금지된 것에 이끌리는 인간의 심리를 분석하고, 규칙을 잘 지키도록 하는 방법이 무엇인지 설명하고 있다. 인간은 자신과 주변 세계를 스스로 통제하려는 욕구를 지녀 자신의 행동을 통제하는 것에 대해 강하게 반발한다. 그러므로 인간이 규칙을 잘 지키도록 하기 위해서는 규칙의 필요성을 이해하도록 해야 한다.

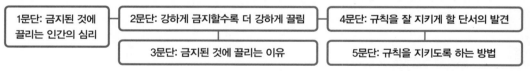

[10~12] '학급 내 괴롭힘'을 바라보는 두 관점

주제: '가해자—피해자 모델'의 한계와 '가해자—피해자—방관자' 모델의 가능성

해제: 이 글은 '가해자—피해자 모델'의 한계를 극복할 수 있는 대안으로서 '가해자—피해자—방관자' 모델에 대해 소개하고 있다. '방관자'가 피해자를 도울 수 있는 학급 환경을 조성할 때 학급 내 괴롭힘 현상이 근절될 수 있음을 밝히고 있다.

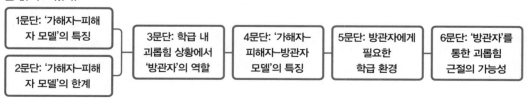

[1~2] 다음 글을 읽고 물음에 답하시오.

2010 고1 3월 학력평가

(가) 지구는 하나의 커다란 자석이라고 할 수 있다. 지구와 지구 주위에 나타나는 자석으로서의 성질을 '지구 자기'라 하고, 지구 자기가 영향을 미치는 영역을 '지구 자기장'이라 한다. 많은 지질학자들은 '다이나모 이론'으로 지구 자기장의 생성을 설명한다. 지구는 중심에서부터 보면 내핵, 외핵, 맨틀, 그리고 가장 바깥층인 지각으로 이루어진 구조이다. 다이나모 이론에 따르면 액체 상태로 추정되는 외핵에는 많은 양의 철 이온*이 포함되어 있는데, 외핵의 끊임없는 대류* 활동으로 이온이 움직여 전류가 발생하고, 이 전류가 지구 자기장을 만든다는 것이다. 그런데 과학자들은 지구상의 대부분의 지역에서 자기력이 지난 수 세기 동안 꾸준히 감소해 왔으며, 이를 근거로 지금의 추세라면 언젠가는 지구 자기장이 사라질지도 모른다고 예측한다.

(나) 만약 지구 자기장이 사라진다면 어떤 일이 벌어질까? 그렇게 된다면 지구상의 많은 생명체들은 생명을 유지하기 힘들 것이다. 왜냐하면 ㉠지구 자기장은 방향을 찾거나 먼 거리를 이동하는 동물들에게 꼭 필요하며, 우주에서 날아오는 유해 물질로부터 생명체를 지켜 주기 때문이다.

(다) 과학자들은 먼 거리를 오가며 편지를 전달해 주던 비둘기가 어떻게 방향을 찾는지 알고 싶어 했다. 그들은 비둘기가 자기장을 감지할 수 있는 물질을 갖고 있으며, 이것이 지구 자기장을 감지하여 방향을 찾도록 해 준다고 생각했다. 이를 확인하기 위해 비둘기를 해부한 결과 머릿속에서 자석의 역할을 하는 물질을 발견하였다. 또한 비둘기 몸에 다른 자석을 붙여 지구 자기장을 감지하지 못하게 하면 방향을 제대로 찾지 못한다는 것을 밝혀냈다. 철새나 고래 등 장거리 이동을 하는 동물들을 대상으로 실시한 비슷한 실험에서도 같은 결론을 얻었다. 이를 통해 체내에 자석과 같은 물질을 갖고 있는 많은 생물들이 지구 자기장에 반응하여 방향을 찾거나 이동한다는 것을 알게 되었다.

 * 이온: 전기적 성질을 띤 원자, 혹은 원자의 집단.
 * 대류: 기체나 액체에서 열이 전달되는 현상.

1. [기출 응용] (가)~(다)에서 확인할 수 있는 내용이 <u>아닌</u> 것은?

① (가): 지구 자기의 정의   ② (가): 지구 자기장의 생성 원리
③ (나): 지구 자기장의 역할   ④ (다): 지구 자기장이 흐르는 방향
⑤ (다): 장거리 이동을 하는 동물들의 특징

2. 과학자들이 ㉠과 같은 판단을 내리기까지의 과정이 (다)에 제시되었다고 할 때, 다음 중 (다)의 내용과 관계 <u>없는</u> 것은?

[1단계] 현상에 대해 의구심을 갖고, 탐구할 문제를 인식한다.   ··· ①
[2단계] 문제와 관련된 학설이 있는지 탐색한다.   ··· ②
[3단계] 문제에 대해 가설을 설정한다.   ··· ③
[4단계] 실험을 통해 가설을 검증한다.   ··· ④
[5단계] 검증된 가설을 일반화한다.   ··· ⑤

(가) 우리나라에서 지렁이는 소나 돼지처럼 법으로 정한 가축이다. 가축이란 인간 생활에 유용하게 사용하기 위해 기르는 동물이다. 그렇다면 지렁이는 어떤 이유에서 가축이 되었을까?

[A]
　　첫째, 농업을 위해 지렁이가 쓰인다. 지렁이는 소화 과정에서 해로운 미생물을 제거하고 식물 생장에 필수적인 질소, 칼슘, 마그네슘, 인, 칼륨 등이 포함된 분변토를 배출한다. 이 분변토를 사용하면 화학 비료를 적게 쓸 수 있어서 땅의 산성화를 막는 데에 도움이 된다. 또한 지렁이는 표면과 땅속을 오가면서 지표면의 물질과 땅속의 흙을 순환시킨다. 이때 땅속에 수많은 미세한 굴들이 상하좌우로 형성되고 공극*이 많아진다. 공극은 식물의 뿌리가 성장하는 데에 도움을 준다. 아울러 비가 오면 공극에 빗물이 스며들게 되어 식물에게 필요한 수분을 저장할 뿐만 아니라 지하수를 확보하는 데에 도움이 된다.

[B]
　　둘째, 환경을 위해 지렁이가 쓰인다. 우리나라에서는 하루 1만 7,000톤 정도의 음식물 쓰레기가 발생하고 이로 인해 한 해 동안 25조 원 정도의 비용이 낭비되고 있다. 또한 음식물 쓰레기가 버려지면 썩어서 토양과 물이 오염된다. 이를 제대로 처리하기 위해서는 많은 돈과 노력을 들여 대규모의 시설을 지어야 하고, 지역 주민들과 갈등을 빚기도 한다. 그러나 음식물 쓰레기를 지렁이가 먹으면 이런 문제를 해결하는 데에 도움이 된다. 혐오스러워 보이지만 지렁이는 음식물 쓰레기를 줄이는 일등 공신이다.

[C]
　　아직 우리나라에서는 지렁이를 농업과 음식물 쓰레기 처리에 대규모로 이용하는 경우가 많지 않다. 지렁이의 먹이는 염분 농도가 낮아야 하기 때문에 국이나 찌개를 많이 먹는 우리 음식 문화에서는 소금기를 낮추는 별도의 처리가 필요하다. 또한 살아 있는 생명인 지렁이는 적합한 환경이 아니면 살 수 없다. 온도는 늘 15~25도로, 흙의 수분은 20%로 유지해야 하는 관리의 어려움이 있다.

　　지렁이를 이용하는 것이 쉽지 않지만 음식물 쓰레기의 해결과 농업에의 쓰임을 고려한다면 지렁이를 활용하는 방안은 널리 보급되어야 한다. 최근 지렁이는 주목받고 있으며 각 가정에서의 활용도 차츰 늘어나고 있다.

* 공극: 비어 있는 틈.

(나) (가)를 참고하여 그린 만화

3. [기출 응용] [A]~[C]에 대한 이해로 적절하지 않은 것은?

① [A]: 공극이 적어지면 더 많은 빗물을 저장할 수 있다.
② [A]: 분변토는 토양을 기름지게 하므로 농업에 유용하다.
③ [B]: 지렁이는 환경오염을 막는 데에 도움이 된다.
④ [B]: 음식물 쓰레기를 처리할 때 여러 가지 문제가 발생한다.
⑤ [C]: 지렁이를 이용할 때는 염도, 습도, 온도 등을 고려해야 한다.

4. (가), (나)에 대한 평가로 적절하지 않은 것은?

① (가)는 도입부에서 물음을 던져 독자의 흥미를 유발하고 있다.
② (나)는 인물의 행동과 표정을 통해 독자의 인식 변화를 유도하고 있다.
③ (가)와 (나)는 비유를 통해 주제를 부각시키고 있다.
④ (나)는 (가)와 관련된 사례를 통해 주장을 뒷받침하고 있다.
⑤ (나)는 (가)와 관련된 도표를 추가하여 신뢰성을 높이고 있다.

※ 다음을 읽고 물음에 답하시오.

2010 고1 3월 학력평가

전자동 세탁기에 빨랫감을 넣고 버튼을 누르면 물이 들어오기 전에 세탁판이 2~3회 공회전을 한다. 물이 없는 상태에서 세탁판이 공회전하면 빨랫감의 무게로 인해 회전에 저항하는 힘이 생긴다. 마이크로컴퓨터는 이 힘을 측정하여 빨랫감의 양을 감지하고 빨래에 필요한 물의 양을 판단한다. 공회전이 끝나면 소량의 물이 세탁조로 들어가고 다시 세탁판이 회전한다. 이때 마이크로컴퓨터는 빨랫감에 물이 흡수되는 정도를 측정해 빨랫감이 어떤 소재인가를 판단하여 빨래 시간을 결정한다. 빨래 시간이 결정되면 세탁조에 물이 채워진다. 마이크로컴퓨터는 채워진 물의 투과도를 인식하여 빨랫감의 더러운 정도를 판단한 후 빨래 시간을 조정한다.

5. 위 문단을 아래의 단계로 나타낼 때 마이크로컴퓨터가 수행하는 역할로 적절한 것은?

	세탁기 공회전	소량의 물을 넣고 세탁판 회전	세탁조에 급수
①	빨랫감의 양을 감지하여 물의 양 판단	빨랫감의 더러운 정도를 파악하여 빨래 시간 조정	빨랫감의 소재를 판단하여 빨래 시간 결정
②	빨랫감의 양을 감지하여 물의 양 판단	빨랫감의 소재를 판단하여 빨래 시간 결정	빨랫감의 더러운 정도를 파악하여 빨래 시간 조정
③	빨랫감의 소재를 판단하여 빨래 시간 결정	빨랫감의 더러운 정도를 파악하여 빨래 시간 조정	빨랫감의 양을 감지하여 물의 양 판단
④	빨랫감의 소재를 판단하여 빨래 시간 결정	빨랫감의 양을 감지하여 물의 양 판단	빨랫감의 더러운 정도를 파악하여 빨래 시간 조정
⑤	빨랫감의 더러운 정도를 파악하여 빨래 시간 조정	빨랫감의 소재를 판단하여 빨래 시간 결정	빨랫감의 양을 감지하여 물의 양 판단

(가) 우리의 부모들은 자식들이 아무리 나이를 먹어도 자기 품에서 풀어 놓지 않습니다. 사사건건 자식이 자기 뜻대로 움직이기를 바랄 뿐만 아니라 철저히 간섭을 합니다. 대학 입시장에 부모가 따라가는 것은 어느 틈에 일상적인 일이 되어 버렸습니다. 어이없는 일이지만 이제는 대학원 입시에 따라오는 어머니도 있습니다. 심지어 직장 취업 시험 현장에서 커피를 끓여 가지고 자식을 기다리고 있는 어머니를 보는 일도 드물지 않다고 합니다. ㉠도대체 자식들을 언제까지 따라다녀야 부모들이 마음을 놓을지 모르겠습니다. 결혼을 하고 나서도 사정은 다르지 않습니다. 부모는 집을 사 주어야 하고, 김치를 담가 주어야 하며, 손주를 키워 주어야 합니다.

어른이 없습니다. 우리의 부모들은 이상하게도 자식을 어른으로 만들지 않으려고 합니다. 자식들도 그렇습니다. 부모 그늘에서 안주할 뿐 스스로 자기 세계를 이룩하려는 적극성을 보이지 않습니다. ㉡그들은 처음엔 부모의 기대에 부응하려 하지만 마침내 부모의 그늘을 벗어나고 맙니다. 세상은 점점 어른 아닌 부모와 어른이 되지 못하는 자식들만의 모듬 살이가 됩니다.

(나) '헬리콥터 맘'이란 자녀 주변을 맴돌며 간섭을 멈추지 않는 과잉보호형 엄마를 가리키는 신조어. 이들은 등교 시간, 학원 강의 시간에 맞춰 자녀들을 데려다 주고 데려오는 것은 기본이고, 중·고등학교에서 의무적으로 해야 하는 봉사 활동도 대신 해 준다. 이것도 자녀의 대학 입학과 동시에 막을 내릴 것 같지만 그렇지 않다. ㉢대학 생활, 졸업 후 직장 선택까지 엄마의 개입은 끊이지 않는다. 심지어 자녀가 취업한 뒤에 연봉 협상, 부서 발령이 자식에게 불리하면 회사에 가서 따지는 엄마도 있다.

전문가들은 헬리콥터 맘이 늘어나는 원인이 상대적으로 부유해진 경제력, 줄어든 자녀 수, 부모의 고학력 때문이라고 설명한다. 과거에는 자녀가 여럿이고 생업에 종사하다 보면 아이들 돌볼 시간이 부족했지만 요즘에는 풍족해진 시간과 돈을 한두 명의 자녀에게 쏟아 붓다 보니 이런 현상이 나타난다는 것이다. ㉣게다가 부모가 고학력일수록 자녀의 교육에 대한 관심이 높아져 간섭이 심해진다고 한다.

그러나 그릇된 사랑은 자녀의 미래에 악영향을 미칠 수 있다. 부모의 '영원한 물주' 노릇이 자녀의 경제 관념을 왜곡하고, 성인이 되어서도 부모에게 손을 벌리는 것을 당연하게 생각하는 '캥거루족'의 뿌리가 되기 때문이다. ㉤이들은 대학을 나와 결혼을 하고 집을 마련할 때까지 부모의 도움을 요구한다. 여성부의 '청소년 의식조사'에서 청소년의 93퍼센트가 대학 학자금 전액을, 87퍼센트가 결혼 비용을, 74퍼센트가 주택 구입 비용이나 전세 자금을 부모가 책임져야 한다고 응답한 것으로 나타났다.

6. 다음을 읽고, 물음에 답하시오.

두 편의 글은 모두 같은 현실을 이야기하고 있지만 그 현실을 보는 관점이 약간 다르다. (가)는 오늘날의 부모들이 (ⓐ)는 세태를 보여 주는 데 관심을 기울인 반면, (나)는 그 세태의 ⓑ사회적 원인을 분석해 보여 주고 있다. 물론 두 글이 말하고자 하는 바는 같다. ⓒ어른이 되지 못하는 자식을 만들어 낸다는 것이다.

(1) ⓐ에 들어갈 말을 쓰시오.   (2) ⓑ의 예를 본문에서 한 가지만 찾아 쓰시오.
(3) ⓒ를 대신할 수 있는 비유적인 말을 본문에서 찾아 쓰시오.

7. ⊙～⑩ 중, 각 문단의 내용과 어울리지 <u>않는</u> 것은?

    ① ⊙   ② ⓒ   ③ ⓒ   ④ ⓔ   ⑤ ⑩

8. [기출 응용] (가), (나)에서 추론할 수 있는 내용으로 적절한 것은?

    ① 부모의 지나친 간섭은 자녀의 독립적 삶을 방해한다.
    ② 경제적 여건이 악화되면 가족에 대한 의존도가 높아진다.
    ③ 자녀에 대한 부모의 관심은 자녀의 바른 성장에 필수적이다.
    ④ 자녀를 과잉보호하는 현상은 과거부터 현재까지 지속되고 있다.
    ⑤ 부모의 학력이 낮을수록 자녀의 높은 학력을 기대하는 경향이 있다.

[9~11] 다음 글을 읽고 물음에 답하시오.
2009 학업성취도 평가

(가) ⊙<u>공유 자원이란 그 자원을 공유하고 있는 사람은 누구나 사용할 수 있지만, 그 양이 한 정되어 있어서 누군가 먼저 쓰면 다른 사람은 사용에 제한을 받게 되는 자원을 말한다.</u> 예를 들어 어떤 마을이 공동으로 소유하고 있는 땅에 석유가 매장되어 있다면, 마을 사람들은 누구나 그 석유를 쓸 수 있다. 그러나 어떤 사람이 석유를 마음대로 퍼 간다면 다른 사람들이 쓸 석유가 모자랄 수도 있다. 그때 이 석유를 마을 사람들의 공유 자원이라고 한다.

(나) ⓒ<u>그런데 이 공유 자원을 사용하는 데에는 문제가 따른다.</u> 어느 작은 마을을 상상해 보자. 이 마을의 중요한 경제활동은 양을 기르는 일이다. 마을의 많은 사람들은 양을 길러서 양털을 팔아 생활을 하고 있다. 양들은 대부분의 시간을 마을 공유지인 마을 주변의 초지에서 풀을 뜯어 먹으면서 보낸다. 마을 주민이라면 누구든지 이 초지에서 자신의 양을 먹일 수 있다. 초지의 풀이 풍부하고 양의 숫자가 적다면 아무런 문제가 없다.

(다) 그러나 시간이 흘러 마을의 인구가 증가하고 양의 숫자가 증가하면서 문제가 발생한다. 양의 숫자가 늘어나면 한 사람이 자신의 양에게 풀을 먹이는 행위가 다른 사람들이 양을 먹일 수 있는 기회를 제한하게 된다. 즉 다른 사람들이 자신의 양에게 풀을 많이 먹일수록 자연스럽게 나의 양들이 먹을 풀은 줄게 되는 것이다. ⓒ<u>사람들은 더 이상 여유롭게 자신의 양들에게 풀을 먹일 수 없게 된다.</u>

(라) 이제 이 마을에 비극이 시작된다. 사람들은 앞 다투어 자신의 양에게 풀을 먹이려 들고, 그 결과 애초에 면적이 제한되어 있던 초지는 점점 황무지가 되어 갈 것이다. 결국 양을 기를 수도, 양털을 팔 수도 없는 비극적인 상황이 벌어지고 만다. ⓔ<u>공유 자원을 사용하면서 생길 수 있는 이러한 문제를 '공유 자원의 비극'이라고 한다.</u>

(마) ⑩<u>이런 공유 자원의 비극을 막을 수 있는 방법은 공유 자원을 개별 소유하는 것이다.</u> 이 마을 같은 경우 마을의 공유지였던 초지를 각자 구획을 나누어 개인이 소유하도록 한다면 초지의 과잉 사용을 막을 수 있다. 사람들은 초지가 공유 자원이었을 때에는 누구나 거저 사용할 수 있기 때문에 각자 소유할 수 있는 양의 숫자를 조절하지 않지만, 초지가 개인 소유가 되면 스스로 양의 숫자를 조절하게 되고 공유 자원의 비극도 막을 수 있게 된다.

9. [기출 응용] (가)∼(마)의 내용 전개 방식으로 적절하지 않은 것은?

① (가)는 공유 자원에 대해 정의를 내리고 구체적 사례를 설명하고 있다.
② (나), (다)는 인구, 양의 숫자 등의 측면에서 마을의 상황을 대조하고 있다.
③ (나), (다)는 공유 자원이 문제 되는 상황을 시간 순서에 따라 설명하고 있다.
④ (라)는 '공유 자원의 비극'을 일으키는 원인과 그 결과에 대해 설명하고 있다.
⑤ (마)는 예상되는 반론에 대해 반박하며 해결 방안의 타당성을 강조하고 있다.

10. 위 글의 성격을 고려할 때, 중심 내용으로 가장 적절한 것은?

① ㉠   ② ㉡   ③ ㉢   ④ ㉣   ⑤ ㉤

11. 〈자료 1〉은 위 글의 타당성을 평가하는 글이다. 물음에 답하시오.

───────〈자 료 1〉───────

위 글은 바닷속을 옮겨 다니는 물고기나 땅 밑을 흘러 다니는 지하수처럼 (ⓐ   )(하)기 힘든 공유 자원도 있다는 점을 간과하고 있다. 이런 경우, '공유 자원의 비극'을 막기 위해서는 〈자료 2〉의 (ⓑ   ) 등처럼 자원의 이용을 적절히 규제하는 것도 고려해야 한다.

───────〈자 료 2〉───────

(A) 공유 자원인 꽃게의 어획량을 국가별로 할당하는 것
(B) 공유 자원인 계곡물을 자유롭게 끌어다 쓸 수 있도록 허용하는 것
(C) 공유 자원인 마을의 공터를 개인에게 나누어 주고 각자 자유롭게 경작하도록 하는 것
(D) 공유 자원인 무료 운영 휴양림의 하루 입장객 수를 제한하는 것
(E) 공유 자원인 밥과 반찬을 급식 시간에 먹고 싶은 만큼 가져다 먹을 수 있도록 하는 것

(1) 〈자료 1〉의 ⓐ에 들어갈 적절한 내용을 쓰시오.
(2) 〈자료 1〉의 ⓑ에 들어갈 적절한 사례 두 개를 〈자료 2〉에서 골라 쓰시오.

●정답과 해설●‥‥

실전 문제 2회 1. ④ **2.** ② **3.** ① **4.** ③ **5.** ② **6.** (1) 자녀를 자기 품에서 놓아주지 않– (2) 상대적으로 부유해진 경제력, 또는 줄어든 자녀 수, 또는 부모의 고학력 (3) 캥거루족 **7.** ② **8.** ① **9.** ⑤ **10.** ⑤ **11.** (1) 개별 (개인) 소유 (2) (A), (D)

해설 1. 동물들이 지구 자기장을 감지하여 방향을 찾지만 자기장이 흐르는 방향은 설명 없음. **2.** 학설을 탐색한 내용은 없음. **3.** 공극이 생기면 많은 빗물을 저장 가능 **4.** (가)–일등 공신, (나)–없음. **5.** 세탁기 작동 단계별 마이크로컴퓨터의 역할 설명 **6.** (1) (가)의 중심 내용 (2) 둘째 문단의 전문가 원인 분석 참고 (3) 부모의 아기 주머니 속 캥거루의 모습이 의존적인 자녀와 유사 **7.** 부모의 그늘을 벗어나는 자녀의 모습은 중심 내용에서 벗어남. **8.** 자녀들이 부모에게 손 벌리는 것을 당연시 하는 태도에서 자녀의 독립성이 저해됨을 추론할 수 있음. **9.** (마)는 공유 자원의 비극을 막을 수 있는 방법을 대조의 방법으로 제시 **10.** (가)∼(라)에서 공유 자원이 일으키는 문제에 대해 설명하고 (마)에서 해결 방안을 제시 **11.** (1) (마)의 핵심어 (2) (B), (E)는 규제의 방식으로 볼 수 없음. (C)는 개별 소유의 방식

[지문 해설]

[1~2] 재미있는 지구과학 이야기

주제: 지구 자기장의 생성 원리와 역할

해제: 이 글은 '다이나모 이론'을 바탕으로 지구 자기장의 생성 원리를 설명하고, 지구 자기장의 역할을 확인할 수 있는 실험을 소개하고 있다. 철 이온의 대류 활동으로 인해 지구 자기장이 형성되며, 많은 생물들이 지구 자기장에 반응하여 방향을 찾거나 이동한다.

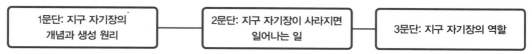

[3~4] 지렁이의 쓰임

주제: 가축으로서 지렁이의 역할과 성장 환경

해제: 이 글은 가축으로서 지렁이의 역할과 지렁이를 기르기 위한 환경에 대해 설명하고 있다. 지렁이는 농업과 환경 분야 등에 쓰이지만 성장 환경이 까다로워 관리의 어려움이 있다. 하지만 지렁이의 쓰임을 고려했을 때 지렁이의 적극적인 활용이 필요하다.

[6~8] '헬리콥터 맘'의 등장

주제: (가) 어른이 없는 세태 비판, (나) '헬리콥터 맘'의 정의와 증가 원인

해제: (가)는 부모의 과도한 간섭으로 어른이 없어진 세태를 비판하고 있다. 어른스럽지 못한 부모가 자녀를 제대로 된 어른으로 키우지 못한다는 것이다. (나)는 '헬리콥터 맘'에 대해 정의하고 헬리콥터 맘의 증가 원인을 분석하고 있다. 그 원인은 풍족한 시간과 돈, 줄어든 자녀 수, 부모의 고학력 등이며, 헬리콥터 맘이 자녀의 미래에도 악영향을 미치고 있다.

(가)　　　　　　　　　　　　　　　　　　　　(나)

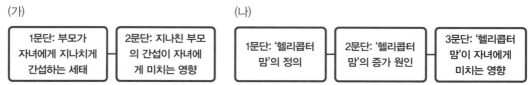

[9~11] '공유 자원의 비극'이란?

주제: '공유 자원의 비극'의 정의와 해결 방법

해제: 이 글은 '공유 자원의 비극'에 대해 설명하고 이를 해결할 방법을 제시하고 있다. '공유 자원의 비극'은 한정된 자원을 경쟁적으로 사용함으로써 공유지가 황폐해지는 비극적 상황을 가리키는데, 공유 자원을 개별 소유함으로써 문제를 해결할 수 있다고 주장하고 있다.

[1~2] 다음 글을 읽고 물음에 답하시오.　　　　　　　　　　　　2008 학업성취도 평가

> 아메리카 인디언 족인 콰키우틀 족에게는 '포틀래치(potlatch)'라는 관습이 있었다. 예를 들자면 이렇다. 한 추장이 있는데, 그는 사람들로부터 가장 위대한 추장이라는 찬사를 받고 싶었다. 그래서 그는 자신의 월등한 지위를 과시하기 위해 다른 마을 사람들을 초대하여 포틀래치를 연다. 사람들을 초대해 놓고 추장은 대뜸 이렇게 말한다.
>
> "나는 세상에서 가장 위대한 추장이다. 이제부터 너희들에게 선물을 나눠 줄 텐데, 그 양이 얼마나 되는지 한번 헤아려 보라. 아마 일생 동안 헤아려도 다 못할 것이다."
>
> 그 거만한 말투에 자존심이 상한 사람들이 그에게 야유를 보내면, 추장의 곁에 서 있던 부하들이 초대한 손님들을 위협한다.
>
> "입 다물어, 이 야만인들아! 조용히 하지 않으면 우뚝 솟은 산맥과 같으신 우리 추장님께서 돈벼락을 내려서 너희들을 파묻어 버릴 것이다."
>
> 그러고 나서 추장과 그의 부하들은 손님들에게 선사할 재물들을 솜씨 좋게 쌓아 올린다. 그들이 거들먹거리며 손님들에게 선물할 많은 귀중품들을 자랑하는 동안, 초대된 사람들은 무뚝뚝한 표정으로 그 광경을 바라본다. 비록 주최 측의 선물이 별게 없다고 조롱하긴 해도, 관습에 따라 그들은 받은 선물을 모두 싣고 자기 마을로 돌아간다.
>
> 포틀래치에 초대됐던 이웃 마을 사람들, 특히 추장들은 그 추장에 대해 복수를 다짐한다. 그 복수란 자기들이 받은 선물보다 더 많은 선물을 준비하여 나눠 주는 것이다. 복수를 준비하기 위해서는 몇몇 사람의 힘만으로는 안 되고 온 마을 사람들이 힘을 모아야 한다. 그래서 온 마을 사람들이 사냥과 농작물 재배에 참여하게 되는 것이다.
>
> 위대한 추장이라는 과대망상에 빠져 재물을 뿌려대는 이 풍습이 이상하게 보이긴 해도, 포틀래치는 그 나름의 가치가 있었다. 존경심을 얻기 위한 경쟁을 통해 마을의 생산 능력이 비약적으로 증가한다. 그보다 중요한 점은 마을 간에 벌어지는 빈부의 격차가 이 어처구니없는 풍습을 통해 해소된다는 것이다.

1. 위 글의 전개 방식을 바르게 설명한 것은?

① 여러 부족의 관습을 나열하고 있다.
② 두 개의 사례를 비교하여 서로의 장단점을 논했다.
③ 자신의 주장을 설득시키기 위해 일화를 먼저 제시했다.
④ 구체적인 사례를 이야기하고 그것의 의의를 설명했다.
⑤ 영웅의 일대기적 구성에 따라 인물의 일생을 전개했다.

2. 위 글을 읽고 추론할 수 있는 내용이 아닌 것은?

① 콰키우틀 족은 관습을 중요시하는 부족이다.
② 콰키우틀 족은 여러 개의 마을로 구성된 부족이다.
③ 추장은 다른 마을 사람들에게도 존경을 받고 싶었다.
④ 포틀래치에 초대된 이웃 마을 사람들은 불쾌함을 느꼈다.
⑤ 콰키우틀 족은 군사력을 바탕으로 성장의 발판을 마련한다.

(가) 요즘 3차원 프린터가 주목받고 있다. 약 30년 전에 이 프린터가 처음 등장했을 때에는 가격이 비싸 전문가들이 산업용으로만 사용해 왔다. 그러나 3차원 프린터의 가격이 떨어지고 생산량이 증가하면서 일반 가정에서도 접할 수 있게 되었다.

(나) 3차원 프린터는 일반 프린터와 작동 방식과 결과물에 차이가 있다. 일반 프린터는 잉크를 종이 표면에 분사하여 인쇄하는 방식이기 때문에 2차원의 이미지 제작만 가능하다. 그러나 3차원 프린터는 특수 물질이나 금속 가루 등 다양한 재료를 쏘아 층층이 쌓아 올리는 방식이기 때문에 자동차 모형, 스마트폰 케이스 등과 같은 실물도 만들 수 있다.

(다) 3차원 프린터의 장점은 시제품[*] 제작과 같이 소규모로 제품을 생산해야 하는 상황에서 ㉠빛을 발한다. 3차원 프린터와 입체 도면만 있으면 빠른 시간 안에 적은 비용으로 시제품을 만들 수 있기 때문이다. 또한 3차원 프린터를 사용하면 제품을 쉽게 수정할 수 있다. 제품 디자인을 변경하거나 생산한 제품에서 오류를 발견하였을 경우, 컴퓨터로 도면만 수정하면 바로 제품을 다시 만들 수 있다. 이렇게 제작 과정이 간단할 뿐 아니라 비용과 시간을 대폭 절약할 수 있기 때문에 여러 회사들이 3차원 프린터를 이용해 다양한 시제품과 모형을 생산하고 있다.

(라) 이러한 3차원 프린터는 여러 분야에 다양하게 활용될 수 있다. 의료 분야에서는 3차원 프린터를 활용하여 인공 턱, 인공 귀, 의족 등과 같이 인간의 신체에 이식할 수 있는 복잡하고 정교한 인공물을 생산한다. 우주 항공 분야에서도 국제 우주 정거장에서 필요한 실험 장비나 건축물 등을 3차원 프린터를 활용하여 제작할 계획이다. 지구에서 힘들게 물건을 운반할 필요 없이 3차원 데이터를 전송하면 바로 우주에서 제작이 가능하기 때문이다.

(마) 3차원 프린터의 적용 분야는 앞으로의 기술 발전에 따라 무한히 확대될 수 있을 것이다. 지금도 3차원 프린터는 자동차, 패션, 영화, 건축, 로봇 등 그 적용 분야를 넓혀 가고 있다.

＊ 시제품: 시험 삼아 만들어 본 제품.

3. [기출 응용] (가)~(마)의 중심 내용으로 가장 적절한 것은?

① (가): 일반 가정에서 3차원 프린터의 사용이 늘어남에 따라 산업 관련 전문가들의 사용은 줄어들었다.
② (나): 3차원 프린터는 일반 프린터와 작동 방식에 차이가 있어서 시장 규모가 커지는 데 제약이 있다.
③ (다): 빠른 시간 내에 적은 비용으로 시제품을 생산할 수 있어 많은 회사들이 3차원 프린터를 이용하고 있다.
④ (라): 3차원 프린터는 국제 우주 정거장에 필요한 건축물 등 주로 커다란 제품을 생산하는데 적합하다.
⑤ (마): 3차원 프린터의 적용 분야가 확대될 것인가의 여부는 향후 기술 발전 상황에 달려 있다.

4. ㉠의 문맥적 의미로 가장 적절한 것은?

① 다양해진다　　　　　② 정확해진다　　　　　③ 복잡해진다
④ 새로워진다　　　　　⑤ 두드러진다

(가) 소비자들은 어떤 제품이나 서비스를 선택할 때 쉽사리 결정을 내리지 못한다. 이를테면 기능은 만족스럽지만 가격이 비싸거나, 반대로 가격은 만족스러운데 기능은 그렇지 않다거나 하는 경우를 들 수 있다. 이처럼 소비자들은 구매 과정에서 흔히 갈등을 겪게 되는데, 그중 가장 대표적인 것이 '접근-접근 갈등'이다. 이는 둘 이상의 바람직한 대안 중에서 하나만을 골라야 하는 경우에 어느 것을 선택해야 할지 결정하지 못해 발생하는 갈등이다. ㉠이때 판매자는 대안들을 함께 묶어 제공함으로써 소비자가 겪는 '접근-접근 갈등'을 해소할 수 있다.

(나) 그런데 다른 대안들을 함께 묶어 제공받지 못한 상태에서 하나의 대안만을 선택해야 했던 경우, 소비자들은 선택하지 않은 대안에 대한 아쉬움 때문에 심리적으로 불편함을 느끼게 된다. 소비자들은 이러한 심리적 불편함을 없애려 하는데, 이는 인지 부조화 이론으로 설명할 수 있다. 이 이론에 따르면 사람들은 자신의 생각과 태도가 자신이 한 행동과 서로 일치하기를 바라는데, 그렇지 않으면 심리적 긴장 상태가 발생하게 된다는 것이다. 이런 경우 사람들은 긴장 상태를 해소하기 위해 생각과 행동을 일치시키려 한다. 그렇다면 제품을 구입한 행동과 제품 구입 후에 자신의 선택이 최선이 아닐지도 모른다는 생각 사이의 부조화는 어떻게 극복될 수 있을까?

(다) 인지 부조화 상태를 겪고 있는 소비자는 이를 해소하기 위해 선택하지 않은 제품의 단점을 찾아내거나 그 제품의 장점을 무시하기도 한다. 하지만 일반적으로는 자신의 구매 행동을 지지하는 부가 정보들을 찾아냄으로써 현명한 선택을 했다는 것을 스스로에게 확신시킨다. 특히 자동차나 아파트처럼 고가의 재화를 구매했을 경우에는 구매 직후의 인지 부조화가 심화되므로 이를 해소하려는 노력도 더 크게 나타난다. 이때 광고가 중요한 역할을 한다. 소비자들은 광고를 통해 자신이 선택한 제품의 장점을 재확인하거나 새로운 선택 이유를 찾아내려고 하는 것이다. ㉡제품을 구매한 고객들을 대상으로 한 광고는 전달할 수 있는 정보가 제한적인 매체보다는 많은 정보를 담을 수 있는 매체를 활용하는 것이 효과적이다.

(라) 소비자들이 구매 후에 광고를 탐색하는 것은 인지 부조화를 감소시키고자 하는 노력인데, 기업 입장에서는 또 다른 효과들을 가져오기도 한다. 구매 후 광고는 제품을 구매한 소비자들에게 자신의 구매 행동이 옳았다는 확신이나 만족을 심어주기 때문에 회사의 이미지를 높이고 브랜드 충성심을 구축하는 데 크게 기여한다. 따라서 구매 후 광고는 재구매를 유도하거나 긍정적 입소문을 확산시켜 광고의 효과를 극대화할 수 있다. 따라서 기업은 제품을 판매한 이후에도 소비자와 제품의 우호적인 관계가 유지될 수 있도록 지속적으로 광고를 노출할 필요가 있다.

5. [기출 응용] (가)~(라)에 대한 이해로 적절한 것은?

① (가): '접근-접근 갈등'을 겪은 소비자의 어려움을 판매자가 해결해 줄 수 있다.

② (나): 인지 부조화가 발생하면 소비자는 어떤 제품을 구매할지 쉽게 결정하지 못한다.

③ (다): 구매한 제품에 만족하는 소비자는 광고를 통해 제품의 단점을 확인하려 한다.

④ (라): 구매 후 적극적인 광고 탐색으로 소비자의 브랜드 충성심이 형성되지 않는다.

⑤ (라): 기업은 소비자와 우호적 관계를 통해 제품의 문제점을 파악하고 개선하려 한다.

6. ㉠의 예로 가장 적절한 것은?

① 소비자는 공짜를 좋아하는 경향이 있으므로, 탄산음료를 판매할 때 두 개를 한 개 값으로 주는 1+1 전략을 활용한다.
② 소비자는 어떤 사은품을 주는지 주의 깊게 살펴보는 경우가 많으므로, 냄비를 판매하면서 사은품으로 프라이팬을 제공한다.
③ 소비자는 바지를 살 때 그에 어울리는 티셔츠를 함께 구입하려는 경향이 있으므로, 바지와 티셔츠를 인접하여 나란히 진열한다.
④ 소비자는 어떻게 하면 저렴한 가격으로 물건을 구입할 수 있을지 고심하는 경향이 있으므로, 저녁 무렵에는 야채를 반값에 판매한다.
⑤ 소비자는 중식을 먹을 때 짜장면과 짬뽕을 두고 선택을 망설이는 경우가 많으므로, 두 음식을 다 먹을 수 있는 짬짜면을 메뉴에 추가한다.

7. ㉡의 이유로 가장 적절한 것은?

① 광고 매체에 따른 광고 비용의 차이가 제품의 가격에 지대한 영향을 미치기 때문에
② 구매 제품의 가격대가 높을수록 소비자가 광고보다는 다른 사람의 평가를 중시하기 때문에
③ 광고의 노출 횟수가 많을수록 소비자가 제품과 우호적 관계를 형성할 가능성이 있기 때문에
④ 제품을 구매하기 전보다 구매한 이후에 소비자가 경쟁 회사 제품의 광고에 더 많이 주목하기 때문에
⑤ 구매 제품에 대한 지지 정보가 많을수록 소비자가 인지 부조화를 효과적으로 해소할 수 있기 때문에

8. 다음은 한 자동차 회사의 '구매 후 광고 전략 화상 회의'의 일부이다. 윗글을 참고할 때, 발언 내용으로 적절하지 않은 것은?

부장: P 자동차는 가격과 성능이 비슷한 경쟁 제품이 많아서 소비자들이 '접근—접근 갈등'을 많이 겪는 제품이라고 할 수 있습니다. …………………………………………………………… ㉠
과장: 구매 후 디자인 때문에 심리적 갈등을 겪고 있는 P 자동차 고객들을 위해서 새로운 자동차의 출시가 임박했다는 광고를 늘리면 심리적 갈등의 해소에 도움이 될 수 있습니다. ……… ㉡
사원 A: P 자동차의 고객들은 연비를 첫 번째 구매 요인으로 꼽았는데, 이번에는 고객들의 선택을 지지하는 부가 정보로 승차감을 강조하는 것이 어떨까요? ………………………… ㉢
사원 B: P 자동차를 구매한 고객들이 우리 회사 자동차를 재구매할 때 주는 할인 혜택을 강조하면 고객들이 느끼는 심리적 불편함을 줄일 수 있을 것입니다. ………………………… ㉣
사원 C: P 자동차의 고객들이 광고를 보며 P 자동차 사길 잘했다고 생각하면 P 자동차에 대한 긍정적인 입소문을 만들어 내는 효과도 얻을 수 있습니다. …………………………………… ㉤

---

① ㉠   ② ㉡   ③ ㉢   ④ ㉣   ⑤ ㉤

무엇을 어떻게 찍을 것인가는 매우 중요한 문제다. 카메라만 준비하면 무엇이든 다 찍을 수 있을 것 같지만 정작 닥치고 보면 막막해진다. 사진 촬영은 찍을 대상에 다가서는 일이다. 머릿속은 중앙아시아의 초원에 있다 하더라도 몸이 거기에 있지 않다면 사진 찍을 방법이란 없다. 관념이 아닌 실제, 현실의 세계를 담아내는 것이 사진이다.

그렇다면 사진 촬영은 어떻게 시작하는 것이 좋은가? 자신이 관심 갖고 있는 대상을 사진으로 찍는 것이 좋다. 여행을 즐긴다면 거기서 만나는 사람이나 자연 풍경을 자연스레 사진 찍을 목표로 압축시킨다. 특별한 노력을 기울이지 않더라도 해결할 수 있는 좋은 촬영 대상이다. 처음엔 기념사진이어도 좋다.

40년 전에 자기 자녀들의 사진을 찍기 시작한 할머니가 있었다. 너무나 사랑스러운 자식들의 성장 과정을 찍어, 훗날 분가할 때 앨범을 하나씩 주겠다는 이유가 전부였다. 아들이 아장아장 걷는 모습이 신기했고, 귀여운 모습은 곧 카메라에 담겼다. 그 아들은 일어서서 일력*을 뜯을 만큼 컸고, 곧 학교에 다녔다. 아침에 일어나 세수하고 밥 먹고, 학교 버스를 기다리는 아들의 모습은 스틸*의 한 장면처럼 더해졌다. 그 할머니는 아들의 머리가 커져 반항하기 시작한 고등학교 시절까지 사진 찍기를 멈추지 않았다.

이렇게 남겨진 천여 장의 사진이 전문가의 눈에 띄어 사진전을 갖게 되었다. 일흔을 넘긴 할머니가 첫 개인전을 열었다는 사실은 신문과 방송을 통해 전국에 알려졌다. 평범한 할머니가 사진작가로 대우를 받았음은 물론이다. _____㉠_____.

할머니가 찍은 사진에는 당시의 시대를 유추해볼 수 있는 많은 정보와 시대상이 담겨 있다. 그 때문에 서울시에서는 서울의 역사를 편찬하기 위한 중요 생활사 자료로 쓰기 위해 사진을 사들이기로 결정했다. 할머니의 사진은 애정을 담아 찍은 가족의 일상이 동시대를 살았던 사람들 모두의 역사로 ㉡치환될 수 있음을 보여준다.

* 일력(日曆): 그날의 날짜 등을 한 장에 적어 매일 한 장씩 떼는 달력.
* 스틸: 영화의 한 장면을 크게 인화한 선전용 사진.

9. 글의 흐름으로 보아 ㉠에 들어갈 문장으로 가장 적절한 것은?
① 한국인 특유의 은근과 끈기가 있었기에 이런 일이 가능했다.
② 이 정도면 할머니가 억대의 돈을 벌었으리란 건 누구나 짐작할 수 있다.
③ 자식들에 대한 소박한 사랑이 세월이 흘러 가치 있는 사진이 된 경우이다.
④ 아들의 반항심이 어머니에 대한 존경심으로 바뀌었다는 뒷이야기도 들려온다.
⑤ 이처럼 몸은 여기에 있더라도 가슴은 중앙아시아의 초원을 누벼야 하는 것이다.

10. ㉡의 의미에 대한 설명으로 옳은 것은?
① 새로운 물건이나 생각 따위를 만듦.
② 둘 이상의 것을 합쳐서 하나로 만듦.
③ 슬기나 재능, 사상 따위를 일깨워 줌.
④ 둘 이상이 결합하여 본래의 성질을 잃어버림.
⑤ 하나의 대상에 있던 가치가 다른 가치로 바뀜.

11. 위 글의 전개 방식으로 옳은 것은?

① 문제 제기 → 가설 제시 → 검증
② 문제 제기 → 논증 → 결론 도출
③ 문제 제기 → 해결책 제시 → 사례
④ 갈등 전개 → 사례 → 갈등의 해결
⑤ 갈등 전개 → 반전 → 갈등의 해결

[12~14] 다음을 읽고 물음에 답하시오.

2006 학업성취도 평가

(가) 사람은 이상한 동물이다. 이 세상에 자기와 똑같은 사람이 존재하는 것도 끔찍하게 여기지만, 자기와 다른 사람을 반기지도 않는다. 자기와 비슷한 사람을 만나면 차이를 찾으려 애쓰고, 자기와 다른 사람을 만나면 자기와 같지 않다고 문제를 제기한다. 이와 같은 인간의 이중성은 어디서 비롯된 것일까? 그것은 한마디로, 남에 비해 자기가 우월하다는 점을 확인하면서 스스로 만족해하는 인간의 저급한 속성에서 비롯된 것이 아니겠는가. 인간의 이런 속성은 필연적으로 차이를 차별의 근거로 삼는다.

(나) 이성(理性)에 눈뜬 사람은 나와 다른 사람, 나와 다른 문화를 만날 때 서로의 장점을 주고받으려고 노력한다. 또 어제의 나보다 오늘의 내가, 오늘의 나보다 내일의 내가 더 성숙하기를 기대하며 자신의 내면과 대화하고 싸운다. 그러나 이성에 눈뜨지 못한 사람은 자기완성이나 성숙을 위해 노력하는 대신 남과 자신을 비교하고 스스로 우월하다는 점을 확인하기 위해 애쓴다. 어제도 오늘도 내일도 남보다 내가 더 낫다는 점을 확인하려고 의식적 · 무의식적으로 남과 끊임없이 견준다.

(다) 자기 성숙을 위해 내면과 대화하지 않는 사람에게 스스로 우월하다고 믿게 해 주는 것은 그가 가진 물건이며, 그가 속한 집단이다. 소유물과 소속 집단은 인간 내면의 가치나 이성의 성숙과는 무관하다는 공통점을 갖는다. 물신(物神)이 지배하는 사회에서 사람들은 인간의 내면적 가치에 별 관심을 기울이지 않는다. 오직 '_____㉠_____'에만 관심을 두고 서로 비교하면서 경쟁한다.

(라) 옛말에 "곳간에서 인심난다."라고 했지만, 그 말은 오늘날엔 통하지 않는다. 옛날에 비해 곳간에 재물이 차 있는 게 분명한데 사람들은 여유 있는 인심을 보이기는커녕 더 야박해졌다. 미래에 대한 불안 심리가 하나의 요인이겠지만, 경쟁의식이 더 심하게 작용하기 때문이다.

(마) 오늘도 사람들은 텔레비전 화면을 통해 "부자 되세요!", "대한민국 1퍼센트" 따위의 광고를 무심코 바라보고 있다. 남보다 많이 소유하면서 만족해하는 인간의 속성을 겨냥하고 있는 이런 광고에 대해 거부감이나 ㉡위화감을 느끼지 않는다. 그만큼 이 사회의 물신은 가히 위력적이다.

---

12. 위 글의 ㉠에 들어갈 말로 가장 적절한 것은?

① 어디에 살고 있는가
② 어떤 직업을 가졌는가
③ 얼마나 수입이 많은가
④ 무엇을 소유하고 있는가
⑤ 얼마나 외모가 뛰어난가

13. 문맥을 고려하여 밑줄 친 ⓛ의 의미를 바르게 파악한 것은?

① 거부당하는 느낌
② 강제로 빼앗긴 느낌
③ 억누름을 당하는 느낌
④ 잘 어울려 조화되기 어려운 느낌
⑤ 위로를 받아 마음이 차분해진 느낌

14. (가)～(마)에 대한 설명으로 옳지 <u>않은</u> 것은?

① (가): 일반적 현상으로부터 화제를 이끌어 내고 있다.
② (나): 대조의 방법으로 논의를 전개하고 있다.
③ (다): 보충 설명으로 논의를 심화하고 있다.
④ (라): 속담을 인용하여 새로운 문제를 제기하고 있다.
⑤ (마): 광고를 예로 들어 현실을 비판하고 있다.

● 정답과 해설 ●┄┄

실전 문제 3회 1. ④ 2. ⑤ 3. ③ 4. ⑤ 5. ① 6. ⑤ 7. ⑤ 8. ② 9. ③ 10. ⑤ 11. ③ 12. ④ 13. ④ 14. ④
해설 1. 포틀래치의 사례를 제시하고 마지막 문단에서 의의를 설명 2. 포틀래치는 생산 능력을 증가시키므로 군사력이 아닌 생산력이 성장의 발판 3. 3차원 프린터의 특성을 근거로 소규모 제품 생산에 유리함을 밝힘. 4. ⓛ은 '제 능력이나 값어치를 드러내다.'라는 의미의 관용구 5. '접근－접근' 갈등은 판매자가 대안을 함께 묶어 제공하여 해소 가능 6. 둘 중 하나를 선택해야 하는 문제 상황과 둘을 묶어 제공하여 해결하는 상황이어야 함. 7. 소비자들은 광고를 통해 구매 행동을 지지하는 부가 정보들을 찾기를 원함. 8. 구매 제품이 아닌 새로운 제품 정보는 구매 행동이 옳았다는 확신을 주지 못함. 9. 관심 있는 대상부터 사진 촬영을 시작한 사례 10. 치환의 사전적 의미는 '바꾸어 놓음'. 11. 첫째 문단에서 '무엇을 어떻게 찍을 것인가' 문제 제기, 둘째 문단에서 '자신이 관심 갖고 있는 대상을 사진으로 찍는 것' 해결 방법 제시, 셋째 문단 이후 할머니의 사례 제시 12. ①의 집, ②의 직업, ③의 수입, ⑤의 외모를 아우를 수 있는 개념이 '소유' 13. 위화감의 사전적 의미는 '어울리지 않는 어색한 느낌' 14. 속담을 인용하고 있으나 새로운 문제 제기는 없음.

지문 해설

[1～2] 콰키우틀 족의 '포틀래치'에 대하여

주제: '포틀래치'의 사례와 의의

해제: 이 글은 '포틀래치'에 대해 사례를 들어 설명하고, 그 의의를 제시하고 있다. '포틀래치'는 아메리카 인디언 족인 콰키우틀 족의 관습으로 한 마을의 추장이 이웃 마을 사람들을 초대하여 자기 부족의 생산력을 과시하는 것이다. 이를 통해 마을의 생산 능력이 비약적으로 증가하고, 마을 간의 빈부 격차가 해소된다.

1문단: 포틀래치의 과정(1) – 다른 마을 사람들을 초대	4문단: 포틀래치의 의의
2문단: 포틀래치의 과정(2) – 선물을 들고 사람들이 돌아감	
3문단: 포틀래치의 과정(3) – 이웃 마을에서 복수를 다짐함	

[3~4] 3차원 프린터의 특징과 활용 분야

주제: 3차원 프린터의 특징과 활용 분야

해제: 이 글은 3차원 프린터의 특징을 소개하고 여러 분야에서 다양하게 활용될 수 있음을 사례를 통해 제시하고 있다. 3차원 프린터는 일반 프린터와 작동 방식, 결과물에 차이가 있으며, 소규모 제품 생산에 유리하다. 또한 의료, 우주 항공 등 다양한 분야에서 활용된다.

1문단: 3차원 프린터의 사용 현황 — 2문단: 3차원 프린터의 특징(1) – 실물 제작 가능 / 3문단: 3차원 프린터의 특징(2) – 소규모 제품 생산에 유리 — 4문단: 3차원 프린터의 활용 분야 — 5문단: 3차원 프린터의 전망

[5~8] 구매 후의 광고 탐색

주제: 제품 구매 전후 소비자가 겪는 갈등과 광고를 통해 인지 부조화를 해결하는 과정

해제: 이 글은 소비자들이 제품을 구매한 후에도 구매 제품의 광고에 주의를 기울이는 이유를 인지 부조화 이론의 관점에서 설명하고 있다. '접근—접근 갈등' 등 소비자들이 제품 구매 과정에서 겪는 갈등을 해소하기 위해 광고 등을 통해 구매를 지지하는 정보를 찾는다. 기업은 브랜드 충성심을 구축하고, 긍정적 입소문 확산을 위해 지속적으로 광고를 노출한다.

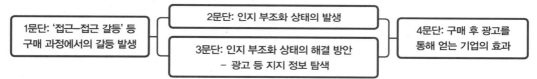

1문단: '접근—접근 갈등' 등 구매 과정에서의 갈등 발생 — 2문단: 인지 부조화 상태의 발생 / 3문단: 인지 부조화 상태의 해결 방안 – 광고 등 지지 정보 탐색 — 4문단: 구매 후 광고를 통해 얻는 기업의 효과

[9~11] 무엇을 어떻게 찍을 것인가

주제: 사진 촬영의 대상과 방법 소개

해제: 이 글은 '무엇을 어떻게 찍을 것인가'에 대한 문제를 제기하고 이에 대한 해답과 그 사례를 소개하고 있다. 현실의 세계에서 관심 갖고 있는 대상의 사진을 찍는 것이 좋다는 생각을, 40년 간 자녀들의 사진을 찍어온 할머니의 사례로 뒷받침하고 있다.

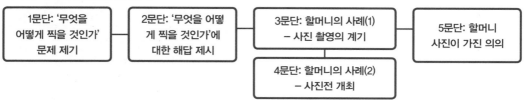

1문단: '무엇을 어떻게 찍을 것인가' 문제 제기 — 2문단: '무엇을 어떻게 찍을 것인가'에 대한 해답 제시 — 3문단: 할머니의 사례(1) – 사진 촬영의 계기 / 4문단: 할머니의 사례(2) – 사진전 개최 — 5문단: 할머니 사진이 가진 의미

[12~14] 인간의 이중성

주제: 차이를 차별의 근거로 삼는 세태 비판

해제: 이 글은 내적 성숙보다 타인과 비교에 치중하는 세태와 그러한 이들의 특징을 설명하고 있다. 자기완성이나 성숙 대신 남과 비교하여 자신이 낫다는 점을 확인하려는 이들은 소유물과 소속 집단을 통해 자신의 우월함을 확인하고자 하며, 강한 경쟁의식을 느낀다.

1문단: 남과 자신을 비교하는 인간의 속성 — 2문단: 이성에 눈뜬 사람과 그렇지 않은 사람의 차이 — 3문단: 이성에 눈뜨지 못한 이의 특징(1) – 소유물, 소속 집단 중시 / 4문단: 이성에 눈뜨지 못한 이의 특징(2) – 경쟁의식 — 5문단: 물신 중심의 사회적 분위기

continue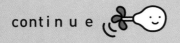

3

글 독해

I 글의 내용과 구조

문장과 문단을 공부해온 이유는 결국 글을 제대로 이해하기 위해서이지.
글의 내용과 구조를 이해하여 글 독해의 기초를 튼튼히 다져보자.

1 글의 내용

(1) 무엇에 대해 말할까? – 화제

비문학 지문은 다양한 영역의 재미있는 '이야깃거리'를 담고 있어. 책 전체를 읽는 것보다 길이가 짧아 읽기에 부담도 적지. 더군다나 내용도 다양해. '인문, 사회, 과학, 기술, 예술' 등의 분야에서 가장 흥미롭고 읽을 가치가 있는 것들만을 이야깃거리로 삼지. 그래서 비문학 지문을 읽고 푸는 것은 다양한 지식을 쌓을 수 있을 뿐만 아니라, 자신이 무엇에 흥미를 느끼는지 알 수 있는 매우 좋은 방법이야!

글에서 다루는 '이야깃거리', 이것을 바로 '화제(話題)'라고 해. 하나의 글에는 여러 가지 화제가 등장할 수 있는데, 그중 가장 핵심이 되는 화제를 '중심 화제'라고 해. 이 **중심 화제**는 주로 첫 문단에 소개되고, 여러 화제들과 긴밀하게 연결되어 있어.

2018 학업성취도 평가

확인 문제 1 〈자료〉는 다음 글의 내용을 정리한 것이다. ⓐ~ⓔ의 내용으로 적절하지 <u>않은</u> 것은?

(가) 머리와 얼굴 구조 연구 분야에서 권위 있는 학자로 알려진 도널드 엔로는 인간의 얼굴을 두고 "일반적인 포유류의 기준에서 인간의 이목구비는 이례적이고, 전문화되었으며, 어떻게 보면 기이하기까지 하다."라고 설명하였다. 일반적으로 '얼굴'이란 '입, 코, 눈이 있는, 동물의 머리 앞쪽 면'을 의미한다. 폐나 팔다리, 꼬리 등은 척추동물에 따라 사라지기도 하였으나 얼굴만큼은 모든 척추동물이 가지고 있다. 그렇다면 인간의 얼굴은 과연 어떤 특징을 가지고 있을까?

(나) 인간의 얼굴 생김새가 갖는 특징은 다음 그림을 통해 찾아볼 수 있다.

먼저 여우의 얼굴과 인간의 얼굴을 비교해 보자. 여우는 긴 주둥이와 머리덮개뼈 쪽으로 부드러운 경사를 이루는 안면 윤곽을 가지고 있다. 이는 대부분의 포유류에서 보이는 얼굴의 특징이다. 반면에 인간의 얼굴은 주둥이가 줄어들어 돌출된 흔적만 남아 있고 두개골 앞면에 둥글납작하며 수직으로 솟은 이마가 있다. 또한 여우의 얼굴은 털로 덮여 있고 대다수의 포유류처럼 촉촉한 코를 가지고 있지만, 인간의 얼굴은 피부가 그대로 노출되어 있고 마른 코를 가지고 있다. 한편 침팬지의 얼굴은 여우와 인간, 두 종의 특징이 혼합되어 있으면서도 여우보다는 인간의 얼굴에 더 가깝다.

(다) 인간의 얼굴은 생김새뿐만 아니라 표현력 면에서도 다른 포유류와 구별된다. 인간, 침팬지, 여우가 동료들과 소통하는 모습을 관찰해 보면 세 동물 모두에서 얼굴의 표정 변화가 나타나지만 인간의 얼굴 표정이 훨씬 다양하고 섬세함을 알 수 있다. 여우나 침팬지와는 달리, 대화를 나눌 때 인간은 표정을 순식간에 만들어 말의 의미를 보강한다. 예를 들면 실눈을 뜨면서 이마를 살짝 찌푸리는 표정은 이해하지 못해 혼란한 상태임을 의미하기도 하고, 여기에 더해 입꼬리를 살짝 내린다면 회의적임을 나타내기도 한다. 입술이 벌어진 상태에서 입꼬리가 살짝 위로 올라간 모습은 행복함이나 즐거움의 신호인 반면, 꽉 다문 입술은 불신을 의미하기도 한다. 이렇게 다양한 얼굴 표정은 말을 주고받는 행위의 뒤에서 그림자처럼 따라다니며 대화 내용의 이면에 담긴 중요한 감정 상태를 전달한다. 인간의 얼굴 표정은 매우 정교하고 민감한 의사소통 도구인 것이다.

(라) 지금까지 살펴본 것처럼 인간의 얼굴은 생김새 면에서 여타의 포유류가 갖고 있는 얼굴과 뚜렷이 구별되는 특징들을 갖고 있다. 또한 다양하고 섬세한 표정을 지을 수 있어 의사소통 과정에서 중요한 역할을 하기도 한다. 이러한 점들을 생각하면서 우리 주변의 다양한 '얼굴'을 관찰하는 것은 꽤나 흥미로운 일이 될 것이다.

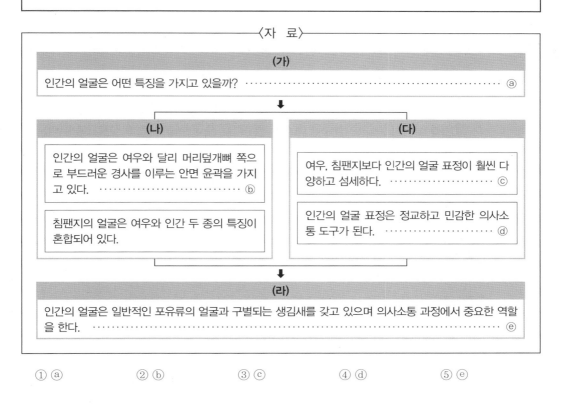

〈자 료〉

(가)
인간의 얼굴은 어떤 특징을 가지고 있을까? ·· ⓐ

↓

(나)
인간의 얼굴은 여우와 달리 머리덮개뼈 쪽으로 부드러운 경사를 이루는 안면 윤곽을 가지고 있다. ····························· ⓑ

침팬지의 얼굴은 여우와 인간 두 종의 특징이 혼합되어 있다.

(다)
여우, 침팬지보다 인간의 얼굴 표정이 훨씬 다양하고 섬세하다. ····················· ⓒ

인간의 얼굴 표정은 정교하고 민감한 의사소통 도구가 된다. ····················· ⓓ

↓

(라)
인간의 얼굴은 일반적인 포유류의 얼굴과 구별되는 생김새를 갖고 있으며 의사소통 과정에서 중요한 역할을 한다. ·· ⓔ

① ⓐ   ② ⓑ   ③ ⓒ   ④ ⓓ   ⑤ ⓔ

이 글에서 첫째 문단은 **중심 화제**인 '얼굴'의 개념을 설명하고 있어. 그리고 둘째, 셋째 문단은 **화제** '생김새', '표현력'으로 얼굴의 특징을 세분화하고 있어.

(2) 어떠하다 말할까? – 요지와 쟁점

'요지'는 말이나 글의 핵심이 되는 중요한 내용을 말해. 즉 말이나 글의 중심 내용을 가리키는 단어야. 글 전체의 중심 내용을 쓸 때 주로 '무엇이 어떠하다/어떠해야 한다.'라는 식으로 정리하지? 여기서 '무엇'에 해당하는 것이 앞서 살펴본 '화제'이고, '어떠하다/어떠해야 한다.'까지 설명한 것이 '요지'라고 할 수 있어.

2장의 '중심 내용 파악하기'에서도 살펴보았지만, 글의 요지 역시 직접 드러나 있을 수도 있고, 그렇지 않은 경우도 있어. 직접 드러나 있다면 글의 첫째 문단이나 마지막 문단에 있을 가능성이 높아. 그렇지 않다면,

(1) 중심 화제가 무엇인지 파악하고,
(2) 문단별로 화제에 대해 어떻게 설명하고 있는지 잘 살펴보아야 해.

'쟁점'은 논쟁의 중심이 되는 점을 말해. 논쟁이라고 하면, 서로 다른 의견을 가진 두 사람이 다투는 장면이 떠오르지? 맞아. '쟁점'은 서로 다른 둘 이상의 관점 사이에 의견 차이가 드러나는 정확한 지점을 가리키는 말이야. 그래서 쟁점을 다룬 글에서는 주로,

(1) 각각의 관점이 지닌 특징을 잘 이해했는지,
(2) 각각의 관점을 구체적 상황에 적용할 수 있는지 확인하는 문제가 주로 나와.

실생활에서도 쟁점은 아주 중요해. 절친한 친구 사이에도 의견 차이가 생기기 마련이야. 의견 차이를 좁히려면 어떻게 해야 할까? 해결법은 바로 '대화'야. 끊임없이 대화하며 의견 차이가 생기는 지점, 즉 '쟁점'을 찾아야지. 그럼 갈등을 해결할 실마리를 찾을 수도 있고, 그렇지 못하더라도 그 친구와 나 자신에 대해 많이 이해하게 될 거야.

오늘 이런 주제로 친구와 이야기를 나누어 보면 어떨까? '쟁점'을 생각하며 말이야. ^^
"이성은 서로 연인이 아닌 친구가 될 수 있을까?"
"나를 좋아하는 이성 친구와 내가 좋아하는 이성 친구 중 누구를 사귀어야 할까?"

📕 **확인 문제 2** 〈자료〉는 (가)와 (나)의 대립적 관점을 나타낸 것이다. ㉠의 관점에서 제기할 수 있는 주장으로 가장 적절한 것은?
2010 학업성취도 평가

(가) 정부는 최근 '강화 갯벌'에 조력 발전소를 세울 계획을 발표하였다. 정부의 계획은 조수 간만의 차가 8m나 되는 이 지역에 설비 용량 132만kW급 규모의 조력 발전소를 건설한다는 것이다. 이것은 현재 세계 최대 규모인 프랑스 '랑스 조력 발전소'의 다섯 배가 넘는 규모이다.
물론 갯벌은 그 자체로 가치가 있고, 갯벌이 파괴될 때의 피해도 무시할 수 없는 것이 사실이다. 그러나 이곳에 발전소가 만들어지면 한 해에 24억 1,000만kWh의 전기를 만들 수 있는데, 이는 인천광역시의 각 가정에서 1년 동안 쓰는 전력의 약 60%를 감당할 수 있는 양이라고 한다. 그 결과 한 해에 354만 배럴의 원유 수입 대체 효과가 생겨 전력 수급 문제를 상당 부분 해결할 것으로 기대된다. 더욱이 공사 기간 동안 약 6만 4,000명의 고용 효

과가 발생할 것으로 분석되어, 경제적으로 어려운 시기에 정부 차원에서는 포기하기 어려운 사업이다.

　　또한 갯벌 개발로 인해 발생하는 환경 문제는 발전소 건설 과정에서 나오는 흙을 이용해 인공 습지를 만들어 해결할 예정이라고 한다. 그리고 저어새를 비롯한 멸종 위기의 동식물은 대체 서식지를 만들어 보호할 수 있다고 하니 발전소 건설은 여러모로 타당하다. 그러므로 경제적 이익과 장기적인 전력 수급 문제를 생각할 때 조력 발전소를 건설해야 한다.

(나) 강화 갯벌에 조력 발전소가 들어선다고 한다. 조력 발전소가 건설되면 녹조 현상이 일어나 생태계가 파괴될 수 있다. 또한, 강화 갯벌은 천연기념물 제419호로 지정될 정도로 가치가 높아 갯벌 개발에 대한 우려의 목소리가 높다.

　　그렇다면 강화 갯벌이 지니는 가치는 무엇인가? 우선, 강화 갯벌은 자연 정화 가치를 지닌다. 강화 갯벌은 서해안 갯벌과 비무장지대 및 한강이 만나는 곳으로, 온갖 오염 물질이 이 갯벌을 거쳐 서해 먼 바다로 가게 된다. 이때 강화 갯벌에 사는 수많은 미생물은 바다로 나가는 오염 물질을 효과적으로 분해한다. 이를 하수 처리장의 운영 비용으로 환산하면 헥타르당 384만 원의 가치를 가진다고 한다.

　　그리고 생태계가 잘 보존된 갯벌은 관광 자원으로 활용되어 여가 가치를 지니기도 한다. 전라남도 남해안에 있는 순천만의 경우 람사르 총회* 때 국내에서는 처음으로 공식 방문지로 지정되면서 방문객이 눈에 띄게 늘었다. 그 결과 2009년 한 해 동안 얻은 소득만 해도 약 1,000억 원에 이른다고 한다. 강화 갯벌도 아시아 습지 보호 협약에 등록된 세계 주요 습지라는 점을 생각한다면 순천만처럼 관광 자원으로 활용할 수 있을 것이다.

　　세계적인 과학 잡지 『네이처』에 따르면, 이런 갯벌의 생태적 가치는 헥타르당 9,900달러라고 한다. 농경지의 92달러보다 100배 이상이라는 평가는 눈여겨볼 만하다. 이처럼 갯벌은 자연 그대로 두어도 가치가 크다. 따라서 강화 갯벌은 보존되어야 한다.

* 람사르 총회: 람사르 협약에 따라 매년 열리는 국제적 회의. 람사르 협약은 사라져 가는 습지와, 습지에 서식하는 생물을 보존하기 위해 만든 국제 환경 협약이다.

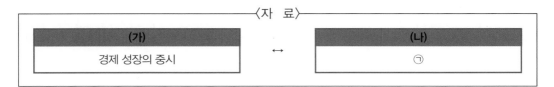

〈자　료〉

(가)	↔	(나)
경제 성장의 중시		㉠

① IT 산업과 함께 바이오 산업을 육성하자.
② 공터에 상업용 건물과 함께 공공 도서관을 설립하자.
③ 녹지에 골프장을 건설하는 대신 생태 공원을 조성하자.
④ 소프트웨어 가격을 내리는 대신 불법 사용 단속을 강화하자.
⑤ 학교 폭력 예방 교육을 실시하는 대신 학교 안에 CCTV를 설치하자.

　　(가)와 (나)는 각각 "강화 갯벌에 조력 발전소를 세워야 한다./세우지 말아야 한다."라는 요지로 말하고 있어. (가), (나)의 쟁점은 '조력 발전소의 경제적 가치와 강화 갯벌의 생태적 가치 어떤 것이 더 중요하다고 보는가?'야. 2011년 즈음 시작된 이 논쟁은 현재도 진행 중이란다.

(3) 어떻게 소개할까? – 주제와 제목

독후감 쓰기 수행평가를 하면 많은 아이들이 제목을 이렇게 써. 'ㅇㅇㅇ을 읽고'라고. 참 재미없고 밋밋한 제목이야. 글의 주제를 표현하지 못했고, 어떤 내용이 담겼을지 도통 예측할 수 없어. 예측할 수 없으면 기대감도 떨어지게 마련이거든. 서점에서 책을 살 때 우선 제목이 흥미로워야 한 번 쳐다보기라도 하잖아. 그러니까 제목이란, 글의 '얼굴'이라 할 수 있어. 독후감 쓰기 수행평가를 할 때, 아름다운 너희들의 감상만큼 멋진 얼굴을 만들어 주도록 해. 달걀귀신 같은 그 제목, 'ㅇㅇㅇ을 읽고' 대신 말이야.

비문학 지문에는 대개 제목이 달려 있지 않아. 대신 제목이 무엇인지 물어보는 문제가 나오곤 해. **제목**은 글쓴이의 의도와 글의 요지, 즉 **주제**가 잘 반영되어야 하고, 문단별로 담고 있는 소주제들을 아우를 수 있어야 해. 그러니까 주제와 제목은 떼려야 뗄 수 없는 사이라는 거지.

글에 어울리는 멋진 얼굴, 제목을 찾으려면,

> (1) 먼저 글의 중심 화제와 주제가 무엇인지 파악해야 해.
> (2) 그 다음에 글쓴이의 의도가 무엇인지도 고려하도록 해.

🪙 확인 문제 3 다음을 읽고 물음에 답하시오.
2011 학업성취도 평가

(가) 세상의 절반은 여성이다. 그러나 정치 분야에 진출한 여성은 매우 적다. 유엔 인류발전 보고서(2004년)에 따르면 여성의 정치 참여율이 가장 높은 스웨덴의 여성 의원 비율이 45.3%이고, 미국은 14%, 한국은 5.9%에 지나지 않는다. 그렇다면 이렇게 여성의 ㉠정치 참여가 낮은 이유는 무엇이며 참여를 늘릴 수 있는 방안에는 어떤 것이 있을까?

(나) 여성의 정치 참여가 낮은 이유는 크게 세 가지이다. 첫째는 정치의 성격 자체가 남성에게 유리하기 때문이다. 흔히 정치를 '권력을 얻기 위한 경쟁'이라고 하는데, '권력'이나 '경쟁'은 여성보다 남성에게 더 친숙하다. 남학생 간의 잦은 힘겨루기를 떠올려 보면 이를 쉽게 이해할 수 있다. 둘째는 남성과 여성의 사회화 과정의 차이이다. 사회가 남자 아이에게는 활동성을 강조하는 데 비해, 여자 아이에게는 얌전하게 가정을 벗어나지 않도록 교육한다. 이렇게 사회화되는 차이 때문에 여성이 정치 참여에 소극적인 것이다. 셋째는 여성의 정치 참여를 방해하는 제도 때문이다. 이미 남성 중심으로 짜인 정치 구조에 여성이 새로 들어가기란 상당히 어렵다. 예를 들어, 한 선거구에서 여러 명의 의원을 선출하면 여성의 당선 확률이 높아지는데, 실제로는 많은 나라가 한 명의 의원만을 선출하기 때문에 계속 남성 정치인이 당선되는 면이 있다.

(다) 이렇게 쉽지 않은 여성의 정치 참여를 늘리는 방법 중 하나는, 정치에 대한 생각을 바꾸는 것이다. 정치를 '권력을 얻기 위한 경쟁'으로 보면 여성의 정치 참여에 어려움이 있지만, 정치를 나눔과 돌봄, 공존과 조화로 보면 여성의 정치 참여는 한결 쉬워진다. 왜냐하면 일반적으로 여성은 경쟁보다는 나눔, 힘보다는 설득이나 조화에 더 가치를 두는 편이기 때문이다.

(라) 다른 하나는, 제도를 통해 여성 정치인의 수를 늘리는 것이다. 이를 위해 의석 할당제나 후보 할당제를 적극 시행할 필요가 있다. 의석 할당제는 의원 수의 일부를 여성의 몫으로

정하는 것이고 후보 할당제는 의원 수가 아니라 의원이 될 수 있는 후보의 일정 비율을 여성으로 정하는 제도이다. 스웨덴이나 핀란드 등의 나라는 일찍부터 의석 할당제를 도입하여 여성 정치인의 수가 대폭 증가하였다.

(마) 세상의 반을 차지하면서도 여성은 남성과 동등한 정치 참여를 하지 못하고 있다. 이는 자유, 평등, 인간 존중의 실현을 목표로 하는 민주주의의 이상과도 맞지 않으며 인류의 발전에도 결코 도움이 되지 않는다. 이제 정치에 대한 새로운 시각으로 여성의 정치 참여를 제도화하고, 여성의 정치 참여의 폭을 넓혀야 할 때이다.

1. 위 글에서 ㉠이 뜻하는 바로 가장 적절한 것은?

① 투표권을 행사하는 것 ② 투표할 권리를 갖는 것
③ 정치적 문제에 관심을 갖는 것 ④ 국회나 지역 의회의 의원이 되는 것
⑤ 자신이 지지하는 정당에 후원금을 내는 것

2. 글쓴이의 의도가 반영된 제목으로 가장 적절한 것은?

① 민주주의의 이상, 실현 가능한가
② 여성의 정치 참여, 득인가 실인가
③ 여성과 남성, 누가 정치의 적임자인가
④ 권력을 향한 경쟁, 어디까지 갈 것인가
⑤ 여성의 정치 참여, 어떻게 확대할 것인가

3. (다)의 설득력을 높이기 위한 내용으로 가장 적절한 것은?

① 남녀의 경쟁에서 남성이 우월한 분야를 제시한다.
② 여자 아이에게 여성성을 강조하는 교육 방안을 제시한다.
③ 여성 중심의 정치가 야기하게 될 부정적인 결과를 제시한다.
④ 정치에 대한 사람들의 인식을 바꿀 수 있는 실천 방안을 제시한다.
⑤ 여성도 권력과 경쟁을 지향할 수 있음을 보여 주는 사례를 제시한다.

2번 문항이 바로 글의 제목으로 적절한 것이 무엇인지 묻는 문항이야. 이 글의 의도는 (가)와 (마)에서 쉽게 파악할 수 있어. 여성의 정치 참여가 낮은 이유는 무엇이며 참여를 늘릴 수 있는 방안에는 어떤 것이 있을지 질문을 던지고 있잖아. 비문학에서 질문은 바로 무엇이다? 그래. '답·정·너'라고 했지! (나)~(라)에서 질문에 대한 답을 스스로 밝히고 있어. 그리고 (마)는 (가)~(라)의 내용을 정리하며, 여성의 정치 참여를 확대해야 함을 다시 강조하고 있지.

참고로 1번 문항은 글의 중심 화제인 '정치 참여'의 개념을 정확히 이해하고 있는지 묻는 문항이야. 이 글에서는 유엔 인류발전보고서에서 인용한 내용 등을 참고했을 때, 의원이 되어 활동하는 것을 의미한다고 볼 수 있어. 3번 문항은 (다)의 내용을 뒷받침할 수 있는 내용으로 무엇이 타당한지 묻고 있어. (다)의 주제는 정치에 대한 생각을 바꾸어야 한다는 것이니까, 어떻게 생각을 바꿀 수 있는지 말해 주면 좋겠지.

[1~4] 다음을 읽고 물음에 답하시오.

유성영화가 등장했던 1920년대 후반에 유럽의 표현주의나 형식주의 감독들은 영화 속의 소리에 대한 부정적인 견해가 컸다. 그들은 가장 영화다운 장면은 소리 없이 움직이는 그림으로만 이루어진 장면이라고 믿었다. 그래서 그들은 영화 속 소리가 시각매체인 영화의 예술적 효과와 영화적 상상력을 빼앗을 것이라고 내다보았다.

하지만 영화를 볼 때 소리를 ㉠없앤다면 어떤 느낌이 들까? 아마 내용이나 분위기, 인물의 심리 등을 파악하기 힘들 것이다. 이런 점을 고려할 때 영화 속 소리는 영상과 분리해서 생각할 수 없는 필수 요소라고 할 수 있다. 소리는 영상 못지않게 다양한 기능이 있기 때문에 현대 영화감독들은 영화 속 소리를 적극적으로 활용하고 있다.

영화의 소리에는 대사, 음향 효과, 음악 등이 있으며, 이러한 소리들은 영화에서 다양한 기능을 수행한다. 우선, 영화 속 소리는 다른 예술 장르의 표현 수단보다 더 구체적이고 분명하게 내용을 전달하는 데 도움을 줄 수 있다. 그리고 줄거리 전개에 도움을 주거나 작품의 상징적 의미를 전달하는 역할뿐만 아니라 주제 의식을 강조하는 역할을 하기도 한다. 또 영상에 현실감을 줄 수 있으며, 영상의 시·공간적 배경을 확인시켜 주는 역할도 한다. 가령 현대인의 일상적인 삶을 표현하기 위해 영화 속 소리로 일상생활의 소음을 사용한다면 영상의 사실성을 높일 수 있다.

또한 영화 속 소리는 영화의 분위기를 조성하고 인물의 내면심리도 표현할 수 있다. 예를 들어 소리는 높낮이와 빠르기에 따라 분위기나 인물의 내면 심리를 표현하는 데 큰 영향을 미친다. 높은 소리는 대개 불안감이나 긴박감을 자아내는 데 사용하며, 낮은 소리는 두려움이나 장엄함 등을 표현할 때 사용한다. 그리고 소리가 빨라질수록 긴장감은 고조되고 반대로 느려지면 여유롭고 부드러운 분위기를 연출할 수 있다.

마지막으로, 영화는 다른 시간과 장소에서 찍은 장면들을 연결하여 하나의 이야기를 만든다. 이때 영화 속 소리는 나열된 영상들을 한 편의 작품으로 완성시켜 주는 역할을 한다. 예를 들어 다큐멘터리의 내레이션은 각기 다른 시간과 장면에서 찍은 장면들을 자연스럽게 이어 붙여 영상의 시·공간적 간격을 메워줄 수 있다.

이와 같이 영화 속 소리는 다양한 기능을 수행하기 때문에 영화의 예술적 상상력을 빼앗는 것이 아니라 오히려 더 풍부하게 해 준다. 그래서 현대 영화에서 소리를 빼고 작품을 완성한다는 것은 생각하기 어려운 일이 되었다.

1. 위 글의 중심 내용으로 가장 적절한 것은?

① 영화 속 소리의 역할
② 영화 속 소리의 한계
③ 영화 속 소리의 편집 기법
④ 영화 장르에 따른 소리의 종류
⑤ 영화에서 소리와 영상을 연결하는 방법

2. 위 글의 '영화 속 소리'에 대한 인식 변화 과정과 가장 유사한 것은?

① 사진은 처음에는 예술로서 인정받지 못했으나, 점차 미적 가치를 인정받게 되었다.

② 한복은 과거에 일상적으로 입는 옷이었지만, 지금은 명절에도 잘 입지 않는 옷이 되었다.

③ 오페라는 뮤지컬에 비해 연극적 요소는 많지만, 춤의 비중은 그리 높지 않은 것으로 인식되고 있다.

④ 서양화는 과거에는 현실의 사실적 재현에 관심을 두었으나, 20세기에는 추상적 표현에 관심을 두고 있다.

⑤ 사물놀이는 풍물놀이를 계승한 것으로 평가받았으나, 지금은 풍물놀이의 정체성을 훼손한다고 비판받기도 한다.

3. 위 글을 바탕으로 〈보기〉의 (가)와 (나)를 이해한 것으로 가장 적절한 것은?

〈보 기〉

(가) 영화 〈오발탄〉에서 정신이 온전치 못한 '어머니'는 "가자!"라는 말을 계속해서 반복하고, 주인공도 영화 마지막에 "가자!"를 내뱉는다. 이 짧은 대사는 6·25 전쟁 이후 삶의 방향 감각을 상실한 채 살아가는 가족의 절망과 좌절을 표현한다.

(나) 영화 〈시민 케인〉에서 케인과 그 부인이 식탁에 앉아 사랑의 말을 속삭이는 장면에서는 밝고 경쾌한 음악이 사용되지만, 둘의 사이가 벌어지면서부터는 대화도 간략해지고 음악 소리만 커진다. 그리고 갈등이 최고조일 때는 아예 대화가 없어지고 음악은 무겁게 가라앉는다.

① (가)는 영상의 시간적 배경을, (나)는 영상의 공간적 배경을 소리를 통해 보여 주는군.

② (가)는 소리의 반복을 통해, (나)는 소리의 빠르기를 통해 영상에 현실감을 부여하는군.

③ (가)는 작품의 주제 의식을 형성하는 데, (나)는 인물의 내면 심리 변화를 드러내는 데 소리가 도움을 주는군.

④ (가)와 (나) 모두 영화 속 소리의 장점과 단점을 확인할 수 있는 장면이군.

⑤ (가)와 (나) 모두 영상의 시각적 이미지가 주는 예술적 효과를 강조하는군.

4. 문맥상 ㉠과 바꾸어 쓰기에 가장 적절한 것은?

① 감면(減免)한다면   ② 감축(減縮)한다면   ③ 약화(弱化)한다면

④ 제거(除去)한다면   ⑤ 축출(逐出)한다면

사진이 등장하면서 회화는 대상을 사실적으로 재현(再現)하는 역할을 사진에 넘겨주게 되었고, 그에 따라 화가들은 회화의 의미에 대해 고민하게 되었다. 19세기 말 등장한 인상주의와 후기 인상주의는 전통적인 회화에서 중시되었던 사실주의적 회화 기법을 거부하고 회화의 새로운 경향을 추구하였다.

인상주의 화가들은 색이 빛에 의해 시시각각 변화하기 때문에 대상의 고유한 색은 존재하지 않는다고 생각하였다. 인상주의 화가 모네는 대상을 사실적으로 재현하는 회화적 전통에서 벗어나기 위해 빛에 따라 달라지는 사물의 색채와 그에 따른 순간적 인상을 표현하고자 하였다.

모네는 대상의 세부적인 모습보다는 전체적인 느낌과 분위기, 빛의 효과에 주목했다. 그 결과 빛에 의한 대상의 순간적 인상을 포착하여 대상을 빠른 속도로 그려 내었다. 그에 따라 그림에 거친 붓 자국과 물감을 덩어리로 찍어 바른 듯한 흔적이 남아 있는 경우가 많았다. 이로 인해 대상의 윤곽이 뚜렷하지 않아 색채 효과가 형태 묘사를 압도하는 듯한 느낌을 준다. 이와 같은 기법은 그가 사실적 묘사에 더 이상 치중하지 않았음을 보여주는 것이었다. 그러나 모네 역시 대상을 '눈에 보이는 대로' 표현하려 했다는 점에서 이전 회화에서 추구했던 사실적 표현에서 완전히 벗어나지는 못했다는 평가를 받았다.

후기 인상주의 화가들은 재현 위주의 사실적 회화에서 근본적으로 벗어나는 새로운 방식을 추구하였다. 후기 인상주의 화가 세잔은 "회화에는 눈과 두뇌가 필요하다. 이 둘은 서로 도와야 하는데, 모네가 가진 것은 눈뿐이다."라고 말하면서 사물의 눈에 보이지 않는 형태까지 찾아 표현하고자 하였다. 이러한 시도는 회화란 지각되는 세계를 재현하는 것이 아니라 대상의 본질을 구현해야 한다는 생각에서 비롯되었다.

세잔은 하나의 눈이 아니라 두 개의 눈으로 보는 세계가 진실이라고 믿었고, 두 눈으로 보는 세계를 평면에 그리려고 했다. 그는 대상을 전통적 원근법에 억지로 맞추지 않고 이중 시점을 적용하여 대상을 다른 각도에서 바라보려 하였고, 이를 한 폭의 그림 안에 표현하였다. 또한 질서 있는 화면 구성을 위해 대상의 선택과 배치가 자유로운 정물화를 선호하였다.

세잔은 사물의 본질을 표현하기 위해서는 '보이는 것'을 그리는 것이 아니라 '아는 것'을 그려야 한다고 주장하였다. 그 결과 자연을 관찰하고 분석하여 사물은 본질적으로 구, 원통, 원뿔의 단순한 형태로 이루어졌다는 결론에 도달하였다. 이를 회화에서 구현하기 위해 그는 이중 시점에서 더 나아가 형태를 단순화하여 대상의 본질을 표현하려 하였고, 윤곽선을 강조하여 대상의 존재감을 부각하려 하였다. 회화의 정체성에 대한 고민에서 비롯된 ⊙그의 이러한 화풍은 입체파 화가들에게 직접적인 영향을 미치게 되었다.

5. 윗글의 내용과 일치하지 않는 것은?

① 사진은 화가들이 회화의 의미를 고민하는 계기가 되었다.
② 전통 회화는 대상을 사실적으로 묘사하는 것을 중시했다.
③ 모네의 작품은 색채 효과가 형태 묘사를 압도하는 듯한 느낌을 주었다.
④ 모네는 대상의 고유한 색 표현을 위해서 전통적인 원근법을 거부하였다.
⑤ 세잔은 사물이 본질적으로 구, 원통, 원뿔의 형태로 구성되어 있다고 보았다.

6. 윗글을 바탕으로 할 때, 〈보기〉의 선생님의 질문에 대한 대답으로 적절하지 <u>않은</u> 것은?

──〈보 기〉──

선생님: (가)는 모네의 「사과와 포도가 있는 정물」이고, (나)는 세잔의 「바구니가 있는 정물」입니다. 이 두 작품은 각각 모네와 세잔의 작품 경향이 잘 반영되어 있는 작품으로 평가받고 있습니다. 두 화가의 작품 경향을 바탕으로 (가)와 (나)를 감상해 볼까요?

(가)

(나)

① (가)에서 포도의 형태를 뚜렷하지 않게 그린 것은 빛에 의한 순간적인 인상을 표현한 것이라고 볼 수 있겠군요.
② (나)에서는 질서 있게 화면을 구성하기 위해 의도적으로 대상이 선택되고 배치된 것으로 볼 수 있겠군요.
③ (가)와 달리 (나)에 있는 정물들의 뚜렷한 윤곽선은 대상의 존재감을 부각시키기 위해 사용한 것으로 볼 수 있겠군요.
④ (나)와 달리 (가)의 식탁보의 거친 붓 자국은 대상에서 느껴지는 인상을 빠른 속도로 그려 낸 결과라고 볼 수 있겠군요.
⑤ (가)와 (나) 모두 사물을 단순화해서 표현한 것을 통해 사실적인 재현에서 완전히 벗어났다는 평가를 받을 수 있겠군요.

7. 〈보기〉를 바탕으로 할 때, 세잔의 화풍을 ㉠과 같이 평가한 이유로 가장 적절한 것은?

──〈보 기〉──

입체파 화가들은 사물의 본질을 표현하고자 대상을 입체적 공간으로 나누어 단순화한 후, 여러 각도에서 바라보는 관점으로 사물을 해체하였다가 화폭 위에 재구성하는 방식을 취하였다. 이러한 기법을 통해 관찰자의 위치와 각도에 따라 각기 다르게 보이는 대상의 다양한 모습을 한 화폭에 담아내려 하였다.

① 대상의 본질을 드러내기 위해 다양한 각도에서 바라보아야 한다는 관점을 제공하였기 때문에
② 대상을 복잡한 형태로 추상화하여 대상의 전체적인 느낌을 부각하는 방법을 시도하였기 때문에
③ 사물을 최대한 정확하게 묘사하기 위해 전통적 원근법을 독창적인 방법으로 변용시켰기 때문에
④ 시시각각 달라지는 자연을 관찰하고 분석하여 대상의 인상을 그려 내는 화풍을 정립하였기 때문에
⑤ 지각되는 세계를 있는 그대로 표현하기 위해 사물을 해체하여 재구성하는 기법을 창안하였기 때문에

　　최근 많은 대단지 아파트는 지역난방의 방식을 이용하여 난방을 하고 있다. 지역난방이란 무엇이며, 어떤 과정으로 난방을 하는 것일까?

　　지역난방은 열병합 발전소나 쓰레기 소각장 등 열을 생산하는 시설에서 만든 중온수를 이용하여 난방하는 방식이다. 중온수는 높은 압력에서 100℃ 이상의 온도를 유지하는 물을 말한다. 열병합 발전소는 아파트 2m 밖에 설치된 최초 차단 밸브까지 115℃의 중온수를 공급하는데 이때 열손실을 최소화하기 위해 도로, 하천 등에 묻혀 있는 이중 보온관을 이용한다. 그리고 최초 차단 밸브 이후부터는 아파트의 관리 사무소에서 중온수를 관리한다. 중온수는 아파트 내의 기계실에 있는 판형 열교환기의 전열판을 통과하면서 아파트의 각 세대를 난방하기 위해 순환하는 물을 데운다.

　　이때 열병합 발전소에서 보낸 중온수와 아파트를 순환하는 물은 섞이지 않고, 판형 열교환기를 서로 반대 방향으로 통과하면서 열을 주고받는다. 이 과정에서 아파트를 순환하고 온 45℃ 정도의 물은 온도가 60℃까지 높아져 아파트 온수관을 통해 세대에 제공되고, 이 물이 세대에 설치된 온수 분배기를 거쳐 난방이 필요한 방들을 따뜻하게 만드는 것이다.

　　각 세대에는 온도 조절기가 설치되어 있는데, 세대에서 설정한 온도가 되면 온도 센서가 이를 감지하여 온수의 공급을 멈추게 하고, 온도가 낮아지면 다시 온수를 공급하여 실내 온도가 일정하게 유지되도록 한다. 이렇게 세대에서 사용한 온수가 난방 계량기를 통과하면 흘러간 물의 양이 자동으로 측정되어 사용한 양만큼 요금이 부과된다.

　　한편 열교환을 마친 중온수는 열을 빼앗겨 65℃ 정도로 온도가 낮아진다. 이 물은 회수관을 통해 열병합 발전소로 돌아가고, 재가열 과정을 거쳐 다시 아파트 기계실에 공급된다. 또한 각 세대의 난방수로 쓰이면서 온도가 낮아진 아파트의 물은 환수관을 통하여 아파트 기계실로 돌아오고, 이 물이 판형 열교환기 내의 전열판을 거치면서 데워지는 과정을 반복함으로써 지속적인 난방이 가능해지는 것이다.

　　이러한 지역난방은 난방을 위해 별도의 연료를 사용하는 것이 아니라 전기를 생산하거나 쓰레기를 소각하는 과정에서 발생하는 열을 이용하기 때문에 경제적이면서 친환경적이다. 또한 아파트나 개별 세대에 보일러와 같은 개별 난방 시설을 따로 설치할 필요가 없기 때문에 안전하고 편리하다. 따라서 지역난방은 에너지 원료의 97%를 수입에 의존하고 있는 우리나라에 효율적인 난방 방식이라고 할 수 있다.

8. 위 글을 지역 신문에 싣고자 한다. 기사의 제목을 〈보기〉와 같이 붙일 때, 빈칸에 들어갈 부제로 가장 적절한 것은?

─〈보 기〉─

난방의 신개념, 지역난방
　　－ [　　　　　　　　　　　　　　　　　　　]

① 효율적인 에너지 활용이 가능해져　　② 온도 조절이 획기적으로 편리해져
③ 다양한 분야에 널리 활용되고 있어　　④ 판형 열교환기의 개선이 선행되어야
⑤ 상용화를 위한 기반 시설을 마련해야

9. 위 글을 읽고 심화 학습을 하기 위한 질문으로 가장 적절한 것은?

① 지역난방은 중온수를 이용한다고 했는데, 무엇을 중온수라고 하는가?

② 세대별로 요금이 부과된다고 했는데, 요금이 부과되는 기준은 무엇인가?

③ 세대로 난방수가 공급된다고 했는데, 각 세대에서 난방 온도를 조절하는 방법은 무엇인가?

④ 중온수가 아파트로 공급된다고 했는데, 그 과정에서 열손실을 줄이기 위해 어떤 방법을 사용하는가?

⑤ 판형 열교환기에서 열을 교환한다고 했는데, 판형 열교환기의 내부에 있는 전열판은 어떤 구조로 되어 있는가?

10. 위 글을 바탕으로 〈보기〉를 이해할 때, 적절하지 않은 것은?

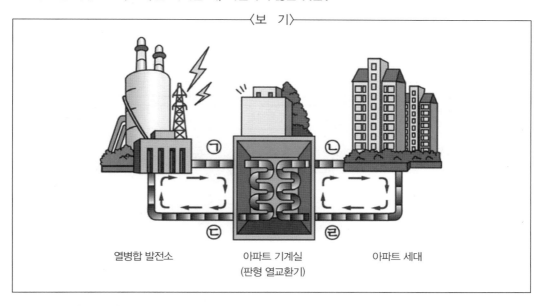

열병합 발전소   아파트 기계실   아파트 세대
(판형 열교환기)

① ㉠ 지점을 통과하는 물은 판형 열교환기를 통과하면서 온도가 올라가겠군.

② ㉡ 지점에는 판형 열교환기를 통과하면서 열을 얻은 60℃ 정도의 물이 흐르고 있겠군.

③ ㉢ 지점에는 판형 열교환기를 통과하면서 열을 손실한 65℃ 정도의 물이 흐르고 있겠군.

④ ㉣ 지점에는 난방수로 사용되어 온도가 낮아진 물이 흐르고 있겠군.

⑤ ㉠ 지점을 통과하는 물은 ㉣ 지점을 통과하는 물이 열을 얻는 데 영향을 끼치겠군.

●정답과 해설 ●···

확인 문제 1 ② 확인 문제 2 ③ 확인 문제 3 1. ④ 2. ⑤ 3. ④

연습 문제 1. ① 2. ① 3. ③ 4. ④ 5. ④ 6. ⑤ 7. ① 8. ① 9. ⑤ 10. ①

해설 1. 영화 속 소리의 다양한 기능을 설명 2. 영화 속 소리에 대한 견해는 초기에 부정적이었으나 현대에는 긍정적으로 변화함. 3. ①, ④, ⑤: 모두 틀림, ②: (가)만 적절 4. ① 감면(減免): 매겨야 할 부담 따위를 덜어 주거나 면제함, ② 감축(減縮): 덜어서 줄임, ③ 약화(弱化): 세력이나 힘이 약해짐, ⑤ 축출(逐出): 쫓아내거나 몰아냄. 5. 원근법 거부는 세잔의 특징 6. 모네는 사실적 표현에서 완전히 벗어나지 못했다는 평가를 받음. 7. 다섯째 문단에서 세잔이 사물을 다양한 각도에서 바라보는 시도를 했음을 밝힘. 입체파 화가들도 여러 각도에서 바라보는 관점을 활용 8. 마지막 문단에서 지역난방의 의의로 효율적인 난방 방식이라는 사실을 제시 9. ⑤번 외에는 지문에서 확인할 수 있는 내용으로 심화 학습에 부적절 10. ㉠ 지점을 통과하는 물은 판형 열교환기를 통과하면서 열을 빼앗겨 온도가 낮아짐.

지문 해설

[확인 문제 1] '얼굴'의 생김새와 표현력

주제: 인간 얼굴의 생김새와 의사소통 도구로서 특징

해제: 이 글은 인간의 얼굴을 생김새와 표현력의 측면에서 침팬지 및 여우와 비교, 대조하고 있다. 인간의 얼굴은 일반적인 포유류들과 얼굴 윤곽, 피부 등에 차이를 보인다. 또한 순간적인 표정을 만들어 정교하고 민감한 의사소통 도구로서 중요한 역할을 한다.

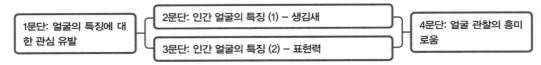

[확인 문제 2] 강화 조력 발전소를 지어야 할까?

주제: (가) 강화 조력 발전소, 건설해야 한다. (나) 강화 조력 발전소, 건설하지 말아야 한다.

해제: 이 글은 강화 조력 발전소 건설에 대한 찬반 의견을 제시하고 있다. (가)는 조력 발전소 건설을 통한 경제적 가치가 중요하며, 환경 문제는 해결이 가능하다고 보고 있다. 반면 (나)는 강화 갯벌이 자연 정화 가치, 여가 가치 등 생태적 가치가 더욱 크다는 입장이다.

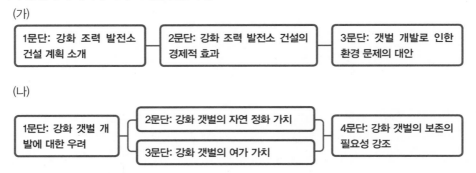

[확인 문제 3] 여성의 정치 참여 현황과 해결 방안

주제: 여성의 정치 참여가 낮은 이유와 해결 방안

해제: 이 글은 여성의 정치 참여가 낮은 원인을 분석하여 해결 방안을 제시하고 있다. 여성의 정치 참여가 낮은 이유를 정치의 성격, 여성의 사회화 과정, 제도적 측면에서 분석하고, 원인에 비추어 해결 방안을 제시하고 있다.

[연습 문제] [1~4] 영화 예술 입문

주제: 영화 속 소리의 기능

해제: 이 글은 영화 속 소리에 대한 관점의 변화와 영화 속 소리의 기능에 대해 설명하고 있다. 영화 속 소리는 유성영화가 등장했던 초기에는 부정적인 요소로 비추어졌지만 현대 영화감독들은 소리의 다양한 기능을 활용하여 예술적 상상력을 풍부하게 만들고 있다.

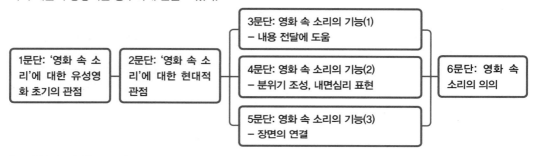

[5~7] 추상, 세상을 뒤집다

주제: 인상주의 화가 모네와 후기 인상주의 화가 세잔을 통해 본 회화의 의미

해제: 이 글은 인상주의와 후기 인상주의 화가들이 파악한 회화의 의미에 대해 설명하고 있다. 사진의 등장으로 회화는 사실적 재현의 역할을 잃었다. 인상주의 화가들은 빛에 따라 달라지는 사물의 색채와 순간적 인상을 표현하고자 하였으며, 후기 인상주의 화가들은 눈에 보이지 않는 사물의 본질을 표현하고자 하였다.

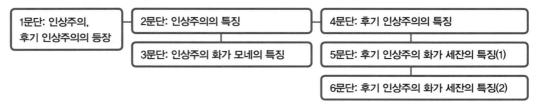

[8~10] 지역난방의 원리

주제: 지역난방의 개념과 지역난방의 과정

해제: 이 글은 지역난방의 개념에 대해 설명하고, 지역난방이 이루어지는 과정에 대해 설명하고 있다. 열병합 발전소에서 공급된 중온수는 판형 열교환기를 통해 아파트를 순환하는 물을 데우고, 온수 조절기를 통해 각 세대에 공급된다. 온도가 낮아진 중온수는 다시 열병합 발전소로 돌아와 재가열되어 아파트로 공급되기를 반복한다.

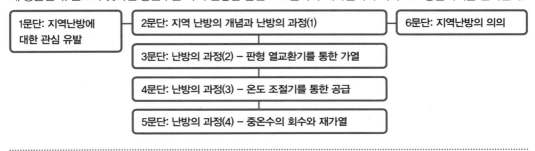

2 글의 구조

(1) 글의 기본 구조 - '처음-가운데-끝'의 짜임

비문학 지문은 책보다 길이가 짧아서 풍부한 내용을 담을 수는 없어. 하지만 비문학 지문도 한 권의 책처럼 그 자체만으로 완결성을 지니고 있어. 더군다나 시험을 위해 수없이 다듬고 정비되었기 때문에, 어떤 면에서는 책보다 더 내실 있게 구성되어 있어.

'처음-가운데-끝'의 짜임은 완결성을 갖춘 한 편의 글을 쓸 때, 가장 기본이 되는 구조라고 할 수 있어. 처음, 가운데, 끝에는 일반적으로 등장하는 내용 요소들이 있어.

처음	화제 제시, 논의할 과제 제시
가운데	화제에 대한 설명, 과제 해결 과정/방법 제시
끝	처음-중간의 중심 내용을 요약적으로 제시, 화제에 대한 향후 전망 제시

'처음-가운데-끝'의 구조가 선명한 지문은 독자가 글의 내용을 이해하기에도 쉬워. 다소 변형은 있을 수 있지만, 비문학 지문은 기본적으로 이러한 구조를 크게 벗어나지 않아. 구조에 따라서 중간에 무엇이 나오겠구나, 끝에는 무엇이 나오겠구나, 예측하면서 읽는 수준이 된다면 점차 고수의 반열에 올라가고 있다고 보아도 좋아!

확인 문제 1 다음을 읽고 물음에 답하시오.   2017 학업성취도 평가

(가) 우리나라에는 유네스코가 인정한 세계 기록 유산들이 있는데, 그중의 하나가 『승정원일기』이다. 『승정원일기』는 승정원의 업무 일지로, 조선 초기부터 작성되기 시작하였으나 화재로 인해 현재는 1623년부터 1910년까지의 기록만 남아 있다. 『승정원일기』의 가치는 다음과 같은 두 측면에서 살펴볼 수 있다.

(나) 무엇보다 『승정원일기』는 조선 시대에 국가의 정책이 어떻게 운영되었는지 이해하는 데 큰 도움을 준다. 승정원은 왕명의 출납, 왕의 음식과 건강관리, 경호 등을 담당하던 기관으로, 왕의 국정 운영을 보조하였다. 승정원의 관리인 주서는 왕을 그림자처럼 따라다니며 왕의 언행 하나하나를 속기로 적었을 뿐만 아니라 왕과 신하가 주고받은 이야기까지 낱낱이 기록했다. 이에 따라 『승정원일기』에는 국가 정책과 관련된 보고 내용과 왕의 지시 사항 등이 자세하게 기록되어 있다. 이러한 『승정원일기』를 통해 우리는 조선 시대에 정책이 결정되고 진행되는 과정 등을 매우 구체적이고 상세하게 파악할 수 있다.

(다) 『승정원일기』가 가지는 또 다른 가치는 기상 변화를 연구하는 데 귀중한 자료가 된다는 점이다. 『승정원일기』는 항상 날짜와 날씨로 시작한다. 여기에는 눈, 비, 안개, 맑음, 흐림 등을 기록하고 하루 중에 날씨 변화가 있었을 때에는 어떻게 변화했는지까지 기술해 놓았다. 영조가 세종 대의 측우기를 복원한 이후에는 강우량을 측정한 결과도 구체적으로 『승정원일기』에 제시되어 있다. 기상 변화는 매일 일어나는 것도 있지만 몇백 년 주기로 일어나는 것도 있어서 그 내용을 분석하려면 오랜 기간의 자료가 필요하다. 그런 측면에서 『승정원일기』에 기술된 날씨와 강우량에 대한 기록은 과거뿐만 아니라 오늘날의 기상 변화를 연구하는 데에도 귀중한 자료이다.

(라) 이처럼 『승정원일기』는 역사적인 기록물로서의 가치만이 아니라 기상 변화 예측에 필요

한 유용한 자원으로서 오늘날의 우리에게도 큰 의미를 가진다. 선조들의 철저한 기록 정신이 담겨 있는『승정원일기』는 우리가 자랑스럽게 여겨야 할 기록 유산이라 할 수 있다.

1. 〈자료〉의 ㄱ~ㅁ 중 윗글을 읽는 과정에서 해결할 수 있는 질문으로 가장 적절한 것은?

〈자 료〉

ㄱ.『승정원일기』는 어떤 과정을 거쳐 세계 기록 유산으로 선정되었을까?

ㄴ. 조선 시대 승정원이란 기관이 주로 한 일은 무엇일까?

ㄷ. 화재로 소실된『승정원일기』는 현재 남아 있는 기록과 어떤 차이가 있을까?

ㄹ. 영조는 세종 대의 측우기를 어떤 방법으로 복원했을까?

ㅁ.『승정원일기』의 내용을 직접 확인하려면 어떻게 해야 할까?

① ㄱ   ② ㄴ   ③ ㄷ   ④ ㄹ   ⑤ ㅁ

2. 〈자료〉는 윗글의 구조를 파악하여 중심 내용을 정리한 것이다. ㉠에 들어갈 내용으로 가장 적절한 것은?

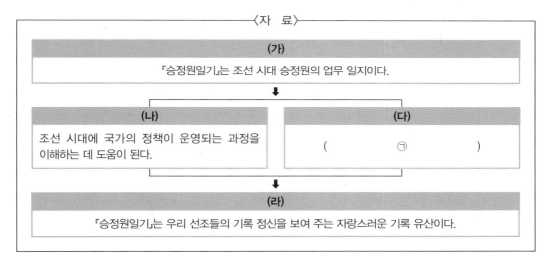

〈자 료〉

(가)
『승정원일기』는 조선 시대 승정원의 업무 일지이다.

↓

(나)
조선 시대에 국가의 정책이 운영되는 과정을 이해하는 데 도움이 된다.

(다)
(㉠)

↓

(라)
『승정원일기』는 우리 선조들의 기록 정신을 보여 주는 자랑스러운 기록 유산이다.

① 승정원의 업무 처리 과정을 파악하는 데 유용하다.

② 승정원의 주서가 한 일을 파악하는 데 도움이 된다.

③ 왕 중심의 조선 사회를 연구하는 데 중요한 자료이다.

④ 날씨와 관련된 왕의 지시 사항을 확인하는 데 도움이 된다.

⑤ 오랜 기간 동안의 기상 변화를 연구하는 데 유용한 자료이다.

(가)는 '처음'이야.『승정원일기』라는 화제에 대해 소개하고,『승정원일기』의 가치에 대해 설명할 것임을 밝히고 있어. (나)와 (다)는 '가운데'에 해당해. (나)는 첫 번째 가치로, 국가 정책 운영 과정을 이해하는 데 도움이 된다는 것, (다)는 두 번째 가치로, 기상 변화의 연구 자료라는 점을 밝히고 있지. (라)는 '끝'이야.『승정원일기』의 가치를 요약하여 정리하고 있지.

(2) 나열 / 순서의 짜임

'**나열**'은 대상이 지닌 여러 가지 특성을 말할 때 주로 사용되는 구성 방식으로 열거하여 늘어놓는 글의 구조야. 만약 블랙핑크가 인기 있는 세 가지 이유를 소개하는 글을 쓴다면? 먼저 중심 화제인 블랙핑크에 대해 소개한 후, 블랭핑크의 세 가지 매력-강렬한 음악, 압도적인 퍼포먼스, 눈을 뗄 수 없는 외모-을 나열의 방식으로 소개할 수 있겠지.

블랙핑크의 매력을 소개할 때는 특별한 순서가 필요하지 않아. 하지만 나열할 때 '**순서**', 즉 정해 놓은 차례가 필요할 때도 있어. 예를 들어 GOD7의 앨범을 발표 연도별로 소개하는 글을 쓴다고 하자. 먼저 중심 화제인 GOD7에 대해 소개한 후에, 2014년 데뷔 앨범, 2015년 발표 앨범, 이런 순서대로 설명해야겠지.

자, 다음 두 지문 중 어떤 글이 '나열'인지, 또 '순서'까지 고려하고 있는지 맞춰보자!

확인 문제 2 글쓴이가 말하고자 하는 바로 가장 적절한 것은?   2013 학업성취도 평가

> 지수물가는 가격 변동을 측정하기 위하여 통계적 방법으로 처리된 평균적인 물가이다. 그런데 소비자는 실생활에서 느끼는 체감물가와 통계청에서 발표하는 지수물가가 다르다고 생각한다. 이에 대한 여러 가지 원인 중에서 대표적인 세 가지를 알아보자.
>
> 첫째, 지수물가는 대표적인 품목만을 대상으로 한다. 그런데 모든 소비자가 동일한 품목의 물건을 구매하지는 않는다. 그래서 모든 소비자에게 지수물가를 공통적으로 적용할 수는 없다. 중학생이 있는 집에서는 교복, 참고서, 학용품 등의 가격 변화에 민감하지만 중학생이 없는 집에서는 이를 실감할 수 없다. 사람들은 각자가 구입한 물건 값의 변화를 전체 물가의 변화로 생각하는 경향이 있다.
>
> 둘째, 지수물가는 전국 주요 도시의 상점과 서비스 업체 중 일부를 표본으로 추출하여 조사한 평균이다. 지수물가가 내려갔다고 할지라도, 개인이 구매한 물건의 가격이 올랐을 경우에 사람들은 물가가 올랐다고 생각한다. 예를 들어, 내가 산 신발 가격이 5만 원이라고 할 때 전국의 신발 평균 가격이 4만 5천 원이라고 한다면, 사람들은 자신이 느끼는 체감물가가 지수물가와 다르다고 생각한다.
>
> 셋째, 소비자의 기억 차이도 원인이 될 수 있다. 지수물가는 가격이 오른 품목뿐만 아니라 내린 품목도 대상으로 한다. 그러나 소비자는 가격이 오르고 내린 것에 상관없이 가격이 오른 것만을 오래 기억하는 경향이 있다. 만약 800원 하던 볼펜이 1,000원으로 오르고, 500원 하던 공책이 200원으로 떨어졌더라도 소비자는 가격이 오른 볼펜만을 기억하는 것이다.
>
> 통계청이 발표하는 지수물가와 소비자가 느끼는 체감물가의 차이가 커지게 된다면 통계청의 지수물가에 대한 신뢰성이 떨어질 수 있다. 이것을 막기 위해서 많이 구매하는 물건이나 밥상에 자주 오르는 먹을거리를 중심으로 새로운 지수물가를 따로 설정하거나 기준이 되는 품목이나 가중치를 시대의 변화에 따라 바꾸기도 한다.

① 지수물가는 소비의 기준이 된다.
② 합리적 소비를 통해 지수물가를 낮출 수 있다.
③ 체감물가와 지수물가가 다른 데에는 이유가 있다.
④ 지수물가가 지나치게 높으므로 상승률을 낮춰야 한다.
⑤ 전국의 모든 상점을 지수물가의 조사 대상으로 삼아야 한다.

시장이 새롭게 형성되는 초반에는 생산자나 소비자가 많지 않고 그 존재 여부도 잘 알려지지 않아 경쟁자가 거의 없기 마련이다. 이러한 시장을 경제학에서는 평화로운 푸른 바다를 의미하는 '블루 오션(blue ocean)'이라고 한다. 예를 들어 어느 한 기업이 즉석밥을 최초로 판매하면 즉석밥의 편리함에 반한 소비자들이 몰리면서 큰 시장을 형성하게 되고 이 기업은 독점적으로 많은 이익을 얻게 된다. 이렇게 다른 경쟁자가 거의 없는 시장이 바로 블루 오션이다. 블루 오션에서는 시장의 수요가 경쟁이 아니라 창조에 의해 형성된다. 그리고 시장의 규모가 정해져 있지 않아 높은 수익을 얻을 수 있고 빠르게 성장할 수 있는 기회도 있다.

그러나 블루 오션은 시간이 흐르면서 더 이상 블루 오션이 아닐 수 있다. 이익을 얻고자 하는 새로운 기업들이 해당 시장에 뛰어들면 경쟁이 발생하기 때문이다. 앞서 언급한 즉석밥의 경우, 다른 기업들도 새로운 즉석밥을 시장에 내놓으면서 경쟁 업체들은 소비자의 선택을 받기 위해 치열한 경쟁을 하게 된다. 이러한 시장 상황을 바다의 포식자들이 먹이를 낚아채기 위해 서로 경쟁하는 상황에 비유하여 '레드 오션(red ocean)'이라고 한다. 즉 레드 오션은 경쟁 업체들이 고객을 확보하기 위해 치열한 경쟁을 벌이는 상태를 말한다.

레드 오션의 치열한 경쟁 속에서 기업들은 새로운 전략을 고민하기도 한다. 레드 오션이 된 시장에서 눈이 높은 소비자들의 요구를 파악하고 여기에 새로운 아이디어나 기술 등을 적용해 새로운 시장을 형성한다. 이를 '퍼플 오션(purple ocean)'이라고 한다. 퍼플 오션을 찾기 위한 대표적인 전략은 이미 인기를 얻은 소재를 다른 장르에 적용하여 그 파급 효과를 노리는 것이다. 가령 특정 만화가 인기를 끌면 이것을 드라마나 영화로 만들고 캐릭터 상품을 개발한다. 이런 전략은 실패할 위험이 적고 제작 비용과 시간을 줄일 수 있다는 장점이 있다.

지금까지 언급한 블루 오션, 레드 오션, 퍼플 오션은 상황에 따라 언제든지 바뀔 수 있다. 블루 오션이나 퍼플 오션이 경쟁이 심한 레드 오션으로 변화하기도 한다. 그리고 레드 오션에서 새로운 퍼플 오션이 형성되기도 하며 새로운 블루 오션이 갑자기 나타날 수도 있다. 소비자의 관심이 집중된 곳에는 언제나 새로운 생산자들이 유입되지만, 소비자의 욕구는 항상 변화하기 때문이다.

① 단계적인 순서에 따라 대상의 변화를 설명하고 있다.
② 권위자의 견해를 들어 현상의 원인을 설명하고 있다.
③ 상반된 두 입장을 비교, 분석한 후 이를 절충하고 있다.
④ 질문을 던지는 방식으로 독자의 호기심을 유발하고 있다.
⑤ 통념을 반박하며 대상이 가진 속성을 새롭게 조명하고 있다.

[확인 문제 2]는 글의 중심 내용이 무엇인지 묻고 있어. 이 글은 첫째 문단에서 지수물가의 개념을 밝히고 소비자들이 지수물가와 체감물가를 다르게 느끼는 현상에 대해 소개하고 있어. 그리고 가운데에서 그 원인을 세 가지로 분석하여 나열하고 있지. 이것이 바로 글쓴이가 말하고 싶은 내용이었던 거지.

한편 [확인 문제 3]에서는 블루, 레드, 퍼플 오션 등 시장 환경의 변화에 대해 설명하고 있어. 시장 형성 초기가 블루 오션, 여기에서 시간이 흘러 경쟁이 심해진 상황이 레드 오션, 레드 오션을 극복하기 위한 새로운 전략이 퍼플 오션이니까 일정한 순서가 있다고 볼 수 있어.

(3) 비교 / 대조 짜임

비교 / 대조 짜임은 둘 이상의 서로 다른 대상이나 관점에 대해 설명할 때 주로 등장하는 글의 구조야. 비교와 대조의 개념에 대해서는 이제 정확히 기억하고 있어야겠지? 혹시나 기억이 나지 않는 학생들을 위해 마지막으로 확인하고 넘어가자!

비교	대조
공통점	차이점

인생에는 누구도 쉽게 해결할 수 없는 문제들이 있어. 바로 자장면을 먹을 것인가, 짬뽕을 먹을 것인가? 물냉면을 먹을 것인가, 비빔냉면을 먹을 것인가? 혹은 삼각김밥은 참·마와 전·비 중 무엇이 진리인가?, 같은 것들 말이야.

비교와 대조의 방법은 이처럼 서로 다른 대상이나 관점에 대해 설명해야 되는 경우에 쓰여. 하나의 대상이 지닌 특징은 또 다른 대상이 있을 때 강하게 부각되거든.

단, 비교와 대조를 할 때는 기준점이 중요해. 자장면의 까만색이 주는 매력과 짬뽕의 매콤함이 주는 매력을 비교할 수는 없겠지? 색이면 색, 맛이면 맛, 이렇게 비교·대조하는 기준이 분명해야 해. 실제로 지문에서는 비교·대조하는 지점에 따라 문단이 나뉘기도 해.

둘 이상의 서로 다른 관점을 비교·대조하는 글의 경우, 앞서 살펴봤던 '쟁점'의 개념도 떠올려볼 수 있어. '쟁점'은 둘 이상의 관점이 차이를 드러내는 지점이니까, 특히 대조와 밀접한 관련이 있겠지? 단, 비교·대조는 단독으로 쓰이기보다 함께 나타나는 경우가 많으니까 공통점과 차이점에 대한 정보를 잘 구분하면서 읽어야 해.

🍪 **확인 문제 4** **다음을 읽고 물음에 답하시오.** 2018 학업성취도 평가

어떤 사람이 해외를 여행하고 있었다. ㉠첫 번째 나라에서 젊은 사람들이 노인에게 자리를 양보해 주었다. 두 번째 나라에서도 젊은 사람들이 자리를 양보했고, 세 번째 나라에서도 마찬가지였다. 그래서 그는 모든 나라에서 젊은 사람들이 노인에게 자리를 양보해 준다고 생각했다. 그런데 마지막으로 방문한 나라에서는 그런 경우를 찾아볼 수 없었다. 그렇다면 언제 어디서나 옳다고 여겨지는 도덕은 없는 것일까?

[A] 이에 대해 시대나 장소와 무관하게 모든 사람들이 옳다고 여기는 보편적인 도덕이 존재한다는 관점이 있다. 예를 들어 '생명을 존중해야 한다.'나 '자기가 하기 싫은 일은 남에게 시키지 말라'와 같은 것은 어느 시대, 어느 장소에서나 보편적으로 옳다고 여겨진다. 다만 이러한 관점만이 옳다고 생각할 경우 문화에 따라 달라지는 다양한 가치를 수용하는 데 소극적인 태도를 갖게 된다.

[B] 이와 달리 언제 어디서나 옳다고 여겨지는 도덕은 존재하지 않는다고 보는 관점이 있다. 즉 도덕은 시대나 장소에 따라 달라지기 때문에 상대적이라는 것이다. 도덕을 이러한 관점에서 보는 사람들은 자신이 속한 사회의 도덕이 반드시 모든 사회에 적용되어야 한다고 생각하지 않는다. 그러나 이런 관점을 지나치게 확대 해석할 경우 서로 다른 사회에서 동일한 문제에 대해 각기 다른 도덕적 기준을 주장할 때 무엇이 옳은지 판단하기가 쉽지 않다.

이처럼 '언제 어디서나 옳다고 여겨지는 도덕이 존재하는가?'에 대해서 서로 다른 관점이 있다. 그리고 이러한 논의는 지금도 계속되고 있다. 세계 각국의 다양한 사회 구성원을 만날 기회가 늘어 가고 있는 지금, 우리는 보편적인 도덕에 대한 인식과 함께 나와 다른 생각을 가진 사람들도 존중할 줄 아는 균형 있는 사고를 할 필요가 있다.

1. ㉠과 유사한 논증 방식이 사용된 것은?

① 모든 철학자는 사람이다. 플라톤은 철학자이다. 그러므로 플라톤은 사람이다.

② 참새는 날개가 있다. 방울새도 날개가 있다. 소쩍새도 날개가 있다. 그러므로 모든 새는 날개가 있다.

③ 오전 9시에 일어나면 학교에 늦는다. 나는 오늘 오전 9시에 일어났다. 그러므로 나는 오늘 학교에 늦을 것이다.

④ 우리 반 학생들은 모두 휴대 전화를 가지고 있다. 민호는 우리 반 학생이다. 그러므로 민호는 휴대 전화를 가지고 있다.

⑤ 책을 읽으면 지식이 늘어난다. 지식이 늘어나면 세상에 대한 안목이 넓어진다. 그러므로 책을 읽으면 세상에 대한 안목이 넓어진다.

2. 〈자료〉는 [A], [B]의 관점을 정리한 것이다. ⓐ, ⓑ에 들어갈 말이 적절하게 짝지어진 것은?

─────〈자 료〉─────

[A]: 도덕적 판단의 기준은 시대나 장소에 따라 달라지지 않는 (ⓐ   ) 것입니다.

[B]: 사람들이 옳다고 생각하는 바가 시대나 장소에 따라 달라지므로 도덕적 판단의 기준은 (ⓑ   ) 것입니다.

	ⓐ	ⓑ		ⓐ	ⓑ
①	보편적인	상대적인	②	이성적인	감성적인
③	인위적인	자연적인	④	정신적인	물질적인
⑤	추상적인	구체적인			

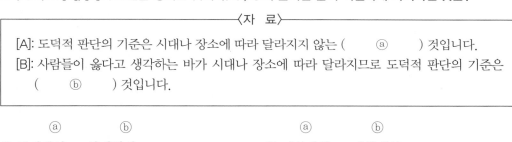

이 글은 첫째 문단에서 보편적 도덕이 존재하는가에 대한 질문을 던지고 그에 대한 답을 찾고 있어. 그리고 둘째 문단과 셋째 문단은 각각 보편적 관점의 도덕과 상대적 관점의 도덕에 대해 대조적으로 설명하고 있지. 여기서 두 관점의 차이를 구분하는 기준은 '보편적 도덕의 존재 여부'라고 할 수 있어. 2번 문항이 바로 이것을 묻고 있는 거야.

1번 문항에서 ㉠은 일부 나라에서 경험한 바를 일반화하여 모든 나라에 적용하고 있지. 이러한 논증 방식을 '귀납 논증'이라고 불러. 그럼 선지 중 몇 가지의 사례를 통해 이를 일반화하고 있는 것은? 찾을 수 있겠지? ^^

(4) 두괄식 / 미괄식 짜임

문단의 구성 방식에 두괄식과 미괄식이 있듯이, 글 전체의 구조도 두괄식과 미괄식 짜임이 있어. '두괄식 짜임'은 글 전체의 중심 내용을 첫째 문단에서 제시한 후, 이에 대해 뒷받침하는 문단들을 제시하는 방식을 말해. 이런 글은 첫째 문단에서 소개된 중심 화제에 관해 어떤 정보가 추가적으로 제시되는지 정리하면서 읽어나가야 해.

'미괄식 짜임'은 '두괄식 짜임'과 반대로 뒷받침하는 문단들을 먼저 제시하고, 마지막에 글 전체의 중심 내용을 제시하는 방식을 말해. 중심 화제는 첫째 문단에서 제시되겠지만, 마지막 문단에서 글쓴이의 의도가 구체화되는 경우가 많아.

> **➕ TIP! 중심 내용이 첫째 문단에도, 마지막 문단에도 없다면?!**
>
> '(2) 나열/순서의 짜임'에서 보았던 블루/레드/퍼플 오션에 대한 글을 봐. 첫째 문단에서 셋째 문단까지 각각 블루/레드/퍼플 오션에 대해 설명하고, 마지막 문단에서 시장 상황의 변화 요인에 대해 간략히 덧붙였어. 이렇게 대등한 관계의 문단을 나열하는 것을 '병렬적 구성'이라고 해. 이런 글은 전체 문단의 내용을 고려해서 중심 내용을 파악해야 해.

🪙 확인 문제 5 다음을 읽고 물음에 답하시오.

2017 고1 3월 학력평가

절에서 시간을 알리거나 의식을 행할 때 쓰이는 종을 범종이라고 한다. 범종은 불교가 중국에 유입되면서 나타나기 시작하여 우리나라와 일본의 사찰로 퍼져 나갔다. 중국 종의 영향 속에서도 우리나라와 일본의 범종은 각각 독특한 조형 양식을 발전시켰는데, 우리나라 범종의 전형적인 조형 양식은 신라에서 완성되었다. 신라에서는 독창적이고 섬세한 조형 양식을 지닌 대형 종을 주조하였는데, 이는 중국이나 일본의 주조 공법으로는 만들기 어려운 것이었다. 이러한 신라 종의 조형 양식은 조선 초기를 기점으로 한 큰 변화가 나타나기 전까지 후대의 범종으로 계승되었다.

신라 종의 몸체는 항아리를 거꾸로 세워 놓은 것과 비슷하게 가운데가 불룩하게 튀어나온 모습을 하고 있다. 이와 달리 중국 종은 몸체의 하부가 팔(八) 자로 벌어져 있으며, 일본 종은 수직 원통형으로 되어 있다. 범종의 정상부에는 종을 매다는 용 모양의 고리인 용뉴(龍□)가 있는데, 신라 종의 용뉴는 쌍용 형태인 중국 종이나 일본 종의 용뉴와는 달리 한 마리 용의 모습을 하고 있다. 그리고 용뉴 뒤에는 우리나라의 범종에서만 특징적으로 나타나는 음통이 있다.

주조 공법이 발달했던 신라의 범종에는 섬세한 문양들이 장식되어 있어 중국 종이나 일본 종과 차이를 보인다. 신라 종의 상부와 하부에는 각각 상대와 하대라고 부르는 동일한 크기의 문양 띠가 있는데, 여기에는 덩굴무늬나 연꽃무늬 등의 불교적 상징물이 장식되어 있다. 상대 바로 아래 네 방향에는 사다리꼴의 유곽이 있으며 그 안에 연꽃 봉우리 형상이 장식된 유두가 9개씩 있어, 단순한 꼭지 형상의 유두가 있는 일본 종이나 유두와 유곽 모두 존재하지 않는 중국 종과 차이를 보인다. 그리고 가장 불룩하게 튀어나온 종의 정점부에는 타종 부위인 당좌(撞座)가 있으며, 이 당좌 사이에는 천인상(天人像)이 아름답게 장식되어 있어 가로 세로의 띠만 있는 일본 종과 차이가 있다.

고려 시대에는 이러한 신라 종의 조형 양식이 미약한 변화 속에서 계승된다. 전기에는 상대와 접하는 종의 상판 둘레에 견대라 불리는 어깨 문양의 장식이 추가되고 유곽과 당좌의 위치가 달라지며, 천인상만 부조되어 있던 자리에 삼존불 등이 함께 나타난다. 그리고 고려 후기로 가면 전기 양식의 견대가 연꽃을 세운 모양으로 변하고, 원나라의 침입 이후 전래된 라마교의 영향으로 범자(梵字) 문양 등의 장식이 나타난다. 한편, 범종이 소형화되어 신라 종의 조형 양식이 계승되면서도 그러한 조형 양식을 지닌 대형 종의 주조 공법은 사라지게 된다.

조선 초기에는 새 왕조를 연 왕실 주도로 다시 대형 종이 주조된다. 이때 조선에서는 신라의 대형 종 주조 공법을 대신하여 중국 종의 주조 공법을 도입하게 된다. 그러면서 중국 종처럼 음통이 없이 쌍용으로 된 용뉴가 등장하며, 당좌가 사라지고, 신라 종의 섬세한 장식 대신 중국 종의 전형적인 장식들이 나타나게 된다. 이후 불교를 억제하는 정책에 따라 한동안 범종 제작이 통제되었고, 16세기에 사찰 주도로 소형 종이 주조되면서 사라졌던 신라 종의 조형 양식이 다시 나타난다. 그 후 이러한 혼합 양식과 복고 양식이 병립하다가 복고 양식이 사라지면서 우리나라의 범종은 쇠퇴기에 접어들게 된다.

1. 윗글의 내용과 일치하지 않는 것은?

① 고려 시대까지 우리나라 범종은 외국의 영향 없이 신라 종의 조형 양식을 계승하였다.
② 신라 종의 상부와 하부에는 불교적 상징물이 장식된 동일한 크기의 문양 띠가 있다.
③ 신라 시대부터 범종에 장식되어 있던 당좌는 조선 시대에 들어와 사라지기도 하였다.
④ 우리나라와 일본에서 범종이 만들어진 것은 중국에서 불교가 전파된 것과 관련이 있다.
⑤ 신라에서는 중국이나 일본과는 다른 주조 공법으로 대형 종을 주조하였다.

2. 〈보기〉는 신라 시대에 만들어진 범종의 그림이다. 이 범종의 ⓐ~ⓔ와 관련된 설명으로 적절하지 않은 것은?

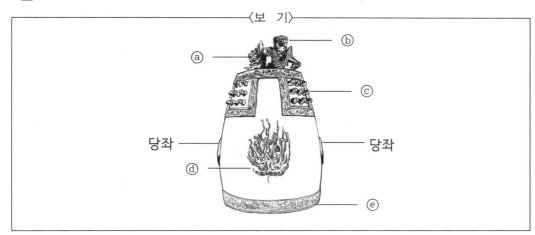

〈보 기〉

당좌   당좌

① 용이 한 마리인 형태의 ⓐ는 쌍용 형태인 중국 종이나 일본 종과 차이가 있다.
② ⓑ는 중국 종이나 일본 종에는 존재하지 않는 신라 종의 독특한 조형 양식에 해당한다.
③ 중국 종에는 ⓒ가 존재하지 않고, 일본 종에 존재하는 것은 ⓒ와 형상이 다르다.
④ 일본 종은 신라 종과 달리 ⓓ의 주변에 가로 세로의 띠가 있다.
⑤ 신라 종은 중국 종이나 일본 종과 달리 몸체의 정점부가 ⓔ 부분보다 불룩하게 튀어나와 있다.

(가) 1970년대 이후부터 세계적으로 '적정기술(Appropriate Technology)'에 대한 활발한 논의가 있어 왔다. 넓은 의미로 적정기술은 인간 사회의 환경, 윤리, 도덕, 문화, 사회, 정치, 경제적인 측면들을 두루 고려하여 인간의 삶의 질을 향상시킬 수 있는 기술이다. 좁은 의미로는 가난한 자들의 삶의 질을 향상시키는 기술이다.

(나) 적정기술이 사용된 대표적 사례는 아바(Abba, M. B.)가 고안한 ㉠항아리 냉장고이다. 아프리카 나이지리아의 시골 농장에는 전기, 교통, 물이 부족하다. 이곳에서 가장 중요한 문제 중의 하나는 곡물을 저장할 시설이 없다는 것이다.

(다) 이를 해결하기 위해 그는 항아리 두 개와 모래흙 그리고 물만 있으면 채소나 과일을 장기간 보관할 수 있는 저온조를 만들었다. 이것은 물이 증발할 때 열을 빼앗아 가는 간단한 원리를 이용했다. 한여름에 몸에 물을 뿌리고 시간이 지나면 시원해지는데, 이는 물이 증발하면서 몸의 열을 빼앗아 가기 때문이다. 항아리의 물이 모두 증발하면 다시 보충해서 사용하면 된다.

(라) 토마토의 경우 항아리 냉장고 없이 2~3일 정도 저장이 가능하지만, 항아리 냉장고를 사용하면 21일 정도 저장이 가능하다. 이 덕분에 이 지역 사람들은 신선한 과일을 장기간 보관해서 시장에 판매해 많은 수익을 올릴 수 있었다.

(마) 적정기술은 새로운 기술이 아니다. 우리가 알고 있는 여러 기술 중의 하나로, 어떤 지역의 직면한 문제를 해결하는 데 적절하게 사용된 기술이다. 1970년 이후 적정기술을 기반으로 많은 제품이 개발되어 현지에 보급되어 왔지만 그 성과에 대해서는 여전히 논란이 있다. 이는 기술의 보급만으로는 특정 지역의 빈곤 탈출과 경제적 자립을 이룰 수 없기 때문이다. 빈곤 지역의 문제 해결을 위해서는 기술 개발 이외에도 지역 문화에 대한 이해와 현지인의 교육까지도 필요하다.

1. (가)~(마)의 중심 내용으로 적절하지 <u>않은</u> 것은?

① (가): 적정기술의 개념　　　　　　② (나): 항아리 냉장고가 나오게 된 배경
③ (다): 항아리 냉장고에 적용된 원리　④ (라): 항아리 냉장고의 효과
⑤ (마): 적정기술의 전망

[2~3] '항아리 냉장고'에 대해 〈보기〉와 같은 보충 자료를 찾았다. 물음에 답하시오.

〈보 기〉

[A] 항아리 냉장고를 만드는 방법은 간단하다. 우선 큰 항아리 안에 작은 항아리를 넣는다. 그리고 그 사이에 젖은 모래를 넣는다. 그 다음에는 젖은 천으로 안쪽 항아리를 덮는다. 그러면 수분이 바깥 항아리의 표면을 통해 공기 중으로 증발하면서, 안쪽 항아리의 내부 온도가 떨어진다. 온도가 떨어지면 높은 온도에서 왕성하게 번식하던 해로운 미생물의 활동을 막을 수 있다. 또 젖은 모래는 단열 기능도 한다.

[B]

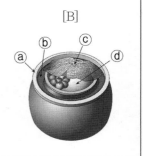

2. (다)와 [A]를 바탕으로 [B]에 대한 이해로 적절하지 않은 것은?

① ⓐ는 외부로 수증기가 나갈 수 있는 재료로 만들어야 하는군.
② ⓑ는 수분 보충만 이루어지면 계속 사용할 수 있겠군.
③ ⓑ는 ⓓ의 온도를 떨어뜨리고 그 온도를 유지하는 역할을 하는군.
④ ⓒ는 ⓓ에 있는 과일이 상하지 않도록 밀봉하는 역할을 하는군.
⑤ ⓓ에 있는 과일은 미생물의 활동이 줄어들어 오랫동안 보관할 수 있겠군.

3. ㉠과 유사한 사례로 가장 적절한 것은?

① 인공위성과 전자 지도를 활용해 모르는 길을 쉽고 정확히 찾아가게 한 내비게이션
② 엔진과 전기모터를 상황에 따라 사용하여 유해 가스를 적게 배출하도록 만든 자동차
③ 가운데가 빈 드럼통에 줄을 매달아 굴려 차량 없이도 많은 물을 옮길 수 있게 한 물통
④ 발광 다이오드를 사용함으로써 두께를 줄이고 화질을 개선한 텔레비전
⑤ 나노 기술을 통해 소량으로도 은의 탁월한 항균 효과를 살린 세탁기

'범종'에 관한 지문은 두괄식 짜임으로 볼 수 있어. 첫째 문단에서 우리나라 범종의 전형적인 조형 양식이 신라에서 완성되고 후대로 계승되었으며, 조선 초기에 변화가 나타난다는 점을 밝히고 있지. 그리고 다음 문단부터 신라, 고려, 조선 시대에 범종이 어떻게 변화하는지 구체적으로 설명하고 있어.

1번 문항은 지문의 구체적인 내용을 확인하는 문제로, 고려 시대에 원나라의 침입으로 라마교의 영향을 받아 조형 양식에 미약한 변화가 있었음을 놓치고 있네. 2번 문항은 신라 시대의 범종을 중국, 일본과 비교·대조하고 있어. 일본의 범종에는 ⓐ가 존재하지 않아.

한편 '적정기술'에 관한 지문은 미괄식 짜임으로 볼 수 있지. 첫째 문단에서 적정기술에 대해 정의하고, 둘째 문단부터 예를 들어 이해를 돕고 있어. 그리고 마지막 문단에서 적정기술의 특성과 한계를 바탕으로 지역 문화에 대한 이해, 현지인의 교육이 필요하다는 것을 밝히고 있어. 글쓴이의 의도가 마지막 문단에서 드러나는 거지.

1번 문항에서 (마)는 적정기술의 전망이나 미래에 대해 설명하고 있지 않아. 2번 문항에서 ⓒ는 젖은 천인데, 안쪽 항아리를 덮는 역할은 하지만, 밀봉한다는 설명은 찾을 수 없어. 3번 문항에서 ㉠은 적정기술의 좁은 의미에 해당하는 사례이니까, 일반적인 기술 발전이 아닌, 가난한 자들의 삶의 질을 향상시키는 기술을 선택해야 해.

[1~3] 다음을 읽고 물음에 답하시오.

2016 고1 3월 학력평가

미술에서 '키네틱 아트'는 움직임을 의미하는 그리스 어 키네티코스에서 유래한 말로 움직임을 중시하거나 그것을 주요 요소로 하는 예술 작품을 뜻한다. 키네틱 아트는 산업 혁명에서 비롯된 대량 생산과 기술의 발달로 인해 급격하게 기계 문명 사회로 변화하던 시기를 배경으로 출현하였다. '키네틱'이라는 단어가 조형 예술에 최초로 사용된 것은 1920년대의 일이다.

키네틱 아트 작가들은 기계의 움직임을 예술적 요소로 수용하여 작품 전체나 일부를 움직이게 함으로써 창작 의도를 표현하고자 했다. 이러한 움직임은 바람이나 빛과 같은 외부적인 자연의 힘이나 동력 장치와 같은 내부적인 힘에 의해 구현되었다. 또한 대상을 사실적으로 재현하는 것이 아니라 추상적 구조물처럼 보이도록 창작하였다.

키네틱 아트는 '우연성'과 '비물질화'를 중요한 조형* 요소로 제시하였다. '우연성'은 작품의 예측 불가능한 움직임을 통해 나타나는데 여기에는 감상자의 움직임이나 위치 등에 의한 작품의 형태 변화도 포함된다. '비물질화'는 작품이 고정되지 않고 계속 움직이는 상태를 의미한다. 정지된 물체는 고정되어 있기 때문에 물질화되어 있는 반면, '비물질화'는 물체가 계속 움직여 물체의 형태가 고정되지 않는 특성과 관련된다. 예를 들어 뒤샹의 ㉠「자전거 바퀴」는 감상자가 손으로 바퀴를 회전하도록 한 작품이다. 이 작품에는 감상자가 바퀴를 돌리는 속도에 따라 바퀴살이 다양한 모습으로 보이는 '우연성'과 바퀴살이 고정되지 않고 움직이는 '비물질화'가 나타난다.

키네틱 아트의 이러한 조형 요소들은 감상자들의 시각을 자극하여 작품에 주의를 집중시키는 효과를 준다. 작품이 보여주는 다양하고 예측 불가능한 움직임으로 감상자들이 풍부한 이미지를 상상할 수 있도록 한 것이다. 이를 통해 기존 미술에서 작품 감상에 대해 수동적이었던 감상자들로 하여금 보다 능동적인 태도를 갖도록 하였다.

키네틱 아트는 작품의 움직임에 의미를 부여하고 작품과 감상자의 상호 작용을 중시함으로써 다양한 실험적 예술의 길을 열어 주었다. 1960년대에 들어서 키네틱 아트는 새로운 첨단 매체를 활용하여 변화무쌍한 움직임을 보여주는 비디오 아트, 레이저 아트, 홀로그래피 아트 등과 같은 예술이 출현하게 되는 계기를 제공하였다.

* 조형: 여러 재료를 이용하여 구체적인 형태나 형상을 만듦.

1. 윗글에서 언급된 내용이 아닌 것은?

① 키네틱 아트의 어원
② 키네틱 아트의 등장 배경
③ 키네틱 아트의 제작 과정
④ 키네틱 아트의 조형 요소
⑤ 키네틱 아트의 예술사적 의의

2. 윗글을 읽고 〈보기〉의 「아니마리스」를 이해한 내용으로 적절하지 <u>않은</u> 것은?

〈보 기〉

　　이 작품은 키네틱 아트의 대표 작가인 테오 얀센이 창작한 「아니마리스」이다. 얀센은 플라스틱 관으로 뼈대와 다리를 만들고 등에는 비닐 깃털을 달아, 바람이 불면 깃털이 반응하면서 해변에서 다양한 모습으로 움직이면서 돌아다니도록 했다. 얀센은 이 작품을 연작 형태로 진화시켜 공학 기술과 예술을 접목한 인공 생명체를 만들겠다는 창작 의도를 표현하였다.

① 해변에 돌아다니는 생명체의 형상을 그대로 재현하는 데 초점을 두고 있군.
② 작품이 고정되어 있지 않고 계속 움직인다는 점에서 비물질화가 드러나고 있군.
③ 다양하게 움직이는 모습을 통해 감상자의 시각을 자극하는 효과를 줄 수 있겠군.
④ 공학 기술과 예술을 접목시킴으로써 기계적 움직임을 예술적 요소로 수용하고 있군.
⑤ 바람에 의해 움직일 수 있도록 만들어졌다는 점에서 외부적인 힘을 활용하고 있군.

3. ㉠과 〈보기〉의 「4분 33초」가 공통적으로 전제하고 있는 것은?

〈보 기〉

　　1952년 미국의 전위 예술가인 존 케이지는 새로운 피아노 작품 「4분 33초」를 발표하였다. 그런데 피아니스트는 피아노를 치지 않고 일정 시간에 맞춰 피아노 뚜껑을 열었다 닫았다 할 뿐이었다. 청중들은 연주를 기다리며 웅성거리다가 4분 33초가 흘러 피아니스트가 퇴장하자 크게 술렁거렸다. 존 케이지는 「4분 33초」를 통해 연주를 기다리는 동안 청중들의 기침소리, 불평 소리, 각종 소음 등 공연장에서 뜻하지 않게 발생한 모든 소리가 훌륭한 연주가 될 수 있다는 생각을 나타냈다.

① 사회 구조의 변화에 따라 예술은 기계 문명에 대한 예찬을 표명해야 한다.
② 우연적 요소와 감상자의 참여가 예술을 구성하는 중요한 원리가 될 수 있다.
③ 첨단 매체를 활용해야 변화무쌍한 움직임이 강조되는 예술 작품을 만들 수 있다.
④ 제한된 시간 내에 감상이 이루어질 때, 작가와 감상자의 상호 작용이 더욱 긴밀해진다.
⑤ 작가의 창작 의도가 직접적으로 노출되었을 때, 감상자가 풍부한 상상력을 발휘할 수 있다.

사람들은 하루에도 수많은 일들을 판단하면서 살아간다. 판단을 할 때마다 필요한 모든 정보를 수집하여 이용하고자 하면, 정보를 수집하는 것도 힘들뿐더러 그 정보를 처리하는 것도 부담이 된다. 그렇기 때문에 사람들은 과거 경험을 바탕으로 어림짐작을 하게 되는데, 이를 휴리스틱이라고 한다. 이러한 휴리스틱에는 대표성 휴리스틱과 회상 용이성 휴리스틱, 그리고 시뮬레이션 휴리스틱 등이 있다.

대표성 휴리스틱은 어떤 대상이 특정 집단에 속할 가능성을 판단할 때, 그 대상이 특정 집단의 전형적인 이미지와 얼마나 닮았는지에 따라 판단하는 경향을 말한다. 우리는 키 198㎝인 사람이 키 165㎝인 사람보다 농구 선수일 가능성이 높을 것이라 판단한다. 이와 같이 대표성 휴리스틱은 흔히 첫인상을 형성할 때나 타인에 대해 판단을 할 때 작용한다. 그런데 대표성 휴리스틱에 따른 판단은 그 대상이 가지고 있는 특정 집단의 전형적인 속성에만 주목하여 이루어진 것이다. 따라서 이러한 판단은 신속한 결정을 내리는 데 도움이 되기도 하지만, 항상 정확하고 객관적인 것이라고 보기는 어렵다.

회상 용이성 휴리스틱은 당장 머릿속에 잘 떠오르는 정보에 의존하여 판단하는 경향을 말한다. 사람들에게 작년 겨울 독감에 걸린 환자들이 얼마나 많았는지 물어보면, 일단 자기 주변에서 발생한 사례들을 떠올려 추정하게 된다. 이러한 추정은 적절할 수도 있지만, 실제 발생 확률과는 다를 수도 있다. 사람들은 최근에 자신이 경험한 사례, 생동감 있는 사례, 충격적이거나 극적인 사례들을 더 쉽게 회상한다. 그래서 비행기 사고 장면을 담은 충격적인 뉴스 보도 영상을 접하게 되면, 그 장면이 자꾸 떠올라 자동차보다 비행기가 더 위험하다고 생각하게 되는 것이다. 그러나 이것은 실제 사고 발생 확률을 고려하지 못한 잘못된 판단이다.

시뮬레이션 휴리스틱은 과거에 발생한 특정 사건이나 미래에 일어날 일들을 마음속에 떠올려 그 장면을 상상해 보는 것이다. 범죄 용의자를 심문하는 경찰관이 그 용의자의 진술에 기초해서 범죄 장면을 머릿속에 그려보는 것이 이에 해당한다. 이때 경찰관은 그 용의자를 범인으로 가정해야만 그가 범죄를 저지르는 장면을 머릿속에 떠올려 볼 수 있다. 이러한 가상적 장면을 자꾸 머릿속에 떠올리다 보면, 그 용의자가 정말 범인인 것처럼 생각하게 된다. 그래서 그가 범인임을 입증하는 객관적인 증거를 충분히 수집하기도 전에 그를 범인이라고 판단할 가능성이 높아지는 것이다.

이처럼 휴리스틱은 종종 판단 착오를 낳기도 하지만, 경험에 기반하여 답을 찾는 효율적인 방법이라고 ⓐ볼 수도 있다. 일상생활에서 우리의 판단과 추론이 항상 합리적인 사고 과정을 거쳐 일어나는 것은 아니다. 우리는 '결정을 위한 시간이 많지 않다.'는 가정을 무의식적으로 하고 있다. 휴리스틱은 우리가 쓰고 싶지 않아도 거의 자동적으로 작용한다. 그리고 수많은 대안 중 순식간에 몇 가지 혹은 단 한 가지의 대안만을 남겨 판단하기 쉽게 만들어 준다. 이런 점에서 인간은 ㉠'인지적 구두쇠'라고 할 만하다.

4. 윗글의 내용과 일치하지 않는 것은?

① 일상생활 속에서 사람들은 과거 경험을 바탕으로 어림짐작을 하게 된다.

② 사람들은 충격적인 경험을 충격적이지 않은 경험보다 더 쉽게 회상한다.

③ 휴리스틱에 따른 판단은 사실에 부합하는 판단일 수도 있고 그렇지 않을 수도 있다.

④ 가상적 상황을 반복해 상상하면 마치 그 상황이 실제 사실인 것처럼 느껴질 수 있다.

⑤ 다른 사람 입장에서 가상적 상황을 생각하면 정확하고 객관적인 판단을 내릴 수 있다.

5. ㉠의 의미를 가장 잘 나타내고 있는 것은?

① 인간은 세상의 수많은 일들을 판단할 때 가능하면 노력을 덜 들이려는 경향이 있다.
② 인간은 주변 세계에 의미를 부여하고 앞으로 일어날 일을 예측하려는 욕구를 가지고 있다.
③ 인간은 과학적이고 체계적으로 정보를 처리하여 정확하고 객관적인 판단을 하려는 경향이 있다.
④ 인간은 판단에 필요한 정보나 판단하기 위한 시간이 부족하기 때문에 휴리스틱을 의도적으로 사용한다.
⑤ 인간은 일상생활 속에서 판단이나 결정을 할 때 가능한 모든 대안의 장점과 단점을 분석하여 결론을 도출한다.

6. 다음은 휴리스틱과 관련한 실험 내용이다. 윗글로 보아 〈보기〉의 ㉮에 들어갈 내용으로 가장 적절한 것은?

〈보   기〉

한 심리학 실험에서 연구자들은 사람들에게 '영미는 31세로 감성적이며 새로운 곳에 대한 호기심이 많은 여성이다. 대학에서 국어국문학을 전공하였고 사진 동아리에서 꾸준히 활동하였다.'라는 정보를 제시한 후, 영미가 현재 어떤 모습일지 A와 B 중 가능성이 높은 순서대로 배열하도록 하였다.

A. 영미는 은행원이다.
B. 영미는 여행 블로그를 운영하는 은행원이다.

B는 A의 부분집합이므로, 적어도 B보다 A일 가능성이 높다. 그러나 대부분의 사람들은 A보다 B일 가능성이 더 높다고 판단했다. 이에 대해 연구자들은 대표성 휴리스틱이 이러한 판단을 유도한 것이라고 보았다. 사람들이 (㉮   ) 보고, B의 '영미는 여행 블로그를 운영'에 주목했기 때문이라는 것이다.

① 최근에 여행 블로그가 유행하고 있다는 점을 고려해
② 대표적인 여행 블로그는 어떤 특징이 있는지 판단해
③ 영미가 은행원보다는 여행 블로그 운영자에 더 어울린다고
④ 가고 싶은 장소를 여행 블로그에서 검색했던 경험을 떠올려
⑤ 영미가 은행원이 되어 고객들에게 친절하게 대하는 모습을 상상해

7. ⓐ와 가장 유사한 의미로 사용된 것은?

① 김 씨는 오십이 넘어 늦게 아들을 <u>보았다</u>.
② 나는 날씨가 좋을 것으로 <u>보고</u> 세차를 했다.
③ 그녀는 남편이 사업에 실패할까 <u>봐</u> 걱정했다.
④ 다른 사람의 흉을 <u>보는</u> 것은 좋지 못한 습관이다.
⑤ 그는 <u>보던</u> 신문을 끊고 다른 신문을 새로 신청했다.

　　습도에는 절대습도와 상대습도가 있는데 불쾌지수를 따질 때의 습도는 상대습도를 말한다. 절대습도는 말 그대로 일정한 부피의 공기 중에 포함되어 있는 수증기의 양을 말하고, 상대습도란 상대적인 습도, 즉, 현재 온도의 포화수증기량*에 대한 대기 중의 수증기량을 백분위로 나타낸 것이다. 일기예보에서 말하는 습도는 상대습도이다. 쾌적한 실내를 위해서는 상대습도를 40~60%로 유지하는 것이 좋다. 포화수증기량이 많아지거나 대기 중 수증기량이 적어질수록 상대습도는 낮아진다. 포화수증기량은 온도에 따라 높아지게 마련이므로, 공기를 가열하면 포화수증기량을 늘릴 수 있고, 이에 따라 상대습도를 줄일 수 있다. 또한 공기 중의 습기를 직접 제거해도 상대습도를 낮출 수 있다. 제습기는 이러한 방식으로 상대습도를 조절하여 공기를 쾌적하게 한다.

　　공기 중의 습기를 제거하는 방식에는 냉각식과 건조식이 있다. 건조식은 화학물질인 흡습제를 이용하는 방식인데, 가정에서 사용하는 제습제품과 같이 공기 중의 습기를 직접 흡수하거나 흡착시킨다. 흡습제가 습기를 더 이상 흡수하지 못하면 흡습제를 다시 가열해서 이때 분리되는 습기를 제습기 바깥으로 내보내면 흡습제를 다시 사용할 수 있다. 이러한 방식은 밀폐된 공간에서 소량의 수분을 제거하는 데 유용하다. 흡습제에는 수분을 흡착하는 능력이 뛰어난 다공성 물질인 실리카겔, 알루미나겔, 몰레큘러시브, 염화칼슘 등이 있다.

　　냉각식 제습기는 공기 중의 수증기를 물로 응축시켜 습기를 조절한다. 수증기를 응축시키기 위해서는 이슬점*이하로 공기의 온도를 내려야 한다. 때문에 냉각식 제습기는 냉각을 위해 에어컨과 같이 냉매를 이용한다. 프레온 냉매는 여러 종류가 있는데, 제습기에는 R-22가 사용된다. 습한 공기를 팬으로 빨아들인 뒤 냉매를 이용한 냉각장치로 통과시킨다. 냉각장치를 통과하면 공기의 온도가 낮아지고, 공기가 이슬점에 도달해 수증기가 물로 변해 냉각관에 맺혀 물통에 떨어져 모인다. 찬물을 담은 컵의 표면에 물방울이 맺히는 것과 같은 원리인 셈이다. 습기가 제거된 건조한 공기는 응축기를 거쳐 다시 데워진 후에 실내로 방출된다. 상대습도가 높을수록 공기 중의 수증기가 물로 변하기 쉬워 제습에 효과적이다.

　　이러한 유형의 제습 외에 전자식으로 제습을 하는 기기들도 찾아볼 수 있다. 전자식 제습은 펠티에 효과(Peltier effect)를 이용한 열전냉각 방식으로 작동한다. 펠티에 효과는, 다른 두 금속의 양 단면을 서로 연결하고 전기를 통하게 하면 그 양 단면에서 발열과 냉각이 동시에 일어나는 현상이다. 전자제습기는 이 효과를 적용한 열전반도체 소자를 사용하며, 냉각되는 금속판 쪽에서 공기 중의 수증기가 응축되어 밖으로 배출된다. 이러한 전자식제습기는 소음이 없고 소형화가 가능해 카메라나 보청기와 같은 정밀기기를 보관하는 제습함에 이용된다.

* 포화수증기량: 공기가 최대한 품을 수 있는 수증기의 양.

* 이슬점: 공기가 포화되어 수증기가 응결될 때의 온도.

8. 위 글의 내용과 일치하지 않는 것은?

① 상대습도는 포화수증기량에 따라 달라진다.

② 일기예보에서 말하는 습도는 불쾌지수와 관련이 있다.

③ 전자식 제습기는 정밀 기기를 보관하는 제습함에 이용된다.

④ 건조식 제습기는 밀폐된 공간의 습기를 제거할 때 적합하다.

⑤ 냉각식 제습기와 전자식 제습기는 발열과 냉각이 동시에 일어난다.

[9~10] 〈보기〉는 '냉각식 제습기의 제습과정'을 나타낸 것이다. 위 글과 〈보기〉를 바탕으로 9번과 10번의 두 물음에 답하시오.

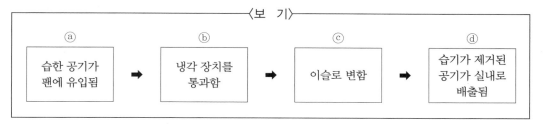

9. ⓐ~ⓓ에 대한 설명으로 적절하지 <u>않은</u> 것은?

① ⓐ~ⓓ에서 실내의 절대습도는 낮아진다.
② ⓐ보다 ⓑ에서 포화수증기량이 더 많아진다.
③ ⓑ에서는 냉매를 이용해 공기의 온도를 낮춘다.
④ ⓑ~ⓒ에서 수증기가 물로 변한다.
⑤ ⓓ에서 공기는 응축기를 통해 온도가 높아진다.

10. ⓐ~ⓒ 과정에 나타난 현상과 유사한 사례로 가장 적절한 것은?

① 더운 여름에 아스팔트에 물을 뿌리면 시원해진다.
② 겨울에 처마 끝에 매달린 고드름이 녹아서 물이 된다.
③ 추운 겨울에 따뜻한 집안으로 들어오면 안경에 김이 서린다.
④ 응급실에서 고열환자의 몸을 알코올로 닦으면 몸이 차가워진다.
⑤ 여름에 물기가 남아 있는 상태에서 선풍기 바람을 쐬면 시원해진다.

[11~14] 다음을 읽고 물음에 답하시오.   2016 고1 3월 학력평가

　　인간을 흔히 망각의 동물이라고 한다. 망각이란 기억과 반대되는 개념으로 일종의 기억 실패에 해당한다. 기억은 외부의 정보를 기억 체계에 맞게 부호로 바꾸어 저장 및 인출하는 것으로 부호화 단계, 저장 단계, 인출 단계로 나뉜다. 심리학에서는 기억 실패가 기억의 세 단계 중 어느 단계에서 일어난다고 보느냐에 따라 망각 현상을 각기 다르게 설명한다.
　　㉠부호화 단계와 관련하여 망각을 설명하는 입장에서는 외부 정보가 부호화되는 과정에서 정보의 일부가 생략되거나 왜곡되어 망각이 일어난다고 본다. 부호화란 외부 정보를 기억의 체계에 맞게 변환하는 과정으로, 부호에는 음운 부호와 의미 부호 등이 있다. 음운 부호는 외부 정보가 발음될 때 나는 소리에 초점을 둔 부호이고, 의미 부호는 외부 정보의 의미에 초점을 둔 부호이다. 가령 '8255'라는 숫자를 부호화할 때, [팔이오오]라는 소리로 부호화하는 것은 전자에 해당하고, '빨리 오오.'와 같이 의미로 부호화하는 것은 후자에 해당한다. 의미 부호는 외부 정보가 갖는 의미에 집중하여 부호화하는 것이므로, 음운 부호에 비해 정교화가 잘 일어난다. 정교화는 외부 정보를 배경지식이나 상황 맥락 등의 부가 정보와 밀접하게 관련시키는 것이다. 부호화 단계에서 망각을 설명하는 학자들은 정교화가 잘된 정보가 그렇지 않은 정보보다 기억에 유리하여 망각이 잘 일어나지 않는다고 주장한다.

ⓒ저장 단계에서 망각이 일어난다고 보는 입장에서는 망각을 부호화 단계에서의 문제가 아니라, 저장 단계에서 정보가 사라지는 현상으로 설명한다. 즉 망각은 부호화가 되어 저장된 정보 중 사용하지 않는 정보가 시간의 경과에 따라 상실된다는 것이다. 독일의 심리학자 에빙하우스는 학습을 통해 저장된 단어가 시간의 경과에 따라 망각되는 양상을 알아보는 실험을 하였다. 그 결과 학습이 끝난 직후부터 망각이 일어나기 시작해서 1시간이 지나자 학습한 단어의 약 44% 정도가 망각되었다. 이를 근거로 저장 단계에서 망각을 설명하는 학자들은 망각은 저장 단계에서 일어나는 현상이며 시간의 흐름에 비례하여 나타난다고 주장하였다. 그리고 학습 직후 복습을 해야 학습 효과가 높다는 것을 강조하였다.

ⓒ인출 단계에서 망각이 일어난다고 보는 입장에서는 망각을 저장된 정보가 제대로 인출되지 못하여 나타나는 현상으로 설명한다. 즉 망각은 저장된 정보가 사라지는 것이 아니라, 이를 밖으로 끄집어내지 못해서 나타난다는 것이다. 저장된 정보를 인출해 내기 위해서는 적절한 인출 단서가 필요하다. 일반적으로 저장된 정보와 인출 단서가 밀접할 경우 인출이 잘 되지만, 그렇지 않으면 인출 실패로 망각이 일어날 가능성이 크다. 가령 '사랑'이라는 단어를 인출할 때 이와 의미상 연관이 큰 '애인'이라는 단어를 인출 단서로 사용하면 인출이 잘 되지만, 이와 관련이 먼 '책상'이라는 단어를 인출 단서로 사용하면 인출이 잘 되지 않는다. 인출 단계에서의 망각은 저장된 정보를 인출할 만한 단서가 부족하거나 부적절해서 나타나는 현상이므로, 시간이 흐르더라도 적절한 인출 단서만 제시되면 저장된 정보가 떠오를 수 있다.

11. 윗글에 대한 설명으로 가장 적절한 것은?

① 특정 현상을 설명하는 다양한 관점을 제시하고 있다.
② 특정 현상을 소개하는 이론의 문제점을 설명하고 있다.
③ 특정 현상과 관련된 통념을 제시하고 이를 반박하고 있다.
④ 특정 현상을 설명하는 여러 이론의 타당성을 비교하고 있다.
⑤ 특정 현상에 대한 상반된 주장을 제시한 후 이를 절충하고 있다.

12. ㉠~㉢에서 단어 학습과 관련된 〈보기〉의 대화를 설명한다고 할 때, 그 내용으로 적절하지 않은 것은?

〈보 기〉

다련: 단어를 외울 때 기존에 알고 있는 단어와 연관 지어 암기하면 좀 더 오래 기억할 수 있어.
수민: 단어를 소리로 외우지 않고 용례를 보며 의미에 집중하여 외우는 것이 오래 기억되지만, 시간이 많이 걸린다는 것이 흠이야.
예린: 단어 시험 볼 때는 다 맞았는데, 시험이 끝난 후 며칠 뒤에 다시 보니 그 단어들이 기억나지 않아 속상해.
서정: 외운 단어를 잊어버리지 않으려면, 학습 직후부터 반복적으로 복습을 하는 것이 최고인 것 같아.
석현: 좀 전까지도 알고 있는 단어였는데, 갑자기 말하려니까 혀끝에서만 빙빙 돌 뿐 생각이 나지 않아 답답해.

① ㉠: 다련은 단어를 정교화하는 것이 기억에 효과적이라는 것을 언급하고 있다.

② ㉠: 수민은 단어를 음운 부호로 부호화하는 과정이 시간이 많이 걸린다는 것을 말하고 있다.

③ ㉡: 예린이 단어들을 기억하지 못하는 것은 시간의 경과에 따라 저장 단계에서 망각이 일어났기 때문이다.

④ ㉡: 서정이 복습을 중요하게 여기는 이유는 학습 직후부터 망각이 시작되기 때문이다.

⑤ ㉢: 석현에게 단어와 관련이 큰 적절한 인출 단서를 주면 단어가 생각날 수도 있다.

13. '음운 부호'와 '의미 부호'에 대한 설명으로 적절한 것은?

① '음운 부호'는 외부 정보를 배경지식이나 맥락에 따라 수정한 것이다.

② '음운 부호'는 외부 정보를 그것에서 연상되는 의미로 처리하는 부호이다.

③ '의미 부호'는 외부 정보를 기억의 체계에 맞게 전환하는 데 필요한 부가 정보이다.

④ '음운 부호'와 달리 '의미 부호'로 입력된 정보는 망각되지 않는다.

⑤ '의미 부호'는 '음운 부호'에 비해 부호화 과정에서 정교화가 잘 이루어진다.

14. 윗글을 바탕으로 할 때, 〈보기〉의 ⓐ와 같은 결과가 나타난 이유를 추리한 것으로 가장 적절한 것은?

〈보 기〉

　　실험 참가자들을 X와 Y 두 집단으로 나누고 100개의 단어를 학습시킨 후 얼마나 많은 단어를 회상하는지 알아보는 실험을 하였다. 단어를 학습시킬 때 '장미 – 꽃'과 같이 단어와 그 단어를 포함하는 범주*를 함께 제시하였다. 학습 후 두 차례에 걸쳐 100개의 학습 단어를 회상하는 검사를 하였는데, 첫 번째 회상 검사에서는 두 집단 모두에게 범주를 제시하고, 두 번째 회상 검사에서는 X 집단에게만 범주를 제시하고 Y 집단에게는 제시하지 않았다. 1차 회상 검사에서는 두 집단의 단어 회상률이 동일하게 나타났으나, 2차 회상 검사에서는 ⓐX 집단이 Y 집단보다 단어 회상률이 유의미한 수준에서 높게 나타났다.

* 범주: 동일한 성질을 가진 부류나 범위.

① X 집단이 Y 집단과 달리 단어를 떠올리는 인출 단서로 범주를 활용했기 때문이다.

② X 집단이 Y 집단과 달리 단어의 의미를 범주화하여 체계적으로 저장했기 때문이다.

③ X 집단이 Y 집단과 달리 단어를 정교화하는 과정에서 부적절한 범주를 사용했기 때문이다.

④ Y 집단이 X 집단과 달리 구체적 사례와 관련지어 단어를 의미 부호화하여 저장했기 때문이다.

⑤ Y 집단이 X 집단과 달리 단어의 의미를 부호화하는 과정에서 기억 실패가 발생했기 때문이다.

　　무엇인가를 알아내는 사고 방법에는 여러 가지가 있는데 그중 하나가 유추이다. 유추란 어떤 사물이나 현상의 성질을 그와 비슷한 다른 사물이나 현상에 기초하여 미루어 짐작하는 것을 말한다. 이는 학문 또는 예술 활동에서뿐만 아니라 일상생활에서도 흔히 행하고 있는 사고법이다.

　　유추는 '알고자 하는 특성의 확정-알고 있는 대상과의 비교-결론 내리기'의 과정을 통해 이루어진다.

　　동물원에 가서 '백조'를 처음 본 어린아이가 그것이 날 수 있는가의 여부를 판단하는 과정을 생각해 보자. 이 경우 '알고자 하는 대상'과 그 '알고자 하는 특성'을 확정하면 '백조가 날 수 있는가?'가 된다. 그런데 그 아이가 자신이 이미 알고 있는 '비둘기'를 떠올리고는 백조와 비둘기 사이에 '깃털이 있다', '다리가 둘이다', '날개가 있다' 등의 공통점을 발견하였다. 이렇게 공통점을 발견하는 것이 바로 비교이다. 그 다음에 '비둘기는 난다'는 특성을 다시 확인한 후 '백조가 날 것이다'고 결론을 내리면 유추가 끝난다.

　　많은 논리학자들은 유추가 판단을 그르치게 한다고 폄하한다. 유추를 통해 알아낸 것이 옳다는 보장이 없기 때문이다. 위의 경우 '백조가 난다'는 것은 옳다. 그런데 똑같은 방법으로 타조에 대해 '타조가 난다'라는 결론을 내렸다면, 이는 사실에 어긋난다. 이는 공통점이 가장 많은 대상을 비교 대상으로 선택하지 못했기 때문이다. 이렇게 유추를 통해 알아낸 것은 옳을 가능성이 있다고는 할 수 있어도 틀림없다고는 할 수 없다.

　　결국 ㉠유추를 통해 옳은 결론을 내릴 가능성을 높이는 것이 중요한데 '범위 좁히기'의 과정을 통해 비교할 대상을 선정함으로써 그 가능성을 높일 수 있다. 만약 어린아이가 수많은 새 중에서 비둘기 말고 타조와 더 많은 공통점을 갖고 있는 것, 예를 들면 '몸통에 비해 날개 크기가 작다'는 공통점을 하나 더 갖고 있는 '닭'을 가지고 유추를 했다면 타조는 날지 '못할 것이다'는 결론을 내렸을 것이다.

　　옳지 않은 결론을 내릴 가능성을 항상 안고 있음에도 불구하고 유추는 필요하다. 우리 인간은 모든 것을 알고 태어나지 않을 뿐만 아니라 어느 한 순간에 모든 것을 알아내지는 못한다. 그런데도 인간이 많은 지식을 갖게 된 것은 유추와 같은 사고법을 가지고 있기 때문이다.

15. 윗글의 내용을 바탕으로 판단할 때, ㉠을 위해 할 일로 가장 적절한 것은?

〈보 기〉

[가]: 알고자 하는 대상이
　　　지니고 있는 특성들
[나]: 비교를 위해 선정할 대상이
　　　지니고 있는 특성들

① (A)의 범위가 가장 넓은 대상을 선택해야 한다.
② (B)의 범위가 가장 넓은 대상을 선택해야 한다.
③ (C)의 범위가 가장 넓은 대상을 선택해야 한다.
④ (A)와 (C)의 면적 차이가 가장 큰 대상을 선택해야 한다.
⑤ (A), (B), (C)의 면적이 동일한 대상을 선택해야 한다.

16. 윗글에 대한 설명으로 가장 적절한 것은?

① 유추의 활용 사례들을 분석하면서 그 유형을 소개하고 있다.

② 유추의 방법과 효용을 알려주면서 그 유용성을 강조하고 있다.

③ 유추에 대한 학문적 논의의 과정을 시간 순서대로 소개하고 있다.

④ 유추의 문제점을 지적하면서 새로운 사고 방법의 필요성을 역설하고 있다.

⑤ 유추와 여타 사고 방법들과의 차이점을 부각하면서 그 본질을 이해시키고 있다.

17. 윗글을 바탕으로 〈보기〉의 내용을 이해한 것으로 적절하지 않은 것은?

〈보 기〉

　　화성에도 생명체가 존재할까? 이에 대한 답을 얻기 위해서는 우리가 가장 잘 알고 있는 행성인 지구와 비교함으로써 둘 사이의 공통점을 찾아보는 것이 필요할 것이다. 태양계의 다른 행성들에 비해 화성은 태양과의 거리가 지구와 가장 비슷하다. 화성은 대기 온도가 영하 76℃까지 떨어지기도 하지만 지구의 최저 기온과 크게 차이가 없는 편이다. 또한 화성에서는 지구에서와 같이 암석과 물의 존재가 확인되었다. 그런데 지구에는 생명체가 존재한다. 그러므로 화성에도 생명체가 존재할 가능성이 높다.

① '화성과 태양의 거리'를 확인함으로써 '알고자 하는 특성'을 확정했다.

② 비교할 대상으로 '지구'를 선택했다.

③ '암석과 물의 존재' 등의 특성은 비교의 결과 확인한 공통점이다.

④ 결론을 내리기 전에 '생명체가 존재한다'는 '지구'의 특성을 다시 확인하고 있다.

⑤ 최종적으로 내린 결론은 '화성에 생명체가 존재할 가능성이 높다'이다.

● 정답과 해설 ● ···

확인 문제 1 1. ② 2. ⑤ **확인 문제 2** ③ **확인 문제 3** ①

확인 문제 4 1. ② 2. ① **확인 문제 5** 1. ① 2. ④ **확인 문제 6** 1. ⑤ 2. ④ 3. ③

연습 문제 1. ③ 2. ① 3. ② 4. ⑤ 5. ① 6. ③ 7. ② 8. ⑤ 9. ② 10. ③ 11. ① 12. ② 13. ⑤ 14. ① 15. ② 16. ② 17. ①

해설 1. ①, ②: 첫째, ④: 셋째, ⑤: 다섯째 문단 2. 키네틱 아트는 대상을 사실적으로 재현하는 것이 아니라 추상적 구조물처럼 보이도록 창작 3. ㉠은 감상자가 바퀴를 회전하는 행위를 통해, 〈보기〉는 청중들이 낸 소리 등을 통해 예술에 참여 4. 시뮬레이션 휴리스틱은 객관적 근거가 없더라도 가상적 상황을 실제라고 믿게 함. 5. 휴리스틱은 수많은 대안 중 소수의 대안을 남겨 판단에 필요한 노력을 줄임. 6. 대표성 휴리스틱은 전형적 이미지를 기반으로 판단. 국어국문학 전공, 사진 동아리 활동 등의 정보가 여행 블로그 운영자의 전형적 이미지와 부합 7. ⓐ는 '대상을 평가하다'라는 의미 8. ⑤는 전자식 제습기에 대한 설명 9. 첫째 문단에 따르면 온도가 낮아질 때 포화수증기량 감소 10. 집안의 습한 공기(ⓐ)+차가운 안경(ⓑ)=김(ⓒ) 11. 망각 현상을 세 가지 관점으로 설명 12. 의미에 집중하는 것은 음운 부호가 아닌 의미 부호로 정교화하는 방식 13. 둘째 문단 '의미 부호는 ~ 정교화가 잘 일어난다.' 확인 14. 두 집단의 차이는 범주, 즉 인출 단서의 제시 여부임. 15. '범위 좁히기'는 [가]와 공통점이 가장 많은 [나]를 찾는 과정 16. 백조의 예로 유추의 방법을 소개. 마지막 문단에서 유추의 필요성 강조 17. 〈보기〉의 유추 과정 중 '알고자 하는 특성'은 '화성에 생명체가 존재할까?'임.

지문 해설

[확인 문제 1] 『승정원일기』의 가치

주제: 역사적 기록물과 기상 연구 자료로서 『승정원일기』의 가치

해제: 이 글은 『승정원일기』의 가치를 두 가지 측면에서 나누어 설명하고 있다. 『승정원일기』는 조선의 국가 정책 운영 과정을 담고 있으며, 기상 변화 연구의 귀중한 자료가 된다.

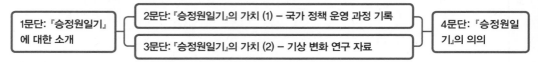

[확인 문제 2] 지수물가 vs 체감물가

주제: 지수물가와 체감물가의 차이가 생기는 원인 분석

해제: 이 글은 지수물가와 체감물가의 차이가 생기는 원인을 분석하고 있다. 품목 선정 방식, 표본 추출 방식, 소비자의 기억 등이 지수물가와 체감물가의 차이를 발생시키는 원인이다.

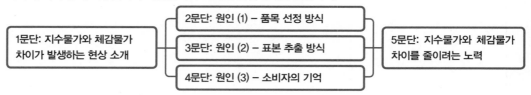

[확인 문제 3] 블루 오션/레드 오션/퍼플 오션

주제: 블루 오션/레드 오션/퍼플 오션을 통해 본 시장의 변화 양상

이 글은 블루 오션/레드 오션/퍼플 오션의 개념을 통해 시장의 변화 양상을 설명하고 있다. 블루 오션/레드 오션/퍼플 오션의 개념을 정의하고, 각각의 특징에 대해 소개하고 있다.

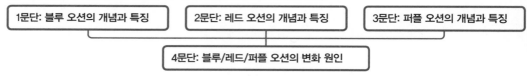

[확인 문제 4] 보편적 도덕과 상대적 도덕

주제: 도덕적 기준을 바라보는 두 가지 관점 소개

해제: 이 글은 도덕이 보편적이라고 보는 관점과 상대적이라고 보는 관점의 특징을 소개하고 있다. 또 한 가지 관점만 옳다고 생각하지 않는 균형 있는 사고의 필요성을 밝힌다.

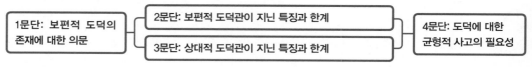

[확인 문제 5] 범종

주제: 범종의 등장과 조형 양식의 변천 과정 소개

해제: 이 글은 범종의 조형 양식과 시대에 따른 변천 과정을 소개하고 있다. 전형적인 조형 양식을 신라에서 완성한 범종은 조선 시대에 불교 억제 정책에 따라 점차 쇠퇴한다.

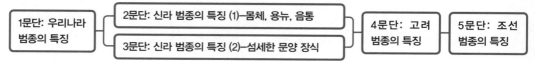

[확인 문제 6] 적정기술

주제: 적정기술의 특징과 한계

해제: 이 글은 적정기술에 대해 예를 들어 설명하고 있다. 또한 빈곤 지역에 실질적인 도움을 주기 위해 기술 개발과 더불어 필요한 사항에 대해 설명하고 있다.

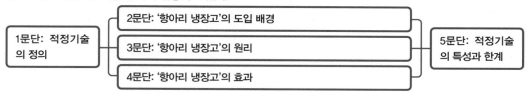

[연습문제] [1~3] 키네틱 아트란 무엇인가?

주제: 키네틱 아트의 정의와 특징

해제: 이 글은 키네틱 아트의 정의와 등장 배경, 조형 요소, 예술사적 의의를 밝히고 있다. 기계 문명 사회로 변화하던 시기를 배경으로 출현한 키네틱 아트는 기계의 움직임을 통해 창작 의도를 표현한다. 또한 '우연성'과 '비물질화'를 중요한 조형 요소로 한다.

[4~7] 사회심리학

주제: 휴리스틱의 종류와 종류별 특징

해제: 이 글은 다양한 휴리스틱에 의한 인간의 판단과 추론 과정을 설명하고 있다. 휴리스틱은 경험을 기반으로 효율적으로 답을 찾지만, 판단 착오를 낳을 수 있는 한계도 있다.

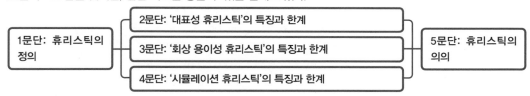

[8~10] 제습기의 비밀

주제: 제습기의 종류별 제습 원리

해제: 이 글은 제습기의 종류별 제습 원리에 대해 설명하고 있다. 건조식은 흡습제를 사용하는 방식, 냉각식은 습기를 물로 응축하는 방식, 전자식은 열전냉각 방식을 이용한다.

[11~14] 기억의 단계에서 망각의 양상

주제: 망각 현상을 바라보는 세 가지 관점과 망각을 줄이는 방법

해제: 이 글은 망각 현상을 부호화, 저장, 인출 단계와 관련지어 세 가지 관점에서 설명하고 있다. 망각 현상을 바라보는 관점에 따라 상이한 방법으로 망각의 해결 방안을 제시한다.

[15~17] 생각의 탄생

주제: 유추의 과정과 효용

해제: 이 글은 유추의 과정을 분석하여 설명하고 효용성을 강조하고 있다. 유추는 알고자 하는 대상의 특성을 알고 있는 대상과 비교하여 결론을 내리는 사고방식으로, '범위 좁히기' 과정을 통해 옳은 결론을 내릴 가능성을 높일 수 있다.

Ⅱ | 글의 종류에 따른 독해

글의 모든 기초를 정리하고 여기까지 온 것을 축하해!
이제 글의 구성 형태와 읽는 방법에 대해 알아보자.

1 사실(대상)을 설명하는 글

초등학생 때 글쓰기 숙제를 해본 적이 있지? 아마 가장 처음 받았던 글쓰기 숙제는 단연 '일기 쓰기'였겠지. 다음으로 받는 숙제는 '사실(대상)'을 설명하는 글, 즉 설명문 쓰기였을 거야. 왜냐하면 읽고 쓰기의 기본이 되는 글, 비문학을 대표하는 글의 종류가 바로 설명하는 글이기 때문이야. 설명하는 글에서는 '글의 중심 화제', '핵심 개념'이 무엇인지 파악하는 것이 중요해!

🍪 **확인 문제 1** 다음을 읽고 물음에 답하시오.　　　　　　　　　　2016 학업성취도 평가

2010년 11월, 한국, 벨기에, 체코, 프랑스 등 11개국이 공동으로 신청한 매사냥이 유네스코 인류 무형 유산에 등재되었다. 이는 동서양을 아우른 공동 등재라는 점에서 의미가 깊다. 그렇지만 매사냥에 대해 아는 현대인은 그리 많지 않은 듯하다. ㉠현재까지도 명맥을 이어가고 있는 우리의 전통 문화유산인 매사냥에 대해 알아보자.

[A]　매사냥은 매를 이용해 꿩, 토끼 같은 야생 동물을 잡는 사냥법이다. 일반적으로 사냥을 할 때 동물은 주인의 사냥을 돕는 보조적인 역할만 하지만, 매사냥에서 매는 주인을 대신해 짐승을 잡는 사냥꾼 역할을 한다. 매사냥의 주인공은 사람이 아니라 매인 것이다.

㉡그런데 아무 매나 매사냥의 주인공이 될 수는 없다. 매사냥에 쓰이는 매는 새끼 때부터 사람 손에서 길들여진 것이어야 한다. 매가 사냥을 할 만큼 훈련이 되면 본격적인 매사냥이 시작되는데, 매사냥을 할 때 우선 매사냥꾼은 사방이 잘 보이는 산의 높은 곳으로 매를 들고 올라간다. 준비하고 있던 몰이꾼들이 꿩을 몰면, 매사냥꾼은 날아가는 꿩을 향해 매를 떠나보내며 "매 나간다."라고 소리를 지른다. 그러면 몰이꾼들은 매에 달아 놓은 방울의 소리를 따라 신속히 가서 매를 찾는다.

㉢그렇다면 이러한 매사냥은 언제, 어디에서 시작되었을까? 기록에 따르면 매사냥은 4,000여 년 전 고대 중앙아시아와 서아시아에서 시작되어 세계로 퍼져 나갔다. 메소포타미아 유적지에서는 매사냥꾼을 새긴 유물이 발견되었고, 마르코 폴로의『동방견문록』에는 쿠빌라이 황제가 사냥터로 떠날 때 다양한 매 500마리를 동원한 기록이 남아 있다.

㉣우리나라는 어떠했을까? 우리나라의 경우 매사냥이 어디로부터 전해져 언제부터 시작되었는지에 대한 정확한 기록은 남아 있지 않지만, 고구려 고분 벽화에 남아 있는 매사냥 그림을 통해 이미 삼국 시대부터 매사냥이 이루어졌음을 알 수 있다.『삼국사기』에는 신라 진평왕이 매사냥에 푹 빠져 신하들이 걱정했다는 기록도 있다. 매사냥은 주로 왕과 귀족들 사이에서 성행했다. 고려 충렬왕은 매사냥을 담당하는 응방이라는 관청을 두었고, 이를 위해 몽골에서 기술자를 데려오기도 했다.

ⓜ지금까지 매사냥의 방법과 역사에 대해 살펴보았다. 매사냥은 많은 정성과 시간을 들여 매를 길들인 후 행해지는 사냥법이다. 이러한 매사냥은 오랫동안 이어져 내려온 우리의 소중한 전통 문화유산이지만, 지금은 소수의 사람들만이 매사냥을 전승해 가고 있다.

1. [A]에 사용된 설명 방식에 대한 이해로 가장 적절한 것은?

　　① 매사냥의 종류를 열거하고 기능을 분석하였다.
　　② 매사냥에 관한 통계 자료와 역사적 사실을 인용하였다.
　　③ 매사냥을 전승 방법에 따라 나누고 특징을 비교하였다.
　　④ 매사냥의 뜻을 풀이하고 다른 사냥과의 차이점을 드러내었다.
　　⑤ 매사냥이 전승되고 있는 이유와 그로 인한 결과를 밝히고 있다.

2. ㉠~ⓜ의 뒤에 이어질 내용을 예측한 것으로 적절하지 않은 것은?

　　① ㉠: 매사냥이 어떤 것인지에 대한 내용이 나오겠네.
　　② ㉡: 매사냥에 사용되는 매에 대한 설명이 이어지겠어.
　　③ ㉢: 매사냥의 기원에 대한 내용이 이어질 듯해.
　　④ ㉣: 우리나라 매사냥의 유래에 대해 설명할 것 같아.
　　⑤ ⓜ: 매사냥 전승 방식의 변화에 대한 설명을 반복하겠군.

3. 윗글의 두었고 와 문맥적 의미가 유사한 것은?

　　① 어린아이는 집에 혼자 두지 마세요.
　　② 이 학교는 학생 자치 위원회를 두고 있다.
　　③ 인생의 목표를 어디에 두느냐가 중요하다.
　　④ 학교에 두고 온 국어 책을 가지러 가야겠어.
　　⑤ 깨지기 쉬운 물건을 높은 곳에 두면 안 돼요.

　이 지문은　'매사냥'에 대해 설명하고 있는 글이야. 첫째 문단에서 매사냥에 관한 최근 이슈를 제시해서 관심을 유발하는 등 중심 화제를 제시하고 있어. 둘째 문단부터 본격적인 설명이 시작되지. 둘째 문단은 매사냥의 정의, 셋째 문단은 매사냥의 방법, 넷째, 다섯째 문단은 매사냥의 역사에 대해 설명하고 있어. 넷째 문단은 전 세계적인 유래, 다섯째 문단은 우리나라의 유래로 나누어 설명하고 있어. 마지막 문단은 소수에 의해 전승되고 있는 현실을 보여주지.

　1번 문항은　문단의 전개 방식에 대해 질문하고 있어. [A]는 매사냥의 정의와 일반적인 사냥과의 차이점을 설명하고 있어. 2번 문항은 이어질 내용을 예측하는 문항이야. 이어질 내용은 밑줄 친 내용과 관련이 있어야겠지? 그런데 매사냥의 방법은 전승 방식의 변화와 관련이 없지. 매사냥 역사에 대한 내용 중 전승 방식에 대한 설명도 없었고. 3번 문항의 '두었고'는 '직책이나 조직, 기구 따위를 설치하다.'라는 의미야.

2

대상을 분석, 비교, 대조하는 글

사실(대상)을 설명하는 글 중에서도 분석, 비교, 대조의 방법을 사용하는 글들이 많이 있어. 이런 유형의 글들은 분석, 비교, 대조의 기준에 따라 정보를 파악하는 것이 중요해.

'분석'은 주로 하나의 대상에 초점을 맞추어 전체를 부분으로 나누어 보여주는 방식이야. 그 대상은 구체적인 사물일 때도 있지만, 특정한 사건이나 현상, 그 현상의 원인이 될 수도 있어. 한편 '비교, 대조'의 경우에는 둘 이상의 대상이 나타난다는 점에서 차이가 있지. 비교, 대조의 기준에 따라 중심 화제의 특성이 달리 드러날 수 있다는 점은 항상 유의해야 해.

확인 문제 2 다음을 읽고 물음에 답하시오. 2014 학업성취도 평가

(가) 우리는 매일 놀이를 하면서 살아간다. 놀이에 많은 시간과 노력을 들이는 경우도 있다. 로제 카이와라는 학자는 놀이가 인간의 사회적, 제도적 측면에서 네 가지 속성을 가지고 있다고 주장했다.

(나) 우선, '경쟁'의 속성이다. 어떤 놀이들은 경쟁의 속성을 포함하고 있다. 아이들은 달리기로 경쟁하여 목표 지점에 먼저 도달하는 놀이를 하거나, 혹은 시간을 정해 놓고 더 많은 점수를 얻으려는 놀이를 한다. 이 경쟁의 속성은 스포츠나 각종 선발 시험 등에서 순위를 결정하는 원리로 변화되어, 사회 제도의 기본 원칙으로 활용되고 있다.

(다) 다음으로, '운'의 속성이다. 어떤 놀이들은 경쟁이 아닌 운의 속성을 활용하고 있다. 아이들은 놀이를 시작할 때, 종종 제비를 뽑아 술래를 결정하곤 한다. 어른들은 경쟁이 아닌 운을 실험하는 방식으로 내기를 하기도 한다. 예를 들어 복권은 운의 속성을 활용한 대표적인 사회 제도이다. 축구 경기가 경쟁을 통해 승패를 결정하는 행위라면 조 추첨을 통한 부전승은 실력을 고려하지 않고 운에 영향을 받는 행위여서, 경쟁과 운은 상호 보완적인 속성을 가지고 있다.

(라) 그 다음으로, '흉내'의 속성이다. 아이들은 어려서부터 모방하는 행위를 즐긴다. 유년기의 아이들은 주로 아버지와 어머니의 행동을 흉내 내고, 소년기의 학생들은 급우와 교사의 행동을 모방한다. 아리스토텔레스 이후 많은 철학자들이 모방을 예술의 기본 원리로 파악했고, 배우는 이러한 모방을 전문화한 직업인이라고 할 수 있다.

(마) 끝으로, 균형의 파괴 혹은 '일탈'의 속성이다. 아이들은 자신의 신체적 균형을 고의로 무너뜨리는 상황에 매혹을 느낀다. 가령 어린아이들은 어른들이 자신들의 몸을 공중에 던져 주면 환호성을 지르며 열광하고, 소년기의 학생들은 아찔한 롤러코스터를 일부러 타면서 신체적 경험이 무너지는 현기증을 체험한다. 일탈의 속성 역시 우리 사회 전반에 스며들어, 사회 제도의 압박감에서 벗어나 개인의 자유로움을 추구하는 행위로 나타나고 한다.

(바) ⟮ ㉮ ⟯, 경쟁, 운, 흉내, 일탈은 놀이의 속성이면서 동시에 인간이 형성한 문화의 근간이다. 사람들은 때로는 경쟁하고 운의 논리에 자신을 맡기는 사회 제도를 만들었고, 모방을 통해 예술의 기본 원리를 확립했으며, 신체적 균형과 사회 질서에서 벗어나는 유희와 일탈의 속성을 도입하기도 했다는 것이다. 놀이의 관점으로 인간의 문화를 이해할 때 특정 원리만을 신봉하거나 특정 원리를 배격하지 않아야 한다. 놀이의 네 가지 속성이 상호 작용하여 사회의 각 분야를 형성했고, 각 분야의 역할이 확장된 형태로 어울리면서 각종 예술과 제도가 함께 성숙할 수 있었음을 기억할 필요가 있다.

1. 윗글에서 글쓴이가 말하고자 하는 바로 가장 적절한 것은?

① 경쟁은 놀이의 가장 중요한 속성이다.
② 놀이의 네 가지 속성은 청소년 시기에 강조된다.
③ 흉내를 중심으로 다른 속성들을 결합시켜야 한다.
④ 일탈은 부정적 측면이 강해 문화의 원리에서 배격해야 한다.
⑤ 놀이의 네 가지 속성이 인간의 문화를 형성하는 데 토대가 되었다.

2. ㉮ 에 들어갈 수 있는 말과 그 이유로 가장 적절한 것은?

① '또한'을 넣어 (바)가 (마)의 원인임을 설명한다.
② '반면'을 넣어 (마)와 (바)의 대립 관계를 보여 준다.
③ '예를 들어'를 넣어 (바)가 (가)의 결론임을 암시한다.
④ '요약하면'을 넣어 (바)가 앞의 내용을 정리함을 알려 준다.
⑤ '왜냐하면'을 넣어 (바)가 (나)~(마)와 다른 내용으로 이어짐을 보여 준다.

3. 윗글을 읽고 난 후, (다)와 관련된 〈자료〉를 추가하여 읽었다. 〈자료〉의 ㉠~㉢에 적절한 말을 (다)에서 찾아 쓰시오.

〈자   료〉

   사회 제도 중의 하나인 인재 선발에서도 놀이의 특성이 강하게 작용한다. 귀족 사회에서 특권 계층의 자제들은 실력에 대한 검증 없이 관직에 나갈 수 있었다. 이는 (㉠)의 속성을 반영한 것이다. 행정 제도가 발달하면서 능력을 갖춘 인재가 더욱 많이 요구되자, 시험을 통해 관리를 선발하는 제도를 도입하여 (㉡)의 속성이 강화되었다. 현재에는 도시 출신보다 농어촌 지역 출신을 따로 선발하는 대학 입학 제도가 기존의 제도를 보완하는 방안에 해당한다. 이처럼 (㉠)와/과 (㉡)은/는 서로 대립적이면서도 (㉢)이다.

㉠: _____   ㉡: _____   ㉢: _____

....

이 지문은 '놀이'의 속성을 사회적, 제도적 측면에서 분석하여 설명하고 있는 글이야. (가)에서 중심 화제인 '놀이'의 속성을 네 가지로 분석해 볼 수 있음을 밝히고, (나)~(라)에서 각각 '경쟁', '운', '흉내', '일탈'의 속성에 대해 예를 들어 설명하고 있어. (다)에서 아이들과 어른들의 예, (라)에서 유년기, 소년기 학생들의 예, (마)에서 어린아이들과 소년기 학생들의 예는 모두 비교의 관계로, 서로 다른 대상들의 놀이가 지닌 공통점을 통해 놀이의 속성들을 설명하고 있어. (바)는 네 가지 속성이 서로 상호 작용하여 사회의 각 분야를 형성함을 강조하고 있지.

1번 문항은 글의 중심 내용을 묻고 있어. 이 글은 미괄식으로, (바)에서 놀이를 바라보는 글쓴이의 관점이 명확히 드러나지. 2번 문항은 문단 간의 관계에 적절한 접속 표현을 찾을 수 있는지 묻고 있어. (바)는 (나)~(마)에서 설명된 네 가지 속성의 의의에 대해 설명하고 있네. 3번 문항은 (다)의 핵심어인 '운', '경쟁'의 특징과 관계를 바탕으로 풀어야 해.

3

과정을 추적하는 글

'과정'은 일이 되어 가는 경로라는 뜻이야. 과학, 기술 지문에서 특정한 원리나 작동 방법 등에 대해 설명할 때, 사회 지문에서 시간의 흐름에 따른 대상의 변천이나 역사적 흐름 등을 설명할 때 적합한 설명 방식이야.

이런 유형의 글에서는 진행 순서에 따른 단계별 특징을 정확히 구분해서 이해해야 해. 그리고 앞의 단계와 뒤의 단계가 인과 관계를 보일 때도 있으니 논리적 흐름에도 유념하도록 해.

확인 문제 3 다음을 읽고 물음에 답하시오.   2016 학업성취도 평가

최근 '힙합'이라는 음악 장르가 관심을 끌고 있다. 방송 프로그램에 힙합 가수들이 출연해 다양한 끼와 랩 실력으로 ㉠주목을 받고 있고, 힙합 가수를 꿈꾸는 청소년들도 늘어나고 있다. 이렇게 힙합 음악이 대중화된 상황에서 힙합 가수들에게는 어떠한 창작 태도가 필요할까? 힙합 음악의 중요한 창작 수단으로 인식되어 온 '샘플링'을 중심으로 이를 알아보고자 한다.

1960년대 미국에서 힙합이 '거리 음악'으로 막 시작되고 성장해 가던 시기의 샘플링은 단순히 원곡의 일부나 혹은 전체를 빌려 쓰는 것이었다. 당시에는 완전히 새로운 음악 창작 방법이었으며, 저작권에 대한 인식이 확고하지 않았던 때라 샘플링에 큰 제약도 없었다. 샘플링에 대한 이런 인식은 1990년대 초반까지 이어지며 확대되었다.

하지만 힙합 음악이 대중적으로 ㉡관심을 끌면서 샘플링에 대한 인식도 점차 발전적으로 변화하였다. 특히 1992년 미국에서 샘플링과 관련하여 제기된 저작권 소송이 변화의 중요한 계기가 되었다. 이후 힙합 음악에서 샘플링은 원곡에 대한 충분한 이해와 원작자에 대한 존경심을 바탕으로 그의 허락을 받아 자신만의 방식으로 재해석하는 예술 기법으로 인식되고 있다.

이런 변화 속에서 우리나라에서도 1990년대에 힙합 음악이 본격적으로 발표되기 시작했고, 지금까지 많은 양적, 질적 ㉢성장을 이루어 내고 있다. 그런데 우리나라의 일부 힙합 가수들은 여전히 샘플링을 쉽고 간단한 '복사하고 붙여 넣기' 방법 정도로 이해하고 있다. 이러한 베끼기 수준의 샘플링은 표절 문제를 피하기 어렵다. 원곡에 새로운 의미를 부여하거나 원곡의 가치를 더 높이려는 태도를 보이지 않는다면, 힙합 음악의 대중화 열풍을 가져왔던 샘플링이 오히려 힙합 발전의 ㉣발목을 잡을 수도 있다.

현재 우리나라에서 힙합 음악은 '거리 음악'의 ㉤단계를 벗어났다. 대중 매체 속 음악 프로그램의 음원 차트를 보면, 이제 힙합은 대중음악의 중요한 갈래 중 하나로 인정받고 있다. 이런 상황에서 힙합 가수들은 샘플링이 원곡에 대한 더 진지한 이해와 존경을 바탕으로 한 재창조라는 점을 더욱 분명하게 인식해야 할 것이다. 그리고 샘플링을 넘어서는 새로운 창작 방법을 찾기 위한 노력도 해야 할 것이다.

1. [기출 응용] 윗글에 대한 설명으로 적절한 것은?

① 힙합 음악을 창작할 때 필요한 태도를 나열하고 있다.
② 거리 음악으로서 힙합 음악이 지닌 특징을 분석하고 있다.
③ 샘플링에 대한 미국의 인식 변화 계기와 과정을 설명하고 있다.
④ 우리나라와 미국에서 힙합 음악을 감상하는 방식의 차이를 밝히고 있다.
⑤ 힙합 음악의 창작 수단에 대한 문제를 제기하고 새로운 수단을 제시하고 있다.

2. 윗글의 주장과 근거에 대한 설명으로 가장 적절한 것은?

① 힙합 음악의 시대적 요구에 근거하여 '거리 음악' 시대의 힙합 정신으로 돌아갈 것을 주장하고 있다.

② 힙합 음악의 사례를 토대로 우리나라 대중음악의 창작 방법으로서 샘플링의 확대를 주장하고 있다.

③ 달라진 힙합 음악의 위상을 토대로 우리나라 힙합 가수들의 샘플링에 대한 인식 개선을 요구하고 있다.

④ 우리나라 힙합 음악의 특수성에 근거하여 원작자의 음악을 마음껏 활용하도록 해야 함을 주장하고 있다.

⑤ 힙합 음악에 대한 대중의 관심을 바탕으로 '복사하고 붙여 넣기'를 샘플링에 활용할 것을 권장하고 있다.

3. ㉠~㉣ 중 〈자료〉에서 설명하고 있는 표현 방식이 쓰인 것은?

──────────〈자 료〉──────────

○관용 표현: 둘 이상의 낱말이 합쳐져서 원래의 뜻과는 다른 새로운 뜻으로 굳어져 쓰이는 표현.

　예) 운동부 선수들은 계속된 연습으로 <u>파김치가 되었다.</u>
　　→ 파김치가 되다: 몹시 지쳐서 기운이 없다.

① ㉠　　　　② ㉡　　　　③ ㉢　　　　④ ㉣　　　　⑤ ㉤

이 지문은 샘플링에 대한 미국의 인식 변화 과정에 비추어 우리나라는 어떠해야 하는가를 설명하고 있어. 첫째 문단은 힙합 음악이 관심을 끄는 상황에 대해 소개하며 관심을 유발하고, 힙합 가수에게 필요한 창작 태도에 대해 질문을 던지고 있어. 질문이 나오면? 답이 나와야지. 둘째, 셋째 문단은 미국에서 '샘플링'에 대한 인식이 변화해온 과정에 대해 설명하고 있어. 1960년대에는 저작권에 대한 인식이 부족했지만, 1992년 저작권 소송 이후 인식이 바뀌었다는 거야. 넷째 문단은 우리나라에서 '샘플링'에 대한 인식이 어떠한지 설명하고 있어. 그리고 마지막 문단에서 미국의 사례에 비추어 우리나라에서 '샘플링'에 대한 인식이 어떻게 변화해야 할지 방향을 제시하고 있지.

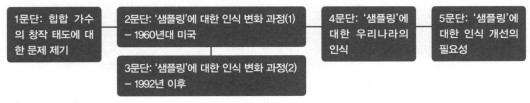

1번 문항은 이 글의 전개 방식과 내용을 함께 물어보고 있어. 이 글은 1960년대부터 1990년대까지 샘플링에 대한 미국의 인식이 어떻게 변화했는지 살펴보고, 우리나라는 어떠한지 설명하고 있어. 2번 문항은 이 글의 요지를 묻고 있어. 마지막 문단에서 이를 확인할 수 있어. 3번 문항처럼 비문학 지문에 어휘, 문법 관련 문제가 함께 나오는 경우도 많으니 같이 공부하면 좋겠어. ^^ '발목을 잡다.'는 '어떤 일에 꽉 잡혀서 벗어나지 못하게 하다.'라는 뜻이야.

4 인과를 밝히는 글

비문학 지문을 공부하면서 처음 걸림돌을 만난다면 아마 '인과 관계'가 아닐까 싶어. 앞선 세 유형의 글보다 논리적인 관계를 이해하는 것이 중요하고, 문제에서도 이를 확인하는 것들이 출제되기 마련이거든.

'인과'는 어떤 일의 원인과 결과를 말해. 과학 지문에서 특정 현상을 설명하거나, 기술 지문에서 단계별 원리를 설명할 때에 적합한 설명 방식이야. 사회 지문 중 주장하는 글이나 특정한 주장을 소개하는 글에서 뒷받침 내용의 논리적 타당성을 입증하기 위해 인과를 밝히곤 해.

한편, <보기>나 선지에 새로운 정보를 제시하고, 지문 안에 있는 정보와 유사한 인과 관계를 보이는 것을 찾도록 하는 문항도 자주 등장하고 있어. <보기> 혹은 선지도 글의 일부분이라고 생각하고 차분히 논리적 관계를 따져보면서 읽자! ^^

🔖 **확인 문제 4** 다음을 읽고 물음에 답하시오.   2014 학업성취도 평가

> (가) 도시에서는 관찰하기 힘들지만 시골의 밤하늘에서는 가끔 유성(별똥별)이 나타난다. 우주 공간을 떠도는 암석이 유성체라면, 이 암석이 지구 중력에 이끌려서 대기권에 진입하면 유성이 된다. 유성은 대기와의 마찰로 빛을 내며 녹게 되고, 그 남은 덩어리가 땅에 떨어져 운석이 된다.
>
> (나) 운석은 초당 10~20km의 엄청난 속도로 지구에 진입한다. 큰 운석은 지구 표면에 커다란 충돌구를 만들고, 사람을 다치게 하거나 건물을 부수기도 하는데, 이는 운석이 떨어지는 속도 때문이다. 운석이 지구 대기에 진입할 때는 저항을 받는데 이때 운석의 크기에 따라 감속되는 정도가 달라진다. 크기가 매우 큰 운석은 거의 초기 속도를 유지한 채 지표에 충돌해 거대한 충돌구를 만든다. 크기가 작은 경우에는 속도가 빨리 줄어 지구 표면에 충돌구를 만들지 못한다.
>
> (다) 한편, 운석은 대기에 진입할 때 대기와 마찰을 일으킨다. 이때 발생하는 높은 열 때문에 운석 표면이 녹는다. 지표면에 가까워져 속도가 대폭 감속되면 충분한 열이 형성되지 않아 운석이 더 이상 녹지 않는다. 마지막으로 녹았던 표면이 식어서 검은 색 껍질인 용융각이 된다. 사람들은 보통 운석이 녹았다가 식은 것이라고 생각하지만 실제로 용융각을 제외하면 전혀 녹지 않은 물질이다.
>
> (라) 지구 밖에서 온 운석은 태양계와 지구의 비밀을 풀 수 있는 중요한 자료가 된다. 태양계가 탄생할 때 생겨난 운석에는 태양계가 탄생할 당시에 어떤 일이 있었는지를 알 수 있는 정보가 담겨 있고, 태양계가 생성된 이후의 운석에는 소행성이나 화성과 같은 행성의 초기 진화에 대한 기록이 보존되어 있다. 그리고 소행성의 핵에서 떨어져 나온 철질운석은 지구의 내부 중심인 핵이 어떤 물질로 구성되어 있는지 연구할 수 있는 소중한 자료가 된다.
>
> (마) 이런 가치를 지닌 운석을 연구하기 위해서는 많은 운석이 필요하다. 그런데 지구에 떨어지는 운석의 상당수는 남극에서 발견된다. 왜냐하면 특정 장소에 운석이 모이게 되는 남극의 특수한 지형 조건 때문이다. 빙하는 꾸준히 낮은 곳으로 이동하는데, 이동 중에 산맥에 의해 가로막히면 앞부분의 빙하가 밀려서 위로 상승하게 된다. 매년 여름마다 상승한 빙하가 점차 녹으면서 그 속에 있던 운석들이 모이게 되는 것이다. 그래서 세계 각국은 앞 다투어 남극을 탐사하며 운석을 찾고 있다.

1. 윗글을 통해 알 수 있는 것으로 적절하지 <u>않은</u> 것은?

① 유성이 녹는 것은 대기와의 마찰 때문이다.
② 작은 유성은 큰 유성보다 운석이 될 확률이 높다.
③ 남극에서 운석은 빙하와 산맥이 만나는 곳에 모인다.
④ 지구에 대기가 없다면 더 많은 운석이 발견될 것이다.
⑤ 운석을 많이 모으면 운석 연구에 도움이 될 수 있을 것이다.

2. 윗글을 이해하기 위해 〈자료〉를 참고한 내용으로 가장 적절한 것은?

〈자 료〉

〈A〉 발견 위치에 따른 운석의 개수		〈B〉 유래에 따른 운석의 비율	
남극	16,000여 개	소행성	98%
그 외 지역	7,000여 개	화성	1%
전체	23,000여 개	달	1%

〈2000년 영국운석연감〉

① (나)에서 충돌구가 생긴다는 설명의 자료로 〈A〉를 들 수 있어.
② (라)에서 화성 연구용 운석을 구하기 쉽다는 설명의 자료로 〈B〉를 들 수 있어.
③ (라)에서 지구핵 연구에 필요한 운석의 비율이 낮다는 설명의 자료로 〈A〉와 〈B〉를 동시에 들 수 있어.
④ (마)에서 남극이 운석 연구에 중요하다는 설명의 자료로 〈A〉를 들 수 있어.
⑤ (마)에서 남극 운석 중 상당수가 달에서 온 것이라는 설명의 자료로 〈B〉를 들 수 있어.

....

이 지문은 운석이 지구에 떨어지며 발생하는 현상을 분석하고, 운석이 지닌 가치, 발견 지점 등을 설명하고 있어. (가)에는 유성체가 운석이 되는 과정이 나타나 있어. 지구 중력에 이끌려(원인) 대기권에 진입하고(결과), 대기와 마찰로(원인) 빛을 내며 녹는 것(결과)은 모두 인과를 바탕으로 한 설명이야. (나)는 운석의 진입 속도와 표면 충돌, (다)는 대기 마찰로 인한 운석의 변화 등 운석이 대기에 진입하며 발생하는 현상에 대해 설명하고 있어. (라)는 태양계, 지구의 비밀을 풀 수 있는 자료로서 운석의 가치, (마)는 이러한 운석이 남극의 특정 장소에 모이는 현상에 대해 설명하고 있어. (나), (다), (마)의 설명에서 모두 인과 관계를 발견할 수 있어.

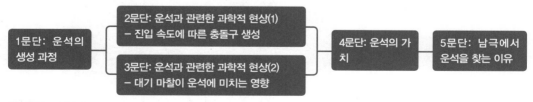

1번 문항은 지문의 내용을 바탕으로 다른 내용을 추론할 수 있는지 묻고 있어. (가)에서는 유성이 대기와 마찰로 빛을 내며 녹는다고 말하고 있어. 그렇다면 작은 유성보다 큰 유성이 마찰을 견디고 덩어리를 남길 가능성이 높겠지? 2번 문항과 같이 표가 나오면, 특징적인 정보가 무엇인지 먼저 파악하도록 해. 여기서는 대부분의 운석은 남극에서 발견되고(A), 그 운석은 대부분 소행성에서 왔다는 것이 특징적이지. 남극에 관한 내용은 (마)에서 확인할 수 있어.

주장을 논증하는 글

바늘이 가면? 실이 따라가야지. '주장'이 나오면? '근거'가 따라가야겠지. 주장을 논증하는 글에서는 '주장'과 '근거'의 논리적 관계를 잘 파악해야 해. 실제 시험에는 '이러해야 한다.'라고 주장하는 글보다는, '이러한 주장이 있다.'라고 설명하는 글이 많이 등장해.

이 유형의 글에서는 주장 혹은 근거가 무엇인지 파악하는 문제가 나오거나, <보기>에 제시된 새로운 정보를 활용하여 주장을 뒷받침할 수 있을지 판단하는 문항이 자주 출제되곤 해. 주장과 근거의 논리적 관계를 따져보는 연습을 열심히 해야겠지!

확인 문제 5 다음을 읽고 물음에 답하시오. 　　　　　　　　　　　2015 학업성취도 평가

최근 20여 년 동안 자유 무역의 바람이 전 세계로 퍼지면서 세계 시장에서 모든 물품의 자유로운 거래를 당연한 것으로 여기는 경향이 있다. 자유 무역의 이러한 논리에 따르면 식량도 자유 무역의 대상에서 예외가 될 수 없다. 이대로 놓아두어도 괜찮은 것일까?

현재 식량 문제의 주도권은 일부 거대 곡물 회사들이 쥐고 있다. 이들 거대 곡물 회사들은 높은 수익을 얻기 위해 주도권을 행사하고 있지만, 바로 여기에 문제가 있다. 지구는 약 130억 명이 먹을 수 있는 식량을 생산할 능력이 있다. 현재 지구의 인구는 70억 명에 불과하다. 공급 능력 대비 수요를 고려하면 굶주림에 시달리는 사람이 없어야 하고 식량 가격은 지금보다 훨씬 낮아야 한다. 그러나 현실은 그렇지 않다. 이들이 세계 곡물 거래량의 80%를 넘는 곡물을 거래하고 있으며, 최대치의 이윤을 얻기 위해 곡물 생산량을 임의로 결정하기 때문이다. 2008년 세계 곡물 파동 당시 식량 가격이 마구 치솟아 수많은 빈민들이 굶주림으로 허덕였을 때 오히려 이 회사들의 이익은 40% 이상 높아졌다.

식량은 인간 생존의 필수적인 품목이다. 자유 무역의 논리에도 불구하고 식량을 자유 무역의 상품으로 던져둘 수 없는 이유가 여기에 있다. 실제로 선진국에서도 식량 문제에 대해서는 이중적인 태도를 보이고 있다. 저개발 국가에는 자유 무역에 동참할 것을, 그래서 그 국가의 정부가 시장에 개입하지 못하도록 요구하면서도 자국의 경제를 운용할 때에는 굶주림에 시달리는 불행한 국민이 없도록 최소 생존권을 보장하는 정책을 적용하고 있다. 기업의 이윤 극대화보다 더 중요한 것이 인간의 최소 생존권임을 인정하고 있는 것이다.

[A]

⊙오늘날 지구 한쪽에서는 살을 많이 빼면 25만 달러를 상금으로 주고, 다른 한쪽에서는 하루 1달러가 없어 굶주림에 시달리고 있다. 식량 문제를 자유 무역의 논리로만 다루면 이러한 현상은 더욱더 심해질 것이다. 그러므로 인간 생존의 기본 요건인 식량 문제를 자유 무역의 대상으로 다루어서는 안 된다.

1. [기출 응용] 윗글에 대한 설명으로 적절한 것은?

　① 신뢰할 수 있는 전문가의 의견을 인용하고 있다.
　② 대상 간의 공통점과 차이점에 대해 설명하고 있다.
　③ 하나의 문제에 대한 다양한 해결방안을 제시하고 있다.
　④ 문제가 발생한 과정을 시간 순서에 따라 설명하고 있다.
　⑤ 구체적인 수치를 근거로 제시하여 주장을 뒷받침하고 있다.

2. 글쓴이의 관점에 대한 이해로 가장 적절한 것은?

　① 전 세계 식량 불균형 현상이 차츰 해결되고 있다고 판단하고 있다.
　② 식량을 자유 무역 시장의 상품으로 거래하는 것에 대해 비판하고 있다.
　③ 저개발 국가도 국민의 생존권을 보장하기 위해 식량 시장을 개방해야 한다고 보고 있다.
　④ 이윤 추구를 위해 거대 곡물 회사가 식량 생산을 통제하는 것을 당연하다고 여기고 있다.
　⑤ 자국민의 최소 생존권을 위하여 선진국 정부가 개입하는 것을 지나치다고 평가하고 있다.

3. [A]는 ㉠을 그림으로 나타낸 것이다. [A]에 대한 설명으로 가장 적절한 것은?

　① 객관적인 정보를 보충하여 화제 전환을 암시한다.
　② 사실적인 장면을 제시하여 앞의 내용을 반박한다.
　③ 문제 상황을 시각적으로 대조하여 주장을 강조한다.
　④ 추상적인 개념을 구체화하여 글의 신뢰성을 높인다.
　⑤ 글 전체의 내용을 일반화하여 문제 해결 방안을 제시한다.

　이 지문은　식량을 자유 무역의 대상으로 삼지 말아야 함을 주장하는 글이야. 첫째 문단은 식량을 자유 무역의 대상으로 삼는 현상에 대해 소개하며 문제를 제기하고 있어. 둘째 문단은 이러한 현상이 거대 곡물 회사의 이윤만 극대화하는 현실에 대해 설명하고 있어. 셋째 문단은 자국의 식량 문제에 대해서는 자유 무역의 논리를 적용하지 않는 선진국의 정책을 소개하고 있어. 둘째 문단과 셋째 문단에서 설명한 사실을 근거로, 마지막 문단에서 식량을 자유 무역의 대상으로 삼지 말 것을 주장하고 있어.

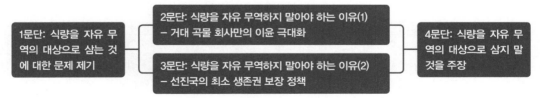

　1번 문항은　글의 전개 방식에 대해 묻고 있어. 이 글은 주장을 뒷받침하기 위해 지구의 인구, 식량 생산 능력, 세계 곡물 거래량 등을 수치로 제시하고 있어. 2번 문항은 글의 요지가 무엇인지 물어보고 있네. 현재와 같은 상황이 지속되면 식량 불균형이 심해질 것이기에, 식량을 자유 무역의 대상으로 삼는 것을 비판하고 있지. 3번 문항은 글에서 그림의 역할에 대해 묻고 있어. 왼쪽의 그림은 풍족한 삶을 사는 이들의 모습을 다소 과장하여 표현하였어. 오른쪽의 그림은 왼쪽과 반대로 극심한 굶주림을 겪는 이들의 처지를 잘 표현하였어.

6 문제를 제기하고 해결 방안을 제시하는 글

문제를 제기하고 해결 방안을 제시하는 글은 설명과 주장의 두 가지 성격을 모두 지녔어. 문제를 제기하는 부분은 설명하는 글, 해결 방안을 제시하는 부분은 주장하는 글의 성격이 강하지. 그래서 이런 유형의 글에서는 다양한 형식의 문제가 나올 수 있어.

이 유형의 글은 사회, 과학 지문에서 자주 등장해. 우리가 관심을 가져야 할 만한 문제에 대해 의문을 제기하고, 이에 대한 새로운 관점과 대안을 제시하는 거지. 기존의 방식과 새로운 대안에 어떤 차이점이 있는지 확인하면서 읽어보도록 하자!

확인 문제 6 다음을 읽고 물음에 답하시오.

2016 학업성취도 평가

최근 몇 년 사이 각종 방송 드라마나 오락 프로그램에서 출연자가 특정 회사의 상표가 드러나는 옷을 입거나 자동차를 타는 장면을 흔히 볼 수 있게 되었다. 이렇게 상업적 의도를 감춘 채 프로그램 내에 배치된 제품이나 기업의 상징물 등을 소비자가 인식하도록 만드는 광고를 '간접 광고'라고 한다. 우리나라는 2010년 1월부터 간접 광고를 허용했다. 허용 초기에는 간접 광고의 정도가 미미했지만 해가 갈수록 그 정도가 심해져 내용 전개와 무관한 간접 광고가 시청자들의 몰입을 방해하는 수준에 이르렀다. 이러한 상황에 있는 간접 광고의 문제를 살펴보고 적절한 해결책을 모색할 필요가 있다.

간접 광고는 어떤 문제를 안고 있을까? 간접 광고는 앞에서 언급한 몰입 방해 외에도, 특정 기업이나 상품 등에 대한 무의식적인 각인 효과를 시청자에게 심어준다는 문제가 있다. 이렇게 되면 시청자들이 비판적 판단을 하지 못하고 간접 광고가 다루는 대상을 무조건적으로 신뢰하는 일이 벌어지게 된다.

또한 간접 광고로 인해 드라마나 오락 프로그램의 완성도가 떨어진다. 간접 광고의 대가로 광고주들은 방송 프로그램의 제작비를 지원하는데, 간접 광고가 허용된 이후 광고주들의 요구가 강해지고 있다. 그 결과 프로그램의 완성도가 떨어지는 경우가 빈번해지고 있다. 광고주들은 간접 광고를 더 길게 더 자주 넣도록 요구하기 때문이다. 완성도가 떨어지는 프로그램을 보아야 하는 시청자들로서는 큰 피해가 아닐 수 없다.

한편 간접 광고는 시청자의 선택권을 빼앗는다는 점에서도 문제가 있다. 프로그램 앞뒤에 하는 광고는 시청자가 볼 것인가 말 것인가를 선택할 수 있지만, 간접 광고는 프로그램 내에 포함되어 있어 그렇게 할 수 없다. 이는 시청자를 더욱 수동적인 존재로 만든다.

그러므로 과도한 간접 광고가 가지고 있는 이러한 문제를 해결하기 위한 노력이 필요하다. 우선 법이나 규정을 명확히 해야 한다. ㉠그물코가 느슨하면 물고기가 그물망을 쉽게 빠져 나가서 물고기를 잡을 수 없다. 이와 마찬가지로 방송법 시행령의 규정이 '제작상 불가피한', '자연스러운 노출'처럼 모호하면 광고주들과 방송사가 법망을 쉽게 피할 수 있게 되어 간접 광고가 과도해지는 것을 막을 수 없다. 실제로 광고주들이나 방송사가 법이나 규정의 모호한 표현을 악용하는 사례도 매년 늘고 있다. 그러므로 법이나 규정을 명확히 하여 과도한 간접 광고를 막아야 한다. 더 나아가 법이나 규정을 위반했을 때 가하는 법적 제재도 광고주들이나 방송사가 부담을 느낄 정도로 강화해야 한다.

또한 시청자들은 지나친 간접 광고가 프로그램을 즐겁게 시청할 자신들의 권리를 침해한다는 사실을 인식하고 지나친 간접 광고에 대해 비판의 목소리를 높여야 한다. 시청자들의 목소리는 과도한 간접 광고를 막을 수 있는 또 다른 중요한 축이다.

172

1. ㉠에 사용된 논증 방식에 대한 설명으로 가장 적절한 것은?

　① 일반적 원리로부터 개별적 사실을 입증하였다.
　② 여러 가지 사례에서 보편적인 원리를 이끌어 냈다.
　③ 대상이 지닌 속성의 유사성을 판단 근거로 삼았다.
　④ 주장의 주요한 내용을 다시 주장의 근거로 삼았다.
　⑤ 문제를 제기하고 이에 대한 해결 방안을 제시하였다.

2. 윗글의 관점에 근거해 〈자료〉를 비판한 내용으로 가장 적절한 것은?

〈자　료〉

　　최근 한류 열풍에 힘입어 우리나라 방송 프로그램 안에 등장하는 제품들이 외국에서 큰 인기를 얻고 있다. 이는 기업의 매출 증가에 도움을 주고 있으며 국가 경제 발전에도 긍정적인 기여를 하고 있다. 그러므로 간접 광고를 더욱 확대할 수 있도록 간접 광고에 대한 규제를 완화해야 한다.

　① 간접 광고에 대한 규제를 강화하면 프로그램의 제작 여건이 악화될 것이다.
　② 방송사의 요구를 반영하지 않은 규제 완화는 한류에 큰 도움을 주지 못할 것이다.
　③ 기업의 매출을 고려할 때 간접 광고에 문제가 있더라도 어느 정도 인정해야 한다.
　④ 간접 광고에 대한 규제 완화는 프로그램에 대한 기업과 광고주의 관심을 떨어뜨린다.
　⑤ 간접 광고에 대한 규제 완화가 프로그램의 완성도를 떨어뜨려 오히려 한류에 악영향을 끼칠 것이다.

──────────────────────────────

이 지문은　간접 광고의 문제와 해결 방안에 대해 설명하고 있는 글이야. 첫째 문단은 중심 화제인 '간접 광고'의 정의와 현황에 대해 설명하고 있어. 둘째, 셋째, 넷째 문단은 본격적으로 '간접 광고'의 문제점에 대해 설명하고 있어. 각각의 문단은 광고 대상에 관한 무의식적 각인 효과, 프로그램의 완성도 저하, 시청자 선택권 박탈 등을 문제 삼고 있지. 다섯째 문단은 법적 제재로, 마지막 문단은 시청자의 참여로 이러한 문제를 해결할 수 있음을 밝히고 있어.

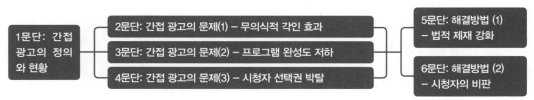

1번 문항은　㉠에 쓰인 논증 방식의 특징에 대해 묻고 있네. ㉠은 물고기와 그물망의 관계에 관한 이야기로 시작해서, 광고주 및 방송사, 그리고 법망의 관계에 관한 이야기로 끝나고 있어. 유사점이 많은 두 대상을 비교하여 어떠한 결과를 도출해내는 논증 방식을 '유추'라고 해. '2. 글의 구조' 단원에 유추에 관한 지문이 실려 있으니 다시 읽어보도록 해. 2번 문항은 지문의 내용을 근거로 삼아 〈자료〉를 비판하라고 해. 문제만 읽어도 〈자료〉에 지문과 상반된 관점이 나올 것임을 예상할 수 있지? 아니나 다를까 〈자료〉는 간접 광고에 대한 규제를 완화하라고 주장하고 있어. 규제가 약할 때 생기는 여러 문제점들이 둘째, 셋째, 넷째 문단에 있으니 이를 바탕으로 〈자료〉를 비판할 수 있을 거야.

[1~3] 다음을 읽고 물음에 답하시오.   2015 고1 3월 학력평가

일반적으로 사진을 찍을 때는 사진에 담을 대상인 중심 피사체를 먼저 선정하여 화면 중앙에 놓고 이것에 초점을 맞춘다. 그런 다음 중심 피사체와 주변 풍경을 적절하게 구획하여 안정된 구도로 사진을 찍는 것이 일반적인 프레임* 구성 방법이다. 그런데 사진을 촬영하다 보면 의도하지 않았던 요소들이 개입하여 일반적인 프레임 구성 방법에서 벗어났음에도 미적 효과가 느껴지는 경우가 있다. 이를 의도적으로 활용한 대표적인 예가 숄더샷 프레임이다.

숄더샷 프레임이란 등에 업힌 아이가 어깨 너머로 세상을 보는 것처럼, 프레임 안에 장애물을 배치하여 감상자가 장애물 너머로 중심 피사체를 보도록 유도하는 프레임 구성 방법이다. 숄더샷 프레임을 활용하면 프레임 안에 삽입된 장애물로 인해 감상자가 시각적인 긴장감을 느끼게 되어 중심 피사체에 대한 감상자의 집중도가 높아지게 된다.

숄더샷 프레임은 다음과 같은 방법들을 활용하여 구성한다. 첫째, 사진에 담고자 하는 중심 피사체 앞에 장애물을 배치한다. 장애물을 배치하면 감상자가 눈에 잘 띄는 장애물을 먼저 본 다음에 중심 피사체를 보기 때문에 중심 피사체로 시선이 집중되는 효과가 나타난다. 이때 장애물이 중심 피사체보다 크면, 장애물이 감상자의 눈에 더 잘 띄게 된다. 그리고 장애물의 형태나 자세, 시선 등이 중심 피사체를 향하도록 하면 감상자의 시선을 중심 피사체로 이끌어 주는 지시성이 강화된다. 둘째, 중심 피사체에는 초점을 정확하게 맞추는 반면 장애물에는 초점을 맞추지 않는다. 그러면 감상자는 초점이 맞지 않아 흐릿하게 보이는 장애물보다 초점을 맞춘 대상을 중심 피사체로 인식하여 시선을 집중하게 된다. 셋째, 중심 피사체와 장애물의 밝기를 대비시킨다. 중심 피사체는 밝게, 장애물은 어둡게 촬영하는 것이 좋다. 그러면 밝음과 어둠이 대비되면서 감상자가 중심 피사체를 주목하게 된다.

숄더샷 프레임은 의도하지 않았을 때 나타나는 미적 효과를 의도적으로 활용하여 사진의 예술성을 구현하고자 한다. 숄더샷 프레임은 조화와 균형, 통일을 기본으로 여겼던 기존의 예술적 인식에서 벗어나 순간적이고 우연적인 것, 불안정한 것에서 아름다움을 발견했다는 점에서 사진 예술의 새로운 방향을 제시한다고 할 수 있다.

* 프레임: 사진 화면의 구도를 설정하는 틀.

1. 윗글을 통해 알 수 있는 내용이 아닌 것은?

① 숄더샷 프레임의 개념
② 숄더샷 프레임의 효과
③ 숄더샷 프레임의 변천 과정
④ 숄더샷 프레임의 촬영 기법
⑤ 숄더샷 프레임의 예술적 의의

2. 윗글을 바탕으로 〈보기〉를 이해한 내용으로 적절하지 <u>않은</u> 것은?

〈진동선, 「이탈리아 피렌체」〉

이 사진은 남자를 향하여 서 있는 여자를 장애물로
배치하여 숄더샷 프레임으로 촬영한 것이다.

① 중심 피사체와 장애물의 밝기를 대비시켜 감상자가 중심 피사체를 주목하게 하는군.
② 장애물을 흐릿하게 촬영하여 초점을 맞춘 대상을 감상자가 중심 피사체로 인식하게 하는군.
③ 장애물의 자세가 중심 피사체를 향하게 함으로써 중심 피사체에 대한 지시성이 강화되고 있군.
④ 장애물을 중심 피사체보다 앞에 배치하여 장애물이 중심 피사체보다 감상자의 눈에 먼저 띄게 하는군.
⑤ 장애물을 중심 피사체보다 크게 촬영하여 감상자의 시선이 중심 피사체를 거쳐 장애물로 집중되게 하는군.

3. 윗글에 언급된 '숄더샷 프레임(㉠)'과 〈보기〉의 '엣지샷 프레임(㉡)'에 대한 설명으로 가장 적절한 것은?

〈보 기〉

'엣지샷 프레임'은 중심 피사체를 가장자리나 구석에 위치시켜 의도적으로 시각적 긴장감을 유발하는 프레임 구성 방법이다. 이 프레임은 안정된 구도를 활용하는 일반적인 사진과 달리 익숙하지 않은 프레임을 통해 감상자가 중심 피사체에 집중하게 한다.

① ㉠은 ㉡과 달리 기존의 예술적 인식을 바탕으로 한 프레임 구성 방법이다.
② ㉡은 ㉠과 달리 의도하지 않았을 때 나타나는 미적 효과를 의도적으로 활용하고 있다.
③ ㉠은 조화와 균형, ㉡은 부조화와 불균형을 아름다움의 기본으로 여기고 있다.
④ ㉠과 ㉡은 중심 피사체를 프레임의 중앙 부분에 놓이도록 촬영한다.
⑤ ㉠과 ㉡은 익숙하지 않은 프레임을 통해 시각적 긴장감을 유발한다.

사람들은 상호의존적인 성격을 가지고 있어 어떤 사람의 소비가 다른 사람의 ㉠소비에 영향을 받는 경우를 종종 볼 수 있다. 예를 들어 친구들이 어떤 게임기를 사자 자신도 그 게임기를 사겠다고 결심하는 경우가 그것이다. 이와 같이 어떤 사람의 소비가 다른 사람의 소비에 의해 영향을 받을 때 '네트워크 효과'가 있다고 말한다. 그 상품을 쓰는 사람들이 일종의 네트워크를 형성해 다른 사람의 소비에 영향을 준다는 뜻에서 이런 이름이 붙었다. 이 네트워크 효과의 대표적인 것으로 '유행효과'와 '속물효과'가 있다.

[가]
어떤 사람들이 특정 옷을 입으면 마치 유행처럼 주변 사람들도 이 옷을 따라 입는 경우가 있다. 이처럼 다른 사람의 영향을 받아 상품을 사는 것을 '유행효과'라고 부른다. 유행효과는 일반적으로 특정 상품에 대한 수요가 예측보다 더 늘어나는 현상을 설명해 준다. 예를 들어 옷의 가격이 4만 원일 때 5천 벌의 수요가 있고, 3만 원일 때 6천 벌의 수요가 있다고 하자. 그런데 유행효과가 있으면 늘어난 소비자의 수에 영향을 받아 새로운 소비가 창출되게 된다. 그래서 가격이 3만 원으로 떨어지면 수요가 6천 벌이 되어야 하지만 실제로는 8천 벌로 늘어나게 된다.

반면에, 특정 상품을 다른 사람들이 소비하면 어떤 사람들은 그 상품의 소비를 중단하는 경우가 있다. 자신들만이 그 상품을 소비할 수 있다는 심리적 만족감을 채울 수 없기 때문이다. 이처럼 어떤 상품을 소비하는 사람의 수가 증가함에 따라 그 상품을 사지 않는 것을 '속물효과'라고 부른다. 속물효과는 일반적으로 특정 상품에 대한 수요가 예측과는 달리 줄어드는 현상을 설명해 준다. 예를 들어 옷의 가격이 비싸 많은 사람들이 그 옷을 사지 못하는 상황에서, 가격이 떨어지면 수요가 늘어나야 한다. 그런데 속물효과가 있으면 가격이 떨어져도 소비가 예측보다 적게 늘어난다. 가격이 떨어지면서 소비하는 사람의 수가 늘어남에 따라 이에 심리적 영향을 받은 사람들이 소비를 중단하기 때문이다.

우리는 보통 다른 사람의 영향을 받지 않고 자신의 기호와 소득을 고려하여 합리적으로 소비를 결정한다고 생각한다. 그러나 현실 세계에서는 이런 생각이 빗나갈 때가 많다. 실제로는 어떤 사람의 소비가 다른 사람에 의해 영향을 받을 때가 많기 때문이다. 미국의 하비 라이벤스타인(Harvey Leibenstein)이 이론적인 기초를 세운 네트워크 효과는 이런 실제 경제 현상에 대한 우리의 이해를 돕는다는 점에서 그 의의가 있다.

4. '속물효과'의 사례로 적절한 것은?

① 은아는 값을 내린 단골 고급 식당에 손님이 몰리자 다른 고급 식당으로 바꿨다.
② 정현이는 자신이 차고 있던 시계를 디자인이 더 예쁜 다른 시계로 바꿨다.
③ 동원이는 자신이 타고 다니던 자동차보다 성능이 더 좋은 자동차로 바꿨다.
④ 철민이는 주위 친구들이 유명한 운동화를 신자 자신도 그 운동화로 바꿨다.
⑤ 현주는 명품 가방을 애용해왔지만 가격이 저렴한 다른 가방으로 바꿨다.

5. 〈보기〉와 같은 과정을 거쳐 '네트워크 효과' 이론이 세워졌다고 가정할 때, 이에 대한 판단으로 적절하지 않은 것은?

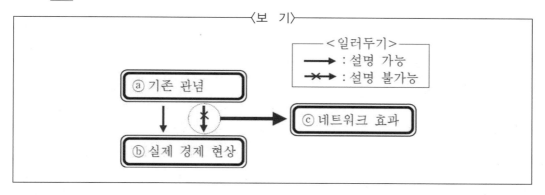

① ⓐ는 인간이 합리적으로 소비를 한다는 것이겠군.
② ⓑ는 ⓐ를 좀 더 강화시킬 수 있는 현상이겠군.
③ ⓒ는 특정 상품에 대해 소비자가 일종의 네트워크를 형성한다고 보겠군.
④ ⓒ는 ⓑ를 이해하는 데 도움이 되겠군.
⑤ ⓒ는 ⓐ로는 설명할 수 없는 ⓑ를 설명하기 위해 세워졌겠군.

6. [가]를 〈보기〉와 같이 그래프로 그렸을 때, 유행효과에 의해 만들어진 '수요 변화량'에 해당하는 것은?

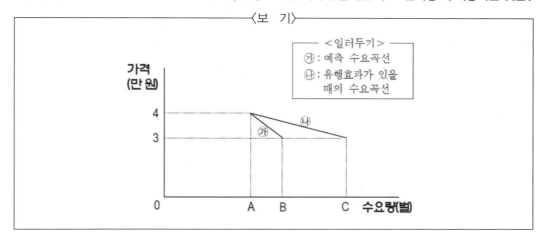

① A와 B를 더한 양   ② A와 C를 더한 양   ③ B와 C를 더한 양
④ B에서 A를 뺀 양   ⑤ C에서 B를 뺀 양

7. ㉠의 '에'와 그 쓰임이 가장 유사한 것은?

① 바람에 꽃이 졌다.   ② 옷에 먼지가 묻었다.
③ 이 보약은 몸에 좋다.   ④ 내 동생은 방금 학교에 갔다.
⑤ 순이는 아침에 공부하러 도서관으로 갔다.

　　우리나라 도자기에는 전통 예술의 아름다움이 담겨 있다. 도자기는 수요자의 요구에 따라, 혹은 그것을 만든 장인의 예술 감각에 따라 다양한 형태와 문양을 갖게 된다. 도자기 가운데 고려청자는 매우 귀족적이며 장식적이다. 그 수요자가 왕실과 중앙 귀족이었으므로 도자기 형태나 문양에 그들의 취향이 반영되었기 때문이다. 이에 반해, 조선 분청사기는 왕실에서 일반 백성에 이르기까지 전 계층이 사용하였다. 물론 수요층에 따라 도자 양식에는 차이가 있었지만 대체로 분청사기는 일상생활 용기로 널리 사용되었으므로 순박하고 서민적이었다.

　　㉠고려청자의 아름다움은 흔히 형태, 색, 문양 등 세 가지 측면에서 얘기되곤 한다. 흐르는 듯한 형태의 유려함, 비취옥과 같은 비색(翡色), 그리고 자연에서 소재를 얻은 문양이 그것이다. 귀족들의 취향을 반영한 고려청자에는 세련된 곡선미가 담겨 있다. 여기에 학이 창공을 날아가는 모습과 같은 우아하고 섬세한 문양이 신비한 비색과 잘 어우러져 있다. 그런데 고려청자에는 도공의 창조적 개성미는 드러나지 않았다. 왜냐하면 고려청자는 서남해안 일부 지역에 설치되었던 관요(官窯)*에서 국가의 강력한 보호와 규제 속에서 이름 없는 도공들에 의해 만들어졌기 때문이다.

　　㉡분청사기는 '청자 태토(胎土)*로 빚은 몸체에 분을 바르듯이 백토를 ⓐ입힌 사기그릇'을 말한다. 분청사기는 고려 말 귀족이 몰락하고 지방의 중소 지주였던 사대부 성리학자가 등장하던 시기에 제작되기 시작했다. 그러다가 점차 서민층에까지 쓰임이 확대되면서 형태도 매우 안정되고 튼튼하게 변해갔고, 문양도 활달하고 자유분방하게 변해가게 되었다. 또한 여기에 도공의 독창적 개성미가 더해져 자유롭고 생동감 넘치는 분청사기가 만들어지게 되었다. 왜냐하면 분청사기는 전국에 흩어져 있는 민간 가마인 민요(民窯)에서 이전보다 자유로운 여건에서 만들어졌기 때문이다.

[분청사기조화수조문편병]

　　'분청사기조화수조문편병'을 보면, 아무렇게나 그어 나간 듯한 경쾌한 선들을 볼 수 있다. 어린아이들의 장난기 어린 그림처럼 보이기도 하지만, 무엇에도 얽매이지 않은 자유분방함과 독창적 개성미가 엿보인다. 또한 투박하지만, 장인의 예술 감각과 창조적 조형 의지도 느낄 수 있다. 이처럼 분청사기에서는 고려청자가 갖는 깔끔하고 이지적인 느낌과는 다른 수더분함과 숭늉 맛 같은 구수함이 느껴진다. 분청사기의 자유분방함과 수더분함 속에서 고려청자와는 또 다른 전통 예술의 아름다움을 발견할 수 있다.

* 관요: 관청에서 경영하던 가마.
* 태토: 바탕흙.

8. 위 글의 중심 내용으로 가장 적절한 것은?

① 고려청자와 분청사기 수요층의 특징
② 고려청자와 분청사기의 원료와 제작 과정
③ 고려청자와 분청사기에 담긴 전통 예술의 아름다움
④ 고려청자와 분청사기에 나타난 문양의 상징적 의미
⑤ 고려청자와 분청사기를 통해 알 수 있는 시대적 상황

9. 위 글을 읽은 독자가 〈보기〉를 더 접한 뒤에 보일 수 있는 반응으로 적절한 것은?

---〈보 기〉---

　　서양 미술사에서 화려한 르네상스 미술이 꽃 필 수 있었던 것은 예술가들의 역량을 인정하고 후원해 준 패트런(patron: 후원자)이 있었기 때문이다. 위대한 예술가로 명성을 날린 다빈치, 미켈란젤로, 라파엘로 같은 화가의 배후에도 막강한 패트런이 있었다. 그러나 이 시기 예술가들의 작품은 교회와 귀족, 즉 패트런의 주문에 맞춰 제작하는 방식이었기 때문에, 예술가들은 자신의 예술 의지를 펼치기보다는 패트런의 취향에 맞춰 그림을 그릴 수밖에 없었다. 르네상스 이후 예술가들이 패트런의 보호를 떠나 자유롭게 활동하게 되면서 비로소 자신들의 고유한 예술의 자율성을 확보할 수 있었고, 나아가 독창적 개성을 표출하는 그림을 그릴 수 있게 되었다.

---

① 고려청자의 도공과 르네상스 시기의 화가는 주문자의 취향에 맞춰 작품을 제작했겠군.

② 르네상스 이후의 화가와 달리, 분청사기를 만든 도공은 이전보다 자유로운 조건에서 작업을 했겠군.

③ 위대한 예술가를 후원했던 패트런처럼 고려 귀족들은 도공이 예술가로 명성을 남기도록 적극 후원했을 거야.

④ 르네상스 이후의 서양 미술의 변화 과정처럼 고려청자에서 분청사기로의 변화 과정도 종교적 영향을 받았겠군.

⑤ 르네상스 시기의 화가와 분청사기를 만든 도공은 자신들의 예술 의지를 담은 독자적인 작품을 만들려고 했을 거야.

10. 위 글의 ㉠, ㉡에 대한 설명으로 가장 적절한 것은?

① ㉠이 민요에서 만들어졌다면, ㉡은 관요에서 만들어졌다.

② ㉠이 투박하지만 안정된 형태라면, ㉡은 세련되지만 불안정한 형태이다.

③ ㉠이 수더분하고 감성적인 느낌이라면, ㉡은 깔끔하고 이지적인 느낌이다.

④ ㉠의 수요층이 귀족에 국한되었다면, ㉡의 수요층은 사대부들에 국한되었다.

⑤ ㉠이 우아하고 섬세한 문양이 특징이라면, ㉡은 활달하고 자유분방한 문양이 특징이다.

11. ⓐ의 문맥적 의미와 가장 유사한 것은?

① 엄마가 울고 있는 아이에게 옷을 입혔다.

② 추녀와 현판에 모두 돌아가며 금박을 입혔다.

③ 그 사고는 인명과 재산에 막대한 손실을 입혔다.

④ 그 말은 그녀의 가슴에 씻을 수 없는 상처를 입혔다.

⑤ 그 일은 그의 권위에 회복할 수 없는 손상을 입혔다.

바이러스란 스스로는 증식할 수 없고 숙주 세포에 기생해야만 증식할 수 있는 감염성 병원체를 일컫는다. 바이러스는 자신의 존속을 위한 최소한의 물질만을 가지고 있기 때문에 거의 모든 생명 활동에서 숙주 세포를 이용한다. 바이러스를 구성하는 기본 물질은 유전 정보를 담은 유전 물질과 이를 둘러싼 단백질 껍질이다.

1915년 영국의 세균학자 트위트는 포도상 구균을 연구하던 중, 세균 덩어리가 녹는 것처럼 투명하게 변하는 현상을 관찰했다. 뒤이어 1917년 프랑스에서 활동하던 데렐은 이질을 연구하던 중 환자의 분변에 이질균을 녹이는 물질이 포함되어 있다는 것을 발견하고, 이 미지의 존재를 '박테리오파지'라고 불렀다. 박테리오파지는 바이러스의 일종으로 '세균을 잡아먹는 존재'라는 뜻이다.

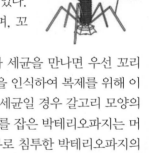

박테리오파지는 머리와 꼬리, 꼬리 섬유로 구성되어 있다. 머리는 다면체로 되어 있고, 그 밑에는 길쭉한 꼬리가, 꼬리 밑에는 갈고리 모양의 꼬리 섬유가 붙어 있다. 머리에는 박테리오파지의 핵심이라 할 수 있는 유전 물질이 있는데, 이 유전 물질은 단백질 껍질로 보호되어 있다. 꼬리는 머릿속의 유전 물질이 세균으로 이동하는 통로 역할을 하며, 꼬리 섬유는 세균에 단단히 달라붙는 기능을 한다.

박테리오파지는 증식을 위해 세균을 이용한다. 박테리오파지가 세균을 만나면 우선 꼬리 섬유가 세균의 세포막 표면에 존재하는 특정한 단백질, 다당류 등을 인식하여 복제를 위해 이용할 수 있는 세균인지의 여부를 확인한다. 그리고 이용이 가능한 세균일 경우 갈고리 모양의 꼬리 섬유로 세균의 표면에 단단히 달라붙는다. 세균 표면에 자리를 잡은 박테리오파지는 머리에 들어 있는 유전 물질만을 세균 내부로 침투시킨다. 세균 내부로 침투한 박테리오파지의 유전 물질은 세균 내부의 DNA를 분해한다. 그리고 세균의 내부 물질과 여러 효소 등을 이용하여 새로운 박테리오파지를 형성할 유전 물질과 단백질을 만들어 낸다. 이렇게 만들어진 유전 물질과 단백질이 조립되면 새로운 박테리오파지가 복제되는 것이다.

박테리오파지에는 '독성 파지'와 '용원성 파지'가 있다. '독성 파지'는 충분한 양의 박테리오파지가 복제되면 복제를 중단하고 세균의 세포벽을 파괴하는 효소를 만든다. 그리고 그 효소로 세균의 세포벽을 터뜨리고 외부로 쏟아져 나온다. 이와 달리 '용원성 파지'는 세균을 이용하는 것은 독성 파지와 같지만 세균을 파괴하지는 않는다. 대신 세균 속에서 계속 기생하여 세균이 분열함에 따라 같이 늘어난다.

12. 윗글에서 언급된 '박테리오파지'에 대한 설명으로 적절하지 않은 것은?

① 세균을 숙주 세포로 삼아서 기생하는 바이러스이다.
② 머리에 있는 유전 물질은 단백질 껍질로 보호되어 있다.
③ 이질균을 녹이는 물질을 발견한 데렐에 의해 명명되었다.
④ 꼬리 섬유는 세균의 표면에 단단히 달라붙는 기능을 한다.
⑤ 세포막 표면에 존재하는 특정 단백질을 복제하여 증식한다.

13. 윗글을 바탕으로 〈보기〉의 [A]∼[E]를 이해한 것으로 적절하지 <u>않은</u> 것은?

〈보 기〉

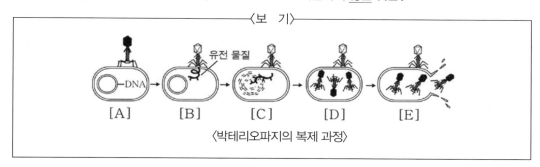

〈박테리오파지의 복제 과정〉

① [A]: 꼬리 섬유가 세포막 표면의 단백질, 다당류 등을 인식한 결과에 따라 유전 물질의 침투 여부가 결정되겠군.
② [B]: 박테리오파지의 머릿속에 있는 유전 물질은 꼬리를 통해 세균 안으로 유입되겠군.
③ [C]: 세균에 침투한 유전 물질은 세균의 내부 물질과 효소 등을 이용해 복제에 필요한 유전 물질과 단백질을 만들겠군.
④ [D]: 세균 속에서 기생하다 세균이 분열하는 과정에서 새로운 박테리오파지가 복제되겠군.
⑤ [E]: 복제된 박테리오파지가 세포 밖으로 터져 나오는 것을 보니 독성 파지가 증식된 것이겠군.

14. 윗글을 참고하여 〈보기 1〉의 실험을 이해한 반응으로 적절한 것을 〈보기 2〉에서 골라 바르게 묶은 것은?

〈보 기 1〉

　과학자들이 단백질과 DNA 중 어느 것이 생명의 정보를 지닌 유전 물질인지에 대한 명확한 답을 얻지 못했을 당시인 1952년 허시와 체이스는 박테리오파지를 이용한 실험을 통해서 유전 물질이 무엇인지를 밝혀냈다. 허시와 체이스는 먼저 생명체의 DNA에는 인(P)이, 단백질에는 황(S)이 들어 있다는 점에 착안해 박테리오파지 DNA의 인(P)과 단백질의 황(S)을 각각 방사성 동위 원소인 인(^{32}P)과 황(^{35}S)으로 대체한 후, 이 박테리오파지를 대장균에 감염시켰다. 그리고 이들을 여러 세대에 걸쳐 배양한 뒤, 배양된 대장균의 내부에 어떤 방사성 동위 원소가 남아 있는지 확인함으로써 DNA가 유전 물질인 것을 밝혀냈다.

〈보 기 2〉

ㄱ. DNA의 구조와 복제 과정을 알고 있었기 때문에 가능한 실험이었겠군.
ㄴ. 배양된 대장균의 내부에는 결과적으로 황(^{35}S)은 없고 인(^{32}P)만 관찰되었겠군.
ㄷ. 박테리오파지가 유전 물질만을 세균 안으로 들여보낸다는 것을 이용한 실험이었겠군.
ㄹ. 박테리오파지를 이용한 것은 박테리오파지가 있어야만 대장균이 분열할 수 있기 때문이었겠군.

① ㄱ, ㄴ　　　② ㄱ, ㄷ　　　③ ㄴ, ㄷ　　　④ ㄴ, ㄹ　　　⑤ ㄷ, ㄹ

어떤 환경에서 개개의 종이 차지하는 위치를 '생태적 지위'라고 하는데, 이는 서식 장소, 먹이사슬 등의 생태적 환경에 의해 형성되는 지위를 말한다. 예를 들어, 열대 지역의 나무도마뱀의 생태적 지위는 견딜 수 있는 온도 범위, 서식할 수 있는 나뭇가지의 크기, 먹이가 되는 곤충의 종류 등 많은 요소들로 이루어진다. 생태적 지위가 유사한 종들이 지리적으로 멀리 떨어진 채 서식하고 있는 경우 이들을 '이소성 개체군'이라고 하고, 반대로 동일한 지리적 영역을 차지하고 있는 경우에는 이들을 '동소성 개체군'이라 한다.

이소성 개체군의 경우 지리적으로 격리되어 있기 때문에 자원을 둘러싼 ㉠종들 간의 경쟁은 존재하지 않을 것이다. 그럼 동소성 개체군의 경우 어떤 일이 발생할까? 생태학자 가우스는 원생생물인 '아우렐리아'와 '카우다툼'에 대한 실험으로 종 간 경쟁의 결과를 조사했다. 이 두 종을 각각 배양했을 때에는 각각의 개체군은 모두 잘 살지만, 두 종을 함께 기르자 한 종이 사라지는 결과를 얻었다. 이처럼 동소성 개체군 사이에서는 필연적으로 경쟁이 일어나게 되는데, 그 경쟁의 결과 어떤 종이 군집 내에서 사라지게 되는 경우, 이를 '경쟁적 배제'라고 한다.

그런데 실제의 자연 생태계를 보면 동소성 개체군이 공존하기도 하는데, 이는 이들이 제한된 자원을 둘러싼 경쟁을 피했기 때문에 가능한 일이다. 예를 들어 주행성 동물과 야행성 동물은 서로 활동하는 시간을 달리하여 경쟁을 줄임으로써 공존할 수 있다. 이와 같이 생존에 꼭 필요한 자원을 여러 가지 방법을 통해 나누어 갖는 것을 ㉡'분서'라고 한다. 분서의 방식에는 장소를 나누어 서식하는 방식, 먹이를 먹는 활동 시간대를 달리하는 방식 등이 있다.

제한된 자원을 둘러싼 경쟁의 결과는 동소성 개체군과 이소성 개체군의 체형 구조를 비교함으로써도 확인할 수 있다. 예를 들어, A섬과 B섬에 각각 살고 있는 이소성 개체군인 조류의 경우 종간 경쟁이 없기 때문에 동일한 먹이를 먹고, 이로 인해 부리의 크기가 유사하다. 그런데 이들이 동일한 지리적 영역을 이룬 채 살게 되면 서로 다른 크기의 씨앗을 먹도록 부리의 크기가 달라지는 체형의 변화가 일어나게 된다. 이처럼 동소성 개체군의 경우 같은 자원을 두고 다툼을 벌이는 일이 없도록 서로 체형의 구조가 달라지기도 한다. 이러한 체형 구조의 변화를 ㉢'형질치환'이라고 한다.

현재 생태계에 존재하는 모든 생물종들은 필연적으로 발생할 수밖에 없는 경쟁에 적응하면서, 경쟁적 배제와 분서, 형질 치환 등의 과정을 거친 존재들이라고 할 수 있다.

15. [기출 응용] 윗글의 내용과 일치하는 것은?

① 생태적 지위의 높낮이에 따라 이소성 개체군과 동소성 개체군이 나누어진다.
② 동소성 개체군은 서식하는 종들의 생태적 지위가 유사하고 서식지가 동일하다.
③ 이소성 개체군과 동소성 개체군을 가리지 않고 경쟁적 배제가 일어날 수 있다.
④ 생태학자 가우스는 동소성 개체군의 경쟁을 완화할 수 있는 방안에 대해 소개하였다.
⑤ 동소성 개체군이 활동 시간을 달리하는 것은 경쟁을 피하기 위한 형질치환의 사례이다.

16. ㉠, ㉡, ㉢에 대한 설명으로 가장 적절한 것은?

① ㉡은 체형 구조의 변화를 전제로 한다.   ② ㉢은 더욱 치열한 ㉠을 유발하게 된다.
③ ㉡과 ㉢은 자원의 분할을 수반한다.   ④ ㉠과 ㉡은 필연적으로 ㉢을 초래한다.
⑤ ㉡은 ㉠과 ㉢이 발생했을 때에만 이루어진다.

17. 윗글에 대한 설명으로 적절하지 않은 것은?

① 예시를 통해 독자의 이해를 돕고 있다.
② 용어의 개념을 밝히면서 내용을 전개하고 있다.
③ 질문을 던지는 형식으로 독자의 관심을 유발하고 있다.
④ 권위자의 주장을 인용하여 통념의 오류를 지적하고 있다.
⑤ 차이점을 중심으로 대상을 두 종류로 나누어 설명하고 있다.

18. 윗글을 바탕으로 〈보기〉에 대해 보인 반응으로 적절하지 않은 것은?

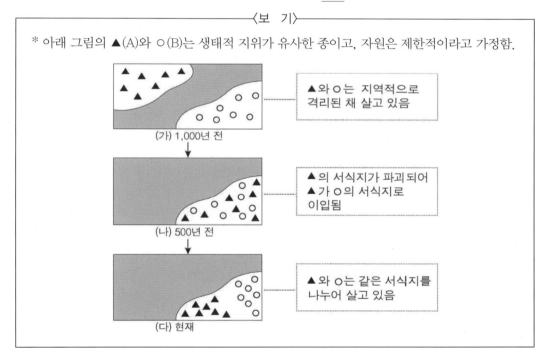

───〈보 기〉───

* 아래 그림의 ▲(A)와 ○(B)는 생태적 지위가 유사한 종이고, 자원은 제한적이라고 가정함.

(가) 1,000년 전 — ▲와 ○는 지역적으로 격리된 채 살고 있음

(나) 500년 전 — ▲의 서식지가 파괴되어 ▲가 ○의 서식지로 이입됨

(다) 현재 — ▲와 ○는 같은 서식지를 나누어 살고 있음

① (가)의 A와 B는 '이소성 개체군'으로 '경쟁적 배제'가 없었겠군.
② (나)의 A와 B는 '동소성 개체군'이 되면서 자원을 둘러싼 경쟁이 생겼겠군.
③ (나)의 상태가 계속 유지된다면 A나 B는 '형질치환'이 일어날 수도 있겠군.
④ (나)의 A와 B가 먹이를 먹는 시간대를 달리한다면 A와 B는 '이소성 개체군'이 되겠군.
⑤ (다)의 A와 B는 장소를 나누어 서식하는 방식을 통해 '경쟁적 배제'를 피한 상태이겠군.

　　이산화탄소에 의한 지구온난화로 기상 이변이 빈번해지면서 최근 이산화탄소 포집[*]및 저장 기술인 CCS(Carbon Capture & Storage) 기술이 주목을 받고 있다. CCS 기술은 화석 연료를 사용하는 화력발전소, 제철소, 시멘트 공장 등에서 발생할 수 있는 대량의 이산화탄소를 고농도로 포집한 후 안전한 땅 속에 저장하는 기술이다.

　　CCS 기술에는 '연소 후 포집 기술', '연소 전 포집 기술', '순산소 연소 포집 기술'이 있다. 연소 후 포집 기술은 화석 연료가 연소될 때 생기는 배기가스에서 이산화탄소를 분리하는 방법이고, 연소 전 포집 기술은 화석 연료에 존재하는 이산화탄소를 연소 전 단계에서 분리하는 방법이다. 순산소 연소 포집 기술은 화석 연료를 연소시킬 때 공기 대신 산소를 주입하여 고농도의 이산화탄소만 배출되게 함으로써 별도의 분리 공정 없이 포집할 수 있는 기술이다. 이 중 연소 후 포집 기술은 현재 가동되고 있는 수많은 이산화탄소 발생원에 직접 적용할 수 있는 방법으로 화력발전소를 중심으로 실용화되기 시작하면서 CCS 기술의 핵심 분야로 떠오르고 있다. 연소 후 포집 기술은 흡수, 재생, 압축, 수송, 저장 등의 다섯 공정으로 나누어 진행되며 이를 위해서는 흡수탑, 재생탑, 압축기, 수송 시설, 저장조 등이 마련되어야 한다.

　　화력발전소에서 배출되는 배기가스에는 물, 질소 그리고 10~15% 농도의 이산화탄소가 포함되어 있다. 이 배기가스는 먼저 흡수탑 하단으로 들어가게 되고, 흡수탑 상단에서 주입되는 흡수제와 접촉하게 된다. 흡수제에는 미세 구멍, 즉 기공이 무수히 많이 뚫려 있는데 이 기공에 이산화탄소가 유입되면 화학반응을 일으키면서 달라붙게 된다. 흡수제가 배기가스에서 이산화탄소만을 선택적으로 포집하면 물과 질소는 그대로 굴뚝을 통해 대기 중으로 배출된다. 흡수제가 이산화탄소를 포집할 수 있는 한계, 즉 흡수 포화점에 다다르면 흡수제는 연결관을 통해 재생탑 상단으로 이동하게 되고, 여기에서 고온의 열처리 과정을 거치게 된다. 열처리를 하는 이유는 흡수제에 달라붙어 있는 이산화탄소를 분리하기 위해서이다. 흡수제에 달라붙어 있던 이산화탄소는 130℃ 이상의 열에너지를 받으면 기공 밖으로 빠져나오게 되고, 이산화탄소와 분리된 흡수제는 다시 이산화탄소를 포집할 수 있는 원래의 상태로 재생된 후, 흡수탑 상단으로 보내져 재사용된다. 이처럼 흡수제가 이산화탄소를 포집하고 흡수제가 다시 재생되는 흡수와 재생 공정을 반복하면 90% 이상 고농도의 이산화탄소를 모을 수 있게 되는데, 이렇게 모아진 이산화탄소는 이송에 편리하도록 압축기에서 압축 공정을 거치게 된다. 압축된 이산화탄소는 파이프라인이나 철도, 선박 등의 수송 시설을 통해 땅속의 저장소로 이송되고, 저장소로 이송된 이산화탄소는 800m 이상의 깊이에 있는 폐유전이나 가스전 등에 주입되어 반영구적으로 저장된다.

　　오늘날 CCS 기술은 지구온난화를 막을 수 있는 가장 현실적인 대안으로 인정받고 있다. 하지만 공정을 진행하는 과정에서 많은 에너지가 소요되는 것은 극복할 과제이다. 이에 따라 현재 진행되고 있는 연소 후 포집 기술의 핵심적 연구는 ㉠흡수 포화점이 향상된 흡수제를 개발하여 ㉡경제성이 높은 이산화탄소 포집 기술을 구현하는 방향으로 진행되고 있다.

* 포집: 물질 속에 있는 미량의 성분을 분리하여 잡아 모으는 일.

19. 윗글에서 알 수 있는 내용으로 적절하지 <u>않은</u> 것은?

① CCS 기술의 개념 ② CCS 기술의 종류

③ CCS 기술의 필요성 ④ CCS 기술의 개발 과정

⑤ CCS 기술이 극복해야 할 과제

20. [기출 응용] 윗글을 통해 알 수 있는 것으로 적절한 것은?

① CCS는 연소 중 발생하는 고농도 이산화탄소를 포집하는 기술이다.

② 화석 연료는 연소가 이루어지기 전에도 이산화탄소를 함유하고 있다.

③ 연료의 성격에 따라 CCS 기술을 세 가지 방식으로 나누어 볼 수 있다.

④ 순산소 연소 포집 기술은 포집 후에 별도의 저장 과정이 필요하지 않다.

⑤ CCS 기술은 과도한 에너지를 사용하는 문제를 해결해야 실용화가 가능하다.

21. 윗글을 바탕으로 〈보기〉를 설명한 내용으로 적절하지 <u>않은</u> 것은?

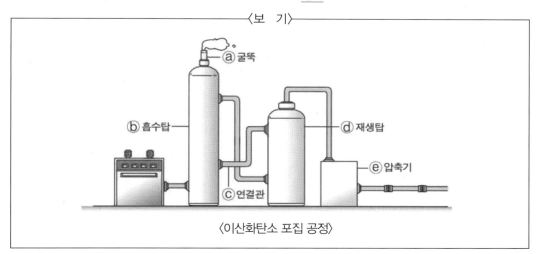

〈이산화탄소 포집 공정〉

① ⓐ로 배출되는 배기가스에는 물과 질소가 포함되어 있다.

② ⓑ에서는 화학반응을 통해 이산화탄소가 흡수제에 달라붙는다.

③ ⓒ는 흡수 포화점에 다다른 흡수제가 이동하는 통로이다.

④ ⓓ에서는 흡수제가 이산화탄소의 열을 흡수하면서 재생된다.

⑤ ⓔ에서는 고농도의 이산화탄소가 이송에 편리하도록 압축된다.

22. ㉠이 ㉡으로 이어질 수 있는 이유로 가장 적절한 것은?

① 흡수와 재생 공정을 일원화할 수 있기 때문에

② 흡수와 재생 공정의 반복 횟수를 줄일 수 있기 때문에

③ 재생 공정에서 흡수제의 재생률을 높일 수 있기 때문에

④ 재생 공정이 없어도 이산화탄소를 포집할 수 있기 때문에

⑤ 포집한 이산화탄소를 저장소로 옮기는 운송비를 줄일 수 있기 때문에

우리는 한 분의 조상으로부터 퍼져 나온 단일 민족일까? 고대부터 고려 초에 이르기까지 대규모로 인구가 유입된 사례는 수없이 많다. 또 거란, 몽골, 일본, 만주족 등의 대대적인 외침 역시 무시할 수 없다.

고조선의 건국 시조로서의 단군을 인정할 수는 있지만, ㉠한민족 전체의 공통 조상으로서의 단군을 받드는 것은 옳지 않다. 각 성씨의 족보를 보더라도 자기 조상이 중국으로부터 도래했다고 주장하는 귀화 성씨가 적지 않다. 또 한국의 토착 성씨인 김 씨나 박 씨를 보더라도 그 시조는 알에서 태어났지 단군의 후손임을 표방하지는 않는다. 이는 대부분의 족보가 처음 편찬된 조선 중기나 후기까지는 적어도 '단군'이라는 공통의 조상을 모신 단일 민족이라는 의식이 별로 없었다는 증거가 된다. 또 엄격한 신분제가 유지된 전통 사회에서 천민과 지배층이 같은 할아버지의 자손이라는 의식은 존재할 여지가 없다.

공통된 조상으로부터 뻗어 나온 단일 민족이라는 의식이 처음 출현한 것은 우리 역사에서 아무리 올려 잡아도 구한말(舊韓末) 이상 거슬러 올라갈 수 없고, 이런 의식이 전 국민적으로 보편화된 것은 1960년대에 들어와서일 것이다.

제국주의의 침탈과 분단을 겪은 20세기에 단일 민족 의식은 민족의 단결을 고취하고, 신분 의식 타파에 기여하는 등 긍정적인 역할을 수행했다. 그래서 아직도 단일 민족을 내세우는 것의 순기능이 필요하다고 생각할지도 모른다. 특히 이주노동자들보다 나은 대접을 받고 있다고 할 수 없는 조선족 동포들의 처지를 보면, 그리고 출신에 따라 편을 가르고 차별하는 지역 감정을 떠올리면 같은 민족끼리 왜 이러나 하는 생각을 하게 된다. 갈라진 민족의 통일을 생각하면 우리는 한겨레라고 외치고 싶어진다. 그러나 우리는 지난 수십 년간 단일 민족임을 외쳐 왔지만 이런 문제들은 오히려 더 악화돼 왔다는 것을 기억해야 할 것이다.

이제 우리는 좀 다른 식으로 생각해야 한다. 같은 민족이기 때문에 차별해서는 안 된다는 논리는 유감스럽게도 다른 민족이라면 차별해도 괜찮다는 길을 열어 두고 있다. 하나의 민족, 하나의 조국, 하나의 언어를 강하게 내세운 나치 독일은 600여 만 명의 유대인 학살과 주변 국가에 대한 침략으로 나아갔다. 물론 이런 가능성들이 늘 현재화 되는 것은 아니지만, 단일 민족 의식 속에는 분명 억압과 차별과 불관용이 숨어 있다.

23. 윗글의 핵심 논지로 가장 적절한 것은?

① 단군은 고조선의 건국 시조이다.
② 나치의 민족주의에는 유대인에 대한 억압이 숨어 있다.
③ 단일 민족 의식은 신분 의식을 타파하는 데 가치가 있다.
④ 민족의 단결 의식을 고취하는 데 단일 민족 의식은 유용하다.
⑤ 단일 민족이라는 의식을 지나치게 강조하는 것은 바람직하지 않다.

24. ㉠의 근거로 적절하지 않은 것은?

① 단일 민족 의식은 구한말부터 생겼기 때문에
② 조선족은 동포인데도 국내에서 차별을 받기 때문에
③ 토착 성씨들도 단군의 조상임을 표방하지 않기 때문에
④ 자기 조상이 중국으로부터 도래했다는 성씨가 많기 때문에
⑤ 조선 사회에서 천민과 지배층이 같은 조상의 후손이라는 의식이 없었기 때문에

25. 〈보기〉를 참고하여 윗글을 이해한 내용으로 적절하지 <u>않은</u> 것은?

<보 기>

인간은 이성적 사고를 통하여 대상들의 동일성을 추구해 왔다. 그 동일성을 통하여 복잡하고 다양한 세계를 파악할 수 있었다. 그 결과 나타난 것이 인간, 동물, 생물, 여성, 남성, 백인, 흑인 등과 같이 다양한 개체들을 분류하고 규정하는 개념들이다. 대상의 개념을 정의하게 되면 개체들이 가진 복잡성과 차이는 없어지고 획일화된다. 반면에 그 개념에 포함되지 않는 다른 대상과는 차별화가 더 두드러지게 된다.

① '우리', '한겨레' 등도 다양한 사람들을 분류하고 규정하는 말이 되겠군.
② '민족의식'이라는 것도 이성의 작용으로 생기는 것이라 할 수 있겠군.
③ '나치 독일'이 '하나의 민족'을 내세운 것은 그 구성원을 획일화하는 효과가 있겠군.
④ '독일인'과 '유대인'이라는 분류는 독일인과 유대인 사이의 차이를 없애는 것이겠군.
⑤ 각각 다른 우리나라 사람들을 '동포'라고 부르는 것은 동일성을 추구하는 것으로 볼 수 있겠군.

●정답과 해설 ●••

확인 문제 1 1. ④ 2. ⑤ 3. ② **확인 문제 2** 1. ⑤ 2. ④ 3. ㉠: 운, ㉡: 경쟁, ㉢: 상호 보완적 **확인 문제 3** 1. ③ 2. ③ 3. ④ **확인 문제 4** 1. ② 2. ④ **확인 문제 5** 1. ⑤ 2. ② 3. ③ **확인 문제 6** 1. ③ 2. ⑤

연습 문제 1. ③ 2. ⑤ 3. ⑤ 4. ① 5. ② 6. ⑤ 7. ① 8. ③ 9. ① 10. ⑤ 11. ② 12. ⑤ 13. ④ 14. ③ 15. ② 16. ③ 17. ④ 18. ④ 19. ④ 20. ② 21. ④ 22. ② 23. ⑤ 24. ② 25. ④

해설 1. ①: 둘째, ②: 둘째, ④: 셋째, ⑤: 넷째 문단 2. 숄더샷 프레임은 중심 피사체에 집중도를 높이는 기법. 둘째, 셋째 문단 참고 3. ㉠은 장애물로, ㉡은 피사체 배치를 통해 일반적 프레임 구성 방법에서 벗어남. 4. 속물 효과는 가격 하락 등의 원인으로 누구나 특정 상품의 소비가 가능하게 되면서 자신만이 소비할 수 있다는 심리적 만족감을 채울 수 없어 소비를 중지하는 현상 5. ⓑ는 ⓒ와 같이 ⓐ만으로 설명할 수 없는 현상을 포함. ⓐ의 설득력을 떨어뜨림. 넷째 문단 참고 6. 4만 원이었던 옷 가격이 3만 원이 될 때 예측 수요량은 6천 벌(B), 유행효과에 따른 실제 수요량은 8천 벌(C). 유행효과로 늘어난 수요량은 2천 벌(C−B) 7. ㉠의 '에'는 '다른 사람의 소비에 의해'라는 의미로 앞말이 '원인'의 의미를 지닌 부사임을 나타내는 조사임. 마찬가지로 ①도 '바람에 의해'라는 의미로, 앞말이 '원인'의 부사임을 나타내는 조사임. 8. 도자기의 아름다움을 수요층과 관련지어 설명 9. 고려청자는 왕실, 중앙 귀족의 취향(첫째 문단), 르네상스 예술가들의 작품은 패트런의 취향에 맞춰 제작 10. ①, ③: ㉠, ㉡ 바뀜. ②: 앞쪽은 분청사기에 대한 설명 ④: ㉡은 전 계층 사용 11. ⓐ는 '물건의 겉에 무엇을 올리거나 바르다.'의 의미 12. 세포막 표면에 존재하는 단백질을 복제한다는 설명은 적절치 않음. ①: 첫째, 둘째 문단, ②, ④: 셋째 문단, ③: 둘째 문단 13. [D]는 독성 파지가 세균 내에서 충분한 양의 박테리오파지를 복제하는 과정임. ④는 용원성 파지의 복제 과정임. 14. 박테리오파지가 유전 물질만 세균 안에 침투시키므로, ^{35}S와 ^{32}P 중 세균 안에 남는 것이 유전 물질–(ㄷ). DNA가 유전 물질이라는 것은 ^{32}P, 즉 DNA만 남은 것을 통해 알 수 있음.–(ㄴ). 15. 동소성 개체군은 생태적 지위가 유사한 종들이 동일한 지리적 영역에 있는 것 16. 분서는 자원을 여러 방법으로 나누는 것, 형질치환은 같은 자원을 두고 다투지 않도록 체형을 달리 하는 것 17. 생태학자 가우스의 조사를 인용하였으나 통념에 대해 설명하지 않았음. 18. ④의 먹이를 먹는 시간대를 달리하는 것은 동소성 개체군의 분서임. 19. ①: 첫째 문단, ②: 둘째 문단, ③: 넷째 문단 ⑤: 넷째 문단 20. 연소 전 포집 기술은 화석 연료 내의 이산화탄소를 연소 전 단계에서 분리 21. ⓐ에서 흡수제는 열을 받아 이산화탄소와 분리됨. 22. 흡수 포화점이 향상되면 흡수제가 이전보다 더 많은 이산화탄소를 포집할 수 있어 재생탑으로 이동하는 횟수,

187

재생탑에서 흡수탑으로 이동하는 횟수를 줄일 수 있음. 이에 따라 재생탑에 필요한 열에너지 등의 소모가 줄어듦. 23. 단일 민족 의식의 유래와 한계를 설명하며 단일 민족 의식에서 벗어날 것을 강조 24. 동포임에도 차별을 받는 것은 단일 민족 의식의 필요성을 뒷받침함. 25. 개념의 정의는 같은 개념으로 분류된 개체 간의 차이는 없애지만, 다른 개념을 지닌 개체들과의 차이는 더 부각됨.

지문 해설

[1~3] 좋은 사진
주제: '숄더샷 프레임'의 개념과 촬영 방법 및 효과

해제: 이 글은 '숄더샷 프레임'의 개념과 촬영 방법 및 효과에 대해 소개하고 있다. 일반적인 프레임 구성 방법에서 벗어났음에도 미적 효과가 느껴지는 대표적인 예로 '숄더샷 프레임'을 소개하고, 이를 활용할 수 있는 세 가지 방법을 소개하고 있다. 또한 순간적이고 우연적인 것, 불안정한 것에서 아름다움을 발견했다는 점에서 예술적 의의를 밝히고 있다.

1문단: 일반적인 프레임 구성 방법과 예외 / 2문단: 숄더샷 프레임의 정의와 효과 / 3문단: 숄더샷 프레임의 구성 방법 / 4문단: 숄더샷 프레임의 효과 및 의의

[4~7] 소비자 이론
주제: 네트워크 효과의 사례와 의의

해제: 이 글은 네트워크 효과 중 '유행효과', '속물효과'에 대해 사례를 들어 설명하고, 그 의의를 밝히고 있다. 네트워크 효과란 한 사람의 소비가 다른 사람의 소비에 의해 영향을 받는 현상을 말한다. 유행효과는 다른 이의 영향으로 소비가 늘어나는 현상, 속물효과는 반대로 소비가 줄어드는 현상이다.

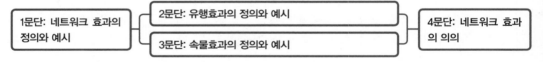
1문단: 네트워크 효과의 정의와 예시 / 2문단: 유행효과의 정의와 예시 / 3문단: 속물효과의 정의와 예시 / 4문단: 네트워크 효과의 의의

[8~11] 도자기에 담긴 전통 예술의 아름다움
주제: 소요자의 요구에 따라 달라진 도자기의 특징

해제: 이 글은 고려청자와 분청사기를 비교, 대조하여 수요자의 요구가 도자기에 미치는 영향에 대해 소개하고 있다. 고려청자는 수요자인 왕실과 중앙 귀족의 취향이 반영되고, 국가의 강력한 보호와 규제 속에 만들어져 도공의 개성이 드러나지 않는다. 반면 분청사기는 전 계층이 사용하였고, 전국의 민간 가마에서 제작되어 도공의 독창적 개성이 드러난다.

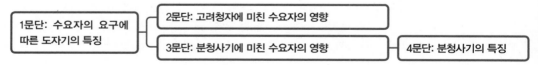
1문단: 수요자의 요구에 따른 도자기의 특징 / 2문단: 고려청자에 미친 수요자의 영향 / 3문단: 분청사기에 미친 수요자의 영향 / 4문단: 분청사기의 특징

[12~14] 바이러스, 생명의 비밀을 말하다.
주제: 박테리오파지의 특징과 증식 양상

해제: 이 글은 박테리오파지의 발견 과정, 구성 요소별 역할, 증식 양상 등에 대해 설명하고 있다. 세균 연구 과정에서 우연히 발견된 박테리오파지는 바이러스의 일종으로, 머리, 꼬리, 꼬리 섬유로 구성되어 있다. 복제에 이용 가능한 세균을 만나면 그 세균 내부에 자신을 복제하며, 복제 이후의 행동 양상에 따라 '독성 파지'와 '용원성 파지'로 분류된다.

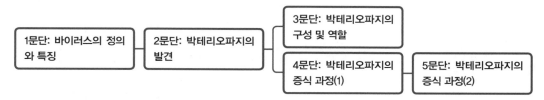

[15~18] 생명 과학

주제: 동소성 개체군의 서식 양상

해제: 이 글은 동소성 개체군에게 발생하는 경쟁적 배제, 분서, 형질치환 등에 대해 설명하고 있다. 동소성 개체군은 생태적 지위가 유사한 종들이 동일한 지리적 영역을 차지하고 있는 것을 말한다. 경쟁적 배제는 둘 중 한 종이 사라지는 것, 분서는 생존에 필요한 자원을 나누어 갖는 것, 형질치환은 자원을 두고 다툼이 일어나지 않도록 체형 구조를 변화시키는 것이다.

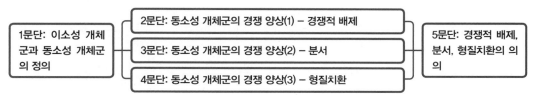

[19~22] 이산화탄소 포집 및 저장 기술

주제: CCS 기술의 원리와 전망

해제: 이 글은 CCS 기술의 정의와 유형, 특히 '연소 후 포집 기술'의 공정과 CCS 기술의 의의에 대해 소개하고 있다. CCS 기술은 대량의 이산화탄소를 포집하여 저장하는 기술로, 이산화탄소의 분리 여부 및 시점에 따라 세 가지 유형으로 나누어진다. 특히 실용화가 진행되며 핵심 분야로 떠오른 '연소 후 포집기술'의 과정에 대해 소개하고 있다.

[23~25] 대한민국 사(史)

주제: 단일 민족 의식을 지나치게 강조하지 말자.

해제: 이 글은 역사적 흐름에 따라 단일 민족 의식의 존재 여부 및 역할에 대해 검토하며 단일 민족 의식을 지나치게 강조하지 말 것을 주장하고 있다. 족보의 내용과 전통사회의 신분제도 등을 고려했을 때 조선 후기까지도 단일 민족 의식은 존재하지 않았으며, 단일 민족 의식이 보편화된 것이 최근의 일이라는 점, 단일 민족 의식의 긍정적 역할이 그리 크지 않다는 점 등을 근거로 제시하고 있다.

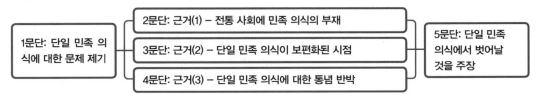

Ⅲ | 문제 유형에 따른 독해

지금까지 배우고 이해한 내용들을 꿰어서 보배로 만들어야겠지?
실제 시험에 나오는 비문학 문제 유형으로 독해 실력을 완성하자.

1 제목, 중심 화제, 요지 찾기

'제목, 중심 화제, 요지 찾기'는 글 전체의 주제가 무엇인지 물어보는 문제 유형이야. 중심 화제는 글의 첫째 문단에서, 중심 내용은 첫째 문단이나 마지막 문단에서 주로 확인할 수 있어. 제목의 경우에는 중심 화제를 포함하여 글 전체를 포괄할 수 있어야 하지.

실제 문제에서는 글 전체의 요지를 물어보기도 하지만, 문단별 중심 화제나 요지에 대한 질문을 통해 전체 지문에 대한 이해를 확인하는 경우도 많아. 문제를 통해 확인해 볼까?

확인 문제 1 다음을 읽고 물음에 답하시오.

2018 학업성취도 평가

(가) 공공 디자인은 우리 주변의 공공 시설물을 디자인하는 행위나 그 결과물을 의미한다. 우리를 둘러싼 수많은 공공 디자인은 다양한 방식으로 우리 삶에 관여하기 때문에 공공 디자인에 대한 사람들의 관심이 점차 높아지고 있다. 그러나 최근 조사에 따르면 공공 디자인에 대해 만족하지 않는다는 응답이 만족한다는 응답의 두 배가 넘는 것으로 나타났다. 이는 급속한 경제 발전 과정에서 공공 디자인의 미적 기능을 소홀히 여긴 결과로 볼 수

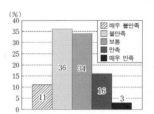
〈자료 1〉 2017년 공공 디자인 만족도 조사

있다. 보다 나은 공공 디자인을 위해 실용적 기능과 미적 기능의 균형을 생각해 볼 때이다.

(나) 공원이나 정류장에서 흔히 볼 수 있는 벤치를 예로 들어 보자. 모양이나 색, 재료 등이 비슷한 경우가 많다. 하지만 덴마크의 디자이너 예페 하인은 이러한 벤치를 다양한 모양으로 디자인하여 사람들이 각양각색의 자세로 쉴 수 있도록 하였다. 실용적 기능에 창의적 상상력이 더해져 사람들에게 재미와 즐거움까지 주게 된 좋은 예이다.

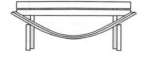  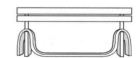
〈자료 2〉 예페 하인의 벤치들

(다) 실용적 기능과 미적 기능이 균형을 이룬 예는 영국에서도 찾아볼 수 있다. 영국의 산업 디자이너 로스 러브그로브가 디자인한 '솔라 트리'가 그것이다. 솔라 트리는 태양광 패널이 달린 나무 모양의 가로등으로, 주변을 밝히는 가로등의 실용적 기능에 자연의 아름다움을 더해 사람들에게 만족감과 편안함을 주고 있다.

〈자료 3〉 솔라 트리

(라) 우리나라에도 좋은 예가 있다. 전주에는 남원과의 경계를 알
리는 '전주 연돌 탑'이 있다. 이 탑의 굴뚝에서는 밥 짓는 때에
맞춰 하루 세 번 연기가 나는데, 이는 사랑이 담긴 '엄마의 밥상'
을 상징적으로 표현한 것이라고 한다. 이처럼 공공 디자인에 인
간미를 더하면 사람들에게 깊은 인상을 줄 수 있다.

〈자료 4〉 전주 연돌 탑

(마) 이와 같이 공공 디자인은 실용적 기능과 미적 기능이 균형을 이룰 때 공공 디자인으로서의
효과가 더욱 크게 발휘될 수 있다. 주변을 둘러보자. 집 앞 놀이터의 바닥 분수, 알록달록한
안내 표지판, 보행자 우선 도로의 작은 타일에 이르기까지 공공 디자인은 우리의 일상생활에
밀접하게 관련되어 있다. 보다 많은 사회 구성원들이 만족할 수 있도록 실용적 기능과 미적
기능이 조화된 공공 디자인이 우리 주변에 더욱 많아져야 한다.

---

1. (가)~(마)에 대한 설명으로 적절하지 않은 것은?

① (가): 공공 디자인에 대한 만족도 조사 결과를 근거로 공공 디자인 개선의 필요성을 주장하고 있다.

② (나): 실용적 기능이 없는 공공 디자인의 사례를 근거로 공공 디자인의 실용적 기능 강화를 주장
하고 있다.

③ (다): 공공 디자인에 자연의 아름다움을 더하면 사람들에게 만족감과 편안함을 줄 수 있음을 예
를 통해 제시하고 있다.

④ (라): 우리나라의 예를 소개하여 공공 디자인에 인간미를 더하면 사람들에게 깊은 인상을 줄 수
있음을 보여 주고 있다.

⑤ (마): 공공 디자인이 일상생활에 밀접하게 관련되어 있음을 근거로 실용적 기능과 미적 기능이
조화된 공공 디자인이 많아져야 함을 주장하고 있다.

2. 윗글에 사용된 〈자료〉에 대한 이해로 적절하지 않은 것은?

① 〈자료 1〉은 공공 디자인 만족도와 관련한 정보를 수치화하여 보여 주고 있다.

② 〈자료 2〉는 벤치 디자인의 변화를 시간의 흐름에 따라 보여 주고 있다.

③ 〈자료 2〉는 예페 하인의 벤치들의 특징을 시각화하여 보여 주고 있다.

④ 〈자료 3〉은 '솔라 트리'가 설치된 모습을 주변 경관과 함께 보여 주고 있다.

⑤ 〈자료 4〉는 글의 설명을 보완하기 위해 '전주 연돌 탑'의 모습을 보여 주고 있다.

....

이 지문은 공공 디자인의 개선 방향을 제시하고 있는 글이야. (가)에서 공공 디자인 개선의 필요성을 밝히고,
(나)에서 (라)까지 각각 벤치, 솔라 트리, 전주 연돌 탑 등의 예를 통해 실용적, 미적 기능이 균형을 이룬 공공 디자인이
사람들에게 어떤 영향을 미치는지 설명하고 있어. 마지막 문단은 앞선 내용을 요약하여 새로운 공공 디자인의 필요성
을 강조하고 있지.

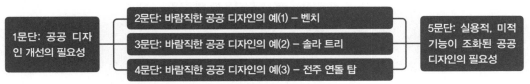

1번 문항은 문단별로 요지를 파악하는 문제야. (나)~(라)는 모두 실용적 기능과 미적 기능이 조화로운 공공 디
자인의 예에 해당하지. 2번 문항은 다양한 시각 자료의 역할을 묻고 있어. 시각 자료들이 어떤 역할을 하는지, 본문과
어떤 관련을 맺는지 잘 파악해야 해. 〈자료 2〉의 그림들은 시간의 흐름과는 무관하지.

2

정보의 확인과 세부 내용 파악하기

'정보의 확인과 세부 내용 파악하기'는 지문에 제시된 정보와 내용을 있는 그대로 이해했는가를 묻는, 비문학에서 가장 기본이 되는 문제 유형이야. [확인 문제]에서 살펴 볼 '학업성취도 평가' 지문들은 길이가 그리 길지 않아. 따라서 지문을 읽으면서 문단별 중심 화제가 무엇인지 표시해 놓고, 문제에서 관련 내용에 대해 물어 볼 때 정확히 확인하고 풀어도 좋아.

그런데 요즘 수능 국어 영역의 지문은 아주 길어. 덩달아 전국연합학력평가(흔히들 말하는 고등학교 모의고사야!)의 지문들도 그에 맞추어 길어지고 있지. 세부 내용을 파악하는데 시간이 더 오래 걸릴 테니 지문을 읽기 전에 문제의 선지 및 자료를 빠르게 훑어보는 것도 방법이야. 그럼 지문의 핵심 정보를 미리 파악할 수도 있고, 지문을 읽는 데 도움이 될 거야!

🪙 **확인 문제 2** 다음을 읽고 물음에 답하시오.   2018 학업성취도 평가

> 오늘날은 누구든지 인터넷 검색을 통해 원하는 정보를 손쉽게 얻을 수 있다. 그러나 이러한 정보를 삭제할 수 있는 권한은 특정 기업에 있기 때문에 개인이 자신과 관련된 정보를 삭제 · 폐기하는 데는 많은 시간과 노력이 소요된다. '잊힐 권리'는 바로 이러한 인터넷 환경에서 나온 개념이다. 잊힐 권리란 인터넷에서 생성 · 저장 · 유통되는 개인 정보에 대해 유통 기한을 정하거나 이의 수정, 삭제, 영구적인 폐기를 요청할 수 있는 권리를 말한다.
>
> 이러한 잊힐 권리의 법제화*에 대해 찬성과 반대 의견이 대립하고 있다. 찬성 측은 무엇보다 개인의 인권 보호를 위해 잊힐 권리를 법제화해야 한다고 주장한다. 인쇄 매체 시대에는 시간이 지나면 기사가 사람들의 기억 속에서 점차 잊혔기 때문에 그로 인한 피해가 한시적이었다. 반면 인터넷 시대에 한 번 보도된 기사는 언제든지 다시 찾을 수 있기 때문에 기사와 관련된 사람이 소위 '신상 털기'로 인한 피해를 지속적으로 입을 수 있다. 또한 인터넷 환경에서는 개인에 대한 정보를 쉽게 검색할 수 있어서 한 개인의 신원을 종합적으로 파악하는 이른바 '프로파일링'도 가능해졌다. 이러한 행위들이 무차별적으로 이루어진다면 당사자는 매우 큰 정신적 · 물질적 피해를 입을 수 있기 때문에 이를 방지할 수 있는 강제적인 규제가 필요하다는 것이다.
>
> 반면 또 다른 권리의 측면에서 법제화를 반대하는 입장도 있다. 표현의 자유를 제한하고 알 권리를 침해할 가능성이 있다는 것이다. 잊힐 권리가 법제화되면 언론사는 삭제나 폐기를 요구받을 만한 민감한 기사를 보도하는 데 조심스러워질 수밖에 없어 표현의 자유가 제한될 수 있다. 그리고 기사나 자료가 과도하게 삭제될 경우 정부나 기업, 특정인과 관련된 정보에 대한 국민의 알 권리가 침해될 수 있다. 또한 반대 측은 현실적인 측면에서도 문제가 있다고 본다. 인터넷에 광범위하게 퍼져 있는 개인의 정보를 찾아 지우는 것은 기술적으로 대단히 어렵다. 게다가 잊힐 권리를 현실에 적용할 때 투입되는 비용 문제 역시 기업에는 큰 부담이 될 수 있다.
>
> 인터넷 환경에 둘러싸인 현대인에게 잊힐 권리는 중요한 문제라고 볼 수 있다. 잊힐 권리가 악용되는 일이 없기 위해서는 아직도 세부적으로 고려하고 논의해야 할 사항이 많다. 앞으로 잊힐 권리를 둘러싼 문제들이 어떻게 해결되어 나가는지 계속 관심을 갖고 지켜볼 필요가 있다.
>
> * 법제화: 법률로 정하여 놓음.

1. 윗글을 읽으며 떠올릴 수 있는 질문으로 적절하지 않은 것은?

   ① 인터넷에서 정보를 삭제할 수 있는 권한은 누구에게 있는 것일까?
   ② '잊힐 권리'의 법제화에 찬성하는 이유는 무엇일까?
   ③ '잊힐 권리'가 인쇄 매체 시대 때부터 꾸준히 제기되어 온 이유는 무엇일까?
   ④ '신상 털기'나 '프로파일링'은 어떤 문제를 가져오는 것일까?
   ⑤ 글쓴이는 이 글을 통해 '잊힐 권리'의 어떤 점을 알려 주려고 하는 것일까?

2. 〈자료〉는 학생이 자신의 읽기 목적에 따라 윗글의 내용을 정리한 것이다. ㉠에 들어갈 내용을 〈조건〉에 맞게 쓰시오.

〈자 료〉

○ 읽기 목적: '잊힐 권리'가 법제화되었을 때 발생할 수 있는 문제점 조사하기
○ 정리한 내용

'잊힐 권리'가 법제화되었을 때의 문제점	
• 권리의 측면 : (㉠).	• 현실적인 측면 : 기술적 문제 및 비용 문제를 현실적으로 해결하기 어렵다.

〈조 건〉

1. 권리의 측면에서 나타나는 문제점 두 가지를 쓸 것.
2. 한 문장으로 쓸 것.

㉠: _____

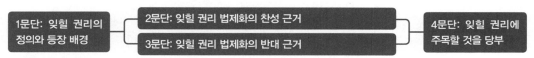

3

글의 구조 알기

비문학 지문은 '처음-중간-끝'을 기본 구조로 하여, 중심 화제의 성격과 글쓴이의 의도에 따라 변형이 일어나게 돼. 이러한 사실을 염두에 두면 이어질 내용을 예측하면서 읽는 데 도움이 되지.

그런데 문제 유형 중에 아예 글의 구조에 대해 물어보는 경우도 있어. 이럴 때에는 문단과 문단의 관계를 잘 파악해야 해. (1) 하나의 문단이 다른 문단을 뒷받침하거나 새로운 내용을 제시하고 있는지, (2) 다른 문단과 대등한 관계로 나열되어 있는지, (3) 앞의 내용을 요약하며 정리하고 있는지 등에 따라 다양한 글의 구조가 나타날 수 있어.

확인 문제 3 다음을 읽고 물음에 답하시오.   2015 학업성취도 평가

(가) 콘서트홀에서 감미로운 노래와 웅장한 오케스트라 연주에 휩싸이는 경험은 정말 매력적이다. 하지만 모든 콘서트홀이 늘 최고의 소리를 들려주는 것은 아니다. 어떤 콘서트홀에서 공연을 관람하느냐에 따라서 공연의 만족도가 달라질 수 있다. 왜냐하면 오케스트라와 가수 외에도 콘서트홀의 다양한 요소들이 공연의 질에 영향을 미치기 때문이다.

(나) 공연의 질을 좌우하는 중요한 요소 중 하나는 음이 지속되는 잔향 시간이다. 잔향 시간은 음 에너지가 최대인 상태에서 일백만 분의 일만큼의 에너지로 감소하는 데 걸리는 시간을 말한다. 콘서트홀 종류마다 알맞은 잔향 시간이 다르다. 오케스트라 전용 콘서트홀은 청중들이 풍성하고 웅장한 감동을 느낄 수 있도록 잔향 시간을 1.6~2.2초로 길게 설계하고, 오페라 전용 콘서트홀은 이보다는 소리가 덜 울려야 청중들이 대사를 잘 들을 수 있기 때문에 잔향 시간을 1.3~1.8초로 짧게 만든다. 예술의 전당에서, 주로 오케스트라가 공연하는 콘서트홀은 잔향 시간이 2.1초에 달하고, 오페라를 공연하는 콘서트홀은 잔향 시간이 1.3~1.5초이다. 그러면 콘서트홀의 잔향 시간을 조절하는 방법을 살펴보자.

(다) 잔향 시간을 조절하는 방법에는 콘서트홀의 크기를 고려하는 방법이 있다. 잔향 시간은 콘서트홀의 크기에 따라 달라지기 때문이다. 작은 콘서트홀에서는 무대에서 나가는 소리가 벽에 부딪히기까지의 시간이 짧다. 따라서 소리가 벽에 부딪히는 횟수가 많아지므로 소리 에너지가 빨리 줄어들어 잔향 시간이 짧아진다. 큰 콘서트홀은 작은 콘서트홀에 비해 무대에서 나가는 소리가 벽에 부딪히기까지의 시간이 길다. 따라서 소리가 벽에 부딪히는 횟수가 적으므로 소리 에너지가 천천히 줄어들어 잔향 시간이 길어진다.

(라) 콘서트홀의 재료를 고려하여 잔향 시간을 조절하는 방법도 있다. 콘서트홀의 벽면과 바닥, 객석 등에 쓰이는 재료가 잔향 시간에 영향을 미치기 때문이다. 밀도가 낮고 통기성이 좋은 합성섬유와 같은 푹신한 재료는 소리를 잘 흡수하므로 흡음재로 쓰인다. 반면 돌이나 두꺼운 합판은 소리를 거의 흡수하지 않고 튕겨 내기 때문에 반사재로 쓰인다. 흡음재와 반사재를 적절히 조합하면 원하는 잔향 시간을 만들 수 있다. 무대 바닥이나 벽은 반사재를 붙여 반사의 정도를 조절한다. 객석과 주변의 벽은 흡음재를 사용하여 소리를 잘 흡수할 수 있도록 한다.

(마) 또 다른 방법으로 음향 장치를 활용하기도 한다. 공연이 열릴 때 반사판을 더하면 잔향 시간을 조절할 수 있다. 피아노 독주처럼 작은 소리를 울리게 해야 할 때 피아노 뒤편 무대에 음향 반사판을 병풍처럼 세운다. 그리고 이런 방법으로 잔향 시간을 많이 늘리기 어려울 때에는 최첨단 전기 음향 시스템을 활용하기도 한다. 곳곳에 숨겨진 마이크가 음을 받아 목적에 맞는 잔향 시간만큼 늘린 뒤 다시 스피커로 들려주는 것이다.

1. (나)의 서술 방식으로 적절한 것은?

    ① 구성 요소를 분석하고 그 속성을 나열하고 있다.
    ② 문제의 원인을 분석하고 그 결과를 서술하고 있다.
    ③ 생소한 개념을 풀이하고 관련 사례를 제시하고 있다.
    ④ 현상을 기술하고 변화의 과정을 단계별로 밝히고 있다.
    ⑤ 과정을 시간 순으로 나열하고 일정 기준에 따라 분류하고 있다.

2. (가)~(마)의 구조를 나타낸 것으로 적절한 것은?

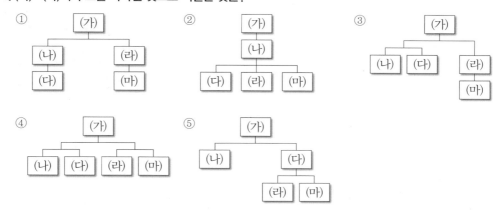

3. 〈자료〉는 윗글의 마지막 문단으로 (가)~(마)의 내용 요약과 제언으로 구성되어 있다. 빈칸에 들어갈 알맞은 말을 넣어 한 문장으로 완성하시오.

〈자　료〉

    지금까지 좋은 음질의 음악을 감상할 수 있는 콘서트홀에 대하여 살펴보았다. 최고의 공연을 만드는 중요한 요소는 잔향 시간이다. 콘서트홀 종류마다 알맞은 잔향 시간이 다르다. 잔향 시간을 조절하는 방법에는 _____.
콘서트홀과 잔향 시간의 관계를 잘 이해한다면 좋은 음질의 공연을 감상할 수 있을 것이다.

  이 지문은 콘서트홀 공연의 질에 영향을 미치는 요소 중 잔향 시간에 대해 설명하고 있어. (가)는 콘서트홀 공연의 질에 대해 이야기를 꺼내며 중심 화제에 대한 관심을 환기하고 있어. (나)는 (가)에 이어 공연의 질에 미치는 요소 중 하나인 잔향 시간에 대해 자세히 설명하였어. 그리고 (다)~(마)는 콘서트홀의 잔향 시간을 조절하는 방법으로 콘서트홀의 '크기', '재료', '음향 장치'에 대해 각각 설명하고 있어. 이때 (다)~(마)는 서로 대등한 관계로 볼 수 있어.

  1번 문항은 (나)의 서술 방식, 즉 전개 방식에 대해 묻고 있어. (나)는 잔향 시간의 개념과 적용 사례에 대해 설명하고 있지. 2번이 바로 글의 구조를 묻는 문항이야. 지문 해설을 잘 보면 답을 알 수 있을 거야. 3번 문항은 (다)~(마)의 핵심어를 잘 파악하면 되겠는 걸?

4

논지 전개 방식 파악하기

'논지 전개 방식 파악하기'는 논지, 즉 글의 목적이나 취지를 드러내는 방식을 알고 있는지 묻는 문제 유형이야. 3장 'Ⅱ. 글의 종류에 따른 독해'에서 살펴본 대표적인 글의 양식이나, 2장 'Ⅱ. 문단의 전개'에서 살펴본 다양한 전개 방식의 정의와 형태를 숙지해두는 것이 관건이야.

이 문제 유형은 '세부 내용' 파악에 관한 문제와 더불어 가장 자주 등장하는 유형이야. 그래서인지 논지 전개 방식과 세부 내용에 대해 따로 묻기보다는 동시에 묻는 문제가 많이 출제되고 있어. 글 전체의 전개 방식을 물어 보기도 하고, 문단별 전개 방식을 물어보기도 해. 어떻게 물어보든지 (1) 글의 전체적인 흐름을 파악하고, (2) 논지 전개 방식의 개념을 숙지하고 있으면 쉽게 풀 수 있어!

> **잠깐!** 정의, 예시, 부연, 비교, 대조, 분류, 나열, 분석, 묘사, 시간적/공간적 순서, 과정, 원인, 결과, 주장, 근거, 논증, 질문–답변의 구조, 문제–해결의 구조, 반박–주장의 구조
>
> 이 개념들이 낯설다면? ⇒ 2장 'Ⅱ. 문단의 전개', 3장 'Ⅱ. 글의 종류에 따른 독해'를 훑어보고 오기!

확인 문제 4 다음을 읽고 물음에 답하시오.   2012 학업성취도 평가

아직 문명화가 되지 않은 부족에게는 ㉠재난이나 고통이 닥쳤을 때 그것을 다른 대상에 전이하여 평안을 얻으려는 관습이 있다. 이러한 관습은 세계의 전역에 걸쳐 보편적으로 나타나는데 전이의 대상에 따라 몇 가지 유형으로 묶을 수 있다.

첫째, 다른 인간에게 전이하는 경우이다. 실론 섬에서는 중병을 앓아 거의 죽음 에 이르게 되는 경우에 '악마 춤'을 추는 사람을 초대한다. 춤꾼은 특이한 가면을 쓰고 춤 을 추어, 병자에게서 병마를 꾀어내 자기에게로 끌어들인다. 이어서 춤꾼은 상여 위에 누워 마을 밖의 들로 운반된다. 그러면 본래의 병에 걸린 사람은 낫는다는 것이다.

둘째, 동물에게 전이하는 경우이다. 남부 아프리카의 카피르 족은 환자의 머리맡에 산양을 끌어다 놓고, 그 산양의 머리에 환자의 피를 몇 방울 떨어뜨려 인적이 없는 초원으로 내쫓는다. 그러면 병이 산양에게 옮겨져 사막에서 없어진다고 한다. 말라가시의 토착민들은 재난 또는 질병을 염소에 담아 한 사나이에게 멀리 운반하도록 시키는데, 거기에는 재난과 질병이 염소와 함께 사라졌으면 하는 바람 이 담겨 있다.

셋째, 사물에 전이하는 경우이다. 동인도 제도의 어떤 부족은 환자의 얼굴을 특정한 나뭇잎으로 두드린 뒤 그것을 버림으로써 병을 치료할 수 있다고 믿는다. 바바르의 여러 섬에서는 피로하게 되면 돌로 제 몸 을 두드리는데, 그렇게 하면 피로를 돌에 옮길 수 있다고 한다. 그 돌은 정해진 장소에 버리는데, 그 돌들이 쌓여 만들어진 돌무더기는 지금도 고갯길의 어귀에 남아 있다.

한편, 우간다의 바히마 족은 악성 종기로 고통 받을 때 약초를 환부에 문질러 사람이 자주 다니는 길에 묻어 놓는다. 묻힌 약초를 맨 처음 밟은 사람은 병을 앓게 되고 본래의 환자는 치료된다고 믿는다. 또 바간다 족은 진흙으로 환자의 모형을 만드는데, 이 모형의 쓰임은 바히마 족의 약초와 같다. 이들의 경우에는 약초와 인형이라는 사물 그 자체가 전이의 대상은 아니고, 그것을 통해 다른 인간에게 고통을 전이하는 매개체의 역할만 한다.

인간 사회가 문명화되면 이러한 믿음 들은 약화되고 관습들은 점차 사라진다. 그러나 나라

마다 몇 가지는 민간의 속설로 지금까지 전해 온다. 아직 문명화가 이루어지지 않은 부족들의 사례를 관찰하면 현대 민간 속설의 기원을 발견할 수 있으며, 세계 여러 부족 간의 비교를 통해 그것이 인류의 원형적 사고임을 추측할 수 있다.

1. 위 글의 전개 방식에 대한 설명으로 적절한 것은?

① 가설을 설정하고 관찰을 통해 증명하였다.
② 현상을 유형화하여 병렬적으로 제시하였다.
③ 현상들의 변화 과정을 중심으로 설명하였다.
④ 문제를 제기하고 구체적인 해결책을 제시하였다.
⑤ 여러 현상들의 원인을 분석하여 결론을 제시하였다.

2. ㉠을 이해하기 위해 활용할 수 있는 배경 지식으로 가장 적절한 것은?

① 의자에 앉아서 다리를 떨면 복이 나간다는 속설
② 밤에 휘파람이나 피리를 불면 뱀이 나온다는 속설
③ 밥을 먹고 나서 곧바로 누운 사람은 소가 된다는 속설
④ 첫 손님이 물건을 안 사면 그날 장사가 잘 안된다는 속설
⑤ 다래끼가 났을 때 속눈썹을 뽑아서 돌 위에 올려 두면 그 돌을 찬 사람에게 다래끼가 옮겨 간다는 속설

3. 위 글에 쓰인 단어 중 짜임이 <u>다른</u> 하나는?

① 죽음   ② 춤   ③ 바람   ④ 몸   ⑤ 믿음

이 지문은 재난이나 고통을 다른 대상에 전이하는 관습을 전이의 대상별로 분류하고, 의의를 확인하고 있는 글이야. 첫째 문단은 재난이나 고통을 전이하는 관습이 보편적인 현상이며, 문명화 되지 않은 부족들에게서 확인할 수 있음을 밝히고 있어. 둘째에서 넷째 문단은 이 관습의 유형을 전이의 대상에 따라, 즉, 다른 인간, 동물, 사물로 나누어 분류하고 있어. 각각의 문단에는 유형별로 구체적인 사례를 소개하고 있어. 다섯째 문단은 앞선 세 가지 유형에 속하지 않는 예외적인 현상에 대해 설명하고 있어. 전이의 대상이 인간이라는 점에서 유형(1)과, 사물을 이용한다는 점에서 유형(3)과 관련이 있지. 마지막 문단은 이러한 관습이 인류의 원형적 사고에 대해 알게 해준다는 의의를 밝히고 있어.

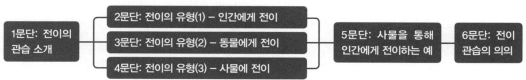

1번 문항이 바로 글의 전개 방식에 대해 묻고 있는 문제야. 재난, 고통을 전이하는 관습을 유형별로 나누었고, 둘째에서 넷째 문단과 같이 대등하게 나열된 것을 병렬적이라고 해. 2번 문항은 ㉠에 해당하는 구체적 예를 찾는 문제야. 재난이나 고통에 해당하는 사건이 나와야 하고, 이를 전이하는 내용이 포함되어야 해. 3번 문항은 문법 문제야. ①은 '죽다'의 명사형이고, ②는 '추다'의 명사형이야. 이렇게 명사형으로 만들어지지 않은 것은? 찾을 수 있겠지? ^^

5

정보의 추론 및 해석하기

'정보의 추론 및 해석하기'는 지문에 나와 있는 정보를 토대로 미루어 생각하는 것으로 앞서 보았던 '정보의 확인 및 세부 내용 파악하기'의 심화 버전에 해당하는 문제 유형이야. 이 유형의 문제는 기본적으로 지문의 주요 내용에 대한 이해가 되어 있지 않으면, 문제를 제대로 풀어낼 수 없어.

실제 문제에 나오는 다섯 개의 선지 중에서 절반 정도는 내용을 정확히 이해만 했으면 정답 여부를 확인할 수 있는 것들이야. 그리고 나머지 절반은 글의 내용을 일반화시키거나, 내용이 전제하고 있는 바를 확인하고 적절성을 판단하면 풀 수 있어.

✚ TIP! 그래도 추론하기가 어렵다면?

어떤 내용에 대한 전제는 숨겨져 있을 수도 있고, 글에 나타나 있더라도 다른 문단에서 발견되기도 해. 그러니까 추론하기는 그저 내용을 확인하는 문제에 비하면 어려운 것이 당연해. 문제를 맞히는 것에 집착하지 말고, 정보들 간의 관계를 꼼꼼히 따져보는 연습을 해 보자! ^^

🪙 확인 문제 5 다음을 읽고 물음에 답하시오.

2010 학업성취도 평가

지구에서 가장 많이 팔리는 장난감은 무엇일까? 그것은 바로 바비 인형이다. 단일 장난감으로는 그 종류도 다양하여 총 40여 종에 달하며, 이는 미국의 마텔 사에 연간 10억 달러 이상의 수익을 가져다주고 있다. 지금 이 순간에도 바비 인형은 초당 2개 꼴로 세계 140여 개국에 판매되고 있다.

바비 인형은 판매의 측면에서뿐만 아니라, 생산의 측면에서도 세계적이다. 이 인형의 제조사는 미국 기업이지만, 실제로 미국 내에서 만들어지는 인형은 단 1개도 없다. 바비 인형은 1959년 최초로 생산될 때부터 미국이 아닌 일본에서 생산되었다. 당시 일본은 제2차 세계대전의 후유증을 극복하지 못하여 (㉠)으로 노동자 임금이 낮았기 때문이다. 이후 바비 인형의 생산지는 일본의 임금 수준이 상승함에 따라 임금이 싼 다른 아시아 국가로 이동하였다.

세계적 생산 체계하에서 바비 인형의 생산이 시작되는 곳은 '사우디아라비아'이다. 사우디아라비아에서는 원유를 시추하여 정제를 한 후 에틸렌을 추출한다. '타이완'의 석유 회사가 이 에틸렌을 구매하여 플라스틱 회사에 판매하면, 회사는 이를 원료로 하여 구슬 모양의 PVC 펠레를 만든다. 이 재료는 '중국', '인도네시아', '말레이시아'의 공장 중 한 군데로 수송되어 '미국'산 기계를 통해 바비 인형의 몸으로 만들어진다. 여기에 '일본'에서 생산된 나일론 머리카락을 심고, '중국'에서 제조된 면 옷을 입히면, 드디어 바비 인형이 탄생하는 것이다.

이처럼 바비 인형의 생산 과정에는 세계 여러 나라가 관련되어 있다. 사우디아라비아와 타이완은 원료를 제공하고, 중국, 인도네시아, 말레이시아와 같은 아시아의 나라들은 노동력을 제공하며, 미국은 기술력을 제공하는 등, 이들 국가들은 바비 인형의 생산에 각기 다른 역할을 담당하고 있다.

그렇다면 바비 인형의 생산지는 어느 곳일까? 만일 누군가 '차 마시는 바비 인형'을 샀다면, 그 포장 박스에는 생산지가 중국으로 표기되어 있을 것이다. 하지만 우리가 살펴본 바와 같이 인형 제조에 사용된 재료 중, 중국에서 만들어진 것은 거의 없다. 따라서 바비 인형의 경우에

'생산지'는 원료 생산에서 완제품 출시까지의 모든 제조 공정이 이루어지는 나라가 아니라, 각국에서 만든 부품을 조립하여 완제품을 출시한 나라를 의미한다.

1. 위 글의 내용을 바탕으로 추론한 것 중 가장 적절한 것은?

① 바비 인형은 최고급 재료를 선별하여 만들어진다.
② 임금은 바비 인형의 생산지를 결정하는 데 영향을 미친다.
③ 미국의 마텔 사는 세계에서 가장 오래된 장난감 회사이다.
④ 대부분의 바비 인형은 중국에서 생산되어 미국으로 수출된다.
⑤ 사람들은 생산지가 중국으로 표기된 상품을 선호하는 경향이 있다.

2. 문맥을 고려할 때, ㉠에 들어갈 말로 적절한 것은?

① 상대적   ② 고정적   ③ 비약적   ④ 경쟁적   ⑤ 주기적

3. 위 글의 전개 방식에 대한 설명으로 적절하지 <u>않은</u> 것은?

① 질문과 답변의 방식으로 관심을 유도하며 설명하였다.
② 바비 인형의 종류를 나열하여 다양한 특징을 제시하였다.
③ 바비 인형의 생산 과정을 분석하여 순차적으로 제시하였다.
④ '차 마시는 바비 인형'을 예로 들어 '생산지'의 개념을 설명하였다.
⑤ 바비 인형의 생산과 관련한 각국의 서로 다른 역할을 비교하였다.

이 지문은   바비 인형의 생산 과정과 생산지 결정에 관해 설명하고 있는 글이야. 첫째 문단은 중심 화제인 '바비 인형'의 세계적 판매량에 대해 설명하고 있어. 둘째 문단부터는 판매가 아닌 생산의 측면에서 바비 인형에 대해 설명하고 있지. 둘째 문단은 바비 인형의 생산 초기에 일본에서 만들어진 이유에 대해 설명하고 있어. 셋째 문단은 현재 바비 인형의 생산 과정에 대해 설명하고 있어. 바비 인형의 생산은 한 국가에서 이루어지는 것이 아니라 여러 나라의 역할 분담을 통해 이루어지는데, 이에 대해 넷째 문단에서도 부연하고 있지. 마지막 문단은 바비 인형의 최종 생산지를 어떻게 결정하여 표기하는지에 대해 설명하고 있어.

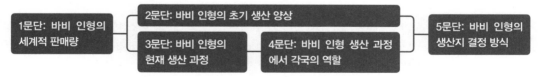

1번 문항이   바로 '추론하기'에 해당하는 문제야. ①은 바비 인형의 재료에 관한 내용인데, 재료가 최고급인지 여부는 글에 나타나 있지 않아. ③은 바비 인형의 제조사인 마텔 사에 관한 내용인데, 마텔 사는 커다란 수익을 올리고 있지만, 세계에서 가장 오래된 장난감 회사라는 사실은 찾을 수 없지. ④는 만들어진 바비 인형이 어디로 수출되는지에 대한 내용인데, 세계 140여 개국에 판매되고 있다는 내용은 있지만, 미국으로 우선 수출되는지는 알 수 없어. ⑤에 관한 설명도 찾을 수 없어. 그러니까 실질적으로 ①, ③, ④, ⑤는 내용만 제대로 파악해도 추론할 수 없는 내용이라는 것을 알 수 있지. ②는 둘째 문단을 근거로 추론이 가능한 내용이야. 2번 문항은 미국과 일본의 임금 수준을 비교하고 있으니까, 그러한 의미를 담은 단어가 적합하겠지? 3번 문항은 글의 전개 방식에 대한 문제야. 이 글에는 바비 인형의 종류에 대해 설명하고 있지 않으니까, 내용만 제대로 파악했어도 풀 수 있겠지?

6 정보의 평가 및 비판하기

'정보의 평가 및 비판하기'는 평가만 받던 우리가 글을 평가하는 입장이 되어보는 문제 유형이야. 왠지 신나지 않아? 그런데 아쉽다 할까, 다행이랄까, 비문학 지문은 학생들에게 도움이 될 만한 내용을 고르고 골라 정성스럽게 만들기 때문에 나쁜 글이 나오는 일은 없어. ^^

그렇다면 우리는 무엇을 평가해야 할까? 첫째, 글이 어떤 방식을 통해 논리적인 타당성을 갖추었는지 판단할 수 있어야 해. 논리적인 타당성을 갖추기 위해서는 원인과 결과의 관계가 적절히 연결되어야 하고, 혹은 어떠한 주장이 나왔을 때 이를 뒷받침하는 근거가 분명해야 해. 둘째, 제시된 정보나 주장에 대한 근거가 신뢰할 수 있는지 판단할 수 있어야 해. 주로 믿을 수 있는 출처를 제시하거나 해당 분야 전문가의 견해를 인용하는 경우 신뢰성을 높일 수 있어. 셋째, 글이 통일성을 갖추고 있는지 판단할 수 있어야 해. 통일성은 한 편의 글은 하나의 주제로 이루어져야 한다는 규칙인데, 주제에서 벗어난 내용을 찾거나, 주제를 효과적으로 보완할 수 있는 내용을 찾는 문제가 출제될 수 있어.

🖱 확인 문제 6 **다음을 읽고 물음에 답하시오.** 2009 학업성취도 평가

> 우리나라는 만성 수면 부족 국가다. 지난해 국내의 한 대학 병원에서 성인 남녀를 대상으로 수면 실태를 조사했더니, 자신의 수면이 정상이라고 생각하는 사람이 50.6퍼센트에 불과했다. 이들마저도 하루 평균 수면 시간은 최적 수면 시간인 7시간 30분에 크게 못 미치는 6시간 18분이었다.
>
> 더 큰 문제는 현대인의 수면 환경이 갈수록 열악해진다는 점이다. 업무량의 증가로 늦어진 퇴근 시간, 시차가 있는 외국과의 업무, 텔레비전 시청이나 컴퓨터의 사용 등으로 수면 여건은 갈수록 나빠지고 있다. 청소년들의 상황은 더욱 심각하다. 학업에 대한 부담감으로 잘 시간을 쪼개 가며 공부하고, 거기다 게임이나 인터넷 문화가 널리 퍼지면서 청소년들의 수면 부족 현상이 심화되고 있다.
>
> 이러한 수면 부족은 인간의 건강에 심각한 영향을 끼친다. 우선 수면 부족은 비만을 유발한다. 영국의 한 대학에서 성인 1,000명을 대상으로 수면 시간을 10시간에서 5시간으로 줄이는 실험을 한 결과, 피실험자의 체중이 평균 4퍼센트 늘었다. 그들의 혈액을 분석해 보니 수면 시간을 반으로 줄였을 때, 식욕을 자극하는 성분은 증가한 반면 억제하는 성분은 그만큼 줄었다는 사실이 밝혀졌다.
>
> [가] ┌ 또한 수면 부족은 노화 현상과 유사한 반응을 일으킨다. 잠을 제대로 자지 못하면 정신적·신경적 측면에서 젊은 사람도 노인과 비슷해진다. 36시간 동안이나 잠을 못 잔 20대 성인은 잠이 부족하지 않은 60대의 사람들과 유사한 행동을 하게 되는 것이다. └
>
> 수면 부족 때문에 빚어지는 문제는 그뿐이 아니다. 옛 소련의 체르노빌과 미국 스리마일 섬의 원자력발전소 사고는 수면 부족에 의한 인재였다. 졸음으로 인한 기계 오작동이 원인이었던 것이다. 한국도로공사가 발표한 2007년 교통사고 원인들 중에서도 졸음운전이 23.3퍼센트를 차지하고 있다. 졸음운전은 면허 취소 수준을 훨씬 넘는 혈중 알코올 농도 0.17퍼센트의 음주운전과 상태가 비슷하다는 것이 전문가들의 분석이다.
>
> 이처럼 수면 부족은 단순히 피로감을 주고 집중력을 흐리게 하는 데 그치는 것이 아니라 우리의 건강과 안전을 모두 위협한다. 그러므로 생활 습관의 변화를 통해 충분한 수면을 취하는 것이 무엇보다 필요하다.

1. 위 글의 내용과 일치하지 <u>않는</u> 것은?

① 졸음운전은 음주 운전처럼 매우 위험하다.

② 잠을 제대로 자지 못하면 체중이 줄어든다.

③ 현대인 중 많은 사람들이 수면 부족 상태이다.

④ 사람들의 생활 방식은 수면 여건에 영향을 미친다.

⑤ 수면이 부족하면 혈액 속의 성분에도 변화가 생긴다.

2. 위 글의 통일성을 위해 (가) 부분을 보완하고자 할 때, 그 보완 방향으로 가장 적절한 것은?

① 노화 현상의 원인을 분석하는 내용을 추가한다.

② 식욕이 수면 부족과 관련된 예를 덧붙여 내용을 보완한다.

③ 수면 부족과 노화 현상이 일으키는 반응을 항목별로 비교하며 재진술한다.

④ 수면 부족이 유발하는 다양한 신체적 부작용을 밝히는 내용으로 교체한다.

⑤ 동일 연령대의 사람들에게 수면 부족이 유발하는 현상을 중심으로 서술한다.

3. [기출 응용] 위 글에 대한 설명으로 적절한 것은?

① 용어의 개념과 어원에 대해 설명하고 있다.

② 질문을 던지고 이에 대한 해답을 제시하고 있다.

③ 인용한 자료의 출처를 밝혀 신뢰성을 높이고 있다.

④ 대상의 변화 과정을 시간 순서에 따라 설명하고 있다.

⑤ 예상되는 반론에 반박하며 주장의 타당성을 밝히고 있다.

이 지문은 우리나라의 수면 실태를 소개하고, 수면 부족이 일으키는 문제점을 설명하고 있어. 첫째 문단은 우리나라의 수면 부족 현황에 대해 연구 결과를 바탕으로 설명하고 있어. 둘째 문단은 첫째 문단의 부연으로, 우리나라의 수면 부족 문제가 향후 더욱 심각해질 것으로 예상된다는 거야. 셋째부터 다섯째 문단은 수면 부족이 인체에 미치는 영향에 대해 설명하고 있어. 그리고 마지막 문단에서 앞의 내용을 근거로 수면 부족 문제 해결의 필요성을 밝히고 있어.

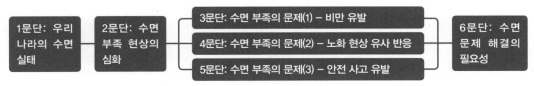

1번 문항은 글의 내용을 확인하는 문제야. ①은 다섯째, ③은 첫째, ④는 둘째, ⑤는 셋째 문단에서 확인할 수 있어. 2번 문항이 바로 글에 대해 평가하는 문항이야. 통일성을 보완하려면 글 전체의 주제인 수면 부족의 문제와 관련된 내용이 나와야 하고, 앞뒤 문단과도 구분이 되는 내용이 나와야겠지? 3번 문항은 글의 전개 방식에 대해 묻는 문항이야. 한 대학 병원의 수면 실태 조사, 영국의 실험 결과, 한국도로공사의 발표 등 출처를 밝힘으로써 신뢰성을 높이고 있어.

'정보의 평가 및 비판하기'는 지문의 내용만을 평가 및 비판의 대상으로 삼는 것은 아니야. <보기>나 <자료>에 새로운 정보를 제시하고, 이것들이 본문의 내용을 보완하거나 주장을 뒷받침할 수 있는지 물어보는 문제도 자주 등장하곤 해. 이때 평가 및 비판의 대상은 <보기>나 <자료>의 정보가 되는 것이지.

이러한 문제를 해결하기 위해서는 우선 글에 제시된 관점을 정확히 이해해야 해. 평가 및 비판의 기준이 본문에 있기 때문이지. 그리고 <보기>나 <자료>에 담긴 정보와 논리적 연관성을 따져봐야 해. 본문과 관점이 다른 정보라면 본문을 뒷받침하기 어렵겠지?

참고로 문제를 풀 때에도 순서가 있어. 이러한 평가 및 비판 유형의 문제는 글에 담긴 정보를 확인하는 문제를 먼저 푼 후에 해결하는 것이 순리야. 그래야 훨씬 쉽거든! ^^

🍪 확인 문제 7 다음을 읽고 물음에 답하시오.

2017 학업성취도 평가

전문가들에 따르면 2050년에 전 세계 인구는 90억 명을 넘을 것이며 그에 따라 식량 생산량도 늘려야 한다고 한다. 하지만 공산물의 생산량을 늘리듯 식량 생산량을 대폭 늘릴 수는 없다. 곡물이나 가축을 더 키우기 위한 땅과 물이 충분치 않고, 가축 생산량을 마구 늘렸을 때 온실 가스 등이 발생하기 때문이다. 이런 상황을 고려할 때 유엔 식량 농업 기구에서 곤충을 유망한 미래 식량으로 꼽은 것은 주목할 만하다. 사람들이 보통 '작고 징그럽게 생긴 동물'로 인식하는 곤충이 식량으로서는 여러 가지 장점을 갖고 있기 때문이다.

우선 식용 곤충은 매우 경제적인 식재료이다. ㉠누에는 태어난 지 20일 만에 몸무게가 1,000배나 늘어나고, 큰메뚜기의 경우에는 하루 만에 몸집이 2배 이상 커질 수 있다. 이처럼 곤충은 성장 속도가 놀랍도록 빠르다. 또한 식용 곤충을 키우는 데 필요한 토지는 가축 사육에 비해 상대적으로 훨씬 적으며 필요한 노동력과 사료도 크게 절감된다.

식용 곤충의 또 다른 장점은 영양이 매우 풍부하다는 것이다. 식용 곤충의 단백질 비율은 쇠고기, 생선과 유사하고 오메가 3의 비율은 쇠고기, 돼지고기보다 높다. 게다가 식용 곤충은 건강에 좋은 리놀레산, 키토산을 비롯하여 각종 미네랄과 비타민까지 골고루 함유하고 있다.

또한 식용 곤충 사육은 가축 사육보다 친환경적이다. 소, 돼지 등을 기를 때 비료나 분뇨 등에서 발생하는 온실 가스는 지구 전체 온실 가스 발생량의 18% 이상을 차지한다. 반면 갈색거저리 애벌레, 귀뚜라미 등의 곤충을 기를 때 발생하는 온실 가스는 소나 돼지의 경우보다 약 100배 정도 적다.

이처럼 식용 곤충은 경제적이면서도, 영양이 풍부하고, 친환경적이기 때문에 자원의 고갈과 환경 파괴의 위기 속에서 살아가야 하는 인류에게 더할 나위 없이 좋은 미래 식량이다. 따라서 식용 곤충과 관련한 산업을 보다 활성화하고, 요리 방법을 다양하게 개발하며, 곤충에 대한 사람들의 부정적인 인식을 변화시키는 등의 노력을 더욱 적극적으로 해야 한다.

1. ㉠에 사용된 논증 방식으로 적절한 것은?

① 이론을 바탕으로 가설을 검증하여 결론을 이끌어 내고 있다.
② 개별적인 사실들을 바탕으로 일반적인 결론을 도출하고 있다.
③ 일반적인 원리를 구체적인 사례에 적용하여 결론을 도출하고 있다.
④ 문제 상황을 제시하고 그것을 해결할 수 있는 방안을 도출하고 있다.
⑤ 두 대상의 유사성을 바탕으로 다른 속성의 유사성을 이끌어내고 있다.

2. [기출 응용] 윗글을 통해 알 수 있는 내용이 <u>아닌</u> 것은?

① 미래에는 현재보다 많은 식량이 필요할 것으로 예상된다.
② 무분별한 식량 생산량의 증가는 환경을 파괴할 위험이 있다.
③ 곤충은 다른 가축에 비해 적은 노력으로도 사육이 가능하다.
④ 곤충을 이용한 다양한 요리 방법이 개발되어 소개되고 있다.
⑤ 사람들은 곤충을 식량으로서 받아들이는 것에 대해 부정적이다.

3. 〈자료〉 중에서 윗글의 주장을 뒷받침할 수 있는 근거로 적절하지 <u>않은</u> 것은?

─〈자 료〉─

ㄱ. 육식보다는 채식 중심의 식습관을 가진 사람이 더 건강하며 장수할 확률이 높다.
〈◎◎ 논문〉

ㄴ. 같은 양의 식량을 생산한다고 가정할 때 필요한 물의 양이 곤충은 소의 약 5분의 1, 돼지의 약 2분의 1밖에 되지 않는다.
『◇◇ 보고서』

ㄷ. 가축 사육 확대는 환경 파괴를 유발하므로 인구 증가에 따른 단백질 공급을 소, 돼지 등의 육류에만 의지할 수는 없다.
『△△ 과학』

ㄹ. 곤충은 먹이를 단백질로 전환하는 비율이 소나 돼지와 같은 가축에 비해 훨씬 높아 적은 양의 사료로 많은 양의 단백질을 만들어 낸다.
〈○○ 논문〉

ㅁ. 인구 증가를 고려하면 우리나라 크기의 약 100배에 해당하는 경작지가 더 필요한데 지구에는 그만한 넓이의 경작지가 더 이상 남아 있지 않다.
『□□ 보고서』

① ㄱ   ② ㄴ   ③ ㄷ   ④ ㄹ   ⑤ ㅁ

이 지문은   미래 식량으로서 식용 곤충의 장점에 대해 소개하고 있는 글이야. 첫째 문단은 식용 곤충이 미래 식량으로서 주목받게 된 배경에 대해 설명하고 있어. 둘째부터 넷째 문단은 유망한 미래식량으로서 식용 곤충이 지닌 가치에 대해 비교, 대조의 방식으로 설명하고 있어. 둘째 문단은 식용 곤충의 사육이 경제적임을, 셋째 문단은 영양소가 풍부함을, 넷째 문단은 사육 과정이 친환경적임을 밝히고 있지. 마지막 문단은 앞선 내용을 요약, 정리하면서 식용 곤충을 미래 식량으로서 활용하기 위해 적극적으로 노력해야 함을 강조하고 있어.

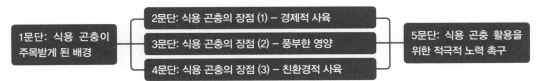

1번 문항은   ㉠에 쓰인 논증 방식의 특징에 대해 묻고 있네. 누에와 큰메뚜기의 사례를 일반화하여 곤충의 성장 속도가 빠름을 밝히고 있어. 2번 문항은 내용을 추론하는 문제야. 곤충을 이용한 요리 방법의 다양한 개발은 향후 해결해야 할 과제로 제시하고 있어. 3번 문항이 바로 〈자료〉의 내용을 평가하는 문항이야. 채식 위주의 식습관을 가진 사람이 더 건강하다는 것이 사실일지라도, 본문의 내용과는 관련이 없음을 판단할 수 있어야 해.

7

적용 및 반응 추리하기

'적용 및 반응 추리하기'는 지문에 나타난 개념이나 특정한 관점을 새로운 상황에 적용해 볼 수 있는지 묻는 문제 유형이야. 이 유형에서는 <보기>나 <자료>가 제시되는 경우가 많아. 지문과 유사한 내용이나 상황을 제시하고, 예상되는 결과나 반응을 추리하도록 하는 거지.

제시되는 <보기>나 <자료>의 내용은 완전히 새로운 것이 아니라, 지문과 유사점이 많은 것들이야. 그러니 당황하지 말고, 지문의 논리적 흐름과 가장 유사한 내용을 선택하도록 해.

확인 문제 8 다음을 읽고 물음에 답하시오.   2016 학업성취도 평가

인간의 뇌를 연구하던 과학자들은 대뇌 겉질[*]이 영역마다 담당하는 기능이 다르다는 사실을 발견했다. 뇌 중에서도 대뇌의 가장 바깥 구조물인 대뇌 겉질에 전기 자극을 주는 실험을 통해 전두엽에는 판단, 성격, 운동 조절 등의 기능이 있으며, 측두엽, 후두엽, 두정엽은 귀, 눈, 피부 등의 감각 기관으로부터 수용하는 정보를 처리하는 기능이 있음을 밝혀냈다. 이와 유사한 과학적 발견이 이어지면서, 인간의 뇌는 영역별로 나누어 맡는 기능이 고정되어 있다는 인식이 자리를 잡았다.

그러나 최근의 연구 성과에 따르면, 대뇌 겉질이 나누어 맡는 기능이 완전히 고정되어 있는 것은 아니다. 인간은 환경에 둘러 싸여 여러 가지 경험을 하며 살아가는데, 그 경험에 따라 각 영역이 맡는 기능이 달라지기도 한다. 과학자들은 빛을 완전히 차단한 공간에 실험 참여자들을 머물게 하고 손으로 정보를 탐색하게 했는데, 이틀이 지나자 시각 정보 처리를 맡았던 뇌 영역이 손에서 오는 촉각 정보를 처리한다는 사실을 발견했다. 빛이 차단된 환경에서 이루어지는 정보 처리의 경험으로 인해 실험 참여자들의 뇌 영역이 맡은 기능이 변화된 것이다.

경험은 대뇌 겉질의 기능만이 아니라 뇌 조직의 변화를 일으키기도 한다. 예를 들어 보자. 인간의 뇌에는 기억을 저장하고 떠올리는 과정에서 중요한 역할을 하는 '해마'라는 기관이 있다. ㉠공간 구조의 기억과 회상에 관여하는 해마로 인해 우리는 눈을 감고 머릿속에 집으로 가는 길을 떠올릴 수 있다. 그런데 바로 이 해마의 크기가 경험에 따라 달라지기도 한다.

과학자들은 택시 기사와 버스 기사의 뇌를 비교한 연구를 통해 이를 발견했다. 대도시의 교통 체증을 피해 시시때때로 새로운 길을 탐색해야 하는 택시 기사의 해마는, 정해진 노선대로 운전해야 하는 버스 기사의 해마보다 그 크기가 더 컸다. 해마의 크기는 택시 운전 경력과 비례했다. 대도시라는 환경에서 새로운 길을 탐색하는 택시 기사의 경험이 뇌의 차이로 나타난 것이다.

또한 평소에 명상을 자주 하는 사람들은 주의 집중의 기능을 담당하는 뇌 영역이 일반인들에 비해 더 크고, 현악기 연주를 연습하는 사람은 현의 음색과 왼손의 움직임을 담당하는 뇌 영역이, 트럼펫 연주를 연습하는 사람은 금속성 소리에 반응하는 뇌 영역이 다른 사람들과 달리 더 크다.

이와 같은 연구 결과가 쌓이면서 최근에는 경험에 대응하여 인간의 뇌가 변화한다는 사실에 많은 이들이 주목하고 있다. 과거에는 사람이 일정한 연령에 도달하면 뇌는 변화하지 않는다고 믿기도 했다. 그러나 우리의 뇌는 어떠한 경험을 하는가에 따라 끊임없이 변화한다.

[*] 대뇌 겉질: 대뇌 피질.

---

1. 〈자료〉의 '학생2'가 윗글의 관점에서 '학생1'에게 말할 내용으로 적절하지 <u>않은</u> 것은?

〈자 료〉

학생1: 민수의 취미가 바둑인 거 알고 있었어? 얼마 전 학교 바둑 대회에 나가서 결승에 진출했다
　　　고 하더라. 어떻게 해서 그렇게 바둑을 잘 두는 걸까?

학생2: 민수는 ＿＿＿＿＿＿＿＿＿＿＿＿＿＿＿＿＿＿＿＿.

　① 이번 바둑 대회에서 행운이 따랐을 거야
　② 평소에 바둑 프로그램을 많이 시청했을 거야
　③ 시간이 날 때 혼자 바둑 두는 연습을 했을 거야
　④ 어릴 때부터 바둑을 쉽게 접하는 환경에 있었을 거야
　⑤ 다른 대회에 나가서 여러 상대와 바둑을 두었을 거야

2. ㉠에 사용된 설명 방법과 유사한 것은?
　① 세포는 세포막, 세포핵, 액포 등으로 이루어져 있다.
　② 절인 배추는 미생물 활동이 억제되어 저장성이 좋아진다.
　③ 관악기는 재료에 따라 목관 악기와 금관 악기로 나뉜다.
　④ 아궁이는 방이나 솥 따위에 불을 때기 위하여 만든 구멍이다.
　⑤ 전설은 구체적인 증거물이 있는 반면, 민담은 구체적인 증거물이 없다.

이 지문은　경험에 따라 인간의 뇌가 변화한다는 것을 설명하는 글이야. 첫째 문단은 인간의 뇌에 대한 통념, 즉, 인간의 뇌는 영역별로 나누어 맡는 기능이 고정되어 있다는 일반적인 인식에 대해 소개하고 있어. 둘째 문단은 최근의 연구 결과를 근거로 제시하며 통념을 반박하고 있어. 경험의 영향으로 인간의 뇌가 맡은 영역별 기능이 변화할 수 있다는 거야. 셋째 문단은 경험이 뇌의 영역별 기능 뿐만 아니라 뇌 조직의 변화도 일으킨다는 사실을 예를 들어 설명하고 있어. 넷째, 다섯째 문단은 셋째 문단의 부연에 해당해. 넷째 문단은 경험에 따른 뇌 조직의 변화를 발견하게 된 연구 과정에 대해 소개하고 있어. 다섯째 문단은 셋째 문단의 중심 내용을 뒷받침할 수 있는 추가적인 사례들에 대해 소개하고 있지. 마지막 문단은 앞선 내용을 요약, 정리하면서 마무리하고 있어.

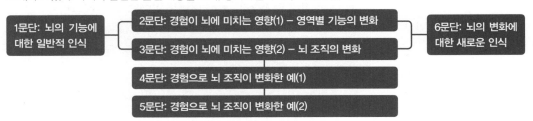

1번 문항은　지문의 관점, 즉, 경험에 따라 인간의 뇌가 변화한다는 사실을 새로운 상황에 적용해 보는 문제야. 지문의 관점에 따르면 민수의 바둑 실력이 뛰어난 이유는 타고난 재능이나 운이 아니라, 여러 경험을 통해 바둑 실력과 관련된 뇌의 기능이 향상되었기 때문이라고 볼 수 있겠지? 2번 문항은 전개 방식에 관한 문제네. 해마의 작용이 원인이 되어 집으로 가는 길을 떠올리는 결과가 생겨났지. 인과 관계가 나타난 선지가 무엇인지 잘 찾아보도록 해. ^^

8

어휘 알기

'어휘 알기'는 모든 시험에 빠짐없이 출제되는, 약방의 감초 같은 문제 유형이야. 문제 유형도 다양하게 나올 수 있어. 하지만 가장 흔하게 등장하는 문제 유형은 둘로 나누어지지. (1) 단어의 사전적 의미를 묻는 문제와, (2) 단어의 문맥적 의미를 묻는 문제. 그렇다면 우리가 모든 단어의 사전적 의미를 외워야 할까? 그럴 수는 없겠지? 실제로 사전적 의미에 대해 묻는 문제들도 문맥에 따라 정답을 구분할 수 있는 수준으로 출제되고 있어.

확인 문제 9 다음을 읽고 물음에 답하시오.   2009 학업성취도 평가

> 요즘 '한류(韓流)'가 아시아의 시장을 지배하고 있다. 한국 배우가 일본에서 선풍적인 인기를 끈다든가, 한국 제품이 아시아 시장을 석권하는 등, 아시아 전역에 한국의 문화가 새로운 문화 코드로 등장하였다.
>
> 그런데 '한류'는 꽤 오래 전에도 있었던 일이다. 8~9세기에도 신라의 상품이 아시아권의 여러 나라에서 인기를 누린 적이 있었다. 그 대표적인 상품은 놋쇠로 만든 유기였다. '안성맞춤'이라는 말까지 만들어 낸, 조선의 뛰어난 유기 기술도 실은 신라에서 비롯된 것이다. 신라의 장인들은 대접이며 쟁반, 숟가락 등 놋쇠로 만들지 못하는 것이 없었다.
>
> 신라의 유기가 가장 큰 인기를 누렸던 곳은 가까운 일본이었다. 화려한 금빛의 신라 유기는 일본의 귀족층을 유혹하는 제일의 상품이었다. 신라에서는 유기를 '삽라'라고 했는데, 일본은 그 이름까지 그대로 받아들여 일본식 발음인 '사후라'라 불렀다. 재미있게도 10세기 무렵의 일본 문헌에서는 '사후라'라는 말이 유기를 뜻하는 '삽라'에서가 아니라, '신라'라는 나라 이름에서 (㉠) 것이라고까지 설명하고 있다. 마치 중국의 도자기에 흠뻑 빠진 영국이 도자기를 '차이나(중국)'라고 불렀던 것처럼, 일본도 유기를 '신라'라고 부르면서 한반도에서 건너온 유기에 온통 마음을 빼앗겼던 것이다.
>
> 더욱 흥미로운 것은 이와 비슷한 인식이 중국에서도 확인된다는 점이다. 중국에서는 12세기 무렵에 유기를 '시라'라고 불렀다. 당시 중국의 어떤 학자는 신라의 유기 제작에 관한 문헌을 근거로, 자신들이 사용하는 '시라'가 유기 생산으로 유명한 신라의 옛 이름인 '시라'에서 온 것이라고 보았다. 이처럼 당시 일본과 중국은 모두 '유기하면 신라'라고 인식하고 있었다.
>
> 이처럼 신라의 유기는 동아시아에서 없어서 못 파는 유명 상품이었다. 비단 유기뿐만 아니라 구리거울과 같은 금속 세공품, 비단과 같은 고급 직물, 각종 금은 공예품들이 여러 나라로 수출되었다. 오늘날의 한류 열풍처럼 8~9세기 동아시아에도 한류가 있었다. 그리고 그 중심에 신라가 있었던 것이다.

1. 문맥을 고려할 때, ㉠에 들어갈 말로 적절한 것은?

① 유래한   ② 유발한   ③ 유출한   ④ 유도한   ⑤ 유행한

이 지문은 신라의 유기에 대해 소개하고 있는 글이야. 최근 한류가 열풍이듯이 신라 때에도 한류라고 할 만한 것이 있었는데, 특히 유기의 인기가 높았다고 해. 일본과 중국의 문헌에 유기에 관한 기록이 남아 있을 정도야.

1번 문항에서 ㉠은 '사후라'라는 말의 어원이 '신라'라는 이름에서 온 것이라는 뜻을 밝힐 수 있는 단어가 와야 해. '유래하다'는 '사물이나 일이 생겨나다'는 의미를 갖고 있어.

우리나라의 온돌은 상당히 수준 높은 난방 방식이다. 왜냐하면 난방과 취사를 겸할 수 있고, 그 재는 비료로 재활용할 수 있는 이점을 지니고 있기 때문이다. 또한, 온돌은 우리의 건강에도 이롭다. 육식을 하는 서양인들에 비해 채식을 주로 하는 한국인들은 창자의 길이가 길어 체내 혈액이 대부분 상체에 모여 있기 때문에 하체의 체온이 낮은 편이다. 그렇기 때문에 머리를 차게 하고 발을 따뜻하게 하는 것이 좋은데, 이에 적합한 난방 방식이 바로 온돌이다. 바닥에서 올라오는 온돌의 열기가 우리의 하체를 덥게 해 주고, 온돌방의 문과 창에 발라진 창호지를 통해 이 열기가 안팎으로 흐르면서 상쾌함과 개운함을 주니 우리의 몸에 여간 이로운 것이 아니다.

(㉠) 난방 방식이 서양식으로 바뀌면서 온돌의 이로움은 점차 사라지고 있다. 밀폐된 구조에서 온열기를 사용하는 서양식 난방 방식은 더운 공기를 위로 올려 보내고 찬 공기는 밑으로 내려 보낸다. 그러니 머리 부분은 항상 열을 받게 되어 있다. 상쾌함을 느끼기는커녕 도리어 몸이 쉽게 지쳐 버리기 일쑤이다. 난방 방식의 변화는 우리의 생활 문화에도 큰 영향을 미쳤다. 혼정신성(昏定晨省)이란 말이 있다. 아랫사람이 아침저녁으로 어른들을 문안하면서 아랫목 요 밑에 손을 넣어 온도를 살폈다는 뜻이다. (㉡) 온돌이 사라지면서 최신식 가구와 가전제품이 어른들이 계시던 아랫목을 대신 차지하였다. 이렇듯 어른들의 자리가 없어지자 전통과 권위를 존중하는 아름다운 문화도 함께 사라졌다.

1. 문맥을 고려할 때, ㉠과 ㉡에 공통으로 들어갈 말은?

① 그래서   ② 또한   ③ 그리고   ④ 그러나   ⑤ 그러므로

....

이 지문은   온돌에 대해 소개하고 있어. 서양식 난방 방식과 차이점을 부각하면서, 온돌과 관련된 문화가 사라지는 현실에 대한 아쉬움을 나타내고 있어.

> **1문단: 전통 난방 방식, 온돌의 장점** ── **2문단: 난방 방식의 변화**

1번 문항에서   ㉠의 앞에는 온돌의 장점, 뒤에는 온돌이 사라진 상황을 밝히고 있어. ㉡도 앞과 뒤의 내용이 서로 상반되어 있지. 이럴 때 어떤 접속 표현이 적절할지 생각해 봐!

•**정답과 해설**• ....

확인 문제 1 1. ②   2. ②   **확인 문제 2** 1. ③   2. 표현의 자유를 제한하고 알 권리를 침해할 가능성이 있다.

확인 문제 3 1. ③   2. ②   3. 콘서트홀의 크기, 재료, 음향 장치를 고려(활용)하는 것(방법)이 있다.

확인 문제 4 1. ②   2. ⑤   3. ④   **확인 문제 5** 1. ②   2. ①   3. ②   **확인 문제 6** 1. ②   2. ③   3. ③

확인 문제 7 1. ②   2. ④   3. ①   **확인 문제 8** 1. ①   2. ②   **확인 문제 9** 1. ①   **확인 문제 10** 1. ④

[1~4] 다음을 읽고 물음에 답하시오.

2015 고1 3월 학력평가

　　도덕적 판단이란 어떤 행위나 의도를 일정한 기준에 따라 좋은 것 혹은 정당한 것으로 판단하는 것을 의미한다. 그런데 도덕적 판단의 기준은 사람이 성장하면서 달라질 수 있다. 도덕성 발달 단계를 연구한 콜버그는 사람들에게 '하인즈 딜레마'를 들려주고 하인즈의 행동의 옳고 그름에 대한 질문을 하였다. 그리고 그는 사람들의 대답에서 단순하게 '예' 혹은 '아니오'라는 응답에 관심을 둔 것이 아니라 그 판단 근거를 기준으로 도덕성 발달 단계를 '전 관습적 수준', '관습적 수준', '후 관습적 수준'의 세 수준으로 나누었다. 그리고 이를 다시 세분화하여 총 여섯 단계로 구성했다.

　　콜버그가 구성한 가장 낮은 도덕성 발달 단계는 ㉠전 관습적 수준이다. 이 수준은 판단의 기준이 오로지 행위자에게 미치는 직접적인 결과와 연관되어 있기 때문에 자기중심적인 단계라고 할 수 있다. 이 수준은 다시 두 단계로 구성된다. 가장 낮은 도덕성인 1단계에서 판단의 기준은 처벌이다. 벌을 받으면 나쁜 것이고 칭찬을 받으면 좋은 것으로 인식한다. 2단계에 도달하면 자신의 이익이 판단의 기준이 된다. 즉 자신의 욕망을 충족하는 것을 옳다고 간주한다.

　　전 관습적 수준을 넘어서면 대다수의 사람들이 속하는 ㉡관습적 수준에 다다르게 된다. 이 수준에서는 행위자에게 미치는 결과를 고려하는 것에서 벗어나 사회 집단이나 국가의 기대를 따르게 된다. 관습적 수준의 첫 단계인 3단계에서는 자신이 속한 사회의 구성원들이 동의하는 것을 좋은 것으로 인식한다. 즉 사회에 속한 사람들이 추구하는 것이 도덕적 판단의 기준이 되는 것이다. 4단계에 이르면 모든 잘잘못은 법에 의해 판단되어야 한다고 생각하며, 어떤 예외도 허용하지 않는다. 질서 유지를 위한 법의 준수가 도덕적 판단의 기준이 되는 것이다.

　　관습적 수준을 넘어서면 ㉢후 관습적 수준에 도달하게 된다. 이 수준은 자신의 가치관과 도덕적 원칙이 자신이 속한 집단과 별개임을 깨닫고 집단을 넘어 개인의 양심에 근거하는 단계라고 할 수 있다. 후 관습적 수준의 첫 번째 단계인 5단계에 이르면 법의 합리성이 도덕적 판단의 기준이 된다. 법이 합리적이지 못할 경우, 법적으로는 잘못이지만 도덕적으로는 옳다고 판단하는 것이다. 6단계에 이르면 도덕적 판단은 스스로 선택한 양심의 결정을 따르는 것이라고 인식한다. 따라서 법이나 관습과 같은 제약을 넘어 인간 존엄, 생명 존중과 같은 본질적 가치가 중요한 판단의 기준이 되는 것이다.

　　콜버그 이론의 특징으로는 우선 인간의 도덕성 발달이 단계에 따라 순차적으로 이루어진다고 보았다는 점을 들 수 있다. 즉 사람은 각 단계를 순서대로 거쳐 간다는 것이다. 그리고 도덕성 발달은 자기 수준보다 높은 도덕적 난제를 스스로 해결하는 과정에서 이루어진다고 보았다는 점을 들 수 있다. 이러한 콜버그의 이론은 도덕성 발달을 이끌어 줄 수 있는 유용한 ⓐ도덕 교육의 틀을 제시했다는 점에서 가치가 있다.

1. 윗글에 대한 설명으로 가장 적절한 것은?

① 특정한 이론을 소개한 후 그 의의를 밝히고 있다.
② 권위자의 이론을 설명한 후 그 장단점을 분석하고 있다.
③ 다양한 이론을 제시한 후 각각의 한계를 지적하고 있다.
④ 상반된 두 이론의 차이점을 설명한 후 이를 절충하고 있다.
⑤ 어떤 이론에 대한 통념을 제시한 후 그 문제점을 설명하고 있다.

2. 〈보기〉는 윗글에 소개된 '하인즈 딜레마'에 대한 '콜버그의 연구 과정'을 정리한 것이다. 〈보기〉의 [A], [B]에 들어갈 내용을 바르게 묶은 것은?

─────〈보 기〉─────

〈하인즈 딜레마〉

하인즈의 부인이 암으로 죽어가고 있었다. 부인을 살릴 수 있는 약은 같은 마을에 사는 어떤 약사가 만든 약뿐이었다. 그런데 그 약사가 원가의 10배나 되는 가격을 책정했기 때문에 하인즈는 그 약을 구입할 수가 없었다. 하인즈는 약사에게 약을 싸게 팔거나 외상으로라도 달라고 간청했지만 거절당했다. 절망을 느낀 하인즈는 그날 밤 약방을 부수고 들어가 부인을 위해 약을 훔쳤다.

〈콜버그의 연구 과정〉

질문	하인즈의 행동은 옳은 것인가? 왜 그렇게 판단했는가?	
판단	판단 기준	단계
예	[A]	2
아니오	마을 사람들의 비난을 받기 때문에	3
아니오	[B]	4
예	생명이 소중하다는 양심에 따른 행동이기 때문에	6

	[A]	[B]
①	자신의 욕망을 충족했기 때문에	법이 합리적이지 못하기 때문에
②	자신이 필요로 하는 약을 얻었기 때문에	법을 어기고 도둑질을 했기 때문에
③	아내에게 칭찬을 받기 때문에	사회적 정의를 저버렸기 때문에
④	마을 사람들에게 좋은 인상을 주기 때문에	약사가 약값을 부당하게 책정했기 때문에
⑤	법을 어겼지만 도덕적으로는 옳기 때문에	약사의 법적 권리를 침해했기 때문에

3. ㉠~㉢을 이해한 내용으로 가장 적절한 것은?

① ㉠은 소수의 사람들이, ㉡은 대다수의 사람들이 거쳐 가는 수준이라고 할 수 있겠군.
② ㉠은 이기적인 욕망을, ㉡은 집단의 가치를 추구하는 수준이라고 할 수 있겠군.
③ ㉠은 집단의 질서를, ㉢은 보편적인 도덕 원칙을 지향하는 수준이라고 할 수 있겠군.
④ ㉡은 개인의 자율성이, ㉢은 집단에 의한 강제성이 중시되는 수준이라고 할 수 있겠군.
⑤ ㉡은 성인들에게서, ㉢은 아동들에게서 많이 보이는 수준이라고 할 수 있겠군.

4. ⓐ의 내용을 바르게 추론한 것은?

① 각자의 도덕성 발달 단계 수준보다 낮은 도덕적 원리에 대한 지식을 제공하는 것이다.
② 사람들에게 도덕성 발달 단계의 최고 수준의 도덕 원리에 대한 지식을 제공하는 것이다.
③ 보편적인 도덕성 발달 단계 수준의 도덕적 딜레마를 제공하여 이를 해결하게 하는 것이다.
④ 각자의 도덕성 발달 단계 수준보다 낮은 도덕적 딜레마를 해결하는 방법을 알려주는 것이다.
⑤ 각자의 도덕성 발달 단계 수준보다 한 단계 높은 도덕적 문제를 제기하여 이를 스스로 해결하게 하는 것이다.

조세는 국가의 재정을 마련하기 위해 경제 주체인 기업과 국민들로부터 거두어들이는 돈이다. 그런데 국가가 조세를 강제로 부과하다 보니 경제 주체의 의욕을 떨어뜨려 경제적 순손실을 초래하거나 조세를 부과하는 방식이 공평하지 못해 불만을 야기하는 문제가 나타난다. 따라서 조세를 부과할 때는 조세의 효율성과 공평성을 고려해야 한다.

우선 ㉠조세의 효율성에 대해서 알아보자. 상품에 소비세를 부과하면 상품의 가격 상승으로 소비자가 상품을 적게 구매하기 때문에 상품을 통해 얻는 소비자의 편익*이 줄어들게 되고, 생산자가 상품을 팔아서 얻는 이윤도 줄어들게 된다. 소비자와 생산자가 얻는 편익이 줄어드는 것을 경제적 순손실이라고 하는데 조세로 인하여 경제적 순손실이 생기면 경기가 둔화될 수 있다. 이처럼 조세를 부과하게 되면 경제적 순손실이 불가피하게 발생하게 되므로, 이를 최소화하도록 조세를 부과해야 조세의 효율성을 높일 수 있다.

㉡조세의 공평성은 조세 부과의 형평성을 실현하는 것으로, 조세의 공평성이 확보되면 조세 부과의 형평성이 높아져서 조세 저항을 줄일 수 있다. 공평성을 확보하기 위한 기준으로는 편익 원칙과 능력 원칙이 있다. 편익 원칙은 조세를 통해 제공되는 도로나 가로등과 같은 공공재*를 소비함으로써 얻는 편익이 클수록 더 많은 세금을 부담해야 한다는 원칙이다. 이는 공공재를 사용하는 만큼 세금을 내는 것이므로 납세자의 저항이 크지 않지만, 현실적으로 공공재의 사용량을 측정하기가 쉽지 않다는 문제가 있고 조세 부담자와 편익 수혜자가 달라지는 문제도 발생할 수 있다.

능력 원칙은 개인의 소득이나 재산 등을 고려한 세금 부담 능력에 따라 세금을 내야 한다는 원칙으로 조세를 통해 소득을 재분배하는 효과가 있다. 능력 원칙은 수직적 공평과 수평적 공평으로 나뉜다. 수직적 공평은 소득이 높거나 재산이 많을수록 세금을 많이 부담해야 한다는 원칙이다. 이를 실현하기 위해 특정 세금을 내야 하는 모든 납세자에게 같은 세율을 적용하는 비례세나 소득 수준이 올라감에 따라 점점 높은 세율을 적용하는 누진세를 시행하기도 한다.

수평적 공평은 소득이나 재산이 같을 경우 세금도 같게 부담해야 한다는 원칙이다. 그런데 수치상의 소득이나 재산이 동일하더라도 실질적인 조세 부담 능력이 달라, 내야 하는 세금에 차이가 생길 수 있다. 예를 들어 소득이 동일하더라도 부양 가족의 수가 다르면 실질적인 조세 부담 능력에 차이가 생긴다. 이와 같은 문제를 해결하여 공평성을 높이기 위해 정부에서는 공제 제도를 통해 조세 부담 능력이 적은 사람의 세금을 감면해 주기도 한다.

* 편익: 편리하고 유익함.
* 공공재: 모든 사람들이 공동으로 이용할 수 있는 재화나 서비스.

5. 윗글에 대한 설명으로 가장 적절한 것은?

① 상반된 두 입장을 비교, 분석한 후 이를 절충하고 있다.
② 대상을 기준에 따라 구분한 뒤 그 특성을 설명하고 있다.
③ 대상의 개념을 그와 유사한 대상에 빗대어 소개하고 있다.
④ 통념을 반박하며 대상이 가진 속성을 새롭게 조명하고 있다.
⑤ 시간의 흐름에 따라 대상이 발달하는 과정을 서술하고 있다.

6. [기출 응용] 윗글을 통해 알 수 있는 내용이 <u>아닌</u> 것은?

① 국가는 재정 마련을 위해 조세를 거두는 주체이다.
② 적절히 조세를 부과하면 경제적 순손실은 사라진다.
③ 국가는 공공재를 제공할 때 조세를 사용할 수 있다.
④ 공공재 사용량에 따라 조세를 부과하는 것은 편익 원칙에 따른 것이다.
⑤ 소득 수준을 고려한 누진세는 능력 원칙이 적용된 조세 부과의 사례이다.

7. ㉠과 ㉡에 대한 설명으로 적절하지 <u>않은</u> 것은?

① ㉠은 조세가 경기에 미치는 영향과 관련되어 있다.
② ㉡은 납세자의 조세 저항을 완화하는 데 도움이 된다.
③ ㉠은 ㉡과 달리 소득 재분배를 목적으로 한다.
④ ㉡은 ㉠과 달리 조세 부과의 형평성을 실현하는 것이다.
⑤ ㉠과 ㉡은 모두 조세를 부과할 때 고려해야 하는 요건이다.

8. <보기>는 경제 수업의 일부이다. 윗글을 바탕으로 할 때, 선생님의 질문에 적절하게 답한 학생을 모두 골라 바르게 묶은 것은?

<보 기>

선생님: 여러분, 아래 표는 소득을 기준으로, A, B, C의 세금 공제 내역을 가정한 것입니다. 표를 보고 조세의 공평성이 어떻게 적용되었는지 각자 분석해 볼까요?

구분	소득 (만 원)	세율 (%)	공제액 (만 원)	납부액 (만 원)	공제 항목
A	3,000	5	0	150	공제 없음
B	3,000	5	100	50	부양가족 2인
C	4,000	10	100	300	부양가족 2인

성근: A와 달리 B에게 공제 혜택을 부여함으로써 조세의 공평성이 약화되고 있어요. ······ ㄱ

수자: B가 A와 달리 부양가족 공제를 받은 것은 실질적인 조세 부담 능력을 고려한 것이네요. ······ ㄴ

현욱: B와 C의 납부액에 차이가 있는 것은 편익 원칙을 적용하여 세금을 징수했기 때문이에요. ······ ㄷ

유미: B의 세율이 5%이고, C의 세율이 10%인 것은 수직적 공평을 위한 누진세가 적용된 결과겠네요. ······ ㄹ

① ㄱ, ㄷ   ② ㄴ, ㄹ   ③ ㄷ, ㄹ   ④ ㄱ, ㄴ, ㄷ   ⑤ ㄱ, ㄴ, ㄹ

　　갑자기 비가 쏟아지면 길을 가던 사람들은 비를 피하기 위해 뛰기 시작한다. 우산 없이 뛰어 본 사람은 바람이 없는 날 ⓐ솔솔 내리는 비가, 뛸 때에는 더 세차게 느꼈던 적이 있을 것이다. 천천히 걷는 사람보다 뛰는 사람은 비가 더 강하고 앞쪽에서 오는 것 같이 느낀다. 같은 빗줄기로 내리는 경우에도 뛰는 사람들이 많은데, ㉠뛰면 비가 더 세차게 느껴질 텐데 과연 비를 덜 맞을까 하는 의문이 생긴다.

　　이 문제를 풀려면 '상대속도'와 '상대속력'의 개념을 이해해야 한다. 상대위치가 어느 방향으로 얼마나 빨리 바뀌는가를 나타내는 것이 '상대속도'이고 그것의 크기가 '상대속력'이다. 기차역에서 나란히 정차한 두 기차 가운데 한 기차에 타고 있는 사람이 다른 기차가 움직이는 것을 보고 자기가 탄 기차가 움직인다고 착각하는 경우가 종종 있다. 무심코 자기의 위치를 움직이는 기차에 대한 상대위치로 감지하였기 때문이다. 자기 기차에 대한 상대위치를 생각하면 다른 기차가 움직이고, 다른 기차에 대한 상대위치를 생각하면 자기 기차가 움직인다. 다른 기차가 앞으로 가면 자기는 상대적으로 뒤로 가고, 자기 기차가 앞으로 가면 다른 기차가 상대적으로 뒤로 간다. 만약 두 기차가 같은 속력으로 같은 방향으로 가면 두 기차의 서로에 대한 상대위치가 바뀌지 않으므로 상대속도의 크기는 0이다.

　　얼굴에 빗방울을 맞았을 때, 힘(충격량)을 느끼는 것은 빗방울이 내 얼굴에 맞아서 상대운동량(질량×상대속도)이 변하기 때문이다. 상대운동량이 커질수록 충격량이 커진다. 빗방울이 얼굴에 닿으면 빗방울의 상대운동량이 0이 된다. 그런데 얼굴에 닿기 전의 상대속도가 클수록 상대운동량이 크고 따라서 빗방울이 얼굴에 닿을 때 변화가 더 커서 충격량이 더 크다. 겨울에 눈싸움을 할 때 같은 무게의 눈뭉치라도 세게 던질수록 맞으면 더 아픈 것은 이 때문이다.

　　위에서 말한 바와 같이 수직으로 내리는 빗방울을 천천히 걸으면서 맞는 것보다 뛰면서 맞는 경우 더 세게 느끼는 것은, 빗방울의 사람에 대한 상대속력이 더 커지기 때문이다. 또 비가 앞에서 오는 것 같이 느끼는 것은 빗방울의 사람에 대한 상대속도가 앞에서 오는 방향이기 때문이다. 우산을 그 방향으로 기울여야 좋은 방패가 된다.

　　사람이 맞는 빗물의 전체 양은 '단위시간에 맞는 빗물의 양 × 가는 데 걸리는 시간'이다. 뛰어가면 빗방울의 사람에 대한 상대속력이 커지므로 단위시간(예를 들어 1초)에 맞는 빗물의 양은 오히려 더 많아진다. 그러나 뛰어가면 목적지까지 가는 데 걸리는 시간은 줄어든다. 단위시간에 맞는 빗물의 양이 증가하는 것보다 시간이 더 많이 줄기 때문에 목적지까지 가는 동안 맞는 빗물의 양은 빨리 뛸수록 줄어든다.

9. 윗글의 내용과 일치하지 <u>않는</u> 것은?

① 상대속도에는 방향 개념이 들어 있다.
② 상대속력은 상대속도의 크기를 나타낸다.
③ 뛰어가면 단위시간에 맞는 빗물의 양이 줄어든다.
④ 비가 오는 방향으로 우산을 기울여야 비를 덜 맞는다.
⑤ 비가 올 때 뛰면 목적지까지 가는 시간이 줄기 때문에 비를 덜 맞는다.

10. ㉠의 이유로 적절한 것은?

① 빗방울의 질량이 더 커지기 때문에
② 빗방울의 상대위치가 달라지기 때문에
③ 빗방울의 상대운동량이 0이 되기 때문에
④ 빗방울의 상대운동량의 변화가 더 크기 때문에
⑤ 빗방울의 사람에 대한 상대속도가 작아지기 때문에

11. 윗글을 참고할 때 〈보기〉에 대한 설명으로 적절한 것은?

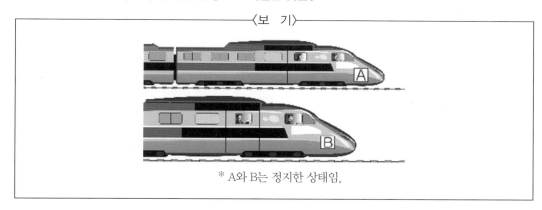

〈보　기〉

* A와 B는 정지한 상태임.

① A의 승객은 B가 뒤로 가면 자신이 뒤로 간다고 생각한다.
② A가 앞으로 가면 A의 승객은 B가 상대적으로 뒤로 간다고 생각한다.
③ A와 B가 같은 속력으로 달리면 방향이 달라도 상대위치는 변하지 않는다.
④ A와 B가 같은 방향으로 달리면 속력이 달라도 상대위치는 변하지 않는다.
⑤ A와 B가 속력이 같으면 같은 방향으로 달릴 때와 반대 방향으로 달릴 때의 상대속도는 같다.

12. ⓐ와 관련하여 〈보기〉의 사례가 될 수 <u>없는</u> 것은?

〈보　기〉

우리말의 특징에는 자음의 교체에 따라 단어의 기본적 의미는 같지만 단어의 어감만을 다르게 하는 어감의 분화가 있다. '솔솔'은 '가는 비나 눈이 잇따라 가볍게 내리는 모양'이라는 뜻인데, '쏠쏠'은 '솔솔'보다 더 강하고 센 느낌을 준다.

① 배다 → 빼다
② 뱅뱅 → 뺑뺑
③ 졸졸 → 쫄쫄
④ 감감하다 → 깜깜하다
⑤ 단단하다 → 딴딴하다

[13~15] 다음을 읽고 물음에 답하시오.

전 세계인의 이목이 집중된 베이징 올림픽의 개막식이 열리기 12시간 전에 황하 강 상류 지역에서 생긴 비구름이 베이징으로 향하고 있다는 소식이 전해졌다. 그러자 기상 당국은 공군에 요청하여 비행기 두 대를 띄웠다. 그 비행기들은 상공에 화학 물질을 ⓐ살포하여 비구름이 베이징에 이르기 전에 비를 내리게 하였다. 어떻게 이 같은 일이 가능했을까? 그것은 바로 인공강우 기술을 이용했기 때문이다. 인공강우 기술이란 구름에 인공적인 영향을 주어 비를 내리게 하는 방법을 말한다.

인공강우의 구체적 원리를 알기 위해서는 우선 비가 내리는 원리부터 이해해야 한다. 중위도 지방의 경우 공기 덩어리가 높이 상승하면 온도가 내려가면서 구름이 된다. 구름은 수증기와 작은 물방울 및 얼음 알갱이인 빙정이 뒤섞여 있는 상태가 된다. 이 때 빙정은 수천에서 수만 개의 수증기 입자를 끌어들여 커다란 빙정이 되는데, 이렇게 커진 빙정은 무거워져 아래로 떨어지게 된다. 떨어지는 도중 대기의 온도가 높으면 녹아서 비가 되고, 낮으면 눈이 된다.

비나 눈이 내리기 위해서는 구름 속에 빙정이 충분히 있어야 한다. 빙정은 중심 물질이 있어야 더 잘 ⓑ형성되는데, 이러한 중심 물질을 구름씨라 한다. 구름 속에는 순수한 수분 입자만 있는 것이 아니라 바닷물에서 나온 소금 입자나 식물의 포자, 연기, 자동차 배기가스 물질, 각종 먼지 등도 함께 있는데, 이런 물질들이 구름씨 역할을 한다. 그런데 구름 속에 빙정이 충분하지 않으면 비나 눈으로 내릴 수 없다. 이때 구름 속에서 빙정이 충분히 만들어질 수 있도록 인공적으로 구름 속에 구름씨의 역할을 하는 물질을 뿌려 비나 눈을 내리게 하는 것이 인공강우법이다.

중위도 지방에서 인공강우는 '요오드화은'이나 '드라이아이스'를 사용한다. 요오드화은은 구름 속에서 구름씨의 역할을 하고, 드라이아이스는 구름 속의 온도를 급격히 낮춰 빙정이 많이 생겨나게 한다. 하지만 인공강우 기술도 아무 구름에나 적용할 수는 없다. 수분을 많이 ⓒ함유하지 않은 구름은 아무리 구름씨를 뿌려도 비가 내리지 않기 때문이다.

인공강우 기술은 농작물의 재배 수익을 ⓓ증가시키고, 수자원 확보에 도움이 되는 등 ⓔ투입한 비용에 비해 얻을 수 있는 효과가 뛰어난 것으로 알려져 있다. 하지만 그에 따른 부작용도 만만찮다. ㉠중국의 경우에도 베이징 올림픽 때 실시한 인공강우의 여파로 베이징 시와 주변 지역이 한때 극심한 가뭄에 시달렸다고 한다. 사람이 인위적으로 자연 현상을 조절함으로 인해 부작용이 발생하게 된 것이다.

13. ㉠의 이유를 추리한 내용으로 가장 적절한 것은?

① 지형과 기후적인 조건을 고려하지 않은 채 인공강우법을 썼기 때문에
② 대기에 인공적으로 살포한 물질로 인해 비구름이 한 곳으로 모여들었기 때문에
③ 구름 속에 살포한 물질이 오히려 대기 속에서 수증기의 형성을 방해했기 때문에
④ 특정 지역에 인공적으로 비를 내리게 해서 해당 지역에서 비를 내릴 구름이 사라졌기 때문에
⑤ 특정 지역에 한꺼번에 비를 많이 내리게 해서 해당 지역의 구름에 구름씨가 사라졌기 때문에

14. 위 글을 바탕으로 할 때, 〈보기〉의 ㉮∼㉲에 대한 설명으로 적절하지 <u>않은</u> 것은?

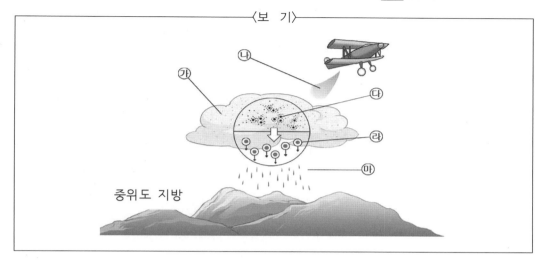

① ㉮: 비가 내릴 정도로 빙정이 충분하지 않은 상태이다.
② ㉯: 비행기를 이용하여 구름씨의 역할을 할 수 있는 물질을 구름에 살포한다.
③ ㉰: 살포된 물질이 구름 속에 수분을 공급한다.
④ ㉱: 구름 속 빙정들이 커지게 되면 무게를 이기지 못하고 아래로 떨어진다.
⑤ ㉲: 빙정이 떨어지는 과정에서 대기의 온도가 높으면 비가 되고, 낮으면 눈이 된다.

15. 위 글과 관련지어 〈보기〉의 자료를 읽은 후 보일 수 있는 반응으로 가장 적절한 것은?

〈보 기〉

　　우리나라는 옛날부터 3, 4년을 주기로 한 번씩 극심한 가뭄 피해를 당했으므로 삼국시대부터 조정·지방관청·민간을 막론하고 '기우제'가 성행하였다. '기우제'를 올릴 때는 산꼭대기에 제단을 만들고 곡식이나 동물 등의 제물을 며칠 동안 태우면서 비가 내리기를 기원했는데, '기우제' 끝에 비가 내렸다는 기록을 문헌에서 자주 살펴 볼 수 있다.

① "기우제를 지내는 산꼭대기와 산 아래 지역의 온도 차이로 인해 비가 내린 것은 아닐까?"
② "제물을 태울 때 발생한 연기나 먼지가 구름씨의 역할을 해서 비가 내린 것일 수도 있겠군."
③ "비가 내리지 않으면 대기 속의 수증기가 증발하게 되는데, 이로 인해 비가 내렸다고 볼 수
　　있어."
④ "구름 속에서 응결한 수증기 입자들이 대기의 따뜻한 공기와 만났기 때문에 비가 내린 것은
　　아닐까."
⑤ "제물을 태우면서 발생한 열이 공기 중의 수증기의 발생을 억제시켰기 때문에 비가 내린 것
　　으로 볼 수 있어."

옛 서화(書畵)에서는 이치에 맞지 않는 이상한 그림들을 많이 볼 수 있다. 예를 들어 책상 앞쪽 모서리보다 뒤쪽 모서리를 더 크게 그린다든지, 뒤로 갈수록 건물의 각도가 넓어지는 등 ㉠역원근법적인 방법으로 그렸다. 서양화의 이론에 익숙한 현대인들에게는 너무나 이상한 그림이다. 이외에도 ㉡한 화면에 두세 개의 시점이 존재한다든지, 마치 영화에서 카메라가 사방을 훑고 지나가듯 ㉢파노라마식으로 그려진 경우도 있다. 파노라마식 그림은 화면이 긴 병풍 그림이나 5~10미터씩이나 되는 두루마리 그림에서 많이 나타난다. 그리고 한 번도 하늘에서 땅 위를 내려다본 경험이 없음에도 불구하고 ㉣조감도 형식으로 내려다본 모습을 자연스럽게 그린다든지, ㉤보이지 않을 만큼 먼 곳에 있는 사람이나 물체를 마치 망원경으로 당겨서 본 것처럼 주변의 물체에 비해 자세하게 확대해서 그리는 일도 있다.

서양화에 길들여진 눈으로 봐서 가장 이상하게 느껴지는 점은 명암이나 음영의 표현을 하지 않았다는 것이다. 특히 물체의 입체감을 나타내는 데에 효과적인 명암이 초상화나 동물 그림에서도 보이지 않는다. 또 서양의 인상주의 이후 회화에서 아주 중요한 표현 요소로 떠오른 그림자의 표현이, 동양의 옛 그림에서는 보이지 않는다. 서양의 풍경화에서는 필수이다시피 한 빛의 표현과 건물의 명암과 나무들의 그림자가, 동양의 산수화에서는 표현된 적이 거의 없다. 의식적으로 표현하지 않았다기보다 그러한 개념 자체가 없었던 것이다.

이러한 특징은 표현 기법에서뿐 아니라 소재의 선택에서도 나타난다. 예를 들어 원앙은 추운 지방에서 사는 새로서 연꽃이 한창 필 무렵에는 북쪽으로 날아가 버리나, 동양의 옛 그림 속에서는 연꽃과 함께 등장하는 경우가 많다. 이처럼 이치에 맞지 않는 소재의 배합은 많은 그림에서 보인다.

그렇다면 동양의 옛 그림에는 왜 이렇게 이상하게 느껴지는 표현이 많이 나타나는가? 그것은 동양의 그림과 서양의 그림의 바탕에 깔려 있는 사고가 서로 달랐기 때문이다. 서양의 그림이 형체, 명암, 빛깔 등 보이는 바를 화면에 그대로 묘사하는 형식이라면, ㉮동양의 그림은 화가가 생각한 것이나 아는 것, 즉 관념을 그리는 형식이기 때문이다. 산수화를 그리는 경우 현장에 가서 직접 보고 그 모습을 담는 것이 아니라 기억하고 있는 내용을 그린다. 그러니 풍경화처럼 경치를 그리지 않고, 수많은 이야기가 담긴 자연의 오묘한 조화나 이상향을 그리게 된다. 간혹 직접 현장에 가서 경치를 보고 그린다 하더라도, 사생(寫生)이 아니라 경치에서 느껴지는 기운이나 운치를 그린다.

어떻게 보면 동양의 옛 그림이 이치에 맞지 않는다는 생각 그 자체가 잘못된 것이다. 그렇게 생각한 것은 우리가 그 동안 서양의 그림에 익숙하다 ⓐ보니 동양의 그림을 서양화를 ⓑ보는 눈으로 감상하기 때문이다. 서양의 과학적 표현만이 우수한 회화라고 ⓒ볼 수는 없는 일이다. 서양 그림도 현대 회화에서는 대상을 재현한 그림보다는 뜻을 가진 그림이 오히려 더 성행한다. 동양의 그림은 이야기를 표현한 그림이다. ⓓ본 대로 그리는 것이 아니라 아는 대로 그렸다. 그래서 묘사적이 아니라 개념적이다. 동양의 그림은 동양적 시각으로 ⓔ보아야 한다.

16. 위 글의 내용과 일치하지 <u>않는</u> 것은?

① 동양화의 파노라마식 전개는 주로 두루마리 그림에 나타난다.

② 동양의 산수화는 서양의 풍경화와 같이 빛의 표현을 중시하였다.

③ 동양의 동물 그림에서는 명암과 그림자의 표현을 찾아보기 어렵다.

④ 동양화에서는 서로 어울릴 수 없는 소재가 한 화면에 나타나는 경우도 있다.

⑤ 서양의 현대 회화에서도 대상을 재현한 그림보다는 뜻을 가진 그림이 성행한다.

17. ㉮를 설명할 수 있는 사례로 보기 <u>어려운</u> 것은?

① 문인화에서 문인들은 여유, 운치, 낭만, 고고함을 표현하기 위해 여백의 표현을 많이 하였다.

② 문인들이 그린 초상화는 인물의 사실성보다 인품이나 덕망, 학식 등을 표현하는 데 주력하였다.

③ 문인 묵객들은 각 식물이 갖는 속성을 선비들이 갖추어야 할 성품과 연결하여 사군자를 즐겨 그렸다.

④ 진경산수화는 실제의 경치를 보고 그렸지만, 자연 속의 오묘한 조화 및 신비로움을 표현하려고 노력했다.

⑤ 풍속화는 빨래터의 모습, 대장간의 풍경, 씨름판의 풍경 등 서민의 일상적인 삶의 모습을 사실적으로 그렸다.

18. ㉠~㉢ 중 〈보기〉의 설명에 해당하는 것끼리 묶인 것은?

〈보 기〉

　　삼각형의 지붕은 정면에서 본 모습을, 그 아래의 둥근 창문은 왼쪽에서 본 모습을, 긴 직사각형의 지붕은 오른쪽에서 본 모습을 그린 것이다. 한편 지붕의 폭은 뒤로 갈수록 좁아지지만 소나무에 가려진 벽은 오히려 뒤로 갈수록 넓어지고 있다.

① ㉠, ㉡　　　　② ㉠, ㉢　　　　③ ㉡, ㉢　　　　④ ㉢, ㉣　　　　⑤ ㉢, ㉢

19. ⓐ~ⓔ의 의미로 적절하지 <u>않은</u> 것은?

① ⓐ: 앞말이 뜻하는 상태가 뒷말의 이유나 원인이 됨.

② ⓑ: 눈으로 대상을 즐기거나 감상하다.

③ ⓒ: 대상을 평가하다.

④ ⓓ: 눈으로 대상의 존재나 형태적 특징을 알다.

⑤ ⓔ: 어떤 결과나 관계를 맺기에 이르다.

●정답과 해설 ● ···

실전 문제 1회 1. ① 2. ② 3. ② 4. ⑤ 5. ② 6. ② 7. ③ 8. ② 9. ③ 10. ④ 11. ② 12. ① 13. ④ 14. ③ 15. ② 16. ② 17. ⑤ 18. ① 19. ⑤

해설 1. 콜버그 이론을 소개한 후 도덕 교육의 틀을 제시했다는 의의를 밝힘. 2. 2단계는 욕망이 충족되었는가, 4단계는 법을 준수했는가가 판단 기준 3. ①, ④, ⑤: 모두 틀림, ③: ㉠ 틀림. 4. 콜버그 이론은 자기 수준보다 높은 도덕적 난제를 스스로 해결하는 과정에서 도덕성의 발달이 이루어질 수 있다고 봄. 5. 조세 부과 시 고려 해야 할 요건으로 효율성과 공평성을 제시하고, 공평성을 편익 원칙과 능력 원칙으로, 능력 원칙을 다시 수직적 공평과 수평적 공평으로 구분함. 6. 조세를 부과하는 만큼, 경제적 순손실이 발생함. 7. 소득 재분배 효과는 능력 원칙, 즉 공평성을 통해 얻을 수 있음. 8. ㄱ-B가 A에 비해 부양가족이 많아 조세 부담 능력이 낮다는 점을 고려해 공제 혜택을 제공하였으므로 공평성 강화, ㄷ-B와 C의 소득 수준을 고려하였으므로 편익 원칙이 아닌 능력 원칙을 적용함. 9. 뛰어가면 빗방울에 대한 사람의 상대속력이 커져, 단위시간에 맞는 빗물의 양 증가. 마지막 문단 참고 10. 뛰면 상대속도가 높아지고, 상대속도가 높아지면 상대운동량이 증가함. 셋째 문단 참고 11. 다른 기차가 앞으로 가면 멈춰 있는 기차는 상대적으로 뒤로 간다고 느낌. 둘째 문단 참고 12. '배다'는 '스며들거나 스며 나온다', '배 속에 아이나 새끼를 가지다', '물건의 사이가 비좁거나 촘촘하다'는 뜻이며, '빼다'는 '속에 들어 있거나 끼여 있거나, 박혀 있는 것을 밖으로 나오게 하다', '차림을 말끔히 하다', '두렵거나 싫어서 하지 아니하려고 하다'는 뜻으로, 기본적 의미가 다름. 13. 인공강우가 특정 지역에 비를 먼저 내리게 함으로써 해당 지역에 비를 내릴 수 있는 구름이 사라졌다고 볼 수 있음. 14. ㉣는 구름씨의 역할을 함(구름 속에 있는 수분을 끌어들임). 15. 셋째 문단에 따르면 연기, 먼지 등이 구름씨의 역할을 할 수 있는데, 제물을 태울 때 연기, 먼지가 발생함. 16. 동양의 산수화에 빛의 표현이 나타난 적이 거의 없음. 둘째 문단 참고 17. 사실적 그림은 서양화의 주된 특징. ㉠의 앞 문장 참고 18. 삼각형, 직사각형의 지붕, 둥근 창문의 시점이 다르고(㉡), 소나무에 가려진 벽이 뒤로 갈수록 넓어짐(㉠) 19. ㉤는 '눈으로 대상을 즐기거나 감상하다.'의 의미

지문 해설

[1~4] 꼭 알아야 할 심리학의 모든 것
주제: 콜버그의 도덕성 발달 단계에 관한 이론 소개
해제: 이 글은 도덕성 발달 단계에 대해 연구한 콜버그의 이론을 소개하고 있다. 콜버그는 도덕성 발달 단계를 전 관습적 수준, 관습적 수준, 후 관습적 수준 등 세 수준으로 나누고 이를 다시 여섯 단계로 구성하였다. 콜버그의 이론은 도덕성 발달이 자기 수준보다 높은 도덕적 난제를 스스로 해결하면서 단계적으로 이루어진다고 보아 도덕 교육의 틀을 제시하였다.

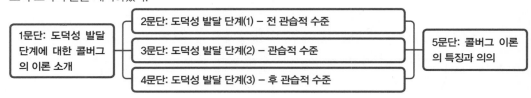

[5~8] 경제학 원론
주제: 조세를 부과할 때 효율성과 공평성을 실현하는 기준 소개
해제: 이 글은 국가가 조세를 부과하는 과정에서 효율성과 공평성을 실현하는 기준에 대해 소개하고 있다. 효율성을 높이려면 경제적 순손실을 최소화해야 한다. 공평성을 높이는 방안으로는 편익 원칙과 능력 원칙이 있는데, 능력 원칙은 다시 소득이나 재산 수준을 어떻게 고려하느냐에 따라 수직적 공평과 수평적 공평으로 나눌 수 있다.

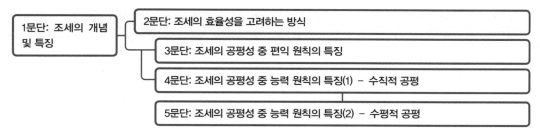

[9~12] 소매치기도 뉴턴은 안다

주제: 비가 올 때 뛰면 일어나는 현상의 분석

해제: 이 글은 비가 올 때 뛰면 일어나는 현상을 상대속도와 상대속력, 상대운동량의 개념을 바탕으로 설명하고 있다. 상대속도가 증가하면 상대운동량이 커져 비를 맞을 때 더 아프고, 단위시간에 맞는 빗물의 양은 더 많아진다. 그러나 목적지까지 가는 시간이 더 많이 줄어 총 맞는 빗물의 양은 빨리 뛸수록 줄어든다.

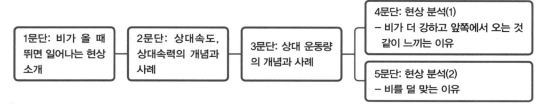

[13~15] 베이징올림픽과 인공강우 기술

주제: 인공강우 기술의 원리와 장단점

해제: 이 글은 비가 내리는 원리를 바탕으로 인공강우 기술의 원리를 설명하고, 인공강우 기술의 특징과 한계에 대해 밝히고 있다. 비가 내리기 위해서는 빙정의 중심 물질인 구름씨가 필요하다. 인공강우 기술은 수분이 많은 구름 속에 인공적으로 구름씨의 역할을 하는 물질을 뿌려 비가 내리게 하는 것이다. 인공강우 기술은 비용 대비 효과가 뛰어나지만, 인근 지역에 가뭄을 일으키는 등 부작용도 있다.

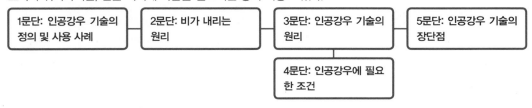

[16~19] 동양화란 무엇인가

주제: 과학적 이치에 맞지 않는 동양화의 특성과 원인

해제: 이 글은 동양화가 과학적 이치에 맞지 않는 특성을 소개한 후, 그 원인을 분석하고 있다. 동양화는 구도, 표현 기법, 소재의 선택 등에서 서양화와 차이를 보인다. 이는 그림의 바탕에 깔려 있는 사고의 차이 때문이다. 서양화는 눈에 보이는 바를 그대로 그리는 형식이라면, 동양화는 관념을 그리는 형식이기 때문이다.

[1~3] 다음을 읽고 물음에 답하시오.

2008 고1 3월 학력평가

화장실이 집 안으로 들어와 당당히 하나의 '실(室)'로 자리잡은 것은 그리 오래된 일이 아니다. 동양이나 서양이나 예전에는 악취 때문에 화장실을 집 밖에 설치할 수밖에 없었다. 그렇다면 화장실은 어떻게 이 악취를 물리치고 집 안의 한자리를 차지할 수 있었을까? 그것은 바로 '변기에 차 있는 물' 때문에 가능하였다. 일정한 높이의 물이 항상 차 있도록 하기 위해서 변기의 내부에는 'U'자를 뒤집어 놓은 형태의 관이 있다.

변기가 어떻게 작동하는지를 알아보기 위해 그 근본 원리에 대해 알아보자. 여기 물이 3분의 2 정도 담겨 있는 컵이 있다. 컵을 기울이지 않고 이 컵 안의 물을 밖으로 빼내기 위해 'U'자 모양의 굽은 관을 이용한다고 하자. 'U'자 모양의 굽은 관을 뒤집어 관의 한 쪽은 컵 안의 물 속에, 다른 쪽은 컵 바깥에 위치하게 한다. 관의 안쪽에 물이 완전히 채워지지 않아 공기가 남아 있는 경우에는 컵의 수면에 작용하는 대기압과 관 속의 대기압이 평형을 이루어 아무 일도 일어나지 않는다. 하지만 관 속에 남아 있는 공기를 빨아내어 인위적으로 관 속에 물이 채워지게 하면, 물은 중력의 법칙을 거스르고 관을 따라 컵을 넘어 바깥으로 흘러나오기 시작한다. 이는 관 속이 물로 채워지면서 관 속에 작용하던 대기압은 사라지지만 컵의 수면에 작용하는 대기압에는 변화가 없기 때문에 압력 차이가 생겨 일어나는 현상이다. 이와 같은 현상을 '사이펀의 원리'라고 한다. 그리고 이와 같은 경우에 사용되는 'U'자 모양의 굽은 관을 '사이펀'이라 한다.

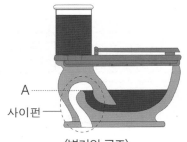

〈변기의 구조〉

옆의 그림처럼 변기의 내부에 'U'자를 뒤집어 놓은 형태의 관이 있는 것도 이 사이펀의 원리를 이용하기 위함이다. 그림에서 물이 A까지 채워져 있을 경우에는 사이펀 안에 대기압이 작용하기 때문에 아무런 일도 일어나지 않는다. 하지만 용변을 보고 레버를 내리면 물탱크의 마개가 열려 변기 안으로 한꺼번에 많은 양의 물이 공급되면서 늘어난 물의 압력으로 인해 사이펀은 물로 완전히 채워지게 되고, 사이펀 속에 작용하던 대기압이 사라지게 되면서 변기의 물은 용변과 함께 하수구로 빠져나가게 된다.

물탱크에서 많은 양의 물이 변기로 계속 공급된다면 '변기에 차 있는 물'은 기대할 수 없다. 그래서 변기의 구조는, 물이 사이펀의 원리에 의해 모두 빠져 나가 버린 후에는 사이펀을 넘지 못할 정도만큼만 물이 다시 고일 수 있도록 ㉠적은 양의 물이 서서히 변기로 흘러들어가게 되어 있다. 물이 모두 빠져나가 버린 후에 변기에 물이 서서히 공급되면 물의 압력이 사이펀을 가득 채울 만큼 충분하지 않기 때문에 변기에는 A까지만 물이 차 있게 된다. 사이펀을 넘지 못하고 남겨진 물은 고약한 냄새가 넘어오지 못하도록 막는 역할을 하게 된다.

이처럼 과학적 원리를 이용한 변기의 구조 덕분에 화장실은 당당하게 집 안으로 입성할 수 있었던 것이다.

1. 위 글이 〈보기〉와 같은 계획에 따라 쓰였다고 할 때, ㉮에 들어갈 내용으로 적절한 것은?

> ─────────────〈보　기〉─────────────
>
> ○화제: 실내 화장실이 가능할 수 있었던 이유
>
> ○주요 설명 내용: (　　　㉮　　　)
>
> ○자료 탐색이 필요한 항목: 사이펀의 원리, 변기의 단면도

① 사이펀의 의미와 형태
② 변기의 구조와 작동 원리
③ 변기의 각 구성 요소별 기능
④ 사이펀과 변기 구조의 차이점
⑤ 변기의 작동에 미치는 대기압의 영향

2. 위 글을 바탕으로 〈보기〉에 대해 분석해 보았다. 적절하지 않은 것은?

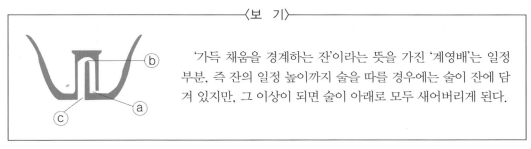

> ─────────────〈보　기〉─────────────
>
> '가득 채움을 경계하는 잔'이라는 뜻을 가진 '계영배'는 일정 부분, 즉 잔의 일정 높이까지 술을 따를 경우에는 술이 잔에 담겨 있지만, 그 이상이 되면 술이 아래로 모두 새어버리게 된다.

① ⓐ에서 ⓒ로 이어지는 부분은 '사이펀'의 일종으로 볼 수 있다.
② 잔을 가득 채웠을 때 술이 ⓒ로 빠져나가는 것은 '사이펀의 원리'와 관련이 있다.
③ ⓑ보다 수면이 높아지면 술은 ⓐ에서 ⓒ로 이어지는 부분을 통해 흘러나간다.
④ 술을 가득 채우면 ⓐ에서 ⓒ로 이어지는 부분의 안쪽의 대기압이 높아지게 된다.
⑤ ⓑ보다 수면이 낮은 경우 ⓐ에서 ⓒ로 이어지는 관 내부에 작용하는 대기압과 잔 안에 작용하는 대기압은 같다.

3. ㉠의 이유에 대한 설명으로 가장 적절한 것은?
① 물이 서서히 공급되어야만 변기의 물이 완전히 빠져 나가기 때문에
② 물이 서서히 공급되지 않으면 변기의 물이 물탱크로 역류하기 때문에
③ 물이 서서히 공급되어야만 사이펀 안이 물로 가득 채워질 수 있기 때문에
④ 공급되는 물의 압력이 약해지지 않으면 관을 통해 계속 물이 빠져나가기 때문에
⑤ 물이 서서히 공급되어야만 변기의 수면에 작용하고 있던 대기압이 사라지기 때문에

열대 아프리카에서 제작된 주요 미술품은 가면과 3차원적인 조각품과 같은 목조각이다. 이것들은 대부분 각이 졌으며 형태가 왜곡되고 불균형하다. 아프리카 사람들은 이러한 조각이 자연의 영(靈)과 조상신의 힘이 깃든 신성한 물건으로서 병을 치료하거나 적을 해하는 힘이 있다고 믿는다. 특별한 때에는 가면과 조각상을 성지에서 옮겨와 깨끗이 닦고 야자기름으로 광을 낸 뒤 구슬과 옷감으로 장식한다. 조각상에는 ⓐ외경스러운 초자연적인 힘이 깃들어 있다고 해서 의식을 치르는 동안에는 여자와 아이들이 이 조각상을 보는 것이 금지되었다. 다습한 정글 기후 탓에 대부분의 목조각이 썩어 버렸지만 남아 있는 조각상에는 그들 사회를 반영하는 정서가 ⓑ집약되어 나타나 있다.

아프리카 조각가들은 사실적인 표현 방식을 거부하고 대신 나무의 원통형에서 따온 길쭉하게 늘어진 몸통과 관 모양의 외형, 수직적 형태를 ⓒ선호했다. 그들은 조각을 혼령이 머무르는 집으로 생각했기 때문에 이 목조상들이 재앙을 막고 생명체에 축복을 준다고 믿었다.

[A] ㉠목조 가면은 제례 의식 때 의상과 더불어 사용한다. 음악과 춤이 어우러진 제례 의식은 효과를 극대화하기 위해 색색의 천을 사용해 옷을 만들고 야자잎 치마가 바스락거리는 소리 속에 빠른 율동을 취해 가면이 마치 살아 움직이는 듯한 느낌을 주게 된다. 가면들은 의도적으로 사실과 다르게 묘사된다. 가면은 초자연적인 힘과 대면했을 때, 그것을 쓰고 있는 사람의 정체를 숨기기 위해 만들어진 것이다. 극적인 효과를 위해 조각가는 일련의 들쑥날쑥한 면의 절단법을 사용해 인간 얼굴의 특징을 단순화하고 있다.

유럽의 회화 전통 과는 다른 이러한 방식이 1905년경부터 피카소와 입체주의에 ⓓ영감을 주었다. 피카소는 아프리카 가면을 처음 보았을 때의 감동을 이렇게 말하고 있다.

"그것은 나에게 매우 중요하게 다가왔다. 이 가면은 다른 조각과는 달랐다. 그것은 마법이었다."

피카소, 〈아비뇽의 처녀들〉

그 영향은 피카소의 작품 〈아비뇽의 처녀들〉에 잘 나타나 있다. 이 작품은 피카소가 순수 입체주의 시기에서 아프리카의 영향을 받은 이후의 시기로 넘어가는 ⓔ과도기적 작품이다. 아프리카 가면의 형태 왜곡과 사물을 동시에 다(多)시점으로 보는 입체주의적 시각을 융합시켜 피카소는 인물을 날카롭게 각진 면으로 그리고 있다.

4. 위 글을 통해 알 수 없는 것은?

① 아프리카 가면은 피카소의 작품 창작에 영향을 주었다.
② 아프리카인들은 가면과 조각상을 평소에는 성지에 두었다.
③ 아프리카인들은 조각상에 초자연적인 힘이 깃들어 있다고 믿었다.
④ 아프리카 가면에는 살아 움직이는 듯한 생동감이 표현되어 있다.
⑤ 아프리카의 목조각은 기후적 특성 때문에 대부분 남아 있지 않다.

5. [A]를 바탕으로 미루어 짐작할 수 있는 유럽의 회화 전통의 특징으로 가장 적절한 것은?

① 대상의 형태를 단순하게 표현했다.

② 대상의 특징을 과장해서 표현했다.

③ 대상의 형태를 있는 그대로 표현했다.

④ 대상의 길이를 길게 늘여서 표현했다.

⑤ 대상의 형태를 다(多)시점으로 표현했다.

6. 위 글의 ㉠과 〈보기〉의 ㉡을 비교한 내용으로 가장 적절한 것은?

〈보 기〉

한국 가면극은 농민이나 사당 등에 의해서 연희되며, 배우들뿐만 아니라 관중이 함께 참여해서 즐기는 민중극으로 춤과 노래, 대사로 구성되어 있다. 가면극에 참여하는 배우들은 자신의 모습을 드러내지 않기 위해 가면을 썼는데 처음에는 남자들만 가면을 쓸 수 있었다. 가면극은 양반에 대한 조롱, 파계승에 대한 풍자, 부부 간의 갈등 등을 통해 당대 현실에 대한 서민들의 비판의식을 담고 있다.

가면극에 사용된 ㉡한국의 가면은 지역에 따라 그 종류가 다양했으며, 극의 내용을 풍자하기 위해 익살스러운 모습으로 묘사된 것들이 많았다. 사용된 재료로는 나무와 종이, 특히 바가지가 많았고, 주로 청색[동]·백색[서]·주색[남]·흑색[북]·황색[중앙] 등 5방색(五方色)으로 채색되었다.

① ㉠과 ㉡에는 모두 채색 기법이 사용되었다.

② ㉠과 ㉡은 모두 다양한 재료로 제작되었다.

③ ㉠과 ㉡에는 모두 당대 사회를 반영하는 정서가 담겨 있었다.

④ ㉠과 달리 ㉡은 가면을 착용할 수 있는 자격에 제한이 없었다.

⑤ ㉡과 달리 ㉠은 자신을 드러내지 않기 위해 사용되었다.

7. ⓐ∼ⓔ의 사전적 의미로 적절하지 않은 것은?

① ⓐ: 두려워하고 공경함.

② ⓑ: 이미 있는 것에 덧붙이거나 보탬.

③ ⓒ: 여럿 가운데서 특별히 가려서 좋아함.

④ ⓓ: 창조적인 일의 계기가 되는 기발한 착상이나 자극.

⑤ ⓔ: 한 상태에서 다른 새로운 상태로 옮아가거나 바뀌어 가는 도중의 시기.

'법 없이도 살 사람'들만 모여 살 수 있다면 좋겠지만 사회생활을 하는 우리가 법 없이 살기는 매우 어렵다. 여러 사람들이 모여 사는 곳에서는 크고 작은 ⓐ분쟁이 끊임없이 발생할 수밖에 없으므로 이를 해결하기 위해서는 미리 강제적인 규칙을 정해 놓아야 한다. 그래서 사회 구성원들의 합의에 의해 강제성을 갖도록 만들어진 것이 바로 '법'이다. 하지만 복잡한 현실의 구체적인 상황을 모두 반영하여 법률을 만들려면 법은 무한정 길어질 수밖에 없다. 따라서 법은 추상적인 규정으로 만들어진다. 그렇기 때문에 법을 현실의 구체적인 사건에 ⓑ적용하는 과정은 이른바 '법률적 삼단논법'에 의해 이루어진다. '법률적 삼단 논법'이란 추상적인 법 규정은 대전제로, 구체적인 사건은 소전제로 놓고, 법 규정이 그 사건에 적용될 수 있는지 판단하여 결론을 이끌어내는 것을 말한다.

예컨대 A의 노트북 컴퓨터를 B가 몰래 가져가서 사용하다 발각되어 A가 B를 검찰에 고소했다고 하자. ㉠검사는 이 사건이 어떤 법 규정에 ⓒ해당되는지 검토한 후, 법정에서 B의 행위가 절도죄를 규정한 형법 규정에 해당되므로 형벌을 받아야 한다고 주장한다. 이에 대해 ㉡B의 변호사는 B가 노트북 컴퓨터를 훔쳐 간 것이 아니라 잠시 빌려 쓰려고 했던 것이므로, 검사가 내세운 형법 규정에 해당되지 않는다고 검사와는 다른 주장을 한다. 그러면 법관은 양쪽의 주장을 참고하여 B의 행위가 과연 검사가 내세운 형법 규정에 해당되는지를 최종적으로 판단한다. 만약 해당된다고 판단되면 법관은 그에 맞는 결론, 즉 유죄 판결을 내린다. 이와 같이 검사, 변호사, 법관은 모두 '어떤 사건이 어느 법 규정에 해당되는지'를 다룬다.

그런데, 많은 훈련을 거친 법률가들이라 하더라도 어떤 사건에 적용할 수 있는 적당한 법 규정을 찾아내는 일은 결코 쉬운 일이 아니다. 적당한 법 규정 찾기가 어려운 이유는 현재 시행되고 있는 법 규정의 수가 엄청나게 많을 뿐 아니라, 기존의 법 규정도 수시로 개정되고, 새로운 법 규정도 계속 만들어지고 있기 때문이다. 그뿐만 아니라 어떤 사건에 적용될 가능성이 있는 법 규정이 여러 개 발견되는 경우도 있다. 이로 인해 어떤 사건이 발생하였을 때 그 사건에 적용할 수 있는 적당한 법 규정을 찾지 못하게 되는 경우도 생긴다.

만일 이와 같이 어떤 사건에 적용할 수 있는 적당한 법 규정을 찾지 못하게 되면 어떻게 될까? 이 경우에 형사재판과 민사재판*은 서로 다른 결론을 내리게 된다. 국가와 국민이라는 관계를 기반으로 하는 형법에서는, 법률에 미리 범죄와 형벌이 규정되지 않은 경우에는 벌할 수 없다는 죄형법정주의 원리가 엄격하게 적용된다. 따라서 형사재판에서는 어떠한 사건에 적용할 수 있는 적당한 법 규정이 발견되지 않으면 법관은 법 규정의 적용을 포기하고 피고인에게 무죄를 선고해야 한다. 물론 피고인의 행위가 도덕적으로는 비난의 대상이 될 수도 있지만, 함부로 다른 형법 규정을 가져다 적용을 하면 안 된다는 것이 형법의 대원칙이다.

반면, 기본적으로 ⓓ대등한 두 당사자를 대상으로 하는 민사재판에서는 법 규정이 없다고 해서 그 판결을 포기하는 것이 아니라, 최대한 그 사건과 관련된 일반 원칙을 찾아내서 손해와 이익을 공평하게 ⓔ조정하려고 노력한다. 즉, 법 규정 찾기에 실패해도 관습법이나 건전한 상식을 기준으로 판결을 내리는 것이다. 따라서 형사재판에서 무죄를 선고받은 자라 하더라도, 어떤 사람에게 손해를 입힌 사실이 분명하다면 민사재판에서는 피해자의 손해에 대해 배상을 하라고 판결할 수 있는 것이다.

* 형사재판: 형법의 적용을 받는 사건을 다루는 재판.
* 민사재판: 개인 사이의 경제적·신분적 생활 관계에 관한 사건을 다루는 재판.

8. 위 글을 읽고 알게 된 내용으로 적절하지 않은 것은?

① 형법은 국가와 국민의 관계를 기반으로 형성된 법이다.

② 동일한 사건에 적용시킬 수 있는 법 규정이 여러 개 있을 수도 있다.

③ 많은 훈련을 거친 법률가들도 때로는 법 규정 찾기에 어려움을 느낀다.

④ 민사재판에서는 관습법이나 건전한 상식도 판결의 기준으로 삼을 수 있다.

⑤ 형사재판에서는 적당한 법 규정이 없으면 법 규정이 만들어질 때까지 판결을 미룬다.

9. ㉠과 ㉡이 서로 다른 주장을 하게 된 이유로 가장 적절한 것은?

① ㉠만 법률적 삼단논법을 사용하였기 때문에

② ㉡만 법률적 삼단논법을 사용하였기 때문에

③ ㉠과 ㉡이 대전제를 서로 다르게 보았기 때문에

④ ㉠과 ㉡이 소전제를 서로 다르게 보았기 때문에

⑤ ㉠이 자신이 세운 대전제를 사건에 적용하지 못했기 때문에

10. 위 글을 읽은 학생이 〈보기〉를 읽고 보일 반응으로 적절하지 않은 것은?

〈보 기〉

　'갑'은 공공기관에서 개인정보 처리 업무를 담당하고 있는 '을'로부터 '병'의 개인정보를 건네받아 자신의 사업에 이용하였다. 이로 인해 '병'은 커다란 경제적 손실을 입게 되었다. 이에 검찰은 '갑'과 '을' 모두 '공공기관의 개인정보 보호에 관한 법률' 위반 혐의로 형사재판을 요청하였다. 이에 대해 대법원은 이 법률이 공공기관의 직원이나 직원이었던 자가 직무상 알게 된 개인정보를 누설하는 등의 행위를 금지하고 있을 뿐, 그러한 자로부터 개인정보를 건네받은 타인이 그 개인정보를 이용하는 행위를 금지하는 것은 아니므로, '을'로부터 개인정보를 건네받은 '갑'이 이를 이용한 행위는 위 법률의 적용을 받지 않는다고 판결하였다.

① '갑'은 도덕적인 비난을 면할 수 있겠군.

② '을'은 법 규정에 따른 처벌을 받게 되겠군.

③ '병'이 '갑'에게 손해를 배상받기 위해서는 민사소송을 제기해야겠군.

④ 대법원은 '갑'의 행위에 대해 검찰이 세운 대전제를 적용할 수 없다고 보았군.

⑤ 앞으로 '갑'과 같은 행위를 한 사람을 처벌하려면 법 규정을 새로 만들 필요가 있겠군.

11. 위 글로 보아 죄형법정주의 에 담긴 정신으로 가장 적절한 것은?

① 법 없이는 범죄도 없고 형벌도 없다.

② 명백한 범죄행위는 증명할 필요조차 없다.

③ 법을 적용할 때는 개인의 상황을 고려해야 한다.

④ 법에서는 개인의 이익보다 집단의 이익이 우선이다.

⑤ 누구든지 타인의 행위 결과에 대해서는 책임이 없다.

(가) 일본의 한 가전 회사가 냄새를 전달하는 후각 텔레비전을 개발하겠다고 하여 화제가 된 적이 있었다. 이를테면 피자 광고가 나올 때는 피자 냄새도 전달하여 시청자가 더 실감나게 느낄 수 있도록 하겠다는 것이었다. 그러나 3D입체 영상과 음향이 나오는 텔레비전이 상용화된 지금에도 후각 텔레비전에 대한 이야기는 아이디어 수준에 머무르고 있다. 후각 텔레비전의 개발이 어려운 이유는 후각이 시각이나 청각과는 근본적으로 다른 특성을 가지고 있기 때문이다.

(나) 시각으로 인지되는 빛이나 청각으로 인지되는 소리는 파장으로 나타낼 수 있다. 빛과 소리는 물리적으로 표현될 수 있는 실체이기 때문에 신호의 변환과 송신이 비교적 자유롭다. 그리고 신호의 강약 변화만 파악하면 감각적으로 인지할 수 있다. 반면에 후각의 대상이 되는 냄새는 화학적인 결합을 통해 만들어지는 것이기 때문에 변환과 송신이 어렵고, 감각으로 인지하는 과정도 시각이나 청각에 비해 복잡하다.

(다) 후각이 냄새를 인지하는 과정은 다음과 같다. 먼저 냄새 분자가 호흡을 통해 콧구멍으로 들어 온 후 콧구멍 깊숙한 곳에 있는 후각 상피 쪽으로 이동을 하게 된다. 여기에서 냄새 분자는 후각 상피를 둘러싸고 있는 점막을 통해 후각 세포 쪽으로 이동하게 된다. 점막은 물과 복합 지방으로 구성되어 냄새 분자를 잘 녹인다. 점막으로 녹아 들어간 냄새 분자는 후각 세포의 끝에 있는 후각 수용체 중 꼭 맞는 것과 결합한다. 그러면 후각 세포는 후각 수용체와 결합한 냄새 분자를 전기 신호로 바꾸어 후신경을 통해 뇌로 전달한다. 이때 어느 후신경을 통해 신호가 들어오느냐에 따라 뇌에서는 각각 다른 냄새로 인지하게 된다.

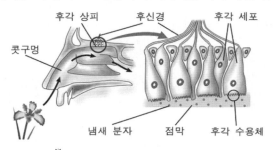

(라) 인간의 후각은 0.001ppm[*] 정도 되는 극히 낮은 농도의 ㉠냄새까지 알아낼 수 있고, 3,000여 가지의 냄새를 구별할 수 있을 만큼 예민하다. 그렇지만 이것도 다른 동물에 비해서는 많이 무딘 편이다. 인간은 문명의 발달에 따라 후각의 의존도가 낮아졌지만, 다른 동물들은 지금도 적을 감지하는 데 가장 효과적인 수단으로 후각을 이용한다. 개의 경우, 후각 상피의 표면적이 130㎠로, 3㎠인 인간에 비해 넓고 후각 세포도 그만큼 더 많기 때문에 냄새를 인지하는 능력이 인간보다 훨씬 더 우수하다.

(마) 지금까지 후각에 대해 많은 연구를 했지만 아직도 후각과 냄새 분자에 대해 밝히지 못한 부분이 많다. 냄새 분자는 화학 반응으로 인해 분자 구조가 조금만 달라져도 냄새의 성질이 달라진다. 그리고 두 냄새 분자가 동시에 후각 수용체를 자극하면 제3의 냄새로 인지되는 경우도 있다. 이와 같은 현상을 완전하게 이해하기 위해서는 후각을 자극하는 냄새 분자의 구조를 밝히고, 어떤 후각 수용체가 어떤 냄새를 인지할 수 있는지 알아내야 한다. 만약 이 연구 결과를 바탕으로 냄새 분자를 인공적으로 만들 수 있다면 그 기술은 후각 텔레

비전에 사용되는 것은 물론 악취 제거나, 향기를 이용한 치료 등에도 유용하게 사용될 수 있을 것이다.

※ ppm: 화학이나 생물학 등에서 100만분의 1의 양을 나타내는 단위.

12. 위 글의 서술 방식에 대한 설명으로 적절하지 <u>않은</u> 것은?

① (가)는 흥미를 유발할 수 있는 사례를 들어 화제를 제시하고 있다.
② (나)는 다른 대상과의 대조를 통해 중심 화제의 특성을 드러내고 있다.
③ (다)는 비유의 방법을 활용하여 과학적 원리를 알기 쉽게 설명하고 있다.
④ (라)는 구체적인 수치를 제시하여 대상에 대해 객관적으로 설명하고 있다.
⑤ (마)는 앞으로의 연구 과제를 제시하며 연구 결과의 활용 가능성을 전망하고 있다.

13. 〈보기〉는 냄새 분자가 인지되는 과정을 나타낸 것이다. ⓐ~ⓒ에 대한 설명으로 적절하지 <u>않은</u> 것은?

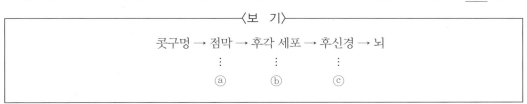

〈보 기〉

콧구멍 → 점막 → 후각 세포 → 후신경 → 뇌
　　　　　⋮　　　　⋮　　　　　⋮
　　　　　ⓐ　　　　ⓑ　　　　　ⓒ

① ⓐ는 물과 복합 지방으로 구성되어 있다.
② ⓐ는 냄새 분자를 잘 녹이는 성질을 가지고 있다.
③ ⓑ의 끝에 있는 후각 수용체가 냄새 분자와 결합한다.
④ ⓑ는 냄새 분자를 전기 신호로 바꾼다.
⑤ ⓒ를 통과하는 신호의 강도에 따라 다른 냄새로 인지된다.

14. 위 글을 읽은 학생이 다음 내용에 대해 보인 반응으로 가장 적절한 것은?

질문: 얼마 전에 축농증 수술을 했습니다. 이제 냄새를 잘 맡을 수 있게 되어 좋은데, 악취에 민감해졌습니다. 집안의 악취를 어떻게 하면 제거할 수 있을까요?

답변: 악취를 없애는 방법은 환기를 하는 방법, 탈취제로 냄새 분자를 산화시키거나 분해하는 화학적인 방법, 숯과 같은 물질로 냄새 분자를 흡수하는 방법이 있습니다.
　　사람들이 많이 쓰는 방향제는 악취보다 강한 향기를 뿜어 악취를 덜 느끼도록 하는 방법입니다.

① 질문자는 현재 후각 세포가 손상된 상태이겠군.
② 질문자는 후각 상피의 면적이 일반인보다 좁겠군.
③ 숯은 후각 텔레비전을 만들 때 핵심적인 재료가 되겠군.
④ 탈취제는 냄새 분자의 구조를 변화시켜 냄새의 성질을 바꾼 것이겠군.
⑤ 방향제는 두 냄새가 합해져 냄새가 없어지는 원리를 이용한 것이겠군.

15. 문맥상 ㉠의 '-까지'와 의미가 가장 가까운 것은?

① 내일은 8시까지 학교에 도착해야 한다.
② 서울에서 대전까지 한 시간도 안 걸린다.
③ 오늘은 1번부터 10번까지가 청소를 한다.
④ 우승을 하기까지 세 번을 더 이겨야 한다.
⑤ 경찰은 티끌만한 것까지 샅샅이 조사했다.

[16~18] 다음을 읽고 물음에 답하시오. 2018 고1 3월 학력평가

18세기 경험론의 대표적인 철학자 흄은 '모든 지식은 경험에서 나온다.'라고 주장하면서, 이성을 중심으로 진리를 탐구했던 데카르트의 합리론을 비판하고 경험을 중심으로 한 새로운 철학 이론을 구축하려 하였다. 그러나 지나치게 경험만을 중시한 나머지, 그는 과학적 탐구 방식 및 진리를 인식하는 문제에 대해서도 비판하기에 이른다. 그 결과 ㉠흄은 서양 근대 철학사에서 극단적인 회의주의자로 평가받는다.

흄은 지식의 근원을 경험으로 보고 이를 인상과 관념으로 구분하여 설명하였다. 인상은 오감(五感)을 통해 얻을 수 있는 감각이나 감정 등을 말하고, 관념은 인상을 머릿속에 떠올리는 것을 말한다. 가령, 혀로 소금의 '짠맛'을 느끼는 것은 인상이고, 머릿속으로 '짠맛'을 떠올리는 것은 관념이다. 인상은 단순 인상과 복합 인상으로 나뉘는데, 단순 인상은 단일 감각을 통해 얻은 인상을, 복합 인상은 단순 인상들이 결합된 인상을 의미한다. 따라서 '짜다'는 단순 인상에, '짜다'와 '희다' 등의 단순 인상들이 결합된 소금의 인상은 복합 인상에 해당한다. 그리고 단순 인상을 통해 형성되는 관념을 단순 관념, 복합 인상을 통해 형성되는 관념을 복합 관념이라 한다. 흄은 단순 인상이 없다면 단순 관념이 존재하지 않는다고 보았다. 그런데 '황금 소금'은 현실에 존재하지 않기 때문에 그 자체에 대한 복합 인상은 없지만, '황금'과 '소금' 각각의 인상이 존재하기 때문에 복합 관념이 존재할 수 있다. 따라서 복합 관념은 복합 인상이 없더라도 존재할 수 있다. 하지만 흄은 '황금 소금'처럼 인상이 없는 관념은 과학적 지식이 될 수 없다고 말하였다.

흄은 과학적 탐구방식으로서의 인과 관계에 대해서도 비판적 태도를 보였다. 그는 인과 관계란 시공간적으로 인접한 두 사건이 반복해서 발생할 때 갖는 관찰자의 습관적인 기대에 불과하다고 말하였다. 즉, '까마귀 날자 배 떨어진다'라는 속담이 의미하는 것처럼 인과 관계는 필연적 관계임을 확인할 수 없다는 것이다. 그는 '까마귀가 날아오르는 사건'과 '배가 떨어지는 사건'을 관찰할 수는 있지만, '까마귀가 날아오르는 사건이 배가 떨어지는 사건을 야기했다.'라는 생각은 추측일 뿐 두 사건의 인과적 연결 관계를 관찰할 수 없다고 주장한다. 결국 인과 관계란 시공간적으로 인접한 두 사건에 대한 주관적 판단에 불과하므로, 이런 방법을 통해 얻은 과학적 지식이 필연적이라는 생각은 적합하지 않다고 흄은 비판하였다.

[A] 또한 흄은 진리를 알 수 있는가의 문제에 대해서도 회의적인 태도를 취했다. 전통적인 진리관에서는 진술의 내용이 사실(事實)과 일치할 때 진리라고 본다. 하지만 흄은 진술 내용이 사실과 일치하는지의 여부를 판단할 수 없다고 보았다. 예를 들어 '소금이 짜다.'라는 진술이 진리가 되기 위해서는 실제 소금이 짜야 한다. 그런데 흄에 따르면 우리는 감각 기관을 통해서만 세상을 인식할 수 있기 때문에 실제 소금이 짠지는 알 수 없다. 그

러므로 '소금이 짜다.'라는 진술은 '내 입에는 소금이 짜게 느껴진다.'라는 진술에 불과할 뿐이다. 따라서 비록 경험을 통해 얻은 과학적 지식이라 하더라도 그것이 진리인지의 여부는 확인할 수 없다는 것이 흄의 입장이다.

이처럼 흄은 경험론적 입장을 철저하게 고수한 나머지, 과학적 지식조차 회의적으로 바라보았다는 점에서 비판을 받기도 했다. 하지만 그는 이성만 중시했던 당시 철학 사조에 반기를 들고 경험을 중심으로 지식 및 진리의 문제를 탐구했다는 점에서 근대 철학에 새로운 방향성을 제시했다는 평가를 받는다.

16. 윗글을 통해 알 수 있는 내용이 <u>아닌</u> 것은?

① 데카르트는 이성을 중시하는 관점에서 진리를 찾으려고 하였다.
② 전통적 진리관에 따르면 진리 여부를 판단하는 것은 불가능하다.
③ 흄은 지식의 탐구 과정에서 감각을 통해 얻은 경험을 중시하였다.
④ 흄은 합리론에 반기를 들고 새로운 철학 이론을 구축하려 하였다.
⑤ 흄은 인상을 갖지 않는 관념은 과학적 지식이 될 수 없다고 보았다.

17. [A]를 바탕으로 할 때, ㉠의 이유로 가장 적절한 것은?

① 인상이 없는 지식은 진리가 아니라고 보았기 때문에
② 이성만으로는 진리를 탐구할 수 없다고 보았기 때문에
③ 실재 세계의 모습은 끊임없이 변한다고 보았기 때문에
④ 주관적 판단으로 진리를 찾을 수 있다고 보았기 때문에
⑤ 경험을 통해서도 진리를 확인할 수 없다고 보았기 때문에

18. 윗글에서 언급된 '흄'의 관점에서 〈보기〉를 이해한 것으로 적절하지 <u>않은</u> 것은?

〈보 기〉

사과의 맛이 달콤할 것 같아.

이 사과는 빨개.

매일 사과를 먹으니 피부가 고와졌어.

① 사과를 보면서 달콤한 맛을 떠올리는 것은 관념에 해당한다.
② 사과를 보면서 '빨개'라고 느끼는 것은 복합 인상에 해당한다.
③ 사과의 실제 색을 알 수 없으므로 '이 사과는 빨개.'라는 생각은 '내 눈에는 이 사과가 빨갛게 보여.'라는 의미일 뿐이다.
④ 사과를 먹는 것과 피부가 고와지는 것 사이의 인과적 연결 관계를 관찰할 수 없다.
⑤ '매일 사과를 먹으니 피부가 고와졌어.'라는 생각은 반복되는 경험을 통해 형성된 습관적 기대에 불과하다.

실전 문제 2회 1. ② 2. ④ 3. ④ 4. ④ 5. ③ 6. ③ 7. ② 8. ⑤ 9. ④ 10. ① 11. ① 12. ③ 13. ⑤ 14. ④ 15. ⑤ 16. ② 17. ⑤ 18. ②

해설 1. 첫째 문단에서 화제에 대해 소개한 후, 둘째에서 넷째 문단까지 사이펀의 원리가 적용된 변기의 구조와 작동 원리에 대해 설명함. 2. 술을 가득 채우면 ⓐ에서 ⓒ의 사이에도 술이 채워지면서 관 속의 대기압이 사라짐. 3. 물을 서서히 공급하여 물이 사이펀을 가득 채우지 못하도록 하면 일정한 양의 물이 남아 냄새를 막아 줌. 4. 가면이 살아 움직이는 듯한 느낌을 주는 것은 빠른 율동으로 춤을 추었기 때문임. 5. [A] 부분은 아프리카 가면이 의도적으로 사실과 다르게 조각된 기법에 대해 설명함. 따라서 유럽의 회화 전통은 사실적으로 묘사되었을 것을 짐작할 수 있음. ⑤는 입체주의의 특징 6. ㉠에는 병을 치료하고 적을 해하는 힘이 있다는 믿음이, ㉡에는 풍자와 비판의식이 담겨 있음. 7. ⓑ는 '한데 모아서 요약함.'이라는 뜻 8. 형사재판은 죄형법정주의를 엄격히 따름. 적당한 법 규정이 없으면 법 규정의 적용을 포기하고 무죄를 선고함. ①: 넷째, ②, ③: 셋째, ④: 다섯째 문단 9. 소전제인 구체적인 사건을 다르게 보고 있음. 10. 형사재판에서 무죄를 선고받더라도 어떤 사람에게 손해를 입힌 사실이 분명하다면 도덕적으로 비난의 대상이 될 수 있음. 11. 죄형법정주의는 미리 범죄와 형벌이 법으로 규정되지 않은 경우 벌할 수 없다는 원칙임. 12. (다)는 후각이 냄새를 인지하는 과정을 순차적으로 설명함. 비유는 사용되지 않음. 13. 어느 후신경을 통해 신호가 들어오느냐에 따라 다른 냄새로 인지 14. 마지막 문단에서 냄새 분자는 화학 반응으로 냄새의 성질이 달라짐을 설명함. 방향제는 강한 냄새를 통해 악취를 덜 느끼도록 하는 것이지, 악취를 없애는 것은 아님. 15. ⓐ의 '-까지'는 극히 낮은 농도라는 의미를 강조하는 의미로 쓰임. ⑤는 '티끌만한 것', 즉 매우 작고 극단적인 것을 강조함. 16. 전통적 진리관에서는 진술 내용이 사실과 일치할 때 진리라고 봄. 넷째 문단 참고 17. 흄은 경험을 중시하지만, 경험을 통해 얻은 과학적 지식도 진리 여부를 판단할 수 없다는 회의적 태도를 취함. 18. 사과의 빨간색은 시각이라는 단일 감각을 통해 얻은 인상이므로 단순 인상에 해당함.

지문 해설

[1~3] 화장실, 악취를 물리치고 당당히 입성하다

주제: 변기의 구조와 작동 원리

해제: 이 글은 화장실이 실내로 들어오게 된 원인을 변기의 구조와 작동원리를 통해 밝히고 있다. 컵을 기울이지 않고 컵 안의 물을 밖으로 빼내는 과정을 통해 사이펀의 원리를 설명하고, 변기의 경우 사이펀의 원리가 어떻게 적용되었는지 밝히고 있다.

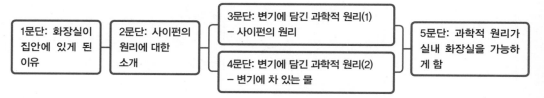

[4~7] 클릭, 서양 미술사

주제: 아프리카 주요 미술품의 특징과 피카소 및 입체주의에 미친 영향

해제: 이 글은 아프리카의 주요 미술품인 목조각과 목조 가면의 기능 및 표현 방식을 설명하고, 이것이 피카소와 입체주의에 준 영향에 대해 설명하고 있다. 아프리카 미술품은 사실적 표현 방식을 거부하였으며, 대부분 각이 지고, 형태가 왜곡되고 불균형하다. 이러한 방식이 피카소와 입체주의에 영향을 주었다.

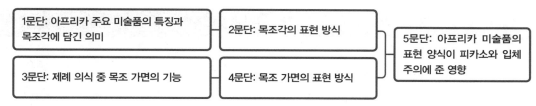

주제: 법의 적용 과정 및 적당한 법 규정을 찾을 수 없을 때 해결 방식

해제: 이 글은 법의 적용 과정과 법 규정을 찾을 수 없을 때의 해결 방식에 대해 설명하고 있다. 법은 법률적 삼단논법에 따라 적용되는데, 적당한 법 규정을 찾지 못할 경우, 죄형법정주의에 따르는 형사재판과 그렇지 않은 민사재판의 결과가 다르게 나올 수 있다.

[12~15] 영화 속의 바이오테크놀로지

주제: 시청각과 구분되는 후각의 특성과 후각 연구의 과제

해제: 이 글은 후각 텔레비전의 개발이 어려운 이유로 후각의 특성을 제시하고, 후각 연구의 향후 과제에 대해 설명하고 있다. 후각은 시청각과 달리 변환과 송신이 어렵고, 감각으로 인지하는 과정이 복잡하다. 후각과 냄새 분자에 대한 연구가 이루어져 냄새 분자를 인공적으로 만들 수 있다면 후각 텔레비전의 개발도 가능할 것으로 전망한다.

[16~18] 흄

주제: 흄의 철학이 지닌 특징과 의의

해제: 이 글은 경험론의 대표적 철학자인 흄의 철학이 지닌 특징과 그 의의를 밝히고 있다. 흄은 지식의 근원인 경험을 인상과 관념으로 구분하고, 인상이 없는 관념은 과학적 지식이 될 수 없음을 밝혔다. 또한 과학적 탐구 방식으로서의 인과 관계에 비판적 태도를 보였으며, 과학적 지식이라도 진리 여부를 판단할 수 없다고 주장하였다.

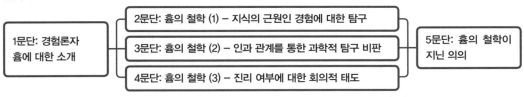

[1~4] 다음을 읽고 물음에 답하시오.

2014 고1 3월 학력평가

단청이라 하면 일반적으로 목조 건물에 여러 가지 색으로 무늬를 그려 아름답게 장식하는 것을 말한다. 단청은 건물의 보존 효과를 높이기 위해서 시작되었는데, 이후 여러 가지 색감으로 문양을 더함으로써 보존 효과뿐만 아니라 장식성과 상징적 의미도 부여하게 되었다.

단청의 문양은 건축물의 성격에 따라, 그리고 나타내고자 하는 의미에 따라 달라진다. 예를 들어 봉황은 주로 궁궐에만 사용되었고, 사찰에는 주로 불교적 소재들이 문양으로 사용되었다. 또 극락왕생의 의미를 나타낼 때는 연꽃 문양을 그리고 자손의 번창을 나타낼 때는 박쥐 문양을 그렸다.

단청은 붉은색을 의미하는 '단(丹)'과 푸른색을 의미하는 '청(靑)'을 결합하여 만든 단어이다. 이처럼 상반된 색을 뜻하는 두 글자가 결합된 '단청(丹靑)'은 대비되는 두 색의 조화로운 관계를 의미한다.

하지만 단청에서 붉은색과 푸른색만을 쓴 것은 아니었다. 단청은 오방색을 기본으로 하여 채색하는데, 여기서 오방색이란 오행*의 각 기운과 직결된 청(靑), 백(白), 적(赤), 흑(黑), 황(黃)의 다섯 가지 기본색을 말한다. 단청을 할 때에는 이 오방색을 적절히 섞어 여러 가지 다른 색을 만들어 썼는데, 이 색들을 적색 등의 더운 색 계열과 청색 등의 차가운 색 계열로 구분하여 사용하였다.

단청의 가장 대표적인 기법으로는 '빛넣기', '보색대비', '구획선 긋기' 등이 있다.

빛넣기는 문양에 백색 분이나 먹을 혼합하여 적절한 명도 변화를 주는 것으로, 한 계열에서 명도가 가장 높은 단계를 '1빛', 그보다 낮은 단계는 '2빛' 등으로 말한다. 빛넣기를 통한 문양의 명도 차이는 시각적 율동성을 이끌어내어 결과적으로 단순한 평면성을 탈피하는 시각적 효과를 얻을 수 있다. 즉 명도가 낮은 빛은 물러나고 명도가 높은 빛은 다가서는 듯한 느낌을 주게 된다.

보색대비는 ㉠더운 색 계열과 차가운 색 계열을 서로 엇바꾸면서 색의 층을 조성함으로써 색의 조화를 이끌어내는 것을 말한다. 예를 들어 오색구름 문양을 단청할 때 더운 색과 차가운 색을 엇바꾸면서 대비시키는 방법이 그것인데, 이것을 통해 색의 조화를 이끌어낼 수 있으며 문양의 시각적 장식 효과를 더욱 높일 수 있다.

구획선 긋기는 색과 색 사이에 흰 분으로 선을 긋는 것을 말하는데, 특히 보색대비가 일어나는 색과 색 사이에는 빠짐없이 구획선 긋기를 한다. 이 기법을 사용하면 문양의 색조를 더욱 두드러지게 하는 효과를 얻을 수 있다.

이러한 빛넣기와, 보색대비 그리고 구획선 긋기 등의 기법을 활용함으로써 시각적 단층을 형성함으로써 단청의 각 문양은 전체적으로 안정감을 얻게 된다.

* 오행: 우주 만물을 이루는 다섯 가지 원소. 금(金)·수(水)·목(木)·화(火)·토(土)를 이른다.

1. 위 글의 내용과 일치하지 <u>않은</u> 것은?

① 단청은 오방색을 기본으로 하여 채색한다.
② 단청의 명도 조절에는 백색 분이나 먹을 사용한다.
③ 단청은 건축물의 보존 효과를 높이기 위해 시작되었다.
④ 건축물의 성격에 따라 그려지는 단청의 문양은 다르다.
⑤ 단청에서는 주변 경관과의 조화를 위해 구획선 긋기를 사용한다.

2. 윗글을 바탕으로 〈보기〉를 이해한 내용으로 적절하지 <u>않은</u> 것은?

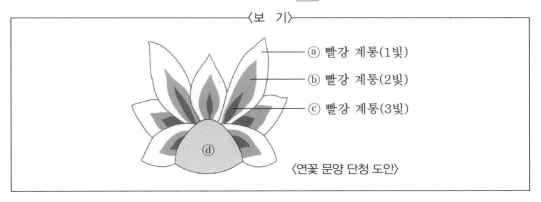

〈연꽃 문양 단청 도안〉

① ⓐ와 ⓑ의 보색대비를 통하여 문양의 색조는 더욱 두드러지겠군.
② ⓒ는 ⓐ에 비해 보는 사람 입장에서 물러나는 듯한 느낌을 받을 수 있겠군.
③ ⓐ, ⓑ, ⓒ는 명도에 변화를 주는 것으로 문양의 시각적 율동성을 이끌어내는 효과가 있겠군.
④ 보색대비가 이루어지도록 하기 위해서는 ⓓ에 청색 계통의 색을 칠해야겠군.
⑤ 〈보기〉의 문양이 건축물에 단청이 되었을 경우 극락왕생이라는 상징적 의미를 더하는 효과가 있겠군.

3. ㉠을 활용하는 이유로 가장 적절한 것은?

① 시각적 장식 효과를 얻기 위해
② 여러 가지 빛을 만들어내기 위해
③ 명도의 차이를 분명히 드러내기 위해
④ 단청 작업 시 빛 넣기를 쉽게 하기 위해
⑤ 자연 만물의 변화무쌍한 모습을 드러내기 위해

4. [기출 응용] 위 글의 전개 방식에 대한 설명으로 적절한 것은?

① 건축물의 성격에 따라 사용되는 색상을 구분하여 설명하고 있다.
② 단청의 다양한 기법을 분류하고 표현 효과에 대해 설명하고 있다.
③ 단청의 개념을 정의하고 다른 장식 기법과 차이점을 설명하고 있다.
④ 건물의 보존 효과를 높이는 문제에 대한 해결 방안을 찾아 제시하고 있다.
⑤ 단청이 지닌 다양한 의의를 바탕으로 단청 보존의 중요성을 주장하고 있다.

두 나라가 자발적으로 무역을 하기 위해서는 두 나라 모두 이익을 얻을 수 있어야 한다. 만일 무역 당사국이 이익을 전혀 얻지 못하거나 손실을 본다면, 이 나라는 무역을 하지 않을 것이기 때문이다. 그러면 무역을 통해 이익이 발생할 수 있는 이유는 무엇일까? 또 무역에서 수출입 재화는 각각 어떻게 결정될까?

A국과 B국에서 자동차와 신발을 생산하는 상황을 가정해 보자. 아래 〈그림〉과 같이 A국은 이용 가능한 생산요소*를 모두 투입하여 최대 자동차 10대 혹은 신발 1,000켤레를 만들 수 있다. 한편, B국에서는 동일한 조건하에 자동차 3대 또는 신발 600켤레를 생산할 수 있다.

이때 국가 간 비교 우위 산업의 차이에 의해서 무역의 이익이 발생할 수 있다. 비교 우위란 어떤 재화 생산의 기회비용이 다른 나라보다 작은 경우를 의미하며, 이때 기회비용이란 그 재화 생산으로 인해 포기해야 하는 다른 재화의 가치를 말한다. 위의 상황에서 A국이 자동차를 1대 더 생산하기 위해서는 신발 생산을 100켤레 줄여야 한다. 즉, A국 입

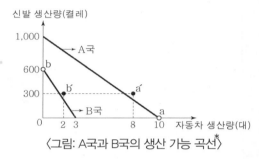

〈그림: A국과 B국의 생산 가능 곡선*〉

장에서 자동차 1대 생산의 기회비용은 신발 100켤레와 같다. 한편, B국은 자동차 1대 생산의 기회비용이 신발 200켤레가 된다. 이 경우 A국의 자동차 생산의 기회비용이 B국의 그것보다 작으므로, A국이 자동차 생산에 있어 비교 우위를 갖고 있다. 반면, ㉠B국은 신발 생산에 있어 비교 우위를 갖게 된다.

따라서 A국이 자동차를 특화해 B국에 수출하고, B국은 신발을 특화해 A국에 수출하면 무역을 하지 않을 때에 비해 양국 모두 이익을 얻을 수 있다. 위 〈그림〉에서 A국이 자동차만 10대 생산(a)하고 B국이 신발만 600켤레를 생산(b)해서 양국이 무역을 한다고 하자. 이때 A국이 자동차 2대를 수출하고 그 대신 B국으로부터 신발 300켤레를 수입한다면, A국은 자동차 8대와 신발 300켤레의 조합(a')을, B국은 자동차 2대와 신발 300켤레의 조합(b')을 소비할 수 있다. 즉 무역을 통해 양국은 무역 이전에는 생산할 수 없었던 재화량의 조합을 생산하는 것과 같은 효과를 갖게 되어 무역을 통한 이익을 얻을 수 있다.

이처럼 각국의 비교 우위 산업이 존재하는 이유에 대해 20세기 초의 경제학자 헥셔는 국가 간 생산요소 부존량*의 상대적 차이가 비교 우위를 낳는다고 보았다. 그에 따르면, 각국은 타국에 비해 상대적으로 풍부한 생산요소를 집약적으로 사용하는 재화의 생산에 비교 우위를 갖는다. 즉 재화마다 각 생산요소들이 투입되는 비율이 다르기 마련인데, 어떤 재화 생산에 특정 생산요소가 집약적으로 사용된다면 그 생산요소를 다른 나라들에 비해 풍부하게 보유하고 있는 국가가 해당 재화의 생산에 비교 우위를 갖게 된다는 것이다. 예를 들어, 어떤 국가가 자동차·선박 등 자본 집약재의 수출국이고 신발·의류 등 노동 집약재의 수입국이라면, 그 국가는 타국에 비해 자본은 상대적으로 풍부하고 노동은 그렇지 않다고 판단할 수 있다.

각국의 비교 우위 산업은 국가 간 생산요소 부존량의 상대적 차이가 변화함에 따라 바뀔 수도 있다. 우리나라도 과거 경공업 위주의 노동 집약적 산업에서 자본 집약적인 중화학 공업, 최근의 지식 집약적인 IT 산업까지 주요 산업 및 수출품이 변화해 왔다. 이는 경제 성장에 따라 각 생산요소들의 부존비율이 변화함으로써 우리나라의 비교 우위 산업이 변화해 왔기 때문이다.

* 생산 가능 곡선: 한 경제의 이용 가능한 생산요소들을 가장 효율적으로 투입하여 생산할 수 있는 각 재화 생산량의 조합을 나타낸 선.

* 생산요소: 재화를 생산하기 위해 필요한 노동, 자본 등의 투입 요소.

* 생산요소 부존량: 한 경제 내에 존재하고 있는 생산요소의 양.

5. 윗글에 대한 설명으로 적절하지 않은 것은?

① 단계적인 순서에 따라 이론의 한계를 지적하고 있다.

② 권위자의 견해를 들어 현상의 원인을 설명하고 있다.

③ 질문을 던짐으로써 독자의 관심을 유도하고 있다.

④ 핵심 개념을 설명하여 독자의 이해를 돕고 있다.

⑤ 가상적 상황을 예로 들어 현상을 설명하고 있다.

6. 윗글을 통해 답할 수 없는 질문은?

① 각국의 비교 우위 산업이 변할 수 있는 이유는 무엇인가?

② 자발적인 무역이 한 나라의 각 재화 생산에 어떤 영향을 미칠 수 있는가?

③ 어떤 재화 생산에 투입되는 각 생산요소의 비율은 어떻게 결정되는가?

④ 자발적인 무역에서 어떤 재화가 수출품이 되고 어떤 재화가 수입품이 되는가?

⑤ 국가 간 생산요소 부존량의 상대적 차이가 자발적인 무역에 미치는 영향은 무엇인가?

7. 윗글에 근거하여 〈보기〉의 상황을 이해한 것으로 적절하지 않은 것은?

〈보　기〉

　〈그림1〉과 〈그림2〉는 각각 갑국과 을국의 1970년과 2017년의 생산 가능 곡선을 나타낸 것이다. (단, 가발은 노동 집약적 재화, 선박은 자본 집약적 재화이다. 또한 생산요소는 노동과 자본만 존재한다.)

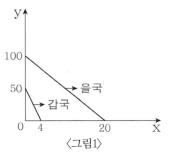
〈그림1〉

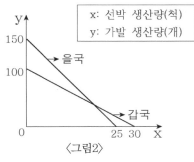
x: 선박 생산량(척)
y: 가발 생산량(개)
〈그림2〉

① 1970년, 갑국이 선박을 2척 더 생산하기 위해서는 가발 생산을 25개 줄여야 했을 것이다.

② 1970년, 갑국은 을국에 비해 자본보다는 노동이 상대적으로 풍부했을 것이다.

③ 2017년, 선박 생산의 기회비용은 을국이 갑국에 비해 2배 이상 클 것이다.

④ 2017년, 을국은 갑국에 비해 노동의 부존 비율이 상대적으로 클 것이다.

⑤ 2017년, 갑국이 을국에 선박 1척을 수출하고 을국으로부터 가발 4개를 수입한다면, 무역 전에 비해 갑국이 소비할 수 있는 재화량의 조합이 늘어날 것이다.

8. ㉠의 이유로 가장 적절한 것은?

① B국의 신발 생산의 기회비용이 자국의 자동차 생산의 기회비용보다 크기 때문이다.
② B국의 신발 생산의 기회비용이 A국의 신발 생산의 기회비용보다 작기 때문이다.
③ B국의 신발 생산의 기회비용이 A국의 자동차 생산의 기회비용보다 작기 때문이다.
④ 이용 가능한 생산요소를 모두 투입했을 때, B국이 A국보다 신발 생산량이 더 커지기 때문이다.
⑤ 이용 가능한 생산요소를 모두 투입했을 때, B국의 자동차 생산량보다 신발 생산량이 더 커지기 때문이다.

[9~11] 다음을 읽고 물음에 답하시오.　　　　　　　　　　　　2012 고1 3월 학력평가

실록은 제왕 한 사람씩의 재위 기간 동안의 역사를 날짜 순서에 따라 기록한 책이다. 처음에는 사마천의 『사기(史記)』를 '사실을 있는 그대로 기록한 역사'란 뜻으로 해석해 실록이라고 평(評)하기도 했으나, 실제로 '실록'이라는 이름을 붙이지는 않았다. 중국에서는 주흥사의 『양황제실록』이 처음이며, 당나라 이후 실록이 편찬되었다.

우리나라에서는 고려 시대부터 실록이 편찬되었고, 본격적인 편찬은 조선에 들어서이다. 조선 시대에도 고려 시대의 예에 따라서 왕이 즉위하면 앞선 왕의 실록을 편찬하였다. 시정(時政)*을 기록하는 관청인 춘추관에 별도로 실록청 또는 일기청을 열고 총재관·도청당상·도청낭청·각방당상·각방낭청 등을 임명하였다. 실록의 편찬 작업에서 ㉠사초(史草)라 부르는 사관(史官)*들의 기록이 가장 기본 자료로 쓰였고, 여러 관청의 기록물도 참고하였다. 사초는 춘추관에서 매일 기록한 시정기(時政記)와 춘추관 소속의 관리들이 개인적으로 기록한 문서를 스스로 보관했다가 실록을 편찬할 시기에 제출하는 기일이 정해졌다.

모든 자료들을 모아 1차로 작성된 원고를 초초(初草)라고 하며, 이를 다시 수정·보완해 두 번째 원고인 중초(中草)를 만들고, 다시 한 번 수정하고 문체를 다듬어 ㉡정초(正草)라 불리는 완성된 원고를 만들었다. 정초는 교서관에서 세 벌을 활자로 인쇄해 춘추관과 지방의 외사고에 보관되었다. 보관된 실록은 엄격한 보관·관리가 이루어져 왕도 볼 수 없었고, 꼭 보아야 할 때는 관리를 보내 필요한 부분만 등서(謄書)*해 볼 수 있을 뿐이었다. 이는 사관의 직필(直筆)*을 보장하기 위한 조처였다.

이러한 실록은 후세에 기록을 남겨서 참고 자료로 활용하기 위해 편찬하였다. 그래서 국가에서 추진하는 중요한 일에 과거의 사례를 알고자 실록을 보관하고 있는 사고(史庫)에 사람을 보내서 실록을 베껴 오도록 하였다. 한편 실록은 그 자체가 하나의 역사로서, 이전 국왕이 어떻게 국가를 운영하였는지를 평가하는 기초 자료의 구실을 하였다. 따라서 국왕들은 사관의 기록에 관심을 가지지 않을 수 없었다. 실록을 국왕조차도 함부로 볼 수 없게 만든 까닭이었다. 물론 국왕이 강제로 실록의 기록을 열람한 경우도 있다. 연산군은 만들어지고 있던 실록의 사초를 열람하여 사화(士禍)를 일으키기도 하였다. 그러나 국왕이 실록을 열람하는 것은 국왕의 지위를 포기하기 전에는 쉽지 않은 일이었다.

그런데 실록 편찬은 후대에 참고가 되기 위한 것이기도 하였지만, 1차적인 목적은 선왕의 업적을 총 정리하는 데에 있었다. 이러한 총 정리의 목적은 무엇이었을까? 바로 당대에 무엇을 할 것인지를 확인하는 것이었다. 다시 말해 선왕대에 이루지 못하였던 과제를 확인하고 이것을 이어받는 절차였다. 막연하게 이전 시대를 총체적으로 부정하면서 반대 방향으로 가

는 것을 선(善)으로 여기는 것이 아니었다. 계승할 대상과 부정할 대상에 관해 총체적인 백서를 마련하는 작업이 곧 실록의 편찬이었다.

* 시정(時政): 그 당시의 정치나 행정에 관한 일.
* 사관(史官): 역사의 편찬을 맡아 초고를 쓰는 일을 맡아보던 벼슬.
* 등서(謄書): 원본에서 베껴 옮김.
* 직필(直筆): 무엇에도 영향을 받지 아니하고 사실을 그대로 적음.

9. 위 글에서 언급되지 않은 것은?

① 실록의 개념 ② 실록의 보존 기간 ③ 실록의 편찬 기관
④ 실록의 편찬 시기 ⑤ 실록의 보관 장소

10. 위 글을 통해 알 수 있는 '실록 편찬'의 궁극적 목적으로 적절한 것은?

① 선왕의 여러 가지 행적을 종합적으로 정리하기 위해
② 선왕의 국정 운영을 평가하는 기초 자료를 제공하기 위해
③ 국가의 중요한 일을 기록해 후세에 참고 자료로 활용하기 위해
④ 선왕대의 과제를 확인하여 당대에 무엇을 할 것인지 파악하기 위해
⑤ 앞 시대를 부정하고 후대 왕이 새로운 역사를 열어가는 데 도움을 주기 위해

11. 위 글과 〈보기〉를 읽은 학생의 반응으로 적절하지 않은 것은?

〈보 기〉

　『국조보감』은 조선왕조 역대 군주의 가언(嘉言)과 선정(善政) 가운데서 중요한 것을 뽑아 연대순으로 기록한 편년체 사서이다. 『국조보감』에 인용된 사료는 대체로 실록의 편찬에 이용된 사료 가운데서 선택하였으므로 실록의 내용과 비슷하였으며, 실록의 내용과 비교할 때 요약한 것이 많다. 따라서 사료적 가치라는 면에서는 실록에 견주어 그다지 주목 받지 못하고 오히려 실록을 보완하는 자료로서 인식되어 왔다. 또한 후대의 군주들에게 감계하는 것이 목적이었으므로, 일부 적합하지 않은 내용은 아예 수록하지 않거나 기사의 일부분을 삭제·변경하기도 하였다. 실록이 그 기록의 치밀함과 보존의 엄정성 때문에 쉽게 참고하지 못했던 것과 달리 『국조보감』은 국왕들에게 따라야 할 전범과 반성의 재료로써 제공되어 항상 쉽게 볼 수 있었다.

* 가언(嘉言): 본받을 만한 좋은 말.
* 감계: 지난 잘못을 거울로 삼아 다시는 잘못을 되풀이하지 아니 하도록 하는 경계.
* 전범: 본보기가 될 만한 모범.

① 실록은 『국조보감』과 편찬 목적에 차이가 있었군.
② 실록은 『국조보감』에 비해 사료로서의 가치가 더 높겠군.
③ 『국조보감』은 실록에 비해 역사를 객관적으로 기술하였군.
④ 『국조보감』은 왕이 항상 열람할 수 있어서 쉽게 참고할 수 있었겠군.
⑤ 실록과 『국조보감』은 역사를 시간 순서대로 기록하였군.

　　초고층 건물은 높이가 200미터 이상이거나 50층 이상인 건물을 말한다. 이런 초고층 건물을 지을 때는 건물에 @작용하는 힘을 고려해야 한다. 건물에 작용하는 힘에는 수직 하중과 수평 하중이 있다. 수직 하중은 건물 자체의 무게로 인해 땅 표면에 수직 방향으로 작용하는 힘이고, 수평 하중은 바람이나 지진 등에 의해 건물에 가로 방향으로 작용하는 힘이다.

　　수직 하중을 견디기 위해서 ⓑ고안된 가장 단순한 구조는 ㉠보기둥 구조이다. 보기둥 구조는 기둥과 기둥 사이를 가로 지르는 수평 구조물인 보를 설치하고 그 위에 바닥판을 놓은 구조이다. 보기둥 구조에서는 설치된 보의 두께만큼 건물의 한 층당 높이가 높아지지만, 바닥판에 작용하는 하중이 기둥에 집중되지 않고 보에 의해 ⓒ분산되기 때문에 수직 하중을 잘 견딜 수 있다.

　　위에서 아래 방향으로만 작용하는 수직 하중과 달리 수평 하중은 사방에서 작용하는 힘이기 때문에 초고층 건물의 안전에 미치는 영향이 수직 하중보다 훨씬 크다. 수평 하중은 초고층 건물의 안전을 위협하는 주요 요인인데, 바람은 건물에 작용하는 수평 하중의 90% 이상을 차지한다. 건물이 많은 도심에서는 넓은 공간에서 좁은 공간으로 바람이 불어오면서 풍속이 빨라지는 현상이 발생해 건물에 작용하는 수평 하중을 크게 만든다. 그리고 바람에 의해 공명 현상*이 발생하면 건물이 매우 크게 흔들리게 되어 건물의 안전을 위협하게 된다.

　　건물이 수평 하중을 견디기 위해서는 기본적으로 뼈대에 해당하는 보와 기둥을 아주 단단하게 붙여야 하지만, 초고층 건물의 경우 이것만으로는 수평 하중을 견디기 힘들다. 그래서 등장한 것이 ㉡코어 구조이다. 코어는 빈 파이프 모양의 철골 콘크리트 구조물을 건물 중앙에 세운 것으로, 코어에 건물의 보와 기둥들을 강하게 접합한다. 이렇게 하면 외부에서 작용하는 수평 하중에도 불구하고 코어로 인해 건물이 크게 흔들리지 않게 된다. 그런데 초고층 건물은 그 높이가 높아질수록 수평 하중이 커지고 그에 따라 코어의 크기도 커져야 한다. 코어 구조는 가운데 빈 공간이 있어 공간 활용의 효율성이 떨어지기 때문에 현대의 초고층 건물은 ㉯코어에 승강기나 화장실, 계단, 수도, 파이프 같은 시설을 설치하는 경우가 많다.

　　그런데 초고층 건물의 높이가 점점 높아지면 코어 구조만으로는 수평 하중을 완벽하게 견뎌 낼 수 없다. 그래서 ㉢아웃리거-벨트 트러스 구조를 사용하여 코어 구조를 보완한다. 아웃리거-벨트 트러스 구조에서 벨트 트러스는 철골을 사용하여 건물의 외부 기둥들을 삼각형 구조의 트러스로 짜서 벨트처럼 둘러 싼 것으로 수평 하중을 ⓓ지탱하는 역할을 한다. 삼각형 구조의 트러스로 외부 기둥들을 연결하면 외부에서 작용하는 힘이 철골 접합부를 통해 전체적으로 분산되기 때문에 코어에 무리한 힘이 가해지는 것을 예방할 수 있다. 그리고 아웃리거는 콘크리트를 사용하여 건물 외벽에 설치된 벨트 트러스를 내부의 코어와 ⓔ견고하게 연결한 것으로, 아웃리거와 벨트 트러스는 필요에 따라 건물 중간중간에 여러 개가 설치될 수 있다. 그런데 아웃리거는 건물 내부를 가로지를 수밖에 없어서 효율적인 공간 구성에 방해가 된다. 이런 단점을 극복하기 위해 ㉰아웃리거를 기계 설비층에 설치하거나 층과 층 사이, 즉 위층 바닥과 아래층 천장 사이에 설치하기도 한다.

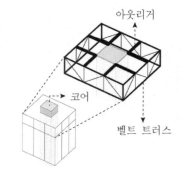

아웃리거

코어

벨트 트러스

　　초고층 건물은 특수한 설비를 이용하여 바람으로 인한 건물의 흔들림을 줄이기도 하는데 대표적인 것이 TLCD, 즉 동조 액체 기둥형 댐퍼이다. TLCD는 U자형 관 안에 수백 톤의 물

[A]　이 채워진 것으로 초고층 건물의 상층부 중앙에 설치한다. 바람이 불어 건물이 한쪽으로 기울어져도 물은 관성의 법칙에 따라 원래의 자리에 있으려 하기 때문에 건물이 기울어진 반대 쪽에 있는 관의 물 높이가 높아진다. 그렇게 되면 그 관의 아래로 작용하는 중력도 커지고, 이로 인해 건물을 기울어지게 하는 힘을 약화시켜 흔들림이 줄어들게 된다. 물이 무거울수록 그리고 관 전체의 가로 폭이 넓어질수록 수평 방향의 흔들림을 줄여 주는 효과가 크다. 하지만 그에 따라 수직 하중이 증가하므로 TLCD는 수평 하중과 수직 하중을 함께 고려하여 설계해야 한다.

* 공명 현상: 진동체가 그 고유 진동수와 같은 진동수를 가진 외부의 힘을 받아 진폭이 뚜렷하게 증가하는 현상.

12. 윗글의 내용에 대한 이해로 적절하지 않은 것은?

① 수직 하중은 수평 하중과 달리 사방에서 건물에 가해지는 힘이다.
② 건물이 높아질수록 건물에 가해지는 수직 하중은 증가한다.
③ 보기둥 구조에서 보의 두께는 한 층당 높이에 영향을 준다.
④ 넓은 공간에서 좁은 공간으로 바람이 불어오면 풍속이 빨라진다.
⑤ 공명 현상은 건물에 가해지는 수평 하중을 증가시키는 요인이 된다.

13. ㉠~㉢을 설명한 내용으로 적절하지 않은 것은?

① ㉠은 기둥과 기둥 사이에 설치한 수평 구조물 위에 바닥판을 놓는 구조이다.
② ㉠에서 보는 건물에 작용하는 수직 하중이 기둥에 집중되는 것을 예방한다.
③ ㉡에서 코어는 건물의 높이가 높아짐에 따라 그 크기가 커져야 한다.
④ ㉢에서 트러스는 아웃리거와 코어의 결합력을 높여 수평 하중을 덜 받게 한다.
⑤ ㉡과 ㉢을 함께 사용하면 건물에 작용하는 수평 하중을 견디는 힘이 커진다.

14. [A]를 바탕으로 〈보기〉의 'TLCD'를 이해한 내용으로 적절하지 않은 것은?

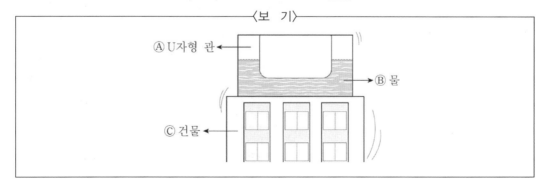

〈보 기〉
Ⓐ U자형 관
Ⓑ 물
Ⓒ 건물

① Ⓐ가 한쪽으로 기울어도 Ⓑ는 원래의 자리에 있으려 할 것이다.
② Ⓐ가 왼쪽으로 기울면 오른쪽 관에 있는 Ⓑ의 높이가 왼쪽보다 높아질 것이다.
③ Ⓐ 전체의 가로 폭이 넓어질수록 Ⓒ가 수평 하중을 견디는 효과가 작아질 것이다.
④ Ⓐ 안에 있는 Ⓑ의 양이 많을수록 Ⓒ에 작용하는 수직 하중이 증가할 것이다.
⑤ Ⓐ에 채워진 Ⓑ의 무게가 무거울수록 Ⓒ의 수평 방향의 흔들림을 줄여 주는 효과가 클 것이다.

15. 문맥을 고려할 때, ㉮와 ㉯의 이유로 가장 적절한 것은?

① 건물의 외부 미관을 살리기 위해서
② 건물의 건설 비용을 줄이기 위해서
③ 건물의 공간을 효율적으로 활용하기 위해서
④ 건물에 작용하는 외부의 힘을 줄이기 위해서
⑤ 필요에 따라 공간의 용도를 변경하기 위해서

16. ⓐ~ⓔ의 사전적 의미로 적절하지 <u>않은</u> 것은?

① ⓐ: 어떠한 현상을 일으키거나 영향을 미침.
② ⓑ: 연구하여 새로운 것을 생각해 냄.
③ ⓒ: 갈라져 흩어짐.
④ ⓓ: 어떤 상태나 현상을 그대로 보존함.
⑤ ⓔ: 굳고 단단함.

[17~19] 다음을 읽고 물음에 답하시오.

2009 고1 3월 학력평가

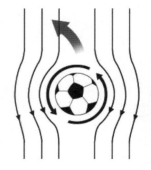

축구 스타 데이비드 베컴을 좋아하는 팬들은 그의 환상적인 바나나킥에 열광한다. 수비벽을 뚫고 회전하면서 골문 안으로 휘어 들어가는 공은 문지기를 속수무책으로 만들고 그물을 흔든다. 베컴이 찬 공이 휘어가는 데에는 어떤 비밀이 담겨 있는 것일까?

회전하면서 날아가는 공이 휘어지는 현상을 처음 설명한 사람은 독일의 물리학자인 하인리히 마그누스이다. 이 현상은 그가 날아가는 포탄이 휘어져 가는 것을 연구하다가 발견했기 때문에 '마그누스 효과'라고 부른다. 마그누스 효과는 회전하는 물체가 물체 주변의 압력차에 의해 휘어져 날아가는 현상으로, ㉠'속도가 빠른 쪽의 유체* 압력이 느린 쪽의 유체 압력보다 낮다.'는 '베르누이 정리'로 설명할 수 있다.

공이 날아갈 때는 진행하는 방향과 반대 방향으로 공기 흐름이 생긴다. 만약 공이 회전하지 않고 날아가면 공의 양쪽으로 흐르는 공기의 속도가 같아 압력 차이가 발생하지 않는다. 하지만 공이 회전하면서 날아가면, 주위의 일부 공기를 끌고 가면서 공 주변에 새로운 공기의 흐름이 만들어진다. 이때 날아가는 공 주변에서는 공을 따라 도는 공기의 흐름과 공이 진행하는 방향의 반대 방향으로 움직이는 공기의 흐름이 서로 합해진다. 가령, 공의 오른쪽 측면을 차서 시계 반대 방향으로 회전하며 날아갈 때를 생각해 보자. 그림에서 보듯, 공의 오른쪽에서는 서로 반대 방향으로 흐르는 공기가 부딪쳐 저항력이 생기면서 공기의 흐름이 느려진다. 반면에 왼쪽에서는 두 가지 공기의 흐름이 같은 방향으로 흘러 더해지면서 공기의 흐름이 빨라진다. 그러므로 베르누이 정리에서 알 수 있듯이, 공기의 흐름이 느린 오른쪽의 공기 압력이 높아지고 왼쪽의 공기 압력이 낮아진다. ㉡힘은 압력이 높은 쪽에서 낮은 쪽으로 작용하므로 공은 왼쪽으로 휘면서 날아가게 되는 것이다.

그러나 바나나킥을 베르누이 정리만으로 모두 설명할 수 있는 것은 아니다. 공의 표면에 작용하는 공기의 흐름이 매우 복잡하기 때문이다. 공의 속도가 빠를 때는 공 주변에 작은 소용돌이인 난류(亂流)가 생기는데, 이렇게 되면 공 양쪽의 공기의 속도 차이가 작아져서 압력 차이도 크게 발생하지 않는다. 하지만 속도가 느려져 공 주변의 난류가 사라지면 압력 차이가 커지므로 공이 휘면서 날아간다. 실험 결과 공의 속도가 108km/h보다 빠르면 난류가 발생한다고 한다. 만약 어떤 축구 선수가 120km/h의 속력으로 공을 차는 경우, 처음에는 직선으로 날아 가다가 108km/h 이하로 떨어지면 휘면서 날아가게 될 것이다.

이와 같이 베르누이 정리와 난류에 관한 역학(力學)을 이용하면 바나나킥의 원리를 쉽게 설명할 수 있다. 축구에도 이러한 과학적 원리가 숨어 있다.

＊ 유체: 액체와 기체를 아울러 이르는 말.

17. 위 글에 대한 설명으로 가장 적절한 것은?

① 다양한 이론을 통해 잘못된 통념을 바로잡고 있다.
② 과학 이론을 바탕으로 구체적 현상을 설명하고 있다.
③ 상반되는 두 이론을 분석하여 그 차이점을 드러내고 있다.
④ 새로운 이론을 제시하여 기존 이론의 한계를 보완하고 있다.
⑤ 여러 가지 실험 결과를 종합하여 특정 이론을 비판하고 있다.

18. 위 글을 바탕으로 〈보기〉에 대해 분석하였다. 적절하지 않은 것은?

〈보 기〉

① 공을 찬 선수는 정지해 있는 공의 오른쪽 측면을 찼을 것이다.
② 공이 Ⓐ지점을 통과한 뒤부터는 공 주변에 난류가 생겼을 것이다.
③ 공이 Ⓐ지점을 통과하기 전까지는 속도가 108km/h 이상이었을 것이다.
④ 공이 휘어지며 날아가는 동안 공의 왼쪽에 가해지는 공기의 압력은 오른쪽에 비해 낮을 것이다.
⑤ 공이 휘어지며 날아가는 동안 공의 오른쪽에서는 저항력이 작용하여 공기의 흐름이 왼쪽보다 느릴 것이다.

19. 비행기가 뜨기 위해 고려해야 할 사항 중에서 ㉠, ㉡과 가장 관련 깊은 것은?

① 비행기의 동체를 가벼운 소재로 제작해야 한다.
② 공기의 저항을 최소화 할 수 있는 동체를 제작해야 한다.
③ 빠른 속력을 낼 수 있도록 추진력이 강한 엔진을 장착해야 한다.
④ 지면과의 마찰력을 견딜 수 있도록 타이어를 튼튼하게 제작해야 한다.
⑤ 비행기의 날개 아래쪽의 공기 압력이 위쪽보다 높을 수 있게 설계해야 한다.

실전 문제 3회 1. ⑤ 2. ① 3. ① 4. ② 5. ① 6. ③ 7. ③ 8. ② 9. ② 10. ④ 11. ③ 12. ① 13. ④ 14. ③
15. ③ 16. ④ 17. ② 18. ② 19. ⑤

해설 1. 구획선 긋기는 문양의 색조를 두드러지게 함. ①: 넷째, ②: 여섯째, ③: 첫째, ④: 둘째 문단 2. 보색대비
는 더운 색, 차가운 색 계열을 함께 사용. ⓐ와 ⓑ는 모두 더운 색 계열 3. 보색대비는 색의 조화를 이끌어내며
문양의 시각적 장식 효과를 높임. 4. 단청의 대표적 기법을 세 가지로 분류하고 각각의 시각적 효과를 설명함.
5. 단계에 따라 이론의 내용을 설명하고 있으나, 이론의 한계에 대한 설명이 없음. 6. 재화마다 생산요소 투입
비율이 다르다는 설명은 있으나, 비율을 결정하는 방식은 설명하지 않음. ①: 여섯째, ②: 넷째, ④: 다섯째, ⑤: 넷
째, 다섯째 문단 7. 2017년 갑국의 선박 1척 생산의 기회비용은 가발 $10/3(=100/30)$개. 그 2배인 $20/3(6.66\cdots)$
개보다 을국의 선박 1척 생산의 기회비용, 가발 $6(=150/25)$개가 더 작음. ① 선박 1척 생산의 기회비용이 가
발 $12.5(=50/4)$개, 2척 생산할 때는 가발 생산이 25개. ②, ④ 1970년에는 갑국이, 2017년에는 을국이 가발(노
동 집약적 재화) 생산에 비교 우위를 지님. ⑤ 2017년, 갑국의 선박 1척 생산의 기회비용은 가발 $10/3(3.33\cdots)$
개. 선박 1척을 수출하고 가발 4개를 수입하면 생산 가능 곡선 밖으로 재화량 조합이 늘어남. 8. 비교 우위
란 어떤 재화 생산의 기회비용이 다른 나라보다 작은 경우를 의미함. A국 신발 1개 생산의 기회비용은 자동차
$1/100(=10/1,000)$대, B국 신발 1개 생산의 기회비용은 $1/200(=3/600)$대 9. ① 첫째, ③, ④: 둘째, ⑤: 셋째 문단
10. 선왕의 업적을 정리하여 당대에 할 일을 결정하는 과정의 중요성을 다섯째 문단에서 강조 11. 『국조보감』의
내용은 일부 삭제, 변경하기도 해 객관성이 떨어짐. 12. 수직 하중은 위에서 아래 방향으로 작용하는 힘. ②: 첫
째, ③: 둘째, ④, ⑤: 셋째 문단 13. 아웃리거가 벨트 트러스와 코어의 결합력을 높임. 14. Ⓐ의 가로 폭이 넓어
지면 수평 방향의 흔들림을 줄여 줌. 15. ㉮, ㉯의 앞에 모두 효율적 공간 활용에 방해가 됨을 밝힘. 16. '지탱'
은 '오래 버티거나 배겨 냄.'을 의미함. 17. '베르누이 정리'와 '난류에 관한 역학(力學)'을 바탕으로 바나나킥의
원리를 설명함. 18. 난류가 사라져야 공이 휘어져 날아감. 19. ㉠에서는 유체의 속도 차이에 따른 압력차를, ㉡
은 압력차에 따른 힘의 방향을 설명해 줌. 비행기가 뜨려면 중력의 반대 방향으로 누르는 공기의 힘(압력)이 필요

지문 해설

[1~4] 단청

주제: 단청의 문양 및 색에 담긴 의미와 단청 기법에 대한 소개

해제: 이 글은 단청에 담긴 의미를 문양과 색을 중심으로 살펴보고, 대표적인 단청 기법과 그 효과에 대해 설명하
고 있다. 단청은 색과 문양에 따라 다양한 의미를 담고 있으며, 빛넣기, 보색대비, 구획선 긋기 등의 기법을 통
해 다양한 시각적 효과를 보이고 있다.

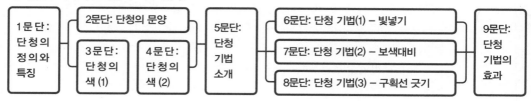

[5~8] 국제 무역론

주제: 무역으로 이익이 발생하는 이유와 수출입 재화의 결정 방식 소개

해제: 이 글은 국가 간에 무역으로 이익이 발생하는 이유와 수출입 재화의 결정 방식을 소개하고 있다. 무역으로
이익이 발생하는 이유는 비교 우위 산업의 차이가 존재하기 때문이며, 비교 우위에 있는 재화를 특화하여 상대
국과 교류하면 이익이 발생할 수 있다. 수출입 재화는 생산요소 부존량에 차이가 있기 때문인데, 이는 경제 성장
에 따라 변화할 수 있다.

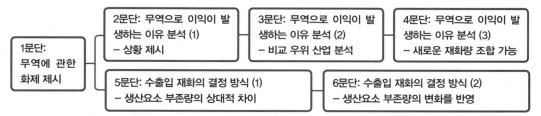

[9~11] 조선의 국왕과 의례

주제: 실록 편찬의 역사와 편찬 목적

해제: 이 글은 고려 시대부터 편찬된 실록의 역사와 편찬 목적 등에 대해 설명하고 있다. 실록은 별도의 기관을 두고 사관들에 의해 기록되었으며, 왕도 함부로 볼 수 없을만큼 엄격한 보관, 관리가 이루어졌다. 실록은 후세에 참고 자료로 활용할 뿐만 아니라, 선왕의 업적을 정리하고 당대에 무엇을 할 것인지를 확인하는 것을 목적으로 하였다.

[12~16] 초고층빌딩 건축기술

주제: 초고층빌딩에 작용하는 힘과 이를 견디는 방법

해제: 이 글은 초고층빌딩에 작용하는 두 가지 힘인 수직 하중과 수평 하중의 위험성에 대해 설명하고, 이 두 가지 힘을 견디기 위한 여러 가지 방법에 대해 소개하고 있다. 수직 하중은 보기둥 구조를 통해 해결할 수 있다. 반면 수평 하중은 수직 하중에 비해 위험성이 커서, 코어 구조, 아웃리거-벨트 트러스 구조, TLCD 등의 방식을 활용하게 된다.

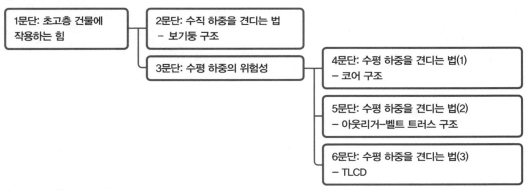

[17~19] 힘, 운동량, 에너지의 삼각 관계

주제: 바나나킥에 담긴 과학적 원리 분석

해제: 이 글은 공이 휘어져 날아가는 현상을 베르누이 정리, 난류의 영향과 관련지어 분석하고 있다. 마그누스 효과라고도 불리는 이 현상은 베르누이 정리로 설명된다. 회전하며 날아가는 공 주변의 공기 흐름의 변화가 공기 압력의 변화를 일으킨다는 것이다. 베르누이 정리뿐만 아니라 난류의 영향도 공의 진행 방향에 영향을 준다.

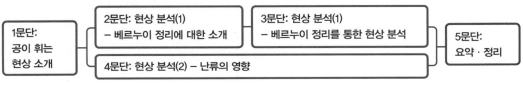

닫는 글

여기가 이 책의 마지막이야.

선생님은 중학교에서도, 고등학교에서도
많은 학생들에게 국어를 가르쳐 왔어.

너희들이 중학교에서 고등학교로 올라가면
국어 시험의 수준과 난이도가 크게 달라진단다.
중학교와 달리 고등학교는 수능을 대비해야 하기 때문이지.

이 과정에서 국어 공부에 어려움을 겪는 학생들을 많이 보았어.
국어 선생님으로서 이런 학생들에게 늘 빚진 마음이었지.

그 빚진 마음, 이 책을 통해 갚고자 한단다.

이 책은 중학교 수준에서 비문학 영역의 기본 개념을 정리하고,
고등학교 입학을 준비할 수 있는 최선의 대안이 될 수 있을 거야.

이 책을 통해서
비문학 영역에 대한 자신감을 갖기를 바랄게!

여러분의 삶을 진심으로 응원하며,
선생님이